ANGELA HUNT

Maria Magdalena

Ein biblischer Roman

benno

Bibliografische Information der Deutschen Nationalbibliothek
Die Deutsche Nationalbibliothek verzeichnet diese Publikation in der Deutschen Nationalbibliografie; detaillierte bibliografische Daten sind im Internet über http://dnb.d-nb.de abrufbar.

Titel der amerikanischen Originalausgabe: *Magdalene*

Aus dem amerikanischen Englisch von Eva Weyandt

Besuchen Sie uns im Internet:
www.st-benno.de

Gern informieren wir Sie unverbindlich und aktuell auch in unserem Newsletter zum Verlagsprogramm, zu Neuerscheinungen und Aktionen.
Einfach anmelden unter www.st-benno.de.

ISBN 978-3-7462-4446-4

Umschlag: birq design, Leipzig
Umschlagfoto: © Aleshyn_Andrei/Shutterstock.com
Gesamtherstellung: Arnold & Domnick, Leipzig (A)

„Es ist nie zu spät, ein neues Leben zu beginnen“

Kapitel 1

Stille, so schwer wie ein drohendes Unheil, hüllt mich ein, als die beiden Wachen mich in die im Erdgeschoss gelegene Gerichtshalle führen. Ich falte die Hände. Das Klirren meiner Ketten dröhnt laut in der Stille.

Mein Richter, Flavius Gemellus, Zenturio der *Cohors Secunda Italica Civum Romanorum*, blickt von den Pergamentrollen auf seinem Schreibtisch hoch. Er runzelt die Stirn. Seine Verärgerung verstehe ich gut. Ich bin keine römische Bürgerin und habe somit auch kein Recht auf eine Gerichtsverhandlung. Außerdem habe ich bereits gestanden und bin bereit zu sterben.

Mein Erscheinen in dieser schwach erleuchteten Halle mit Steinfußboden ist eine Formalität, eine Übung in römischer Sorgfalt, bevor der römischen Gerechtigkeit Genüge getan wird.

Der Blick des Zenturio gleitet über meine Gestalt, meine einfache Tunika und meinen Schleier, bevor er zu dem aufgerollten Pergament in seiner Hand zurückkehrt. »Nenne mir für das Protokoll deinen Namen.«

»Maria«, erwidere ich. Ich benutze die griechische Form, dem Schreiber zu Gefallen. »Aber mein Volk nennt mich Mirjam. Mirjam von Magdala.«

Mein Richter blickt erneut auf. Sein Blick bleibt an meinem Gesicht hängen. »Du bist ... Syrerin?«

»Ich bin eine Tochter Israels. Aus einem Gebiet mit Namen *Galil* oder Galiläa.«

Er nickt. »Galiläa gehört zur syrischen Provinz. Nenne mir dein Verbrechen.«

»Soll ich ganz vorn beginnen?«

Der unfreundliche Zenturio ist offensichtlich nicht in der Stimmung für freundliches Geplauder. »Wenn es nach mir ginge, wärst du bereits in der Arena. Aber da der Kaiser darauf besteht, dass wir die Hintergründe der Tat eines jeden verurteilten Gefangenen festhalten, erzähle uns deine Geschichte.«

Ich senke den Blick, um meine Gedanken zu ordnen. Die Steinplatte in dieser Halle ist feucht und mit Lehm verschmutzt. Eine Ratte huscht unter dem Tisch des Schreibers hindurch. Zweifellos finden die Gerichtsverhandlungen von römischen Bürgern in einer besseren Umgebung statt, aber ich will mich nicht beklagen. Ich bin aus freien Stücken hier ... und ich bin bereit, meinem Herrn zu begegnen.

Bei dem Gedanken an die Ewigkeit schleicht sich ein kleines Lächeln auf mein Gesicht.

»Da gibt es nichts zu lächeln.« Die Wache schwingt drohend seinen Knüppel in meine Richtung, aber ich bezweifle, dass er mich damit schlagen wird. Ich bin eine alte Frau, zutiefst erschöpft von der beschwerlichen Reise nach Rom.

»Man gibt mir verschiedene Namen«, erkläre ich. Meine Gedanken wandern in die Vergangenheit. »Aber weil Mirjam ein so häufiger Name ist, nennen mich die meisten Menschen Magdalena. Ich bin am Ufer des Sees Kinnereth aufgewachsen, den du als See von Galiläa kennst. Mein Vater hatte mich mit Jaakov verheiratet. Er war ein guter Mann. HaShem, der Heilige, hatte uns zwei prächtige Söhne geschenkt ...«

Respektvoll senke ich den Blick, aber nicht wegen des Römers. »Der Gott Israels, dessen Name zu heilig ist, um ausgesprochen zu werden. *HaShem* bedeutet ›der Name‹.«

»Prima. Aber deine Lebensgeschichte interessiert uns nicht. Berichte von deinem Verbrechen, Frau. Mehr brauchen wir nicht aufzuschreiben.«

Ohne mit der Wimper zu zucken halte ich seinem Blick stand. »Aber du kannst mein Verbrechen nur verstehen, wenn du meine Geschichte kennst.«

Der Schreiber legt den Stift aus der Hand und wirft mir einen missbilligenden Blick zu. Viel lieber würde er mich zu den Löwen schicken, als meine Aussage aufzunehmen, das ist nicht zu übersehen, aber meine Geschichte ist sehr wichtig. Seit Jahren geben die Apostel schon Bericht von ihren Erlebnissen, dies ist *meine* Gelegenheit, Zeugnis abzulegen von allem, was sich in Erez-Jisrael ereignet hat, als Pilatus Herrscher in Judäa war.

Ich wende meine Aufmerksamkeit wieder dem Zenturio am Tisch zu. Sein Helm liegt auf dem Tisch, der rote Helmbusch blickt mich an wie ein offenes Auge. Eindringlich mustert mich der Offizier aus seinen dunklen Augen, die mich unter seinem mit grauen Strähnen durchzogenen Haarschopf heraus anschauen. Obwohl ich noch nicht einmal angefangen habe, meine Anwesenheit an diesem entsetzlichen Ort zu erklären, funkelt er mich böse an wie ein Racheengel.

Ich überlege, was der Grund für seinen Zorn sein könnte – hasst er mich oder mein Volk?

Die breitschultrige Wache tritt auf mich zu. »Sie zögert es hinaus. Sie hat Angst vor dem, was sie in der Arena erwartet.«

»Ich habe überhaupt keine Angst vor dem, was dort draußen geschehen wird.« Wieder umspielt ein ungewolltes Lächeln meine Lippen. »Ich habe Angst um euch. Um euch alle.«

Der Zenturio schnaubt mit der halb erstickten Fröhlichkeit eines Mannes, der nur selten lacht. »Warum sagst du das? Wir haben nicht gegen das Gesetz verstoßen.«

»Rom – und die Römer – haben gegen die Gesetze des einen wahren Gottes verstoßen, des Schöpfers Himmels und der Erde. Aber ihr steht nicht allein. Auch ich habe dagegen verstoßen.«

Die Wache öffnet den Mund, um zu protestieren, aber der Zenturio bringt den Mann mit einem Blick zum Schweigen. Sein Blick wandert an mir vorbei zur Tür, dann verschränkt er die Arme vor der Brust und lehnt sich auf seinem Stuhl zurück. »Beziehe Posten an der Tür. Wir werden uns ihre Geschichte anhören. Vielleicht ist sie ja interessant.«

Dankbar für dieses kleine Wunder schließe ich die Augen. »Meine Geschichte beginnt in Magdala, einer Stadt am Meer ...«

Kapitel 2

Ich hätte es eigentlich besser wissen müssen. Wie konnte es mir einfallen, in der Mittagshitze zum Markt zu gehen! Wenn die Sonne senkrecht am Himmel stand, suchte jeder, der ein bisschen Verstand im Kopf hatte, Schutz unter einem Schatten spendenden Baum oder blieb im Haus. Aber an diesem Morgen wäre Binjamin beinahe in die Feuerstelle gekrochen, über der meine Färbetöpfe hingen. Nachdem ich mit ihm geschimpft und ihm die Asche von den verschmierten Händen geputzt hatte, verzögerte ich meinen Aufbruch zum Markt, um dem Heiligen, gepriesen sei sein Name, zu danken, dass ich das Unglück rechtzeitig verhindern konnte und mein jüngster Sohn sich nicht verbrannte.

Ich setzte Binjamin in ein Tuch und trat hinaus in die sengende Hitze. Der heiße Wind stach mir in den Augen. Langsam schlenderte ich durch die beinahe verlassenen Gassen des Marktes. Nachdem ich die Eisenarbeiter, Holzschnitzer und Brotbäcker hinter mir gelassen hatte, erreichte ich unseren Verkaufsstand. Rahel, meine schwangere Schwiegertochter, lehnte an einem Stapel gefalteter Stoffe.

Da unser Stand als einziger mit einem Strohdach ausgestattet war, hatten drei Frauen meine Abwesenheit genutzt und drängten sich im Schatten dieses Daches zusammen. Beim Näherkommen erkannte ich sie: Die größere verkaufte Feigen, die alte Öl und die verkrüppelte Wein. Die lahme Frau, Deborah hieß sie, hatte mir einmal eine Flasche bitteren Weines angedreht. Seither habe ich ihren Stand nie mehr aufgesucht.

»*Shalom aleikhem*, Mirjam«, rief die große Frau, während sie sich hochrappelte. »Und Friede sei mit deiner Schwiegertochter, weil sie Erbarmen mit uns hatte, die wir kurz davor waren, vor Hitze zu vergehen.«

»Friede sei mit euch.« Ich lächelte sie gezwungen an und tätschelte das Tuch, in dem der kleine Binjamin schlief. Nach dem Gebot der Gastfreundschaft müsste ich sie eigentlich zum Bleiben auffordern, aber ich hatte keine Zeit für freundliches Geplauder. Ich musste mit Rahel sprechen und der Stand bot nicht genügend Schatten für uns alle.

»Gute Geschäfte wünsche ich euch.« Ich verneigte mich vor jeder der Frauen, die nur widerstrebend unseren Stand verließen. »Möge der Heilige Israels, gepriesen sei sein Name, euch Wohlstand schenken.«

Nachdem der letzte Eindringling verschwunden war, kniete ich auf der gewebten Matte nieder und löste den Knoten des Tuchs an meiner Schulter. »War die römische Frau da?«

Rahels dunkle Augen funkelten. »Noch nicht, aber sie hat eine Dienerin geschickt, die mir mitteilte, sie würde gegen Mittag erscheinen. Vermutlich möchte sie der Menschenmenge aus dem Weg gehen.«

»Aha.«

In jener Zeit war mein Wissen über die Römer begrenzt, aber alle in unserem Dorf wussten, dass die Frauen, die die römischen Soldaten begleiteten, keine – wie soll ich das ausdrücken? – anständigen *Ehefrauen* waren. Den römischen Legionären, das hatte mir mein Jaakov einmal erzählt, war nicht gestattet zu heiraten, damit sie nicht von ihrem Dienst in der Armee abgelenkt wurden. Natürlich hielt das die Zenturionen nicht davon ab, sich nebenher eine Geliebte zu halten. Häufig folgte eine ganze Horde von Huren den Kompanien auf Patrouille, damit selbst der niedrigste römische Soldat seine Bedürfnisse befriedigen konnte ... wenn auch nicht unbedingt mit einer Frau, die ich in meinem Heim willkommen heißen würde.

Mir war egal, was die Soldaten taten, solange sie unser Volk nicht terrorisierten. Römer waren *gojim* oder Nichtjuden und Nichtjuden waren Heiden; das wussten alle.

Ich legte meinen jüngsten Sohn auf die Matte und blickte mich auf dem ruhigen Marktplatz um. Die Frauen am Nachbarstand hatten ihre Körbe mit gesalzenem Fisch abgedeckt; die Wollverkäuferinnen hatten Leinenlaken über ihre Wollstapel gebreitet. Sie würden wiederkommen, wenn sich die Sonne nach Westen neigte; dann würden auf dem Marktplatz von Magdala erneut Waren und Geld ihre Besitzer wechseln.

»Mirjam.« Rahel stieß mich an und streckte die Arme nach dem Baby aus. »Hinter dir – die römische Frau.«

Ich drehte der herannahenden Sänfte den Rücken zu, um meine hellblaue Tunika zu überprüfen. Zum Glück hatte Binjamin mich nicht mit Brei bekleckert. Ich fuhr mit den Fingern über die Ränder des Schleiers auf meinem Kopf, steckte ein paar lose Haarsträhnen fest, bevor ich mich umdrehte und meine Besucherin begrüßte.

Die hübsche Frau, die in Begleitung eines römischen Zenturios reiste, hielt sich erst seit ein paar Tagen in Magdala auf. Offensichtlich hatte sie beim Überqueren des Marktplatzes durch die Vorhänge ihrer Sänfte meine außergewöhnlichen Stoffe erspäht. Jetzt war sie endlich gekommen, um zu kaufen.

Die Sänftenträger blieben stehen und ein weißer Leinenvorhang hob sich. Ein zartes Gesicht, umrahmt von schwarzen Locken, lächelte mich an. »Du bist die Färberin von Wolle und Seide?«

Die Frau sprach perfektes Griechisch, darum antwortete ich ihr in derselben Sprache. »Allerdings. Und du bist?«

»Ich bin die edle Carina.« Sie schwang ihre Füße aus der Sänfte und richtete sich auf. Ihre roten Sandalen bildeten einen starken Kontrast zu dem gelben Staub unseres Marktplatzes.

Mit staunendem Blick betrachtete ich ihre Aufmachung. Durch Magdala kamen alle möglichen Fremden, aber ich hatte kaum einmal eine Frau gesehen, die so wunderschön gekleidet war wie diese hier. Meine potenzielle Kundin trug ein Gewand aus einer prachtvollen gelben Seide, mit goldenen Fransen eingefasst. Darüber hatte sie eine blaue *palla* gewählt, längs gefaltet und an jeder Schulter mit einer goldenen Spange befestigt. Um ihre blasse Haut vor der heißen Sonne zu schützen, hatte sie einen kurzen Umhang über die Schultern gelegt, der ihre Oberarme bedeckte.

Ich musterte die Kleidung meiner Besucherin so intensiv, dass ich ihre nächste Bemerkung überhörte, doch ein Stoß von Rahel holte mich in die Realität zurück. »Es tut mir leid, was hast du gesagt?«

Die junge Dame lächelte; vermutlich war sie daran gewöhnt, so offen bewundert zu werden. »Ich fragte, ob ich deinen Namen erfahren darf.«

»Ich bin Mirjam.« Ich ahmte ihr Lächeln nach, wünschte mir verzweifelt, genauso kompetent zu erscheinen wie der Färber, der ihre Kleidungsstücke angefertigt hatte. »Die Frau von Jaakov, Mutter von Avram und Binjamin, Schwiegermutter von Rahel – falls du jemals nach mir fragen solltest.«

Die blasse Hand der Frau tastete nach einem abgedeckten Stapel. »Darf ich?«

»Gewiss.«

Ich zog das schützende Leinenlaken fort und führte meine Ware vor. Die Seide kam nicht aus Magdala, aber die feine Wolle wurde bei uns gesponnen und gewebt. In unserer Stadt gab es zwei Spezialitäten – nein, eigentlich hatten drei Dinge unsere Stadt bekannt gemacht: der gesalzene Fisch, unsere hervorragend gefärbten Stoffe und Korruption. Ich hatte Gerüchte gehört, die religiösen Führer in Jerusalem wären der Meinung, Magdalas Tugenden seien durch zu viel Umgang mit Nichtjuden verdorben worden, aber in keiner Stadt in Judäa standen die Tore für Fremde weiter offen als in Jerusalem.

Die Dame kniete nieder. Ihre Hand strich über die Wolle, betastete die Seide. »Ich frage mich ...«

»Ja?«

»Neulich habe ich hier einen wunderschönen roten Stoff gesehen. Ich wandte meinen Blick ab, aber als ich erneut hinsah, hatte sich das Material in ein tiefes Violett verwandelt. Habe ich da zwei verschiedene Stoffe gesehen?«

Mein Herz jubelte vor Freude. »Das war ein ganz einmaliger Stoff, wie es ihn nur an diesem Stand zu kaufen gibt. Vor einiger Zeit habe ich entdeckt, dass ich durch die Mischung von roter Farbe mit blauer einen Farbton herstellen kann, der je nach Lichteinfall scharlachrot oder violett schimmert. Die Herstellung ist sehr langwierig und es sind verschiedene Färbevorgänge dazu nötig, aber ich bin sicher, du wirst mit mir übereinstimmen, dass die Wirkung die Mühe lohnt.«

Ein wissendes Lächeln umspielte ihre Lippen und zauberte ein Grübchen in ihren Wangen hervor. »Da stimme ich dir allerdings zu. Es ist sicher ein Wunder, dass ein Stoff die Farbe wechselt.«

»Wunder sind Aufgabe des Heiligen, gepriesen sei sein Name«, korrigierte ich sie. »Der Stoff ist das Produkt einer überaus talentierten Färberin.«

»Eine Färberin, die bestimmt einen sehr hohen Preis verlangt.«

»Eine Frau mit einem so guten Auge für Farbe verlangt in der Tat einen hohen Preis. So hoch, dass gewöhnliche Menschen sich einen solchen Stoff nicht leisten können. Ich habe diesen Stoff zurückbehalten für eine Kundin mit Sachverstand, von hohem Stand und deiner Schönheit, damit er richtig zur Geltung kommt.«

»Ganz gewiss.« Ihr Blick glitt über einen Stapel mit blauer und grüner Seide, aber ich merkte, dass sie an diesen Farben nicht interessiert war. Sie hatte sich in den rot-violetten Stoff verliebt. Sie schaute mich an. »Dürfte ich ihn mir wohl näher ansehen?«

»Natürlich gern. Ich habe ihn weggepackt, um ihn vor dem Staub zu schützen.«

Ich trat über Binjamin hinweg, der ruhig auf seiner Matte lag und spielte, griff in den Beutel aus Kalbsleder, der an unserem Stand hing, und holte ein langes Stück der schimmernden Seide heraus. Als ich zurücktrat, um den Stoff auf unseren anderen Waren auszubreiten, wäre ich beinahe über Binjamin gestolpert.

Die römische Dame fuhr liebevoll mit den Händen über die Seide und rieb sie an ihrer Wange. Lächelnd hielt sie sie in die Sonne. Vorsichtig nahm sie das Material zwischen die Finger, drehte es hin und her und lachte, als sich das Purpurrot in ein tiefes Violett verwandelte, das eines Kaisers würdig war.

»Der Stoff ...«, ich kniete nieder und zog den unteren Rand in die Sonne, »ist zuerst tiefrot, siehst du? Aber die strahlende Sonne bringt die violette Farbschattierung zur Geltung.«

Sie drückte den Stoff an ihre Brust und schloss die Augen. »Ich muss ihn haben. Wie viel willst du dafür?«

Um ehrlich zu sein, ich hatte noch gar nicht über den Preis nachgedacht, da sich nur wenige Menschen in Magdala einen solchen Luxus leisten könnten. Aber dies war die Frau eines römischen Zenturio. Ich sollte also vielleicht nach den Sternen greifen ...

»Zehn Denarii«, erklärte ich ihr.

Sie riss die Augen auf. »In Silber?«

Ich lachte. »Gold. Zehn Golddenarii.«

Sie zog scharf die Luft ein. Ich rechnete damit, dass sie mir einen oder zwei Denarii bieten würde, worauf ich, nachdem ich so getan hätte, als sei ich entrüstet, sechs Denarii fordern würde. Falls alles gut lief, könnte ich den außergewöhnlichen Stoff für fünf Denarii verkaufen, die Hälfte des Preises für ein kleines Haus in unserem Dorf.

Aber die Dame überraschte mich. »Komm heute Abend in den Gasthof und hole dir dein Geld ab«, sagte sie und nahm den Stoff in die Arme. »Heute Abend.«

Ich schüttelte den Kopf. Ich wusste, sie würde es vermutlich nicht verstehen, denn Römer gingen, wohin sie wollen, ohne sich etwas dabei zu denken, aber keine respektable Tochter Avrahams würde das Haus eines Nichtjuden betreten, geschweige denn eine vorübergehende Absteige. Und Jaakov würde eher unsere Hoftür verriegeln, bevor er diese Frau in unser Haus ließe. Ich schnappte mir ein Stück der Seide und hielt sie fest. »Du kannst einen Diener mit dem Geld zu meinem Haus schicken. Wenn dein Diener kommt, wird mein Mann ihm diese Seide aushändigen.«

Sie presste ihre bemalten Lippen aufeinander und nickte schließlich. »Es sei, wie du es gesagt hast.« Sie ließ den Stoff los; ich rollte ihn auf und drückte ihn Rahel in die Arme, damit sie ihn richtig faltete.

Wir erhoben uns. Jede von uns war mit ihrem Teil der Abmachung zufrieden. Die römische Dame stieg wieder in ihre Sänfte und gab ihren Sklaven einen Befehl, allerdings erst nachdem sie noch einen sehnsüchtigen Blick auf das rot-violette Bündel in Rahels Armen geworfen hatte.

Kapitel 3

Atticus Aurelius, der Zenturio, der den Befehl führte über die zweite Abteilung der *Cohors Secunda Italica Civum Romanorum*, hält inne, um vor der Tür zur Gerichtshalle einmal durchzuatmen. Die Frau, die vor Flavius steht, spricht Griechisch mit dem breiten Akzent eines Galiläers, einem Akzent, den zu hören er hier in Rom nie erwartet hätte.

Eigentlich hatte er vor dem Beginn der Verhandlung da sein wollen, aber seine Verspätung könnte sich zu seinem Vorteil auswirken. Von hier aus kann er die Frau beobachten und ihr zuhören, ohne selbst gesehen zu werden.

Er späht durch die Bogenöffnung und mustert die Gefangene. Ihr Körper ist durch ihre Kleidung verdeckt, aber ihre krächzende Stimme lässt darauf schließen, dass sie bereits älter ist. Ihr Gewand und ihre Kopfbedeckung, ein rechteckiges Tuch, ohne das sich keine gläubige jüdische Frau in der Öffentlichkeit zeigen würde, sind einfach und ohne Verzierung. Weder ihre Stimme noch ihre Gestalt löst eine Erinnerung bei ihm aus. Warum hat sie sich zu einem solch heimtückischen Verbrechen bekannt?

Er tritt in die Halle, hofft, unbemerkt hineinschlüpfen zu können, aber Flavius hebt einen Finger und nickt ihm schweigend zu. Die Frau zögert kurz, dann blickt sie über die Schulter zurück und fängt Atticus' Blick auf. Ihr Gesichtsausdruck verändert sich, als sich ihre Mundwinkel anspannen und aus irgendeinem Grund errötet er unter ihrem Blick. Verlegen lässt er sich auf eine Bank sinken und studiert seine Hände, als hätte er keinerlei Interesse an den Vorgängen.

Doch sein Interesse ist geweckt. Diese Frau ist eine Feindin Roms; sie ist *seine* Feindin. Aber die meisten Leute, die er im

Gebiet von Galiläa kennen gelernt hatte, wagten sich kaum außerhalb der Mauern ihrer Dörfer. Die rauen Fischer meisterten die unberechenbaren Gewässer ihres Binnensees mit bewundernswertem Mut, die Frauen jedoch blieben lieber unter sich.

Die Frau wendet sich wieder Flavius zu, doch jetzt schwingt ein leichtes Zittern in ihrer Stimme mit. Atticus blinzelt, starrt auf ihren Hinterkopf und versucht verzweifelt, ihr Gesicht und ihre Stimme einzuordnen. Früher, in jüngeren Jahren, hatte sie sicherlich recht gut ausgesehen, vermutlich war sie sogar sehr hübsch gewesen. Hatte er sie in Galiläa kennen gelernt? In Cäsarea? Vielleicht hatte er sie in Jerusalem getroffen.

Oder ... vielleicht ist sie ja auch verrückt und er ist ihr nie begegnet.

Er denkt über ihr Verbrechen nach und ist immer noch verwirrt. Wahnsinn wäre eine Erklärung für ihre Tat, aber ihre ruhige Stimme ist kräftig und zugleich sanft. Sie spricht sehr deutlich und vernünftig und das Griechisch geht ihr flüssig von den Lippen. Dann und wann hebt sie ein Wort mit zurückhaltender Geste hervor.

Sie macht nicht den Eindruck einer Verrückten oder Fanatikerin.

Atticus' Blick wandert hinüber zu dem Schreiber, der gelangweilt an seinem Pult hockt und zuhört. Sein Stift gleitet in kurzen, schnellen Strichen über den Papyrus. Flavius sitzt in lässiger Pose auf seinem Richterstuhl, mit verschränkten Armen, die Beine lang ausgestreckt und übereinandergeschlagen.

Atticus beugt sich vor in der Hoffnung, das Gesicht der Frau noch einmal sehen zu können. Als würde sie seine Gegenwart spüren, dreht sie sich leicht um und sucht seinen Blick, aber dieses Mal stockt sie nicht und in ihren Augen ist keine Spur von Panik oder Angst zu entdecken, nur grimmige Entschlossenheit. Sie wäre nicht hier, wenn sie nicht den Tod verdient hätte, aber warum hatte sie ein Kapitalverbrechen gestanden?

Kapitel 4

Als eine kühle Brise die Hitze des Mittags vertrieb und die anderen Kaufleute zurückkamen, forderte ich Rahel auf, sich im Schatten des Verkaufsstandes niederzulegen. »Ruh dich etwas aus«, sagte ich zu ihr. In einem Monat würde ich mein erstes Enkelkind in den Armen halten. »Ich denke, heute Nachmittag wird nicht viel los sein, aber falls Rekhav etwas kaufen möchte, musst du sie wegschicken. Sie hat ihre Schulden vom letzten Einkauf noch nicht bezahlt.«

Rahel ließ sich dankbar auf die Matte sinken. Ich nahm Binjamin in die Arme und ging zum See. Der Geruch von Wasser und frischem Fisch drang mir in die Nase, noch bevor ich die silbernen Wellen des Sees von Galiläa sehen konnte.

Fischer bevölkerten das Ufer, luden ihren Fang aus und Salzsieder füllten ihre Körbe mit den handflächengroßen Fischen, von denen es in diesen Gewässern nur so wimmelte. Ich wandte meine Augen von dem Anblick der vielen barbrüstigen Männer ab und ging direkt zu dem Platz, wo das Boot meines Jaakov anlegte.

Wie immer tat mein Herz beim Anblick meines geliebten Mannes einen Sprung. Er stand im Bug und zog an seinen Netzen. Seine Haut schimmerte wie geöltes Olivenholz. Er rief Avram, unserem Erstgeborenen, etwas zu und lächelte, als er mich entdeckte.

»Du hast Binjamin mitgebracht«, sagte er. Er streckte mir die Arme entgegen.

Froh, das Gewicht an meiner Brust loszuwerden, beugte ich mich vor und reichte unseren verschlafenen Sohn an seinen Vater weiter. Jaakov schwenkte den Jungen über dem Kopf und rief ihm etwas zu, aber obwohl Binjamin lächelte, begrüßte er seinen Vater nicht so, wie andere Babys in seinem Alter es taten.

Wie immer trat ein Schatten der Sorge in Jaakovs Augen, als er mir unseren Sohn wieder in die Arme legte.

»So, Binjamin.« Er zog die Augen leicht zusammen, als er meinen Blick auffing. »Geh mit deiner Mama, während ich das Boot sauber mache.«

Und wieder einmal wurde ein Gespräch darüber, dass Binjamin bisher immer noch nicht angefangen hatte zu plappern, vermieden. Jaakov betonte immer wieder, ich solle mir keine Sorgen machen, alles würde gut werden, aber mein Mann suchte immer nach Wundern.

In den ganzen vierzig Jahren meines Lebens habe ich kein einziges Wunder erlebt.

Avram sprang ins Wasser und rief mir einen Gruß zu, bevor er einen Korb mit Fischen an Land zog. Er würde den Tagesfang zum Salzsieder bringen und dann Rahel am Marktstand besuchen.

Ich ließ mich im Schatten eines Baumes nieder und setzte das Baby auf meine Knie. »Du hattest heute einen guten Fang.«

»Ja, das stimmt.« Jaakov hielt inne, die Hände in die Hüften gestemmt, als überlege er, was er getan hatte, bevor ich erschien. »Ein schöner Fang. Aber eines meiner Netze ist gerissen; es muss sich irgendwie unter dem Boot verfangen haben.«

Ich schaute in den Himmel hinauf. Die Sonne hatte sich hinter einer Wolke versteckt. »Es ist ein guter Tag zum Flicken.«

Jaakov brummte eine Erwiderung, nahm ein Netz in die Arme, sprang aus dem Boot und kam auf mich zu. Nachdem er sich im Schatten niedergelassen hatte, legte er das Netz auf seinen Schoß und zeigte mir die zerrissenen Fäden.

Ich schnalzte mitfühlend mit der Zunge. »Es lässt sich flicken.«

»Ich denke auch.«

Während er sein Garn und sein Werkzeug hervorholte, erzählte ich ihm von der edlen Carina und ihrer Begeisterung über den scharlachroten Stoff. Allerdings verschwieg ich ihm ihre Bitte, sie im Gasthof aufzusuchen.

»Zehn Golddenarii?« Seine dunklen Augen funkelten. »Das ist zu viel.«

»Sie war mit dem Preis einverstanden. Was kann ich tun, wenn sie nicht handeln will?«

»Du sagst ihr, du hättest deine Meinung geändert und senkst den Preis.«

»Warum sollte ich sie des Vergnügens berauben, das teuerste Gewand im Galil zu tragen? Eine Ware ist wert, was der Käufer dafür zu bezahlen bereit ist.«

»Eine Ware ist einen fairen Preis wert, nicht mehr. Wenn ihr Diener heute Abend kommt, wirst du ihm sagen, dass der Preis fünf Golddenarii beträgt. Und dann trägt die Dame immer noch das teuerste Gewand in Israel.«

Ich verdrehte die Augen und tat so, als würde ich schmollen, aber eigentlich war ich dankbar für die Einmischung meines Mannes. Trotz ihrer Unwissenheit mochte ich die edle Carina und hatte nicht die Absicht, sie zu betrügen.

Binjamin rieb sich mit der Faust die Augen. Ich legte meine Hand auf Jaakovs von der Sonne gewärmten Rücken. »Ich sollte nach Hause gehen. Das Baby braucht ein kleines Nickerchen.«

»Geh nur.« Mein Mann blickte mich zärtlich an. »Ich komme später nach.«

»Ich werde dein Abendessen fertig haben.«

Widerstrebend verließ ich den kühlen Schatten und trat in die helle Sonne. Mir fiel auf, dass ich ganz allein auf der Straße unterwegs war – kein einziger römischer Wagen in Sicht. Ein dünner Schweißfaden lief mir über den Rücken und ich sehnte mich nach der tröstenden Kühle unseres Hauses. Drei Tage in der Woche stand ich in meinem Geschäft auf dem Marktplatz, aber nach Hause zu kommen war für mich immer etwas ganz Besonderes.

Ich war kaum mehr als vierzig Schritte gegangen, als ich Avram am Straßenrand inmitten einer Gruppe von Männern entdeckte.

Einige von ihnen trugen ärmellose Gewänder über ihrer nackten Brust, genau wie er, die Arbeitskleidung der Fischer. Zwei andere waren mit den breiten *tzitziyot* und *tefillin* – Fransen und Phylakterien – der Pharisäer geschmückt. Diese beiden wären gar nicht erfreut, mich zu sehen, eine Frau, die allein vor den Augen so vieler Männer unterwegs war.

In einer Haltung der Bescheidenheit senkte ich den Kopf und beschleunigte meinen Schritt, doch eine Bemerkung meines Sohnes ließ mich mitten im Schritt innehalten.

»Ich werde allen sechshundertdreizehn Geboten in der Thora gehorchen …«, Avrams Stimme rollte wie der Donner eines beleidigten Rabbi, »wenn das Volk Israel mit mir zusammen den Schöpfer dieser Gebote ehrt. Wir werden den Heiligen, gepriesen sei sein Name, nicht zum König krönen können, wenn wir nicht die römischen Unterdrücker aus unserem Land vertreiben.«

Was dachte er sich nur? Ich drehte mich zu den Männern um und schloss die Augen. Für einen Augenblick wünschte ich, Avram wäre vom Wesen her so fügsam wie Binjamin. Solche Redensarten würden ihm Ärger mit dem Rabbi *und* den Römern einbringen. Wie gut, dass kein Legionär in der Nähe gewesen war und ihn gehört hatte. Trotz der Hitze bekam ich eine Gänsehaut auf den Armen, als ich das deutliche Knirschen von Leder auf dem Pflaster hörte. Ich drehte mich leicht um, blickte die Straße hinauf … und entdeckte nackte Beine, dick verschnürte Sandalen, die Spitze eines Schwertes in der Scheide.

Ein Soldat kam auf uns zu.

Ich wich an den Straßenrand zurück, aber keinesfalls durfte ich den Römer an mir vorbeigehen lassen, während Avram nur wenige Meter von mir entfernt so kriegshetzerisch daherredete. In dem verzweifelten Versuch, meinen Erstgeborenen zu schützen, hob ich den Kopf und starrte den Eindringling an. Der halbkreisförmige Federbusch auf seinem Helm wies ihn als Zenturio aus; die harten

Linien in seinem Gesicht überzeugten mich davon, dass er die aggressiven Äußerungen meines Sohnes nicht gut aufnehmen würde.

Der römische Offizier hatte die linke Hand an den Schaft seines Schwertes gelegt, die andere schwang frei an seiner Seite. Sein Gesicht unter dem Helm erinnerte mich an ein Stück sonnenverbrannte Wüste, durchzogen von tiefen Felsspalten.

Der Mann ignorierte meinen trotzigen Blick und schritt unbeirrt weiter. Vermutlich wollte er Fisch kaufen; Soldaten ließen sich gern die getrockneten Sardinen am Ufer des Sees schmecken. Vielleicht hatte er Avrams aggressive Bemerkung nicht mitbekommen.

Ich stand am Straßenrand und tat so, als würde ich mich mit Binjamin beschäftigen, der an meiner Brust schlief. Entschlossen biss ich die Zähne zusammen und wollte Avram und seine Gefährten allein durch meine Willenskraft *zwingen*, den Mund zu halten. Die Luft zwischen uns vibrierte und in der Stille schwang Furcht mit.

Mein ältester Sohn und seine Gefährten traten auseinander, als sie den Römer bemerkten. Sie wichen an den Straßenrand zurück, aber die Straße machten sie nicht frei, sondern blieben am Straßenrand stehen. In ihren Gesichter stand deutlich die stumme Verachtung für den herannahenden Zenturio geschrieben.

Der Heide schritt unbeirrt weiter, ohne langsamer zu werden, aber er drehte den Kopf und musterte die Männer mit irritierendem und unerbittlichem Blick. Ganz bewusst suchte er ihre Blicke; er schien ihre Verachtung in seinem Griff zu halten, während sein Mund sich zu einem hässlichen Grinsen verzog. Erst nach einer ganzen Weile schob er das Kinn vor und wandte den Blick ab.

Ich ließ den angehaltenen Atem entweichen und zuckte zusammen, als ein leises, plätscherndes Geräusch an mein Ohr drang.

Nein. Nicht das.

Vorsichtig blickte ich Avram an, der sich mit dem Handrücken über die noch gekräuselten Lippen fuhr und sich das Kinn abwischte.

Auf den Sandalen des Zenturios entdeckte ich einen glänzenden Kreis von Spucke.

Binjamin begann zu wimmern, als meine Hand zu meinem Mund fuhr. *HaShem, Heiliger, bitte, nicht Avram, nicht jetzt, nicht hier …*

Der Römer drehte sich um. Ich bemerkte seine leicht zusammengekniffenen Augen, das vorgeschobene Kinn, die pulsierende Ader an seinem Hals.

Aber er machte keinen Schritt auf meinen törichten Sohn zu, sondern warf der Gruppe einen finsteren Blick zu, die Augen zu Schlitzen verengt. Dann presste er die Lippen zu einem flachen Strich zusammen und setzte seinen Weg fort.

Avram und die anderen blickten dem Römer nach, bis er zwischen den Bäumen verschwunden war; dann brach mein Sohn in brüllendes Gelächter aus.

Wäre er zehn Jahre jünger gewesen, hätte ich ihn am Ohr nach Hause gezerrt.

Doch so konnte ich nur meinen jüngeren Sohn an mich drücken und in die sichere Zuflucht meines Hauses fliehen.

Ich zitterte immer noch vor ohnmächtigem Zorn, als ich Hadassas melodische Stimme vernahm.

»Mirjam? Kann ich dir beim Abendessen helfen?«

Schnell richtete ich mich auf und schaute in den Hof. Die fünfzehnjährige Tochter meiner Nachbarin stand mit vor Erwartung funkelnden Augen am Tor.

Ich konnte ein Lächeln nicht unterdrücken. »Komm herein, meine Liebe.«

Mit der Energie der Jugend wirbelte sie ins Zimmer. Vor Binjamins Korb blieb sie stehen. »Oh Mirjam, er sieht aus wie ein schlafender Engel. Mit jedem Tag wird er süßer.«

»Da muss ich dir zustimmen.«

»Denkst du, dass ich jemals ein Baby haben werde?«

Ich zog die Augenbraue in die Höhe. »Meinst du nicht, diese Frage solltest du lieber deiner Mutter stellen?«

Hadassa zuckte die Achseln. »Mutter möchte mich verheiraten; sie kann es kaum erwarten, Enkelkinder zu bekommen. Aber Vater ist noch nicht bereit, mich gehen zu lassen.«

Ich wandte meine Aufmerksamkeit wieder dem Gemüse zu, das ich für den Eintopf putzte. »Dein Vater weiß bestimmt, was das Beste für dich ist.«

»Ich möchte noch nicht verheiratet werden.« Hadassa ließ sich auf den Teppich sinken und stützte ihr Kinn auf den Ellbogen. »Ich will nicht mehr heiraten, seit ... na ja, du weißt schon. Es ist schwer, jemanden zu finden, der sich mit ihm messen kann.«

Ich nahm eine Hand voll Linsen aus meiner Schüssel und hielt inne, bevor ich sie in den Topf warf. »Du darfst nicht immer an Avram denken. Er ist glücklich mit Rahel verheiratet. Außerdem ist er zu alt für dich.«

»Avraham war auch nicht zu alt für Sarah. Und Jitzhak war *Jahre* älter als Rivkah!«

Lächelnd hörte ich mir an, wie sie Beispiele von den in die Jahre gekommenen Patriarchen und ihren um vieles jüngeren Frauen aufzählte. Das Geplauder des Mädchens heiterte mich auf und lenkte mich ab. Meinen eigensinnigen Erstgeborenen durch ihre bewundernden Augen zu betrachten, half mir zu vergessen, wie wütend ich auf ihn war.

»Und mein Vater ist *zwanzig* Jahre älter als meine Mutter ...«

Ich hob die Hand, um sie zu unterbrechen. »Würdest du bitte etwas Wasser in den Topf gießen?«

Sie sprang auf, schnappte sich den Krug und tauchte ihn in den Topf. Ihre Geste erinnerte mich irgendwie an mich selbst, als ich noch jünger gewesen war.

»Weißt du«, erzählte ich und lächelte bei der Erinnerung, »früher war ich in einen Mann verliebt ... der nicht Jaakov war.«

Die dunklen Wimpern, die als Schatten auf ihren Wangen lagen, flogen auf. »Wirklich?«

»Ja. Ich war einem jungen Mann aus einem anderen Dorf versprochen. Hoshea war gut aussehend und freundlich und unsere Väter hatten alles arrangiert. Aber bevor er kam, um mich in das Haus seines Vaters zu holen ...« – Hadassa war vor Spannung wie gelähmt – »hörte ich, dass er allein mit einem anderen Mädchen aus meinem Dorf unterwegs gewesen war. Sofort bat ich meinen Vater, unsere Verlobung zu lösen.«

Hadassa stellte den Krug auf den Boden. »Was – was ist dann passiert?«

»Hoshea kam in mein Haus und bat meinen Vater um Vergebung. Er sagte, er hätte einen Fehler begangen, aber er hätte die Ehre des anderen Mädchens nicht beschmutzt und meinem guten Namen keinen Schaden zugefügt. Aber wenn ich ihm nicht einmal in einfachen Dingen vertrauen konnte, wie sollte ich ihm in wichtigeren Dingen vertrauen? Darum hat mein Vater die Verlobung gelöst und bald darauf sprach Jaakovs Vater mit meinem Vater. Und jetzt ist alles so, wie es sein sollte. Jaakov war für mich bestimmt. Er sollte mein Mann werden.«

Hadassa starrte mich an, die Augen vor Erstaunen weit aufgerissen. »Und was ist aus Hoshea geworden?«

Ich zuckte die Achseln. »Ich schätze, er hat ein Mädchen aus seinem Dorf geheiratet – vermutlich ein Mädchen, das keine Ahnung vom Färben von Stoffen hat. Du siehst also, Hadassa, der Heilige weiß, was er tut.«

»Jaakov kann sich glücklich schätzen, eine Kauffrau, eine Färberin und eine gute Frau geheiratet zu haben.« Sie sah nach, wie viel Wasser im Topf war, und tauchte den Krug erneut in das Wasser ein. »Ich weiß, du bist die beste Mutter auf der ganzen Welt. Du hast einen *so* netten Sohn großgezogen.«

»Wenn der Heilige, gepriesen sei sein Name, es will, werde ich *zwei* nette Söhne großziehen«, wandte ich ein. »So, das ist genug Wasser und genug Albernheit. Dein Vater ist ein kluger Mann und er wird eine gute Heirat für dich arrangieren. Und wenn du verlobt bist, wirst du die Wahl deines Vaters als richtig ansehen und erkennen, dass der Mann, den er für dich ausgesucht hat, der richtige für dich ist …«

»Aber nur, wenn er so gut aussehend ist wie Avram und so praktisch veranlagt wie du.« Hadassa erhob sich und stellte den Krug an seinen Platz. Sie beugte sich vor und gab mir einen Kuss auf die Wange. »Ich gehe jetzt besser nach Hause und helfe Mutter ein wenig. Sie sucht mich bestimmt schon. Du sollst unbedingt ihr Feigenbrot kosten. Sie probiert etwas Neues aus.«

»Ich sehe sie morgen.« Ich winkte dem fröhlichen Mädchen nach, bevor ich mich in einem Zimmer niederließ, in dem es plötzlich viel zu still geworden war.

Wie mein jüngstes Kind.

Kapitel 5

Im Schein der Lampe stellte ich den Kochtopf auf ein Brett in die Mitte unseres Teppichs. Binjamin hatte ich bereits gestillt. Er spielte jetzt zufrieden neben seinem Vater. Jaakov und Avram saßen an ihren üblichen Plätzen einander gegenüber.

Rahel reichte Jaakov das Brot. Er nahm es und sprach den Segen: *»Baruch Atah ADONAI Elohenu Melech Ha'olam, hamotzi Lechem Min Ha'aretz.«* Gepriesen seist du, Herr, unser Gott, König des Universums, der Brot aus der Erde hervorbringt.

Nachdem er das Dankgebet gesprochen hatte, riss Jaakov den Brotfladen auseinander, reichte die eine Hälfte an Avram weiter und tauchte seine Hälfte in den Topf.

Als Frau hätte ich abwarten müssen, aber als Mutter konnte ich nicht mehr länger für mich behalten, was ich auf dem Herzen hatte. »Dein Sohn …«, ich beugte mich vor, um Jaakovs Blick aufzufangen, »hat heute beinahe den Zorn der Römer über uns heraufbeschworen. Ich hatte solche Angst, dass mein Herz beinahe stehen geblieben wäre.«

Jaakov blinzelte. »Binjamin?«

»Nicht Binjamin. Der hier!« Ich deutete auf Avram, der unter meinem zitternden Finger zusammenzuckte. »Dieser langohrige, großmäulige Dummkopf, der gern große Reden schwingt und sich nicht um die Sicherheit seiner Familie kümmert!«

»Mutter!«, empörte sich Avram. Er blickte sie betrübt an. »Du missverstehst mich. Ich eifere für den Heiligen, gepriesen sei sein Name, der Israel befreien wird, wenn wir mutig genug sind, uns gegen unsere Unterdrücker aufzulehnen.«

»Hat dieser Römer auf der Straße dich unterdrückt? Der Mann wollte Fisch kaufen; er kam allein zum See. Er kümmerte sich um seine eigenen Angelegenheiten, war so friedlich wie ein neuer Morgen und du hast ihn angespuckt!«

Jaakov blinzelte erneut. »Du hast *was* getan?«

»Ich habe meine Verachtung für ihn und seine unangenehmen Kameraden gezeigt«, erklärte Avram mit harter Stimme. »Allein und ohne Furcht ist er in unser Gebiet gekommen. Du hättest den Ausdruck auf seinem Gesicht sehen sollen! Sein Verhalten allein war eine Brüskierung für alle, die sich selbst Söhne Avrahams, Jitzhaks und Jaakovs nennen. Seine Anwesenheit war eine Beleidigung für Israel, darum habe ich versucht, ihm deutlich zu machen, dass unser Volk zwar unter der Knechtschaft Roms steht, wir aber nicht gebrochen sind.«

Jaakov starrte unseren Sohn an. Seine Hand hielt über dem Topf mit Linsen inne. »Du darfst nicht so übereifrig sein, Avram«, ermahnte er ihn schließlich und tauchte sein Brot in den Topf ein. »Du musst deine Schlachten mit Sorgfalt auswählen. Ich denke nicht, dass es dir bestimmt ist, heute gegen Rom loszuschlagen.«

»Wie werden wir wissen, wann die Zeit gekommen ist, um loszuschlagen?«, beharrte Avram mit funkelndem Blick. »Der Heilige, gepriesen sei sein Name, wird uns ausrüsten, wenn wir den Mut aufbringen, aber wie sollen wir ein Volk aufrütteln, wenn Männer wie du sich weigern ...«

»Avram!« Auch wenn er ein erwachsener Mann war, konnte ich es nicht ertragen mit anzusehen, wie mein Sohn seinen Vater beleidigte. Jaakov war kein Feigling – immerhin war er seit mehr als fünfundzwanzig Jahren mit mir verheiratet und ich gehöre nicht gerade zu den sanftesten Frauen. »Du darfst nicht in diesem Ton mit deinem Vater sprechen.«

»Ich wollte nicht respektlos sein.« Avrams Blick wanderte von mir zu seinem Vater. »Aber ich werde auch weiterhin alles tun, was in meiner Macht steht, um Israel aufzurütteln. Nur wenn wir den Willen aufgebracht haben, uns gegen die Römer zur Wehr zu setzen, wird der Heilige, gepriesen sei sein Name, uns von der Herrschaft dieser Cäsaren befreien.«

Frustriert von den gefährlichen Ideen meines Sohnes hob ich meine mit Farbe beschmierten Hände zum Himmel, der vollkommen verstummt war. »Du denkst, HaShem würde uns jetzt beobachten? Du denkst, es würde ihn kümmern? Nein, das tut er nicht mehr. Er hat uns verlassen, Avram; er hat uns verlassen, damit wir unseren eigenen Weg finden. Wie lange schweigen die Propheten schon? Wie lange ist es her, seit uns ein Befreier versprochen wurde? Generationen, mein Sohn. HaShem ist nicht mehr bei uns.«

»Mirjam ...«, Jaakovs Stimme klang krächzend vor Müdigkeit, »du weißt nicht, was du sagst. Setz dich.«

»Ich kann mich nicht hinsetzen.« Noch immer zitternd von dem Schrecken des Nachmittags, verschränkte ich meine Arme über der Brust und starrte meine Familie an. Der arme Binjamin konnte diese Dinge zum Glück noch nicht verstehen, aber Rahel hätte ihrem Mann schon vor Monaten gut zureden müssen. Jaakov, das Licht meines Lebens, war zu sanftmütig, um unseren Erstgeborenen zu zügeln, darum fiel die Aufgabe, dieses eigensinnige Maultier auf den rechten Weg zu treiben, mir zu.

»Du solltest dieses Haus morgen nicht verlassen ...«, ich funkelte Avram an, »wenn du dich auch weiter so dumm benehmen willst. HaShem ist nicht am Werk, um Israel zu retten, nicht im Augenblick.«

Ein Hauch von Röte überzog das Gesicht meines Sohnes wie ein Fieber. »Haben sich die Propheten denn geirrt? Gibt es keine Hoffnung für uns? Der Messias kommt nicht?«

»Falls er tatsächlich kommt, dann ganz bestimmt nicht nach Magdala.« Ich nahm meinen Schleier vom Haken und warf ihn mir über den Kopf. »Eines weiß ich ganz sicher: Es ist besser, seine Arbeit zu tun, sich ruhig zu verhalten und keinen Ärger zu machen, als sich in törichten Träumen zu verlieren.«

Als niemand antwortete, verschränkte ich die Arme vor der Brust und trat hinaus in die angenehme Kühle des Hofes.

Ich liebte meine Familie, aber an manchen Tagen wünschte ich, ich hätte die Freiheit, davonzulaufen.

Mit zusammengebissenen Zähnen stapfte ich durch den Hof, als ich ein Klopfen am Hoftor vernahm. Ich schob mich an der Milchziege und meinen Farbtöpfen vorbei und spähte über die Steinmauer. Ein bartloser Mann in einer kurzen, weißen Tunika stand davor. Ein Römer.

»Meine Herrin wünscht ihr Geschäft mit dir zum Abschluss zu bringen«, erklärte der Mann. Seine braunen Haare waren verschwitzt und lichteten sich bereits.

In der Aufregung des Nachmittags hätte ich meine Vereinbarung mit der edlen Carina beinahe vergessen.

Ich warf einen schnellen Blick zum Haus. Eigentlich sollte ich Jaakov rufen, um diese Transaktion durchzuführen, aber ich war noch ärgerlich auf ihn, weil er meine Sorge um Avram nicht ernst genommen hatte. Ich wandte mich dem Sklaven zu. »Hast du das Geld mitgebracht?«

Unsicherheit machte sich auf seinem Gesicht breit. »Meine Herrin möchte, dass du mich begleitest. Du wirst das Päckchen mitnehmen, sie wird dich bei Lieferung bezahlen.«

Ich versteifte mich. Hatte diese Frau unsere Vereinbarung vergessen oder hatte sie bewusst beschlossen, meine Wünsche zu ignorieren? Ich sollte diesen Sklaven fortschicken und wieder hineingehen, aber wie könnte ich mir so viel Geld einfach durch die Lappen gehen lassen?

Ich bat den Diener zu warten, während ich zu den Holzkisten ging, in denen wir unsere Stoffe aufbewahrten. Mir war durchaus bewusst, dass ich eigentlich nicht allein ausgehen sollte, schon gar nicht nach Einbruch der Dunkelheit, aber die Männer saßen noch beim Essen – durch das Fenster konnte ich ihre tiefen Stimmen und Rahels leises Murmeln hören.

Jaakov würde nicht einmal merken, dass ich fortgegangen war, wenn ich mich beeilte und schnell wieder zurück wäre. Und ich wäre ja auch in Begleitung dieses Dieners ...

Ich suchte zwischen den Woll- und Leinenstoffen nach der changierenden roten Seide und zog sie heraus. Nachdem ich mein Gewand glatt gestrichen hatte, steckte ich mir das Bündel unter den Arm und verließ den Hof durch das Tor.

Zügigen Schrittes machte sich der Diener auf den Weg durch das Dorf, ohne Rücksicht auf meine kleineren Schritte zu nehmen. Der volle Mond beleuchtete unseren Weg; er schien auf die Häuser meiner Nachbarn – Gebäude aus verputztem Stein und Ziegel, einige sehr großzügig und mit Säulengängen verschönert, andere klein und einfach. Wie Geisterwesen krochen Wolkenschatten über die Straße und die Mauern hinauf, überschatteten die Dächer, wohin sich viele der Einwohner Magdalas zurückgezogen hatten, um die Kühle der Nacht zu genießen.

Mein Blick glitt zu einer steinernen Treppe, als ich die vertraute Stimme meiner nächsten Nachbarin vernahm. »Ja, sie stellt ein herrliches Gelb her«, erzählte Judit jemandem auf ihrem Dach rechts von mir. »Aber ihre Preise sind hoch, meinst du nicht?«

Ich hob mein Kinn. Judit sprach anscheinend von mir. Schon seit einiger Zeit vermutete ich, dass sie ein Auge auf mein Geschäft geworfen hatte – oder zumindest auf meine Kunden. Zu gern hätte ich sie oder Hadassa in meine Färbetechniken eingeweiht, aber Judit war immer zu stolz gewesen, um zu fragen.

Sie würde grün werden vor Neid, wenn sie erfuhr, was ich für die Seide bekommen hatte.

Nachdem wir den Brunnen in der Mitte des Dorfes hinter uns gelassen hatten, klopfte der Diener an das Hoftor des Gasthauses. Meine Aufregung verwandelte sich in Schrecken, als ich hinter den

Mauern Stimmen hörte – mehrere Nichtjuden, die Griechisch sprachen. Israeliten hätten sich auf Hebräisch oder Aramäisch unterhalten.

Eine Dienstmagd öffnete das Tor und ich trat in den Hof. Eine Gruppe Soldaten hatte sich um einen Feigenbaum versammelt. Meine Anspannung ließ etwas nach, als ich merkte, dass sie ungezwungen beisammen zu sitzen schienen. Wichtiger noch, der Zenturio, den ich auf der Straße gesehen hatte, war nicht dabei.

Tief durchatmend, folgte ich dem Diener in die Haupthalle. Er schob mich in einen luxuriös ausgestatteten Raum mit gefliestem Boden, kostbaren Wandbehängen und einem mit bunten Platten belegten Tisch. Ich wartete in der nach Weihrauch duftenden Stille, bis die römische Dame aus einem angrenzenden Zimmer hereinschwebte.

»Mirjam«, begrüßte sie mich freundlich und streckte mir ihre Hand entgegen, während sie sich auf einen mit aufwändigen Schnitzereien verzierten Sessel sinken ließ. »Wie schön, dass du gekommen bist. Möchtest du dich nicht setzen?«

Ein einfacher Stuhl stand dem verzierten Sessel der Dame gegenüber. Ich folgte dem Vorbild meiner Gastgeberin und nahm Platz. Mein Päckchen legte ich mir auf den Schoß. Ich verschränkte meine Arme vor der Brust und versuchte mich so zu verhalten, als wäre ich jeden Abend bei reichen, römischen Kunden zu Gast.

»Möchtest du etwas trinken?« Kaum waren die Worte über Carinas Lippen gekommen, als eine Dienerin ein Tablett mit zwei Bronzebechern hereinbrachte. Da ich meine Kundin nicht verärgern wollte, nahm ich den Becher und wartete, bis sie ihren Becher an die Lippen setzte, bevor ich einen Schluck trank.

Sie hatte mir einen Becher judäischen Weines angeboten, doch nicht einmal dieser süße Nektar konnte meine Anspannung lösen. Ich stellte den Becher auf den gefliesten Boden und richtete mich auf. »Ich würde gern unser Geschäft zu Ende bringen. Meine Familie wartet zu Hause.«

Seltsamerweise flog der Blick meiner Gastgeberin zu der Tür, durch die sie hereingekommen war. Sie schenkte mir ein nachsichtiges Lächeln, wie eine Frau, die sich über die Launen eines dummen Sklavenmädchens amüsiert. »Ich mag dich, Mirjam. Unsere Begegnung am heutigen Nachmittag hat mich fasziniert. Du bist so ganz anders als die anderen jüdischen Frauen, die ich beobachtet habe. In meiner Gegenwart sind sie immer so still.«

Ich zwang mich zu einem Lächeln. »Anscheinend warst du noch nie früh morgens am Brunnen. Dann würdest du unsere Frauen nicht für schweigsam halten.«

Sie lehnte sich nach rechts und legte beide Arme auf eine gewölbte Armlehne. »Du hast große Ähnlichkeit mit den Frauen von Rom. Wir sind stark. Wir wurden gelehrt, uns die Göttinnen zum Vorbild zu nehmen, die in unseren Tempeln wohnen.«

Dass sie von den Göttinnen sprach, überraschte mich. Ich hatte gehört, zu den Ritualen und dem Aberglauben der Römer gehörten alle möglichen perverse geschnitzte Bilder, aber nie hatte ich von Göttinnen gehört. Trotzdem, bei den Heiden konnte mich kaum etwas in Erstaunen versetzen.

Ich legte meinen Kopf zur Seite und versuchte eine Antwort zu formulieren, die irgendwo zwischen deutlich gezeigtem Desinteresse und offensichtlicher Schmeichelei lag. »Diese Göttinnen …«, ich wählte meine Worte mit Bedacht, »helfen sie dir, einen Haushalt zu führen?«

Sie warf den Kopf in den Nacken und begann zu lachen. »Helfen? Bei allen Göttern, nein! Sie sind viel zu eifersüchtig, rachsüchtig und fordernd. Doch meine Lieblingsgöttin ist Viriplaca, die Göttin des häuslichen Lebens.«

»Wenn sie dir nicht hilft ... warum betest du sie dann an?«

Das Lächeln der Römerin verschwand. »Sie besänftigt den Mann des Hauses und verwandelt seinen Zorn in Sanftheit. Denn sogar Viriplaca muss sich dem Oberhaupt des Hauses unterwerfen.« Sie hob ihren Becher und lächelte mich an. Ihre hellen Augen funkelten über den Rand. »Trink, Mirjam. Eine geschäftliche Transaktion muss nicht langweilig sein.«

Entspannt vom Wein und fasziniert von der hübschen Umgebung hob ich meinen Becher an die Lippen und trank. Die Aura des Verbotenen erregte mich. Als ich den leeren Becher sinken ließ, war der Raum weicher geworden, das Licht weniger grell und mein Blut hatte sich in meinen Adern erwärmt.

Sie deutete auf das Bündel in meinen Armen. »Du hast den Stoff mitgebracht?«

Ich faltete das Leinen so weit auf, dass sie einen Blick auf die Seide werfen konnte. In der Kühle dieses Zimmers glühte der Stoff wie das tiefe Rot einer überreifen Traube.

»Darf ich ihn sehen?«

Ich gab ihr das Bündel. Schnurrend wie ein Kätzchen erhob sie sich und schüttelte die Falten aus, dann legte sie sich ein Ende über die Schulter und drapierte den Rest des Stoffes um ihre schlanke Gestalt.

»Er ist wundervoll.« Leise und ehrfürchtig hauchte sie diese Worte. »Dieses Gewand wird einer Kaiserin würdig sein.«

»Und eines Kaisers.« Ich deutete auf den Stoff, der sich über die Fliesen ergoss. »Daraus könntest du noch ein Gewand für – nun, für das Oberhaupt deines Haushalts arbeiten lassen. Oder für wen auch immer.«

»Ah.« Sie zog eine Augenbraue in die Höhe, als freue sie sich über mein Taktgefühl. »Ausgezeichnet. Danke, Mirjam, dass du ihn mir gebracht hast.«

Ihre Dienerin kam zurück und stellte sich an meine rechte Seite, als wollte sie mich hinausbegleiten. Ich zögerte, wusste nicht so genau, wie ich weiter vorgehen sollte. Hatte die edle Carina den anderen Teil unserer Vereinbarung vergessen?

Ich starrte sie an. »Ich glaube nicht, dass unser Geschäft bereits abgeschlossen ist.«

»Wird sich die Farbe auch im Schein der Lampe verändern? Was meinst du?«

»Aber wir sind noch nicht fertig. Wir hatten uns auf zehn Golddenarii geeinigt.«

Ein hinterhältiges Lächeln schlich sich auf die Lippen der edlen Carina und ich wusste, Jaakov hatte Recht – ich sollte den Preis senken. Ich atmete tief durch und setzte erneut an. »Doch dir gegenüber, edle Carina, will ich großzügig sein. Für fünf Golddenarii wird dieser exquisite Stoff dir und dir ganz allein gehören.«

Und wieder lächelte sie, machte jedoch keine Anstalten, ihre Geldbörse zu holen oder ihre Dienerin loszuschicken. Stattdessen verzog sich ihr voller Mund, als wolle sie in Gelächter ausbrechen. »Wie viel ist dir dein Leben wert, Mirjam?«

Diese Frage verblüffte mich. Darauf fiel mir keine Antwort ein.

»Wenn jemand deinem Leben einen Wert beimessen sollte, wären es fünf Golddenarii? Zehn? Vielleicht sogar zwanzig?«

Und auf einmal ging es mir auf: *Sie wird mir keinen einzigen Quarans bezahlen. Und ich kann nichts dagegen tun.*

Trotzdem pochte ich auf mein Recht. »Ich weiß, wir sind unterschiedlicher Herkunft, aber ich habe mir in Magdala einen guten Ruf erworben. Meine Stoffe sind von ausgezeichneter Qualität; die Farben sind rein und ihren Preis wert …«

Sie unterbrach mich mit einem kurzen Nicken. »Ich hätte einen der Legionäre bitten können, die Seide aus deinem Haus zu holen, aber ich mag dich, Mirjam. Darum schenke ich dir dafür dein Leben.«

Ich starrte sie eine Zeit lang verständnislos an; in meinem Kopf ging alles durcheinander. Und dann traf mich die Erkenntnis mit der Wucht eines Keulenschlages.

Sie gehörte zu einem römischen Soldaten. Einem Zenturio … dessen Männer sich im Hof getroffen hatten.

Ich wartete nicht mehr auf eine Begleitung, wirbelte herum und raffte mein Gewand, um nach Hause zu rennen.

Ich hörte den Lärm schon lange, bevor ich unser Haus erreichte.

Schreie zerrissen die Stille der Nacht, die noch kurz zuvor so friedlich gewesen war; Rauch und Hitze erfüllten die Luft, die vorher noch vom Abendwind angenehm kühl gewesen war. Als ich um die Ecke bog und auf unser Haus zutaumelte, bemerkte ich die dunklen Gestalten meiner Nachbarn vor den mit Lehm bespritzten Mauern unseres Hofes. Hinter der Mauer wurde das wütende Feuer in der Dunkelheit vom Wind angefacht.

Meine Truhen, meine Stoffe, meine Farben. Die Römer brannten alles nieder.

Ein Schrei verfing sich in meiner Kehle. Ich rannte los, doch kaum hatte ich die Menge erreicht, als ich von muskulösen Armen festgehalten wurde.

»Mirjam.« Judits gebrochene Stimme drang krächzend in mein Ohr. »Mirjam, du kommst zu spät. Sie sind nicht mehr da.«

Ich drehte mich um und erblickte meine Nachbarin. Ihre Augen waren weit aufgerissen und tränennass. Hadassa stand blass und zitternd hinter ihr.

Um mich herum wurde auf einmal alles dunkel. »Was meinst du? Wo sind sie hingegangen?«

»Komm und sieh selbst.«

Als der Druck auf meinen Armen nachließ, bemerkte ich, dass Uria, Judits Mann, mich festgehalten hatte. Judit legte den Arm um meine Taille und führte mich in den Hof. Ich sah vier mit Asche besudelte Männer aus unserem Hof kommen. Sie legten den blutigen Leichnam meines Mannes neben den leblosen Körper meines Erstgeborenen. Rahel lag neben ihrem Mann. Allen dreien war die Kehle durchgeschnitten worden ... und irgendein Ungeheuer hatte auch Rahels gewölbten Bauch aufgeschlitzt.

Ihr Bauch sah aus wie ein gähnender Mund.

Schwarze Leere stieg wie aus dem Grund eines Brunnens in mir hoch. Starke Hände packten mich an den Armen, aber ich fiel trotzdem, landete auf den Händen und Knien im Staub.

Das konnte nicht sein. Ich hob den Blick und sah die Feuerschatten auf den Gesichtern meiner Lieben tanzen. Hinter ihren leblosen Körpern knisterte das Feuer in einem Funkenregen, der in die schreckliche Dunkelheit davongewirbelt wurde …

»Binjamin!« Ich rappelte mich hoch und sprang auf das brennende Haus zu. »Mein Baby!«

»Nein, Mirjam!« Uria umklammerte meine Arme mit festem Griff. »Das Feuer ist zu heiß.«

»Aber Binjamin! Er ist noch drin!«

Uria schüttelte den Kopf. »Wir kamen, sobald wir Rahels Schreie hörten. Sie haben alle getötet, bevor sie das Feuer gelegt haben.«

»Sie?« Mein Blick suchte seinen. »Römer?«

In seinem Blick lagen Sorge und Verwirrung und nur widerstrebend nickte er mit dem Kopf.

Meine Gedanken überschlugen sich, doch schließlich fügten sich die Ereignisse des Tages zusammen wie die Scherben eines zerbrochenen Tontopfes.

Avram war an diesem Unglück schuld. Seine Unbeherrschtheit hatte den umherschleichenden Löwen gereizt und jetzt war der Löwe zurückgekommen, um uns zu verschlingen. Auch wenn Avrams Sünde groß war, größer noch war die Schuld der edlen Carina, die mich dazu verurteilt hatte, meine Kinder zu überleben.

Doch die größte Sünde war die der Männer, die in meinem Heim ihre Schwerter geschwungen hatten. Sie hatten meinen Mann ermordet, meinen Sohn, meine Schwiegertochter, mein Enkelkind und meinen kostbaren Binjamin.

Ich raufte mir die Haare, zerriss mein Gewand und sank zu Boden, hilflos und weinend, während die Funken von meinem Heim aufstieben und heiß und rot unter den Sternen tanzten.

Kapitel 6

Atticus legt einen Arm um seine übereinandergeschlagenen Beine, während die Worte der Frau auf ihn einwirken. Seine Muskeln spannen sich wie die Sehne eines Bogens.

Jenen Abend wird er nie vergessen. An diese Frau erinnert er sich zwar nicht, aber an die Fischer ... und das schwangere Mädchen ...

Auf Befehl ihres Zenturios verließ seine Truppe das Lager und meldete sich in dem Gasthof, in dem Gaius mit seiner Geliebten abgestiegen war. Gaius führte sie zu einem Haus in Magdala. Vom Hof aus forderte er den unverschämten jungen Fischer auf, sich zu stellen.

Aber der junge Mann kam nicht. Ein anderer Jude trat in den Hof, ein älterer Mann mit einem ergrauenden Bart, Schläfenlocken und einem dieser jüdischen Schals um den Hals. Einen Augenblick lang rechnete Atticus damit, der Bursche würde eine Entschuldigung vorbringen. Doch der Mann hatte tatsächlich den Nerv zu fragen, welches Verbrechen sein Sohn begangen hätte.

Offensichtlich hatte der ältere Mann keinerlei Erfahrung mit der römischen Strafgesetzgebung. Gaius war kein Mann, der etwas anderes als sofortigen Gehorsam duldete. Er gab Atticus ein Zeichen, der als *tesserarius* die Truppe anwies, ihm ins Haus zu folgen. Mit gezücktem Schwert marschierte Atticus über den Hof und stieß den Mann beiseite. Einer seiner Kameraden hielt den älteren Mann fest, während Atticus mit seiner Truppe in das Haus eindrang.

Er war nicht sicher, was Gaius vorzufinden erwartet hatte – bewaffnete Rebellen vielleicht? –, aber Atticus stieß auf eine Familie, die sich um den Tisch versammelt hatte. Die Überreste eines Abendessens waren noch nicht abgeräumt. Der junge Mann sprang auf und trat vor eine schreiende schwangere Frau. Der Jude schnappte sich ein verrostetes Eisenschwert und wollte zuschlagen, aber Atticus parierte den Schlag mit Leichtigkeit und bahnte für zwei seiner Kameraden den Weg. Lachend fingen sie die Frau ein und zerrten sie nach draußen in den Hof.

Der jüngere Mann, noch kurz zuvor so trotzig und aufmüpfig, rannte ihr nach und brach zusammen, als er sah, wie ein Römer ihr die Kehle durchschnitt. Schluchzend ließ er sein Schwert sinken. Zwei andere Soldaten zwangen ihn in die Knie.

Atticus durchsuchte das kleine Haus, um sich zu überzeugen, dass sich niemand versteckt hatte. Die Familie schien wohlhabend gewesen zu sein; bunte Kleidungsstücke füllten die Truhen und der Duft von Fleisch stieg aus dem Suppenkessel auf. Es war schwer zu glauben, dass diese Menschen Feinde Roms sein sollten. Abgesehen von dem einen Schwert fand Atticus keinerlei Waffen.

Er wollte gerade gehen, als sich ein großer Korb an der Mauer leicht bewegte. Die Luft anhaltend, umklammerte er den Griff seines Schwertes. Ein kleiner Mann könnte sich durchaus in einem solchen Korb verstecken. Er könnte abwarten und in dem Augenblick zuschlagen, in dem der Soldat ihm den Rücken zuwandte ...

Atticus hielt seine Waffe griffbereit und trat vorsichtig an den Korb heran. Er stieß ihn mit seiner Klinge an, bevor er mit einem unerwarteten Schlag den Deckel des Korbes anhob. Der Strohdeckel flog herunter und im gedämpften Licht der Lampe sah er, dass der Korb tatsächlich als Versteck genutzt worden war ... und der Anblick der darin liegenden Person erstickte jede Mordlust in ihm.

In dem Korb lag ein Baby, das ihn mit weit aufgerissenen Augen anstarrte.

Atticus blickte zur Tür, durch die er das Gelächter seiner Kameraden und die gequälten Schreie der Juden hören konnte. Wenn er dieses Baby in den Hof brächte, würde Gaius es genau wie die junge Frau töten, denn das Kind gehörte bestimmt zu ihr.

Fasziniert beobachtete er, wie das Kind ihn anblinzelte. Seine breite Stirn legte sich in einem Ausdruck der Verwirrung in Falten. Dann begann das Baby zu schreien, ein Jammern, das einen plötzlichen Schmerz der Erinnerung in ihm auslöste.

Quintus. Der Name kam ihm ganz ungebeten in den Sinn, er band ihn an dieses Kind, als wären Quintus und dieses Baby ein und dieselbe Person.

»Schsch.« Atticus steckte sein Schwert in die Scheide und nahm das Baby aus dem Korb. Die leichte Wolldecke rutschte zur Seite und offenbarte das Geschlecht des Kindes. Diesen Anblick wertete Atticus als Bestätigung. Ein Junge, genau wie Quinn.

Aber im Gegensatz zu Quinn würde dieses Kind eine Chance bekommen.

Als Atticus damals den *sacramentum* abgelegt hatte, den Eid des römischen Soldaten, hatte er geschworen, jeden Befehl zu befolgen, auch wenn es ein Befehl zum Töten war – sei es ein Tier, ein Barbar oder ein Römer. Aber nie hätte er damit gerechnet, einmal ein unschuldiges Baby töten zu müssen.

Schnell legte er das Kind wieder in den Korb und zog einen Umhang aus einer der Truhen. Er verknotete die weiche Wolle an seiner Schulter und erhielt so einen Tragegurt wie er es von den einheimischen Frauen her kannte. Dann legte er das Baby in den Gurt und zog seinen Umhang so zurecht, dass er die seltsame Ausbuchtung unter seinem Arm verdeckte.

Draußen herrschte heilloses Durcheinander. Jeden Augenblick würden die Männer das Haus anzünden. Der Höllenlärm würde die Nachbarschaft alarmieren und schockierte Schaulustige würden losrennen, um ihre Häuser vor den Flammen zu schützen.

Im Schutz der Dunkelheit würde Atticus sich davonstehlen und zu ihrem Lager draußen vor den Stadttoren zurückkehren. Schon seit Tyrus folgte ihnen eine Gruppe Huren. Vielleicht wäre eine von ihnen bereit, das Kind zu versorgen, bis er ein angemessenes Heim für den Jungen gefunden hatte.

Falls die Götter gnädig gestimmt waren, würde diesem unschuldigen Kind Quinns trauriges Schicksal erspart bleiben.

Kapitel 7

Was soll das heißen, diese Geschichte hätte nichts damit zu tun, warum ich in dieser Gerichtshalle stehe? Diese Geschichte hat *alles* mit dem Grund für meine Anwesenheit hier zu tun. Die Hintergründe für mein so genanntes *Verbrechen* sind in jener Nacht zu finden.

Ich weiß nicht so genau, was ich tat, während mein Haus niederbrannte – meine Erinnerung an den Rest dieses Abend ist bruchstückhaft. Allerdings erinnere ich mich daran, am nächsten Morgen im Haus meines Nachbarn gesessen zu haben, als Judit und einige andere Frauen die Leichname meiner Lieben wuschen. Ich wollte helfen, aber wann immer ich aufstand und nach einer Schüssel griff, wurden meine Knie weich und mein Blick verschleierte sich.

Die liebe Hadassa kauerte neben mir wie ein Schatten. Ihre Augen waren ganz rot vom Weinen. Gelegentlich kniete sie auf der Matte, auf der Avram lag, und frische Tränen funkelten an ihren langen Wimpern.

Das Gesetz verbietet uns den Genuss von Fleisch und Wein, das Anlegen der Phylakterien und das Lesen im Gesetz, solange ein Leichnam im Haus liegt. Darum warteten Uria und die Männer im Freien und überließen die Toten unserer Fürsorge. Einige Frauen aus der Nachbarschaft bereiteten das Essen im Hof zu und dann und wann kamen meine Freundinnen, die meine tote Familie versorgten, ins Freie, um sich zu stärken.

Ich konnte an Essen nicht einmal denken. Irgendwie war ich sogar erstaunt, dass ich überhaupt noch atmen konnte.

In meinem Volk ist es Sitte, die Trauernden nur stumm zu begrüßen, um sie nicht durch Beileidsbekundungen zu quälen. Man überlässt es ihnen, ein Gespräch zu beginnen. Darum sprach keine der Frauen mich an, auch wenn sie mich häufig verstohlen beobachteten.

Judit respektierte meine Trauer und überwachte die rituelle Reinigung von Jaakov, Avram und Rahel. Sie zeigte einer anderen Nachbarin einen kleinen Leinenbeutel mit Asche und einer Reihe von kleinen Knochen. Mehr hatte Uria von Binjamin und dem Leichnam von Rahels ungeborenem Baby nicht finden können. Auch wenn sie nur helfen wollte, durchbohrten ihre Worte mein Herz wie ein Dolch. In meinem Volk wurde keine Feuerbestattung von Toten praktiziert; nur Heiden verbrennen ihre Angehörigen.

Während die Frauen das getrocknete Blut von Jaakovs Kehle wuschen, sangen sie leise Trauerlieder. Ich versuchte mitzusingen, aber mir wurde die Kehle eng, wann immer ich tief Luft holte. Meine Finger zuckten, als Judit die Augen der süßen Rahel zudrückte und ihr das Kinnband anlegte, um ihren Mund geschlossen zu halten. Mein Herz brach, als Hadassa das rechteckige Leinentuch über Avrams markante Gesichtszüge legte.

Meine Familie, entstanden in Jahren der Freude und des Kampfes, war in einem Augenblick von ausländischen Eroberern zerstört worden. Ich drehte mein Gesicht zur Wand, damit meine Nachbarn nicht den Sturm des Hasses bemerkten, der hinter meinen Augen wütete.

Der Rabbi kam ins Haus. Er brachte einen Korb mit Aloe und Myrrhe mit. Judit nahm ihn ihm ab. Sie würde die duftenden Kräuter in die Leinentücher einschlagen, mit denen die Leichname zugedeckt würden, nicht um die Rückkehr des Leichnams zu Staub zu verlangsamen, sondern um dem unangenehmen Geruch des Todes entgegenzuwirken.

Mit steifer Würde kam der Rabbi auf mich zu. Ich blickte ihn an. »Rabbi.«

Er faltete die Hände. »Ein trauriger Tag, Mirjam. Aber der Heilige, gepriesen sei sein Name, ist ein gerechter Richter.«

Wie oft hatte ich schon mitbekommen, wie er diesen Satz einer trauernden Witwe zugesprochen hatte? »Ein ungerechter Tag«, entgegnete ich ihm. In meiner Stimme lag eine unerwartete Härte. »Wo ist hierin die Gerechtigkeit HaShems zu finden?«

Das Lied der Frauen verstummte und Stille breitete sich aus, zuerst bei den Frauen in meiner Nähe, dann auch unter den Männern im Hof.

Der Rabbi hob die Hände. Seine tief liegenden dunklen Augen starrten mich an. »Wo war der Allmächtige, als Hiob alles genommen wurde, was er besaß, sogar seine Gesundheit? Wo war er, als die Babylonier unseren Tempel niederbrannten? Wo war er, als unsere Väter unter der ägyptischen Knechtschaft stöhnten? Er war da, Mirjam. Er wartete.«

»Worauf?« Ein Anflug von Hysterie lag in meiner Stimme, aber ich konnte den Mund nicht halten. »Hiob, unsere Väter und unser Tempel sind mir egal; ich will wissen, warum HaShem Jaakov, Avram, Rahel, Binjamin und das Baby nicht gerettet hat.«

»Wir können HaShem nicht begreifen. Er ist kein Mensch, dass er sich wie einer verhält.«

»Und wie soll ich das alles dann verstehen? Ich muss den Grund wissen, Rabbi. Ich will wissen, *warum.* Wo ist der Heilige, wenn wir ihn brauchen? Was nützt es, einem Gott zu folgen, der so weit über uns steht, dass wir nicht einmal seinen Namen aussprechen können?«

Das Gesicht des alten Rabbis wurde verschlossen, als behielte er ein Geheimnis für sich. Er faltete seine Hände wieder. »Seine Wege stehen weit über unseren Wegen, seine Gedanken sind weit höher als unsere Gedanken.«

Der Himmel helfe mir, aber ich verspürte den Drang, den Mann zu schlagen. Ich ballte die Fäuste, doch es gelang mir, die Augen zu schließen und wegzusehen. Sollten sie doch alle denken, mein Schmerz sei zu groß, als dass ich weiterreden könnte. Sollten sie doch glauben, ich hätte die weisen Worte des Rabbis akzeptiert.

Doch in Wahrheit hatte ich gar nichts akzeptiert.

»Yigadal ve-Yitkadash Shmei Rabbah …«

»Groß und heilig sei sein großer Name auf der Welt, die er nach seinem Willen geschaffen hat.«

Als der Rabbi und zehn Männer das Kaddish, das Gebet für die Toten gesprochen hatten, verließ ich Urias Haus. Mir war nichts geblieben außer meiner Trauer und meinem Zorn. Die bestellten Klageweiber hielten mit ihren Wehklagen inne, die Musiker brachen ihr Flötenspiel ab, als ich hoch erhobenen Hauptes und mit trockenen Augen an ihnen vorbeischritt, doch als die trauernden Frauen mir folgten, nahmen sie ihren Dienst mit erneuerter Energie wieder auf. Hinter den Frauen trugen mehrere Führer von Magdala die Totenbahren mit Jaakov, Avram und Rahel. Auf einer kleineren Bahre lag der erbärmliche Beutel mit Asche und Knochen.

Ich schritt hoch aufgerichtet voran, gestützt nicht von der Hoffnung auf die Auferstehung, sondern von einer aufkeimenden Hoffnung auf Gerechtigkeit. Die römischen Soldaten durften doch bestimmt nicht einfach in eine Stadt kommen und grundlos eine ganze Familie auslöschen! Avram hatte am Nachmittag zwar einen Zenturio provoziert, aber sein voreiliges Handeln durfte doch nicht mit einer Hinrichtung bestraft werden.

Durch eine Frau war der Tod in die Welt gekommen und so führte ich den immer größer werdenden Trauerzug gemessenen Schrittes die Straße entlang, durch die Stadttore und über die staubige Straße zur Beerdigungsstätte von Magdala. Auf diesem Land grasten keine Ziegen, keine Kinder spielten auf diesen sanft abfallenden Hügeln. Ich konnte mich nicht einmal erinnern, in diesem öden Gebiet jemals einen Vogel gesehen zu haben.

Ich ging vorbei an den kleinen Säulen, mit denen die Gräber der ärmeren Menschen markiert waren, und blieb vor der Familiengruft stehen, in der die Gebeine von Jaakovs Eltern und Großeltern ruhten. In diese Höhle, in den Felsen gehauen, hatten mein Mann und ich zwei kleine Mädchen gelegt, die gestorben waren, bevor sie ein ganzes Jahr gelebt hatten. Eines von ihnen wäre jetzt in Hadassas Alter, wenn …

Zu viele *Wenn.* Wenn Avram nicht so töricht gewesen wäre; wenn Jaakov nicht so nachsichtig gewesen wäre. Wenn die Männer gestern länger auf dem See geblieben wären, wenn die Römer nie in unser Land gekommen wären, wenn der Heilige Israels seine längst überfälligen Verheißungen erfüllen würde ... dann wäre das Leben besser.

Doch alle diese *Wenn* verblassten angesichts der harten Realität: Bei Sonnenuntergang würden alle, die ich geliebt hatte, in dieser Steinkammer ruhen.

Ich wich zur Seite, als die Träger mit den Totenbahren näher kamen. Einige Männer mit dicken Stöcken traten vor, um den Stein von dem Eingang wegzurollen. Stille senkte sich über die Menge, während sie den großen Stein mühsam zur Seite schoben und den Eingang zum Grab frei gaben.

Ich bückte mich und spähte hinein. Links von mir waren drei Nischen in den Stein gehauen worden, drei rechts von mir und drei dem Eingang gegenüber. In sechs davon lagen erwachsene Leichname; die übrigen Nischen würden heute besetzt werden.

Der erbärmliche kleine Beutel würde bei meinen kleinen Mädchen auf einer Platte in der Mitte der Gruft ruhen.

Ich richtete mich auf und trat zu meinen Angehörigen. Die Träger senkten die erste Bahre, sodass ich mit den Fingerspitzen über das Leinentuch über dem Gesicht meines geliebten Mannes fahren konnte. Durch das Leinen entdeckte ich den dunklen Kreis des Muttermals neben seiner Augenbraue. Wie oft hatte ich diesen Fleck geküsst, weil mein Herz zu voll gewesen war für Worte. Wie konnte ich einen neuen Tag beginnen, ohne ihn am Bart zu zupfen, um ihn aufzuwecken? Wie konnte ich zum See gehen, ohne zu erwarten, Jaakov am Ufer wartend vorzufinden?

Eine Welle der Einsamkeit ergriff mich, aber ich schloss die Augen gegen den Schmerz und trat an die nächste Bahre. Avram, mein Sohn. Jaakov so ähnlich, mir so ähnlich. Wenn nur das Feuer meiner eigensinnigen Unabhängigkeit weniger heftig in ihm gelodert hätte!

Ein neuer Schmerz durchbohrte mein Herz, als ich mit den Fingerspitzen das Leinen über Rahels süßem Gesicht berührte. Sie hatte ihre Angehörigen in Bethsaida verlassen, um bei uns zu wohnen, und ich hatte meine sanfte Schwiegertochter aufrichtig lieben gelernt. Ich hatte Avram an eine Frau abgegeben, die ihm Freude brachte, und ich hatte mich so danach gesehnt, ihr Baby in den Armen zu halten.

Wie konnte HaShem zulassen, dass die Römer mir diese Hoffnung entrissen?

Ich schloss die Augen und trat zurück, damit die Bahrenträger das Grab betreten konnten. Hinter meinen geschlossenen Augenlidern spürte ich die Tränen. Mein Kopf war davon angeschwollen; das Innere meiner Nase schmeckte wie das Meer, wann immer ich einen Atemzug tat.

Ganz vorsichtig betteten die Bahrenträger die Toten zur letzten Ruhe. Uria achtete darauf, dass Rahel in die Nische über Avram gelegt wurde.

Die Klageweiber schlugen sich an die Brust und stimmten ihren Klagegesang an und die Flötenspieler begleiteten sie mit ihren melancholischen Melodien. Neben mir spürte ich den Druck einer Hand. Ich öffnete die Augen und sah Hadassa, die sich bei mir untergehakt hatte. Ganz vorsichtig und liebevoll strich sie mit ihren Fingern über meine Wange.

Wie das Blut aus einer Wunde stieg ein spitzer Jammerschrei aus der Tiefe meines Herzens hoch und hallte über den Friedhof. Ich barg mein Gesicht an Hadassas schlanker Schulter und zerbrach leise und gründlich in tausend Stücke.

Kapitel 8

»Irgendetwas stimmt da nicht, ich sage es dir. Sieh ihn dir doch nur an.«

Atticus starrte das syrische Mädchen an, das zu der Gruppe von Frauen gehörte, die ihrer Einheit seit Tyrus folgte. Sie schien sehr nett zu sein, darum hatte er das Baby in ihre Obhut gegeben, während sie marschierten, aber im Augenblick war jede Spur guter Laune und Geduld bei ihr verschwunden.

Er betrachtete das Baby, das zu ihren Füßen auf einer Decke saß. Der Kleine rieb sich die Augen, als sei er müde, aber sonst fiel ihm nichts auf. »Was meinst du denn?«

Das Mädchen schrie los. Bei dem schrillen Geräusch fuhr Atticus zusammen und zwei Soldaten am Proviantwagen wurden aufmerksam. Aber der kleine Junge blinzelte nicht einmal.

Das Mädchen sank auf die Decke und zog einen Beutel mit gesalzenem Fisch aus einer Stofftasche. »Dieses Kind ist taub.«

»Wie kannst du da so sicher sein? Vielleicht hat er nur ein ruhiges Wesen.«

»Kein Kind ist so ruhig, Atticus – nicht einmal du.« Das Mädchen brach ein Stück Fisch ab, steckte ihre Haare hinter ihr Ohr und lächelte. »Ich weiß nicht, warum du Soldat geworden bist, aber du bist anders als diese Männer.«

Atticus ignorierte ihre persönliche Beobachtung und ließ sich auf der Decke nieder. »Kann ich ihm nicht irgendeine Medizin geben? Könnte ihm unser Arzt helfen?«

Sie zuckte mit den nackten Schultern. »Du würdest ein großes Risiko eingehen, nicht? Was würde passieren, wenn bekannt würde, dass du ein Baby hast?«

»Ich habe kein Baby.«

»Und wie würdest du diese Person auf der Decke nennen? Dieser Junge ist noch nicht groß genug, um ein Zenturio zu sein.«

Atticus blickte sie finster an. »Ich wollte sagen, er ist nicht *mein* Kind.«

»Und wem gehört er dann? Zu irgendjemandem muss er doch gehören.«

Atticus atmete heftig und vermied es, das Mädchen anzuschauen, das ein Stück von dem Fisch kaute. Ihre dicken schwarzen Haare hingen ihr in anmutigem Schwung über die Schultern und ihre ärmellose Tunika entblößte ihre schlanken Arme. Er hatte gehofft, sie würde eine Bindung an das Kind entwickeln und in einer der Städte, durch die sie kamen, zurückbleiben, aber da war sie, nicht besonders glücklich über ihre neue Verantwortung und ebenso beharrlich wie ein Geschwür.

»Es ist doch egal, wo ich ihn gefunden habe. Niemand sucht nach ihm und er tut keinem etwas. Er ist still.«

Sie spuckte den Fisch in ihre Hand, zog eine Gräte heraus und gab das gekaute Fleisch dem Kind, das fast noch keine Zähne hatte. »Er ist *zu* still – das versuche ich dir doch zu sagen. Mit diesem Baby stimmt was nicht. Wenn du gehofft hattest, ihn eines Tages als Diener einzusetzen, dann solltest du ihn vielleicht besser möglichst schnell wieder los werden.«

Atticus biss die Zähne aufeinander und unterdrückte den Widerwillen, den er empfand. »Wenn du mir nicht helfen willst, dann suche ich mir jemanden, der es tut. Bestimmt wird eine dieser anderen Frauen, die uns …«

Sie hob die Hand mit ihren abgebissenen Fingernägeln. »Ich habe ja nicht gesagt, dass ich das Baby nicht mag; ich habe nur an dich gedacht. Wenn dieses Kind dich in Schwierigkeiten bringt, könntest du es vielleicht irgendwo auf einem Feld …«

Atticus packte ihren Arm, senkte zornig den Kopf und starrte ihr in ihre braunen Augen. »Ich werde diesen Jungen nicht im Stich lassen.«

Sie zitterte unter seinem Griff, aber sie hielt seinem Blick stand. »Dann sorge du für ihn. Hier.« Sie knallte ihm den restlichen Fisch gegen das Knie. »Füttere ihn doch selbst.«

Er ließ sie los. »Das werde ich auch. Betrachte dich von dieser Aufgabe entbunden.«

Er dachte, sie würde gehen – beinahe *hoffte* er, sie würde gehen, aber nach einer Weile waren die Sturmwolken aus ihrem Gesicht verschwunden.

»Komm schon, Atticus, sei doch vernünftig.« Ihr Lächeln schimmerte wie die Sonnenstrahlen auf der Wasseroberfläche des Tiber. »Du kannst dich nicht um ein Baby kümmern und in Cäsars Armee dienen. Du bist kein freier Mann.«

Er zog eine Augenbraue in die Höhe. »Aber *du* bist frei zu tun, was du möchtest?«

Sie griff erneut in ihren Beutel und holte ein Brot heraus. Sie pulte ein Stück des weichen Teiges aus der Kruste. »Du hast nicht einmal einen Kratzer auf meinem Arm hinterlassen. So ein großer Kerl wie du könnte mich verletzen, ohne es auch nur zu merken.«

»Ich habe dich nicht verletzt, weil ich dich nicht verletzen wollte.«

Sie kaute ein Stück Brot und gab es dem hungrigen Jungen. »Ich werde dir bei dem Baby helfen, Atticus; keine Sorge. Ich mag es.«

Atticus brach ein Stück von dem Fisch ab und gab es dem Kind. Es steckte den Fisch in den Mund. Sofort verzog es unwillig das Gesicht.

Die junge Frau begann zu lachen und holte das Stück Fisch mit dem Finger aus dem Mund des Babys. »Du musst es zuerst vorkauen, zumindest bis es ein paar Zähne mehr hat. Kaue den Fisch und achte darauf, dass du die Gräten ausspuckst – es könnte daran ersticken. Und gib ihm Ziegenmilch, es sei denn, du findest eine stillende Mutter, die dir aushelfen könnte.«

Atticus nickte.

»Also – wie lange werden wir in Cäsarea bleiben?«

Atticus schob die Faust des Babys von seinem Mund und drückte dem Kind ein Stück Brotkruste in die Hand, auf der er herumkauen konnte. »Da Cäsarea unser Hauptquartier ist, werden wir hierbleiben, solange es dem Statthalter gefällt.«

»Kann ich dich besuchen?«

Er schnaubte. »In der Festung geht es nicht so locker zu wie im Lager.«

»Aber ein Mann wie du findet doch sicher einen Weg, seine Frau zu besuchen.«

Er versteifte sich. Diese plötzliche Veränderung ihrer Wahrnehmung beunruhigte ihn. Seit wann war sie *seine* Frau?

Anscheinend hatte sie intuitiv seine Gedankengänge gespürt. »Wenn ich dir helfen soll, für dieses Kind zu sorgen«, sagte sie und zog ihre Augenbrauen in die Höhe, »dann musst du zu meinem Lebensunterhalt beitragen.«

Atticus atmete tief durch. Ein Soldat hatte wenig Zeit für etwas anderes als die Armee. Sein Tag war ausgefüllt mit Marschieren, Trainieren und dem Befolgen von Befehlen. Auch wenn er sich in den vergangenen fünf Jahren darauf konzentriert hatte, der kaiserlich-römischen Armee zu dienen, so könnte er noch für mindestens zwanzig weitere Jahre nicht an eine Frau und Familie denken.

Als er nicht antwortete, legte sie ihre Hand auf den runden Kopf des Babys. »Ich werde dich nach Cäsarea begleiten und wir werden füreinander sorgen. Einverstanden?«

»Hör zu, Mädchen …«

»Cyrilla.« Sie beugte sich zu ihm hinüber. Ihr Blick war weich wie eine Liebkosung. »Ich heiße Cyrilla.«

»Ich bin ein Soldat, ein gemeiner Legionär. Ich kann mir keine Geliebte leisten.«

»Du bist ein sanfter Mann und du magst Babys. Magst du keine Frauen?«

Er wandte den Blick ab und schluckte. Seine Wangen brannten, als hätte er sich an einer Fackel verbrannt. Was hatte ihn geritten, von allen Frauen, die ihrem Lager folgten, ausgerechnet *dieses* offenherzige Weibsbild anzusprechen? »Ich mag Frauen. Aber ich darf ... mich eben nicht binden.«

»Tatsächlich.« Das Mädchen kräuselte nachdenklich die Lippen, doch als zwei von Atticus' Zeltgenossen näher kamen, verzog sich ihr Mund zu einem strahlenden Lächeln.

»Wir sind einsam.« Flavius warf dem Mädchen ein Lächeln zu. »Würdest du einem staubigen Soldaten einen Kuss geben, weil er dich auf diesem langen Marsch beschützt hat?«

Das Mädchen erhob sich, um für ihre Zuneigung einen Quadrans einzusammeln. Atticus streckte sich derweil auf einem Ellbogen aus und betrachtete das Baby.

Konnte er diesem Mädchen das Kind anvertrauen? Cyrilla war unmöglich, viel zu offenherzig und in höchstem Maße unbequem. Aber sie kannte sich mit kleinen Kindern aus und sie reiste zusammen mit einem halben Dutzend anderer Frauen. Bestimmt würden sie ein Auge darauf haben, dass dieses kleine Waisenkind angemessen versorgt wurde.

Der Junge blickte ihn an, blinzelte und schob sich die von der Spucke aufgeweichte Brotkruste in den Mund.

Die Arme um die Taille des Mädchens gelegt, stieß Flavius einen tiefen Seufzer aus. »Das ist ein trauriger Anblick«, bemerkte er so laut, dass Atticus es hören musste, »wenn der größte und stärkste Soldat in der *Cohors Secunda Italica Civum Romanorum* sich mehr für einen kleinen Sack Haut interessiert als für eine hübsche Frau.«

Atticus ignorierte den Seitenhieb. Flavius würde es nicht verstehen.

Kapitel 9

Unser Gesetz schreibt bestimmte Regeln für das Trauern vor: Drei Tage dürfen wir weinen, sieben wehklagen, dreißig Tage unsere Kleider nicht waschen und die Haare nicht schneiden. Wer nicht nach den Vorschriften des Gesetzes trauert, wird als gefühllos betrachtet.

Nach der Bestattung meiner Familie machte ich mich an das Geschäft des Trauerns. Sieben Tage lang wusch ich mich nicht, salbte mich nicht, zog keine Schuhe an und kümmerte mich auch nicht um meine Arbeit. In den ersten drei Tagen versuchte ich zu weinen, aber auch wenn meine Seele aufgewühlt war vor Kummer, es kamen keine Tränen.

Mit trockenen Augen saß ich in dem geschwärzten Eingang meines Hauses und nahm die Beileidsbekundungen der führenden Bürger von Magdala entgegen. Einige meiner Nachbarn sagten Gutes über meinen Mann, meinen Sohn und meine Schwiegertochter, andere verfluchten die Römer. Einige fragten sich laut, was ich getan hätte, dass HaShem mich so hart strafen würde.

Hadassa saß bei mir, atmete den scharfen Geruch der Asche ein und sprach kein Wort. Manchmal weinte sie und warf eine Hand voll Staub auf ihren Schleier; dann wieder schüttelte sie den Kopf über die geschwärzten Überreste des einst so üppigen Weinstocks in meinem Hof. Aber falls der Zorn in ihr loderte, so ließ sie sich nichts anmerken.

Die Dorfbewohner halfen mir, Bruchstücke und Teile meines Lebens zu retten. Uria entdeckte Jaakovs Stab in einer Ecke des Hofes; auf wundersame Weise war er den Flammen entronnen. Eine Frau brachte einen Schildpattkamm zurück, den Rahel ihr geliehen hatte. Weinend legte sie ihn mir zu Füßen. Eine andere

Frau kam mit einem Stück zinnoberroter Seide zu mir, das sie von unserem Verkaufsstand mitgenommen und noch nicht bezahlt hatte. Überrascht starrte ich auf die Seide und konnte kaum glauben, dass ich eine ausstehende Schuld vergessen hatte.

Unser weltlicher Besitz hätte auf Avram übergehen sollen; an diesem Tag gehörte alles mir. Als einzige Erbin meines Mannes besaß ich die Ruine eines Hauses, mehrere fleckige Farbtöpfe, ein Boot samt Netzen, einen verwaisten Verkaufsstand auf dem Marktplatz, einen Beutel mit Münzen (aus dem Versteck unter einem Pflasterstein ausgegraben), einen knorrigen Stab, einen Kamm und die Kleider, die ich auf dem Leibe trug.

Als die sieben Tage des Trauerns um waren, verließ ich meinen Hof und bat Uria, so viel wie möglich über den römischen Zenturio in Erfahrung zu bringen, der in dem Gasthof abgestiegen war. Eine Stunde später kam er in mein Haus und berichtete mir, die Römer seien nach dem Feuer weitergezogen – vermutlich nach Cäsarea oder vielleicht auch nach Jerusalem. Auf jeden Fall hieß der Zenturio Gaius Cabilenus; seine Geliebte war die edle Carina.

Diese Dame kannte ich.

»Was ist mit dem anderen?«, mischte sich Hadassa ein. »Ich habe sie gesehen, Vater, und einer war größer als die anderen. Er ging zuerst ins Haus; er führte die anderen an.«

Ich zog eine Augenbraue in die Höhe. »Wer war das?«

Urias Blick schien in die Ferne zu schweifen, wirkte irgendwie zerstreut. Was immer er in jener Nacht beobachtet hatte, es stand ihm erneut vor Augen. »Da war ein großer Mann«, gestand er, seine Stimme schien von weither zu kommen. »Ein richtiger Sha'ul; er war einen Kopf größer als die anderen. Der Mann mit Namen Gaius gab die Befehle, aber der Riese ging los und traf auf deinen Mann, Friede seinem Andenken.«

»Der Name des Riesen.« Ein Hauch von Schärfe lag in meiner Stimme. »Kennst du seinen Namen?«

Uria blickte Hadassa an und nickte. »Ich hörte, wie die anderen ihn gelobt haben. Sie nannten ihn Atticus.«

Ich schloss die Augen und prägte mir diese beiden Namen ein. Gaius Cabilenus, der Zenturio mit einer verwöhnten Geliebten und einem erbarmungslosen Stolz. Und Atticus, der Riese, der in mein Heim eingedrungen war und seine Gefährten veranlasst hatte, meine Familie zu ermorden.

Hadassa wartete, bis ihr Vater gegangen war; dann runzelte sie die Stirn. »Was wirst du jetzt tun?«

Ich schenkte dem Mädchen ein trauriges Lächeln. »Ich werde ... wieder aufbauen, denke ich.«

»Das habe ich nicht gemeint.« Sie legte ihre Hand über meine. »Ich kenne dich und der Blick in deinen Augen ist mir nicht unbekannt. Du hast einen Plan ... und ich hoffe, er ist nicht gefährlich.«

Ich zögerte, schwankte zwischen der Sünde der Täuschung und der Sünde des unweiblichen Benehmens. Mein Wunsch nach Gerechtigkeit gab den Ausschlag. »Mir wurde Unrecht getan, Hadassa.« Ich senkte die Stimme. »Hier in Magdala werde ich keine Gerechtigkeit finden.«

Sie tätschelte meine Hand. »Ich weiß, du bist traurig, aber du solltest mit dem Rabbi sprechen. Er wird dich daran erinnern, dass es im Gesetz heißt, wir sollten keine Rache nehmen und keinen Groll hegen. Er wird dir helfen zu akzeptieren ...«

»Im Gesetz heißt es, wir sollten keinen Groll hegen gegen jemanden aus *unserem* Volk. Nein, der Rabbi hat keine Antworten für mich und ich kann nicht akzeptieren, was geschehen ist. Darum gibt es nur einen Ort, wo ich hingehen kann.«

Ich erwartete keine Antwort von ihr. Nie hätte ich gedacht, dass ein Mädchen von ihrer Jugend meine Absicht erraten könnte, aber Hadassa kannte mich viel besser, als ich geahnt hatte. »Du würdest nach ... nach Tiberias gehen?«

Ich blinzelte sie an, dann spürte ich, wie sich mein Mundwinkel verzog. »Warum nicht? Die Reise ist gar nicht so lang.«

»Aber diese Stadt ist ...«, sie erschauderte, »unrein.«

Ich stieß den Atem aus. »Denkst du, in einer Zeit wie dieser würde es mich interessieren, ob sie rein oder unrein ist? Herodes hat diese Stadt auf einem Friedhof erbaut ... ich habe gerade meine ganze Familie in ein Grab gelegt und mein Herz mit ihnen begraben. Dann bin ich eben unrein; mir ist es egal!«

Hadassa blickte über die Schulter zurück. Bestimmt wünschte sie, ihr Vater würde zurückkommen und mir diesen Plan ausreden, aber er hatte den Hof verlassen.

Da es keinen gab, den sie zu Hilfe rufen konnte, straffte sie ihre schlanken Schultern und leckte ihre trockenen Lippen. »Herodes ist ein Hund, ein Edomiter. Wenn Vater hier wäre, würde er dir sagen, dass keine Tochter Israels ihre Zeit mit ihm vergeuden sollte. Jaakov, Friede seinem Andenken, würde seine Kleider zerreißen, wenn er wüsste, dass du überlegst, diesen bösen König aufzusuchen.«

»Wenn Jaakov seine Kleider wegen Avrams Dummheit zerrissen hätte, wäre meine Familie heute vielleicht noch am Leben.« Obwohl ich wusste, dass diese Worte ihrem jungen Herzen bestimmt einen Stich versetzten, schloss ich die Augen und hob mein Gesicht in die brennende Sonne. »Meine Familie schreit auf zu mir. Ich bin der Rächer der nächsten Angehörigen. Das Gesetz drängt mich, den Mord an ihnen zu rächen.«

»Würdest du ein Gesetz befolgen, das dir aufträgt, *Römer* zu töten?« Hadassa riss die Augen auf. »Im Gesetz heißt es, du sollst einen Mörder zu Tode bringen, wenn du ihm begegnest, aber wenn HaShem gnädig ist, wirst du diesen Römern nie wieder begegnen. Trage deine Sache dem Rabbi vor und sieh, ob er nicht zustimmt.«

»Der Rabbi kann nichts tun; die Führer dieser Stadt sind den Römern gegenüber machtlos. Herodes ist die Autorität im Galil, also muss ich zu Herodes gehen.«

Hadassa schüttelte den Kopf. »Geh nicht, Mirjam. Du kannst hierbleiben; meine Familie wird dir helfen, dein Haus wieder aufzubauen. Mein Vater wird für dich sprechen. Wir werden deine Familie sein und mit der Zeit wird deine Trauer vergehen.«

Da ich gewohnt war zu schweigen, wie es sich für eine Frau geziemte, konnte ich es mir verkneifen, meine junge Freundin auszulachen. Dachte sie wirklich, ihr Vater könnte mir irgendetwas befehlen? Innerhalb von einer Stunde, nachdem Jaakov mich in sein Haus geholt hatte, war dem lieben Mann klar geworden, dass ich mir nichts befehlen ließ. Und doch haben wir fünfundzwanzig Jahre in Liebe zusammengelebt.

Hadassas Herz würde sich von dem Verlust schnell erholen; ihre Liebe für meinen Avram war nichts weiter als eine oberflächliche Verliebtheit. Doch ich kannte meine Angehörigen durch und durch und liebte sie und ich konnte sie nicht betrauern, bis ich Gerechtigkeit für sie erwirkt hätte.

Ich würde mich Urias Autorität entziehen, aber noch nicht, denn ich wollte nicht undankbar erscheinen. Meine Nachbarn waren gut zu mir gewesen. Sie hatten mich aufgenommen, als ich keinen Ort hatte, wohin ich gehen konnte; sie hatten mich gestützt, als meine Beine wie gelähmt waren vor Trauer und Schock.

So senkte ich den Kopf und drückte meine Hand gegen die festgetretene Erde, die früher einmal ein blühender Garten gewesen war. Eine Tonscherbe ragte zwischen meinen ausgestreckten Fingern in die Höhe – ein zerbrochener Färbetopf, ein Symbol für meine zerbrochenen Träume.

Da ich meine Familie nicht zurückbekommen konnte, wollte ich Gerechtigkeit.

Kapitel 10

Atticus spürte, wie sich die Wolke der Erschöpfung hob, als Cäsarea, die stolze Hauptstadt des Gebietes von Judäa, endlich in Sicht kam. Zu Ehren Cäesars von Herodes dem Großen gebaut, schmiegte sich die Stadt wie ein Juwel an die Küste des Mittelmeers.

Die Wachen am Stadttor nahmen Haltung an, als die Trompeten der Zenturie ertönten. Ein Horn auf dem Wachturm antwortete, ihm folgte ein Willkommensruf. Der Signalgeber, der Offizier, der den Blitz, das Signum der Zenturie, trug, beschleunigte seinen Schritt, löste sich von den Marschkolonnen und schloss zu dem Zenturio auf.

Beim Einmarsch in die Stadt richtete sich Atticus auf. Obwohl sie zu einer Routinepatrouille ausgerückt waren, die vermutlich keinen anderen Grund gehabt hatte als Pilatus' Wunsch, die widerspenstige Bevölkerung einzuschüchtern, kamen Dutzende Cäsareaner auf die Straßen, um der eintreffenden Kohorte zuzujubeln. Frauen winkten von Marmorbalkonen, Männer hoben grüßend die Arme.

Atticus atmete tief durch. Er war dankbar, wieder an einem Ort angekommen zu sein, der sogar wie Rom *roch*. Die köstlichen Düfte von Schweinebraten und Lammfleisch wehten von den Kohlebecken zu ihm herüber, an denen die Sklaven die Abendmahlzeit bereiteten. Ein Kanalisationssystem sorgte für saubere Straßen und Sklaven spritzten glitzerndes kaltes Wasser, das über einen Aquädukt von dem sieben Meilen entfernten Berg Karmel hergeleitet wurde, auf die Straßen und hielten so den Staub in einem erträglichen Maß.

Funkelnde Paläste reihten sich an saubere Straßen und hinter dem Hippodrom war der künstlich angelegte Hafen zu erkennen, der sich zu einem wichtigen Umschlagplatz für die wachsende Transportindustrie entwickelt hatte. Frauen in makellosen weißen Tuniken und üppiger Lockenpracht schenkten ihnen ein strahlendes Lächeln, ganz anders als die zurückhaltenden jüdischen Frauen, die ihn verstohlen unter ihren Schleiern, die auch jede kleinste Haarsträhne verbergen sollten, hervor angeschaut hatten.

Cäsarea würde ihn immer an Rom erinnern und hier würde er sich immer zu Hause fühlen.

Atticus und seine Kameraden folgten Gaius in die Garnison und nahmen dort Haltung an. Nach der kurz angebundenen Demission des Zenturios stießen die Männer einen Schrei aus und verteilten sich über den Übungsgrund. Die meisten von ihnen eilten zu den Kasernen.

Atticus ging zum Tor und spähte durch eine Öffnung in der Steinmauer. Die syrischen Frauen waren in der Nähe eines Hains zurückgeblieben, als das Lager an diesem Morgen abgebrochen worden war. Würden sie die Stadt vor Einbruch der Dunkelheit erreichen? Würde Cyrilla in der Lage sein, Essen für das Baby zu beschaffen?

Er machte sich Sorgen um sie. Das Mädchen war schwer einzuschätzen, aber keine der anderen Frauen hatte irgendein Interesse an dem Kind gezeigt. Er konnte es ihnen nicht übel nehmen. Wie sollten sie für ein Baby sorgen, wo sie sich selbst kaum ernähren konnten?

Aber Cyrilla war dazu bereit gewesen ... und sie besaß die dazu nötigen Fähigkeiten. Sie schien zu jung zu sein, um selbst ein Kind geboren zu haben. Bestimmt hatte sie früher einmal ihre jüngeren Geschwister versorgt.

Auf dem langen Marsch nach Cäsarea zurück hatte Atticus fast ausschließlich über die Situation des Babys nachgedacht. In der Kaserne konnte er das Kind nicht unterbringen; er musste also eine ehrbare Amme suchen. Was bedeutete, er würde eine Frau bezahlen müssen, damit sie das Kind versorgte. Und das wiederum bedeutete, den größten Teil seiner dreihundertdreißig Denarii pro Jahr für die Pflege des Jungen aufzuwenden.

Es hätte schlimmer sein können. Ein gewöhnlicher Legionär bekam nur zweihundertfünfundzwanzig Denarii pro Jahr, aber seit seiner Beförderung zum Tesserarius bekam Atticus einen halben Lohn zusätzlich.

Ein Kind großzuziehen würde schwierig werden, war aber nicht unmöglich. In Anbetracht von Flavius' Geschwätzigkeit grenzte es eigentlich an ein Wunder, dass dieses Kind nicht entdeckt worden war, aber seine Kameraden aus seinem Zelt hatten sich hinter ihn gestellt und so konnte Atticus' Geheimnis gewahrt bleiben. Weder Gaius noch die anderen neun Legionäre ihrer kleinen Truppe auf Patrouille durch Judäa erfuhren etwas von dem Baby.

Nur einmal hatte Atticus befürchtet, sein kleiner blinder Passagier könnte entdeckt werden. Cyrilla hatte einmal eine Nacht ungestört durchschlafen wollen und ihm das Kind heimlich für die Nacht gebracht. Obwohl der kleine Junge nicht wie ein normales Kleinkind brabbelte, schrie er, wenn er Angst hatte oder wenn es ihm nicht gut ging, und der Anblick von so vielen fremden Männern war dem Baby nicht geheuer gewesen. Es hatte angefangen zu jammern. Als die Wachen zu ihrem Zelt kamen, um zu sehen, was los war, hatte Atticus das Baby hinter seinem Rücken versteckt und Flavius und er hatten ein Loblied auf Romulus und Remus angestimmt, die berühmten Zwillinge, die von einer Wölfin aufgezogen worden waren.

»Denkt an Romulus«, sang Atticus und grinste einen der Wachposten betrunken an, »denn ohne ihn gäbe es kein Rom, das die Völker regiert, das Gesetze des Friedens erlässt und den Stolzen im Krieg unterwirft.«

Die Wachposten hatten gelacht und waren gegangen, aber am folgenden Morgen hatte einer der Männer zu Atticus gesagt, sein Gesang würde Romulus eher beleidigen und nicht ehren.

Falls einer seiner Kameraden ihr unerwartetes Maskottchen missbilligte, so wagten sie sicher nicht, ihre Meinung zu äußern. Die Götter hatten ihn mit einem sanften Wesen beschenkt, aber nur wenige Männer konnten es hinter seiner eindrucksvollen Erscheinung entdecken.

Bisher hatte es keiner der Männer geschafft, ihn im Zweikampf zu besiegen, doch Atticus fragte sich, ob ein Kind wohl sein Ende in der Kaserne herbeiführen würde. Vierhundertachtzig Männer, Angehörige der *Cohors Secunda Italica Civum Romanorum*, lebten und arbeiteten in der Garnison in Cäsarea. Eigentlich müsste es doch möglich sein, ein kleines Kind unter so vielen zu verstecken, bis er eine Frau fand, die für den kleinen Jungen sorgen würde.

Wenn das Mädchen das Baby nur bald herbringen würde.

Sie hatten kaum eine Stunde Ruhe genossen, als eine Nachricht von Gaius kam – die Zenturie sollte sich sofort zum Appell aufstellen. Der Prokurator von Judäa wünsche die Zenturie zu inspizieren, die gerade von Tyrus zurückgekehrt sei.

Unbehaglich blickte sich Atticus in der großen Kaserne um, in der die Männer auf ihren Strohmatratzen lagen. Ein paar Minuten, bevor der Bote gekommen war, hatte Flavius etwas von einem Besucher gemurmelt und war verschwunden. Er würde sicherlich Hiebe bekommen, wenn er nicht rechtzeitig zur Inspizierung zurückkehrte.

Atticus erhob sich und legte die staubige Rüstung an, die er gerade erst abgelegt hatte. »Hat jemand Flavius gesehen?«

Die Stimme seines Freundes erwiderte: »Hier, Atticus! Sieh nur!« Flavius bog um die Ecke, einen kleinen Karren hinter sich herziehend, einen Karren, in denen Straßenverkäufer ihre Waren mit sich führten.

Atticus blickte seinen Freund mit kaum verhohlener Missbilligung an. »Du bist spät. Wir sollen uns auf dem Übungsplatz zum Appell aufstellen.«

»Ich bin nicht zu spät. Und ich habe meine Rüstung nicht abgelegt, ich bin also besser vorbereitet als du.«

Seufzend nahm Atticus seinen Schwertgürtel. Er hatte weder die Kraft noch den Wunsch, über diese Angelegenheit zu debattieren und außerdem machte er sich Sorgen um das Mädchen und das Baby. Wo steckten sie nur? Er hatte angenommen, das Mädchen hätte Verstand genug, zur Kaserne zu kommen, aber wer konnte schon sagen, welche abwegigen Gedanken ihm durch den Sinn gingen?

Flavius stützte sich mit dem Arm auf dem abgedeckten Wagen ab und grinste ihn an wie ein gut genährter Fuchs. »Nun?«

»Was?«

»Bist du nicht neugierig?«

Atticus runzelte die Stirn. »Wir haben keine Zeit für Spielchen. Wenn du so klug wärst, wie du von dir denkst, dann würdest du deinen Schild vom Staub reinigen.«

»Du bist wirklich ein Spielverderber, Atticus. Richtig langweilig.« Flavius hob die Stimme und blickte sich im Raum um. »Möchte jemand das Souvenir sehen, das ich von Tyrus mitgebracht habe?«

Einige der Männer hielten beim Polieren ihrer Rüstung inne und blickten auf. Zufrieden, das Interesse seines Publikums gewonnen zu haben, schlug Flavius das Leinentuch vom Wagen zurück.

Trotz seiner Verärgerung spähte Atticus hinein – und entdeckte Cyrilla, die in dem Karren hockte, das Baby auf dem Schoß. Atticus blickte seinen Freund an. Er wusste nicht, ob er ihm danken oder mit ihm schimpfen sollte. »Bist du verrückt?«

Flavius grinste ihn unverschämt an. »Ich habe sie vor dem Tor aufgelesen. Sie wollte hereinkommen, und nun …«, er streckte die Hand aus, »da ist sie, zusammen mit deinem Jungen.«

Stirnrunzelnd streckte Atticus die Arme aus und nahm das Baby, dann half er Cyrilla aus dem Karren. Seine Kameraden lachten und entfernten sich; andere klatschten und pfiffen.

»Ausgerechnet Atticus bringt eine Frau in die Kaserne!«

»Atticus! Ich wusste gar nicht, dass du einen Sohn hast!«

»Er fackelt nicht lange, das muss man ihm lassen. Er wird in kürzester Zeit Zenturio sein.«

Atticus ignorierte ihre Kommentare und legte das Baby auf seine Strohmatratze.

Flavius verschränkte die Arme vor der Brust. »Hast du vor, ihn dort liegen zu lassen?«

Atticus biss sich auf die Lippen, als er den Gürtel unter seinem Brustpanzer festband. »Er wird keinen Ärger machen.«

»Im Augenblick ist er ruhig. Aber was machst du, wenn er anfängt zu quengeln?«

»Er wird nicht quengeln.«

»Woher weißt du das? Er wird weinen und dieses Mal werde ich keine Hymne auf Romulus anstimmen können.«

»Und was, bitte schön, soll ich machen?«

Als Flavius unter dem Zorn in seinen Augen zusammenzuckte, bereute Atticus seinen Ausbruch sofort. Es kam nicht oft vor, dass er die Geduld verlor.

»Er wird sich still verhalten.« Atticus lächelte den Jungen an und legte ihn auf den Bauch, dann kniete er neben der Strohmatte nieder und legte seine Hand auf den kleinen Rücken des Jungen. »Er wird während des Appells schlafen. Wenn es vorbei ist, kommen wir zurück und besorgen ihm etwas zu essen. Morgen werde ich mich auf die Suche nach einer Amme in der …«

»Und mich hast du ganz vergessen?«

Er blickte das Mädchen an, das mit hochrotem Kopf vor ihm stand, die Hände in die Hüften gestemmt, und auf eine Antwort wartete ... auf welche Frage? Atticus wandte sich hilfesuchend an Flavius. »Du hast sie hereingebracht. Und was geschieht nun?«

Flavius ließ sich auf seine Matte sinken. »Sie wird bei dem Baby bleiben, schätze ich; dann werde ich sie wieder hinausbringen. Mach dir keine Gedanken darum.«

Atticus schüttelte den Kopf. Ein Baby würde nicht mehr anstellen, als Lärm machen oder vielleicht das Stroh verschmutzen, aber eine Frau könnte sie in echte Schwierigkeiten bringen. Im Mittelpunkt des Lebens eines Soldaten stand die Disziplin und auch wenn sich ein Soldat durchaus mit Frauen vergnügen durfte, so waren sie in der Kaserne doch strikt verboten. Er deutete auf das Mädchen. »Sie kann nicht bleiben.«

»Warum nicht?«

»Sie ist eine Frau.«

Flavius nickte. »Na und? Das ist ein Baby.«

»Er ist ein Junge. In ein paar Jahren und mit ein wenig Ausbildung könnte er sehr nützlich für uns sein.«

»Die Frau könnte im Augenblick sehr nützlich für uns sein.«

»Hört auf, über mich zu reden, als hätte ich keine Ohren!« Cyrilla schluckte, schob ihr Kinn vor und blickte Atticus an. »Hast du gedacht, ich hätte nur ein paar Tage lang für das Kind sorgen wollen? Wir haben eine Abmachung, du und ich. Wir haben versprochen, uns umeinander zu kümmern.«

Atticus schüttelte den Kopf. »Ich habe dir gesagt, ich bin Soldat. Ich habe Rom allein die Treue geschworen.«

»Aber du hast geschworen, für dieses Baby zu sorgen! Du hast ein Versprechen gegeben, Atticus. Du hast mir dein Wort gegeben!«

Atticus hätte noch weiter argumentiert, aber ein Trompetenton vom Übungsplatz beendete die Auseinandersetzung. Er stieß zischend die Luft zwischen den Zähnen hervor, band seine Sandalen und hoffte, das Baby würde einschlafen und das lästige Mädchen in den kommenden Minuten verschwinden.

Aber der braunäugige Bengel wollte vom Schlafen nichts wissen. Das Kleinkind setzte sich auf und beobachtete, wie Atticus seine Sandalen zuschnürte. Dann lächelte er das Mädchen, das neben ihm kniete, mit seinem zahnlosen Mund an.

Und Atticus gab sich geschlagen.

Gaius Cabilenus, der seit mehr als zwanzig Jahren in der Armee Roms diente, trat vor seine Zenturie, die Hände hinter dem Rücken verschränkt, den Blick scharf und anklagend. Als Tesserarius stand Atticus in der ersten Reihe und versuchte innerlich ruhig zu werden, während er den Blick starr geradeaus gerichtet hielt.

Pilatus stellte seine Fragen mit ruhiger Stimme, die wegen ihrer Beherrschtheit um so einschüchternder wirkte. Welche Situation hatte Gaius in der Region von Galiläa vorgefunden? Hatten sich die Juden nach ihrem Aufstand wieder beruhigt? Hatten die Männer irgendwelche Anzeichen von Aktivität unter den *sicarii* beobachtet?

»Die so genannten Dolch-Männer«, erwiderte Gaius, »bezeichnen sich selbst als eifernd für ihren Gott, aber ihre Bemühungen sind nicht organisiert. Doch es gibt sie noch, vor allem in Galiläa. Die Bewohner dieser Region sind sehr eigensinnig und stark. Sie würden lieber um ihrer Ehre willen sterben, als sich bei uns einzuschmeicheln.«

Pilatus lachte leise. »Ich denke, diese Beschreibung passt auf alle Menschen in Judäa.«

Er hielt inne und lächelte über seinen Scherz. Atticus zwang sich zur Geduld. Gleich würde Gaius sie entlassen und er könnte zurück in die Kaserne gehen …

»Einmal allerdings gab es ein Problem«, berichtete der Zenturio mit gerunzelter Stirn. »Wir haben uns der Sache angenommen und sie schnell beigelegt.«

Pilatus verzog die Lippen und bleckte die Zähne. Es war kein Lächeln. »Weiter.«

»Es geschah in Magdala. Ein Mann hat Rom und seine Führer ganz offen beleidigt, aber wir haben dafür gesorgt, dass sich das nicht wiederholen wird.«

Pilatus sah Gaius verwirrt an, als würde ihn eine Frage beschäftigen, die er allerdings nicht zu stellen wagte. Schließlich nickte der

Prokurator. »Gut, ich möchte keinen Ärger mehr während meiner Amtszeit.«

Der Statthalter ließ seinen Blick erneut über die achtzig versammelten Männer gleiten. In der Stille, die daher kam, dass alle die Luft anhielten, beobachtete Atticus, wie sich der Statthalter umdrehte, seine Frau anlächelte und den Mund aufmachte, um etwas zu sagen.

Doch in diesem Augenblick ertönte ein unerwarteter Schrei aus der Kaserne.

Pilatus' Blick schoss zu Gaius. »Zenturio! Hat einer deiner Diener etwa ein *Kind* in der Kaserne?«

Gaius' Gesichtszüge verhärteten sich. »Soweit ich weiß nicht, mein Herr.«

»Suche die Quelle für diesen Lärm.«

Gaius schickte zwei Männer aus der hinteren Reihe los. Atticus schloss die Augen; er spürte bereits die Schläge vom Stab des Zenturio auf seinem Rücken. Für diese Sache würde er bestraft werden; gepeitscht, bis es weh tat, Atem zu holen.

Blinzelnd hob er den Blick. Pilatus' Gesicht hatte sich verdüstert wie Gewitterwolken, aber seine Frau Procula beobachtete interessiert die Tür zur Kaserne. Cyrilla hatte sich als sehr findig erwiesen; sie würde vielleicht ein Versteck finden ...

Einen Augenblick später kehrten die Männer mit dem syrischen Mädchen zurück. Das Baby saß auf ihrer Hüfte, seine lange Tunika war nass von Tränen und Spucke.

Atticus unterdrückte ein Stöhnen.

Gaius verschränkte die Hände hinter seinem Rücken und funkelte das Mädchen an. »Zu wem gehörst du?«

Sie schob trotzig ihr Kinn vor – und obwohl sich Atticus am liebsten unter einem Stein verkrochen hätte, musste er den Mut des Mädchens bewundern.

»Ich bin eine freie Frau«, erwiderte sie. »Ich werde Cyrilla genannt.«

»Wer hat dich in die Kaserne gebracht?«

Sie verdrehte die Augen in einer Geste, die zu einem anderen Zeitpunkt und an einem anderen Ort vielleicht bezaubernd gewesen wäre. »Ich habe mich selbst hergebracht.«

Atticus ließ leise den Atem entweichen. Flavius an seiner Seite schwitzte wie ein alter Käse.

»Dieses Baby.«

Jeder Soldat in der Reihe strengte sich an, Proculas leise Stimme zu verstehen.

»Sag mir, Mädchen – wie alt ist dein Kleiner?«

Zum ersten Mal zeigte sich Unsicherheit auf dem Gesicht der jungen Frau. »Etwa ... ein Jahr?«

»Ich verstehe. Und wer ist sein Vater?«

»Das Baby gehört ... ihm.«

Ohne hinzusehen wusste Atticus, dass sie auf ihn gedeutet hatte.

»Tesserarius!«

Atticus trat vor, nahm Haltung an und stellte sich dem Blick seines Zenturio. Gaius' Gesichtszüge hatten sich vor Zorn verzerrt. »Zenturio!«

»Ist das dein Kind?«

Atticus platzte mit dem heraus, was ihm gerade in den Sinn kam: »Offensichtlich.«

Gaius' Augen traten so weit aus den Höhlen, dass man Angst haben musste, sie könnten herausfallen. »Was soll das heißen?«

Die Frau des Prokurators ersparte Atticus eine Antwort. Beschwichtigend trat sie zwischen Gaius und Atticus. Procula schenkte Atticus ein Lächeln und berührte mit ihrem nackten Arm die Schulter ihres Mannes. »Ich denke«, wandte sie mit bemerkenswertem Mut ein, »dass dieser Soldat beträchtlich viel Zeit mit dieser jungen Frau verbracht hat und dass sie jetzt nach dem Willen der Götter ein Baby haben. Ist meine Annahme korrekt, Legionär?«

Widerstrebend wandte Atticus seine Aufmerksamkeit dem ovalen Gesicht der edlen Procula zu. Er fühlte sich wie ein Eindringling, weil seine Augen diese liebliche Frau betrachteten, die zu einem anderen Mann gehörte, aber ihr Gesicht leuchtete vor Freundlichkeit und er hatte das dringende Bedürfnis nach ihrem Mitgefühl.

Obwohl das Bild, das sie gezeichnet hatte, weder ganz der Wahrheit entsprach noch gänzlich eine Lüge war, war es ... nützlich. Wenn Gaius erriet, dass das Kind aus dem Haus in Magdala stammte, dann war das Baby so gut wie tot. Und vor allem durfte niemand merken, dass der Junge taub war. Denn niemand wollte in ein Kind investieren, das niemals irgendwelchen Nutzen bringen würde.

Darum nickte er kurz. »Edle Procula, du bist sehr klug.«

Sie schenkte ihm ein verschwörerisches Lächeln, dann wandte sie sich zu ihrem Mann um. »Bitte, mein Herr«, sagte sie mit leiser und eindringlicher Stimme. »Das sind gewöhnliche Menschen und wissen es nicht besser. Niemand ist zu Schaden gekommen und bestimmt können wir doch irgendeinen nützlichen Dienst für das Mädchen finden? Sie könnte meine Zofe werden und so für ihr Kind sorgen. Der Soldat bleibt Soldat; du hast also nichts verloren.«

Pilatus' steinerner Gesichtsausdruck wurde bei der Bitte seiner Frau weicher. »Ich denke, wir könnten tatsächlich noch eine Dienerin brauchen.« Er nahm die Hand seiner Frau und drückte sie. »Nimm die Frau und das Kind mit, meine Liebe, und tu mit ihnen, was du willst.«

Cyrilla runzelte die Stirn. »Aber ...«

»Geh!«, zischte Atticus verhalten. »Sei dankbar für die Gnade und verschwinde!«

Während die Frau des Statthalters zur Piazza davonschwebte, setzte Cyrilla das Baby auf ihre andere Hüfte und eilte zu der weißen Marmorbalustrade.

Mit einer Mischung aus Erleichterung und Sehnsucht blickte Atticus ihnen nach. Er war den Schlägen entkommen – für den Augenblick, aber jetzt fühlte er sich für das Baby *und* das Mädchen verantwortlich.

»Siehst du?«, flüsterte Flavius ihm leise zu. »Ich habe dir doch gesagt, du sollst dir keine Gedanken machen.«

Atticus hätte ihm am liebsten einen Faustschlag versetzt.

Kapitel 11

Nach einem ganzen Monat des Trauerns schlich ich mich im Schutz des frühen Morgens aus Urias Haus. Ich nahm nichts mit als einen Lederbeutel und Jaakovs Stab. In der Nähe der Stadttore hielt ich mich im Schatten und wartete, bis sie geöffnet wurden. Entschlossen verließ ich die Stadt und machte mich auf der gepflasterten Straße an der Küste entlang auf den Weg nach Tiberias.

Nach dem Sieg unserer Eroberer wurden in Judäa viele Meilen Straßen gebaut. Auch wenn ich die Römer verabscheute, musste selbst ich zugeben, dass das Reisen durch diese heidnische Verbesserung sicherer geworden war. In den Städten, durch die diese Straßen führten, hatten heidnische Baumeister erhöhte Gehwege für die Fußgänger gebaut. Abwassertunnels hielten das Pflaster trocken und glatt. Meilensteine gaben dem Reisenden Hinweise auf seine Position. Jaakov hatte mir erzählt, Karten von allen diesen Straßen gäbe es in den Geschäften Roms zu kaufen, aber hier in Galiläa hatte ich so etwas noch nie gesehen.

Die meisten Menschen staunten über die Straßen, aber mein älterer Sohn hatte alles verabscheut, was gebaut worden war, um unseren Eroberern das Leben zu erleichtern. Auch wenn wir über diese Straßen liefen, mussten wir, wenn wir einen römischen Wagen oder eine Zenturie Soldaten in der Ferne entdeckten, die Straße räumen und durch das Gras laufen, bis die Straße wieder frei war.

An dem Morgen, als ich nach Tiberias aufbrach, begegneten mir keine Römer, darum schritt ich schnell und leichten Fußes voran. Ich hatte so vieles über diese Stadt gehört, überwiegend Negatives. Herodes Antipas hatte sich selbst ein Wunderwerk errichtet, erzählten die Männer von Magdala, angeblich zu Ehren des Kaisers, aber eigentlich wollte er sich damit selbst ein Denkmal setzen. Antipas hatte eine Beerdigungsstätte in der Nähe der Küste räumen lassen, er hatte unseren geliebten See von Galiläa in Tiberias umbenannt und Bewohner in diese Stadt gelockt, indem er ihnen kostenlos Land zur Verfügung stellte, kostenlose Wohnungen und eine Befreiung von den Steuern versprach. Kein Kind Avrahams, das etwas auf sich hielt, würde auf einer unreinen Beerdigungsstätte wohnen, aber durch Bestechung und Gewalt hatte es Herodes geschafft, die Stadt Tiberias zu bevölkern.

Ich schob alle Gedanken an diese unreine Stadt beiseite und klammerte mich an die Hoffnung, dass Antipas nach wie vor von dem Wunsch getrieben war, sich den Respekt seines Volkes zu sichern, von dem die überwiegende Mehrheit zum Volk Israel gehörte. Wenn das so war, würde er sich meine Bitte anhören und sich für mich einsetzen.

Ich schritt schnell aus, blieb nicht stehen, um einige der Fischer und Kaufleute zu grüßen, die schon so früh am Morgen zu den Anlegestellen am Ufer unterwegs waren. Keine anständige Frau reiste allein, darum war ich froh, vor mir auf der Straße eine Gruppe von Männern, Frauen und Kindern zu entdecken. Schnell beschleunigte ich meinen Schritt, bis ich die Frauen erreichte. Ich fragte sie, ob ich mich ihnen für die Tagesreise anschließen dürfe.

Die älteste Frau in der Gruppe ließ ihren Blick über meine Erscheinung gleiten. Nachdem sie mich begrüßt und mir *shalom aleikhem* gewünscht hatte, fragte sie: »Kennen wir dich? Kommst du aus Kapernaum?«

»Aus Magdala«, erwiderte ich. Ich blickte sie offen an, um ihr zu zeigen, dass ich nichts zu verbergen hatte. »Ich bin Mirjam, Frau von Jaakov, aber mein Mann ist getötet worden und ich muss Hilfe beim König suchen.«

Die alte Frau zog die Augenbrauen in die Höhe, doch sie hatte gegen meine Begleitung nichts einzuwenden. Die anderen schenkten mir ein höfliches Lächeln und nahmen ihre Gespräche wieder auf. Intuitiv schienen sie zu spüren, dass ich Gesellschaft suchte, kein Gespräch.

Hitze breitete sich über die Straße wie eine Decke. Im Osten spiegelte sich die gleißende Sonne im Wasser des Sees und nur mit zusammengekniffenen Augen konnten wir den Blick vom Pflaster heben. Die Männer, die unsere Gruppe anführten, plauderten miteinander und lachten mit lauter Stimme und immer wieder deuteten sie in Richtung Jerusalem. Ich glaube nicht, dass sie meine Anwesenheit überhaupt bemerkt hatten. Wir marschierten den ganzen Morgen und machten mittags eine Rast im Schatten eines Gehölzes. Während die Männer die Packtiere tränkten, tranken wir Frauen aus dem See und kühlten unsere Gesichter. Ich kaute an dem Brot, das ich in meinen Beutel gepackt hatte, und fuhr mir mit einem feuchten Lappen über das Gesicht. Eine der Frauen kam auf mich zu und wollte sich anscheinend mit mir unterhalten, doch mein finsterer Blick bewirkte eine Meinungsänderung bei ihr.

Kurz nachdem wir uns wieder auf den Weg gemacht hatten, spürte ich eine Unruhe unter den Männern und bald darauf erkannte ich auch den Grund dafür. Ein Zolleintreiber stand auf der Straße und beobachtete mit berechnendem Blick unsere Ankunft. Nachdem er die Anzahl unserer Gruppenmitglieder festgestellt hatte, vertieften sich die von der Sonne gegerbten Furchen neben seinem Mund zu einem langsamen, glatten Lächeln.

Die Spannung in der Luft war beinahe greifbar, als jeder von uns an dem selbstgefälligen Beamten vorbeizog und die Wegesteuer entrichtete. Noch nie hatte ich selbst bezahlen müssen – Jaakov hatte diese Dinge immer geregelt, wenn wir nach Jerusalem unterwegs waren –, aber ich wusste, dass nur ein Teil dieser Gebühr seinen Weg in die die römischen Kassen finden würde. Zolleintreiber forderten willkürlich eine Summe und jeder, der sich nicht fügte, lief Gefahr, deswegen belangt zu werden.

Als die Türme von Herodes' prächtiger Stadt in Sicht kamen, wählten die Führer unserer Gruppe einen ungepflasterten Weg, der nach Westen führte. Keinen Fuß würden sie in das unreine Monstrum setzen. Sie würden die Stadt umgehen und sich einen geschützten Lagerplatz für die Nacht suchen.

Die alte Frau kam zu mir. »Bist du sicher, dass du uns verlassen musst?«, fragte sie. Besorgt musterte sie mein Gesicht.

»Ja. Aber danke für deine Fürsorge.«

Gezwungen lächelte sie mich an und entblößte ihre braunen Zähne. »Dann möge der Heilige unserer Väter, gepriesen sei sein Name, dich führen und leiten und dich auf deinem Weg vor allen Gefahren beschützen, die Arbeit deiner Hände segnen und dich in Frieden in dein Heim zurückbringen.«

Ich neigte den Kopf und erst, als ich die salzigen Tränen auf meinen Lippen schmeckte, merkte ich, dass ich weinte. Mitten auf der Straße blieb ich stehen und der Staub wirbelte um meine Knöchel, bis die Gruppe weitergezogen war.

Kapitel 12

Nachdem die Gruppe aus Kapernaum fort war, blinzelte ich die Tränen aus meinen Augen und betrachtete die Stadt, vor der ich stand. Vor mir ragte die Steinmauer um Herodes' berüchtigte Siedlung auf. Sie wurde von zwei Wachtürmen aus Stein unterbrochen. Gestickte Flaggen wehten auf den Türmen, Insignien mit aufgestickten Weiden, die am Wasserrand wuchsen. Da die Sonne noch nicht untergegangen war, standen die Stadttore offen. Die Tore aus Holz stießen gegen die Türme, ihre Angeln aus Eisen funkelten wie angelaufenes Silber im schwindenden Tageslicht. Ein Durchgang zwischen den Türmen führte in das Herz der Stadt, aber bewaffnete Wachen in gelben Tuniken und gepanzerter Rüstung blockierten meinen Weg.

Wie sehr wünschte ich, ich könnte mich in einen der Spatzen verwandeln, die durch das Tor in die Stadt flatterten und wieder hinaus, ohne Aufmerksamkeit zu erregen!

Ich muss zugeben, der Anblick von Herodes' Wachen beunruhigte mich weit mehr als die Wachposten mit den Falkenaugen, die den Zugang zu den israelitischen Städten bewachten. Zumindest waren sie keine Römer. Ihren Gesichtszügen nach zu urteilen, schienen sie Idumäer zu sein, Nachfahren desselben edomitischen Stammes wie Herodes und seine Verwandtschaft.

Ein Hoffnungsfunke erhellte meine Verzweiflung – vielleicht kümmerten sich die Wachen und Kaufleute, die sich an diesem Tor versammelt hatten, ja nicht darum, dass ich ohne die Begleitung eines Mannes, eines Vaters oder Bruders unterwegs war.

Ich drehte mich um, als würde ich nach einem Bekannten hinter mir auf der Straße Ausschau halten, dann trat ich in den Schatten eines Baumes, um die Situation zu überdenken. Vor dem Tor umringten mehrere Männer Wagen und zweirädrige Karren, die zu mieten waren. Zwei Pferde stampften die Erde fest, während ein Gespann Ochsen Heu kaute und mit leerem Blick in die Ferne stierte. Ein Beamter saß auf einem Stein und wartete darauf, jedem den Wegezoll abzunehmen, der durch das Tor trat, und zwei Wachen waren am Eingang postiert, bewaffnet mit Schwertern an ihren Gürteln und Dolchen, in einer Scheide an ihrem Unterarm befestigt.

Ich atmete tief durch, nahm allen Mut zusammen und trat vor. Ein Erdwall über einem Abwassergraben zog sich an der Stadtmauer entlang und ein Fliegenschwarm umschwirrte einen toten Hund, der halb im Wasser lag. Wenn das schöne Tiberias Herodes so am Herzen lag, warum ließ er dann diesen Kadaver vor seinem Stadttor nicht entfernen?

Als ich meinen Schleier vorlegte, um meine Nase vor dem Gestank zu schützen, spürte ich den scharfen Blick der Wachen auf mir. Zweifellos fanden sie es seltsam, dass eine hebräische Frau allein auf die Stadttore zutrat. Würden sie mich abweisen?

Ich spürte beinahe die neugierigen Fragen dieser heidnischen Fremden. Wenn ich angehalten würde, könnte ich ihnen die Wahrheit über den Grund meines Kommens sagen, aber vielleicht glaubten sie mir nicht. Ich könnte behaupten, mein Mann warte innerhalb der Stadtmauern, aber wenn ich ihnen eine Lüge auftischte, dann musste ich sie durch eine zweite untermauern.

Etwa dreißig Schritte vom Tor entfernt kam eine Wache auf mich zu. »Halt!«, befahl der Mann auf Griechisch. »Wer bist du?«

Ich blickte ihn mit weit aufgerissenen Augen an und heuchelte Verwirrung.

»Wo ist dein Mann, Frau?« Er zeigte mit seinem Zeigefinger auf mich und hob seine Stimme, als wäre ich schwerhörig. »Welche Angelegenheiten führen dich her?«

Ich blickte an ihm vorbei auf den Durchgang, der mich zu Herodes führen würde. Am Ende des Steintunnels war eine belebte Straße zu erkennen, aber mindestens zwanzig lange Schritte lagen zwischen mir und der Sicherheit dieser Straße. Ich traute mir nicht zu, einfach loszurennen und den Wachen zu entwischen, ohne geschnappt zu werden.

Die mir ein ganzes Leben lang anerzogene Bescheidenheit fiel von mir ab. Ich hob den Blick und sprach den Wachposten direkt an. »Mein Name ist Mirjam von Magdala.«

»Ich habe dich nach deinen Geschäften gefragt, nicht nach deinem Namen.«

»Ich bin gekommen, um eine Audienz bei meinem König zu erbitten.«

Die Mundwinkel des Wachpostens verzogen sich zu einem höhnischen Grinsen. »Eine Frau ganz allein?«

»Bitte. Ich habe Herodes eine Petition vorzulegen.«

Ich hielt die Luft an, als er zurücktrat und sein Blick einschätzend über meine Gestalt glitt. Ich glaubte, einen Schimmer von Freundlichkeit in seinen Augen zu entdecken, aber bevor er etwas sagen konnte, rief eine andere Wache aus einer Gruppe von Männern, die auf dem Boden hockte: »Schick diese Frau fort! In Tiberias gibt es mehr als genug von ihrer Sorte!«

Meine Wangen begannen zu brennen, als hätte ich mich an einer Kerzenflamme verbrannt. Tief beschämt über die Bemerkung dieses Mannes und seiner Annahme, drehte ich mich um und ging davon, so schnell mich meine Beine tragen konnten. Ich verschwand in einem kleinen Hain. Dieser Zufluchtsort würde mir vermutlich als Schlafstätte für die Nacht dienen müssen.

An meinem Daumennagel kauend, hockte ich mich auf den Boden. Ich hatte einen so weiten Weg zurückgelegt; wie konnte HaShem zulassen, dass ich jetzt, so kurz vor dem Ziel abgewiesen wurde?

Die Sonne berührte gerade den Rand des westlichen Horizonts, als das Knarren und Rumpeln von Holzrädern mich aus meinen Gedanken riss. Ein Mann mit seinem von einem Ochsengespann gezogenen Wagen näherte sich den Stadttoren. Die Länge seines Bartes und die Fransen an seinem Gewand gaben ihn als Kind Avrahams zu erkennen.

Wie ein Hase auf der Suche nach einer Höhle rannte ich zu diesem Wagen hinüber. »Bitte, Freund, darf ich mich auf deinem Wagen verstecken? Ich muss in diese Stadt.«

Die Hand des erschrockenen Mannes fuhr automatisch an seinen Gürtel, wo er unter den Falten seiner Tunika vermutlich einen Dolch verborgen hatte. Wie der Wachposten am Tor sah er sich nach dem Mann um, den ich verloren hatte, aber wenigstens stellte dieser Mann nicht meine Tugend infrage.

Er rief den Ochsen einen leisen Befehl zu und sie kamen gemächlich und schnaubend zum Stehen. »Beeile dich.« Ohne mich auch nur anzusehen, richtete der Mann seinen Blick nach Westen. »Die Stadttore können jeden Augenblick geschlossen werden.«

Ich dankte ihm mit einem Kopfnicken, rannte um den Wagen herum und stieg auf. Mit angezogenen Beinen zwängte ich mich zwischen zwei Reihen von Körben. Der vertraute Duft von gesalzenem Fisch entlockte mir ein trauriges Lächeln. Dieser Mann kam vermutlich aus Magdala.

Während sich die Räder knarrend und rumpelnd wieder in Bewegung setzten, hielt ich die Luft an und betete, HaShem möge den Wachen die Augen verschließen. Das Gebet hatte keine Macht, denn es war ohne Überzeugung gesprochen. HaShem hatte es nicht geschafft, im vergangenen Monat meine Familie zu beschützen, warum also sollte er jetzt in meinem Interesse handeln?

Bei jeder Drehung der Räder sah ich das angespannte Gesicht des Wachpostens vor meinen geschlossenen Augen. Was würde er tun, wenn er mich entdeckte? Würde er mich genauso mitleidslos niederstrecken, wie die römischen Soldaten meine Familie geschlagen hatten?

Als der Gestank des toten Hundes den Duft von gesalzenem Fisch überlagerte, kaute ich auf meinem Zeigefinger herum und versuchte ein Schaudern zu unterdrücken. Der Wagen wurde langsamer und blieb endlich stehen. Ich hörte das leise Murmeln von Männerstimmen, dann das Knirschen von Ledersandalen auf dem Pflaster. Der Wachposten kam um den Wagen herum.

HaShem, König des Universums, blende seine Augen ...

»Einen Augenblick mal.«

Eine Gänsehaut überzog meine Arme, als ich die heisere Stimme des Wachpostens erkannte. Als ein Korb knarrte und mir auf einmal frische Luft in die Nase drang, schloss ich die Augen.

»Muss deine Frau immer hinten auf dem Wagen mitfahren?«

Ich spähte zwischen den Körben hindurch. Der Wachposten bog sich vor Lachen. Er hatte mich hinter den Körben entdeckt, doch offensichtlich fand er es nicht ungewöhnlich, dass eine Frau wie eine Ware auf den Wagen geworfen wurde.

Mein neuer Freund antwortete nicht. Er ließ seine Peitsche knallen, die Ochsen setzten sich in Bewegung und wir rumpelten durch den Durchgang aus Stein.

Ich ließ mich gegen die Körbe sinken und atmete den Fischgeruch ein. Schweißtropfen standen mir auf der Stirn. Aber ich hatte mein Ziel erreicht. Ich war in Tiberias angekommen.

Meinen Erfolg verdankte ich zumindest teilweise der Unwissenheit der idumäischen Wachen am Tor. Für sie sah eine hebräische Frau aus wie die andere.

Nachdem ich meinem Retter gedankt hatte, stieg ich vom Karren ab und fand mich in einer Stadt wieder, die sogar noch größer war als Magdala. Der schmale Durchgang zwischen den Türmen öffnete sich zu einem großen öffentlichen Platz, auf dem mehrere Straßen zu einem belebten Mittelpunkt zusammenliefen.

Trotz seines schlechten Rufes strahlte Tiberias einen gewissen Wohlstand aus. Ich lief an Dutzenden Verkäufern vorbei, die die Erträge von ihren Feldern und Obstgärten und ihre Milchprodukte wegpackten. Auf der anderen Straßenseite sicherten die Kaufleute ihre exotischen Waren. Eine Frau sprach mich an und schlug mir vor, meine einfache Tunika gegen ein Seidengewand und eine römische Palla einzutauschen – als ob ich *irgendetwas*, das von den römischen Hunden hergestellt worden war, tragen würde. Ich wandte den Blick ab und ging schneller, bog in eine andere Gasse ein, in der sich die Goldschmiede, Metallarbeiter und Bildhauer angesiedelt hatten. Die Handwerker priesen denen, die stehenblieben, um sich die Waren anzusehen, ihre Erzeugnisse an und machten große Versprechungen, um sie in den letzten Augenblicken des Tageslichts noch zum Kaufen zu bewegen.

Am Himmel war zu dieser Tageszeit ein Farbenspiel aus Orange, Rot und Gold zu verfolgen und er schien sich über die Stadt zu senken wie der Deckel einer bunt gestalteten Schmuckschatulle. Mich auf die Lippen beißend, betrachtete ich den Horizont. Ich brauchte einen Schlafplatz für die Nacht und ich hatte keine Ahnung, wo ich in einer heidnischen Stadt eine Unterkunft finden sollte. In einem hebräischen Dorf konnte ein Fremder, der zu Besuch in diesem Ort weilte, zum Brunnen gehen und darauf warten, dass er in eine Familie eingeladen wurde – unsere Rabbis sagen, dass wann immer ein Fremder auf unserer Türschwelle erscheint, der Heilige, gepriesen sei sein Name, rechts neben uns steht.

Aber ich war nicht sicher, ob ich auch in Herodes' heidnischer Stadt mit dieser Art von Gastfreundschaft rechnen konnte.

Nach einer Weile kam ich an einem Gasthaus vorbei – einem hohen Gebäude mit einem großen Hof für die Tiere – und blieb am Tor stehen, während ich überlegte, ob ich es wohl wagen würde hineinzugehen. Ich wollte gerade nach einer Unterkunft für die Nacht fragen, als mich der Anblick einer stark geschminkten Frau mit offenen Haaren abrupt innehalten ließ. Lieber würde ich unter den Sternen schlafen als an einem Ort, wo das Böse so offensichtlich gedieh.

Ich bog in eine andere Straße ein und blieb beim Anblick eines Gebäudes, das bestimmt der Palast des Herodes war, verblüfft stehen. Die Pracht des Gebäudes war nicht übertrieben worden – weiße Marmorsäulen trennten das Gebäude von der Straße und der Gehweg war mit funkelnden Steinplatten belegt. Auch die Dekadenz des Palastes war nicht übertrieben worden – die Erbauer hatten Tierfiguren in die Steinmauern gehauen, ein direkter Verstoß gegen unser Gesetz, nach dem geschnitzte Bilder verboten sind.

Jaakov wäre bei dem Anblick dieses Gebäudes bestimmt ohnmächtig zusammengesunken, wie auch die meisten anderen Männer in Magdala. Wie konnte Herodes von sich behaupten, unser Volk zu repräsentieren, wo er unsere Gesetze und Überzeugungen so offensichtlich missachtete? Schlimm genug, dass ich an den Verkaufsständen der Kaufleute Statuen entdeckt hatte, aber Bilder in ein *Gebäude* zu meißeln ...

Mit langsamen Schritten näherte ich mich dem Brunnen. Was tat ich nur in dieser Stadt? Ich war nach Tiberias gekommen, um Gerechtigkeit für meine ermordete Familie zu suchen, aber konnte es an einem heidnischen Ort wie diesem überhaupt Gerechtigkeit geben?

Mit wachsender Betroffenheit lauschte ich auf die Geräusche um mich herum. Irgendwo in der Ferne schrie ein Baby; nicht weit davon entfernt schluchzte eine Frau. Der Duft von Weihrauch stieg von heidnischen Altären auf und mischte sich mit dem Duft nach gebratenem Lamm und dem Geruch blökender Ziegen. In Tiberias gab es offensichtlich für jeden etwas. Würde auch ich hier finden, was ich suchte?

In den Fenstern der Häuser an der Hauptstraße der Stadt leuchteten die Nachtlichter auf. Ich setzte mich auf den Boden und strich meinen Schleier glatt in der Hoffnung, ein Bild respektabler

Tugend zu vermitteln. Mein Gewand war mit Staub bedeckt und meine Füße grau vor Schmutz, aber der Hoffnungsfunke flackerte erneut in mir auf.

Ohne die Hilfe meiner Freunde aus Magdala hatte ich Herodes' Stadt erreicht. Jetzt musste ich nur noch eine Audienz beim König erwirken, meinen Fall vortragen und mich der Überzeugung hingeben, dass Antipas die Römer, die meine Familie ermordet hatten, ermitteln und ihrer gerechten Strafe zuführen würde.

Zu meiner Linken erstrahlte der Himmel in Rot und Gold. Ich schlug die Beine übereinander und bemühte mich um einen sanften und harmlosen Gesichtsausdruck, auch wenn mich die Geschichte der Männer, die Lot in Sodom besucht hatten, daran erinnerte, dass das Böse im Dunkeln umgeht, vor allem in heidnischen Städten.

Die Furcht ließ mich erzittern. Zwei Männer kamen die Straße entlang. Einer hielt den Blick beim Gehen gesenkt, aber der andere starrte mich an. Sein Blick war vorwitzig und besitzergreifend. Schnell stand ich auf und drehte mich zum Brunnen um; ich zog den Eimer herauf und tat so, als wäre ich ganz versunken in meine Aufgabe. Sie durften nicht merken, dass ich ohne Schutz war ...

Eine Hand packte mich am Handgelenk und ich zuckte zusammen.

»Brauchst du einen Platz zum Schlafen?«

Eine Frau stand links neben mir – eine junge Frau mit dunklen Augen und einer gewissen Dringlichkeit in der Stimme.

Ich nickte.

»Wirst du für die Übernachtung bezahlen?«

Ich blinzelte. Die Frau schien Hebräerin zu sein – sie trug ein bescheidenes Gewand und ein Schleier verdeckte ihre Haare. Noch nie hatte ich gehört, dass Israeliten Geld für ihre Gastfreundschaft nahmen, aber vielleicht herrschten in dieser Stadt ja andere Sitten. »Ich werde bezahlen.«

»Komm. Schnell.« Sie zerrte an meinem Ärmel und zog mich fort.

Sie führte mich zu einer kleinen Tür in einer langen Reihe aneinandergebauter Häuser von unterschiedlicher Größe und Form. Diamanten von Licht markierten das Gitter vor dem Fenster und eine Holztür hing schief in ihren Angeln aus Leder. Bevor die Frau die Tür öffnete, hielt sie inne und streckte mir ihre Hand hin. Einen Augenblick lang starrte ich wie ein Einfaltspinsel auf ihre Hand, dann nahm ich meine Börse vom Gürtel und reichte ihr einen Quadrans – eine Münze, auf der, wie ich bemerkte, Herodes' galiläisches Schilf prangte.

»Ich heiße Dodi«, stellte sie sich vor. Ihre Finger schlossen sich um das Geld. »Mein Mann und ich führen ein Gasthaus – für Israeliten.« Sie öffnete die Tür und führte mich in einen großen Raum, schwach beleuchtet, aber das auf dem Boden ausgestreute Stroh roch sauber. Eine junge Familie, Mann, Frau und zwei kleine Kinder, hatten in einer Ecke Zuflucht gesucht. In der anderen Ecke stand ein Esel und kaute träge seinen Hafer.

Ich dankte meiner Gastgeberin und lächelte die junge Mutter an.

»Bist du allein?«, fragte die Gastwirtin und blickte zur Tür.

Ich ging zu einem freien Platz im Stroh und nahm meinen Schleier vom Kopf. »Ja.«

»Aber dein Mann …?«

»Ist tot. Ich bin hergekommen, um Herodes zu bitten, diejenigen zu bestrafen, die für die Ermordung meiner Familie verantwortlich sind.«

Dodi schloss ihren Mund, dann sprang sie zur Tür. Der junge Ehemann beobachtete mich mit wachsamem Blick.

Meine Gastgeberin kam näher. Der Saum ihres Gewandes strich über den Boden. »Möchtest du etwas Wasser? Eine Schüssel, um dir die Hände und Füße zu waschen?«

»Gern.«

»Bist du hungrig?« Die Frau legte ihren Kopf zur Seite und im Schein der Lampe bemerkte ich zum ersten Mal einen Schatten der Sorge in ihren Augen.

Die Anspannung in meinen Schultern ließ nach. »Seit Mittag habe ich nichts mehr zu mir genommen.«

»Ich habe einen Eintopf über dem Feuer. Setz dich und ruh dich aus; ich werde dir bringen, was du brauchst.«

Ohne auf eine weitere Aufforderung zu warten, kniete ich nieder, schob einen Arm voll Stroh zusammen und stopfte das Stroh zwischen meinen Rücken und die Wand. Es tat gut, die Beine auszustrecken, und nachdem meine Muskeln ein paar Minuten entspannen konnten, beugte ich mich vor und band meine Sandalen auf.

Auf der anderen Seite des Raumes räusperte sich der junge Ehemann. »Meinst du wirklich, er würde dich empfangen?«

Ich blickte erstaunt auf. Es war ungewöhnlich, dass ein Mann eine Frau ansprach, noch dazu eine Fremde. »Wer?«

»Herodes. Wieso denkst du, er würde dich empfangen?«

Ich zog meinen rechten Schuh aus. »Ich gehöre zu seinen Untertanen und ich habe eine Beschwerde wegen einer Ungerechtigkeit vorzubringen. Warum sollte er mich nicht empfangen?«

Der Mund des Mannes verzog sich spöttisch. »Du denkst doch hoffentlich nicht, Herodes würde sich auch nur im Geringsten für uns interessieren. Hast du dir diese Stadt angesehen? Die Einwohner sprechen Griechisch, die Wachen sind Edomiter und hast du das Amphitheater am Osttor gesehen? Dort veranstaltet Herodes große Spiele. Heidnische Unterhaltung.«

Ich zog meinen linken Schuh aus und ließ ihn fallen. »Ich habe kein Amphitheater gesehen und auch in meiner Stadt wird Griechisch gesprochen. Aber Herodes ist nun mal unser König.«

»Pah«, schnaubte der junge Mann. Dann senkte er die Stimme. »Er ist ein Dummkopf und ein Verschwender. Du kannst froh sein, wenn sein Hofmarschall dich überhaupt wahrnimmt.«

»Dann werde ich vor dem Tor warten, bis ich so grau bin wie seine heidnischen Statuen.« Ich schob trotzig mein Kinn vor und lächelte, als Dodi mir eine Schüssel mit Wasser und ein Handtuch brachte. »Vielleicht weißt du, wie ich eine Audienz beim König bekomme?«

»Wie kommst du darauf?«

Ich zuckte die Achseln. »Du führst ein Gasthaus. Die Leute, die eine Audienz bei Herodes haben wollen, müssen hierher kommen. Bestimmt weißt du einen Weg, wie sich so etwas arrangieren lässt.«

Dodi stellte die Schüssel auf den Boden. Mit in die Hüften gestemmten Händen trat sie zurück und sah zu, wie ich mir zuerst die Hände wusch und dann einen schmutzigen Fuß in das kalte Wasser tauchte. Als ich die Augen schloss und das erfrischende Gefühl von kaltem Wasser auf meiner Haut genoss, hörte ich sie seufzen.

»Ich kenne mich mit diesen Dingen nicht aus, aber mein Mann vielleicht. Im Augenblick ist er im Palast.«

Ich riss die Augen auf. »Er arbeitet für Herodes?«

»Seit mehreren Jahren versorgt Tirza nun schon die Pferde des Königs. Ich könnte ihn bitten, bei dem Hofmarschall ein gutes Wort für dich einzulegen. Mehr kann ich dir leider nicht anbieten.«

Ich nickte ihr dankend zu, stellte den anderen Fuß in die kleine Schüssel und spritzte Wasser über meinen Knöchel. In meinen Sandalen hatte ich mir schmerzhafte Blasen an den Fersen von beiden Füßen gelaufen, aber jede Meile hatte mich meinem Ziel näher gebracht.

Dieser Schmerz wäre ein kleiner Preis für Gerechtigkeit.

Kapitel 13

Mein Gastgeber, ein raubärtiger, muskulöser Mann mit Namen Tirza, blickte seine Frau finster an, als sie ihm erklärte, warum ich nach Tiberias gekommen sei. »Sie will Herodes sprechen?«, fragte er und seine Augenbrauen schossen hoch bis zum Haaransatz. »Sie denkt, sie könne in den Palast marschieren und mit dem König reden?«

Dodi hob besänftigend die Hand. »Sie ist den weiten Weg von Magdala hergekommen. Sie ist Witwe und sucht Gerechtigkeit. Du kannst ihr doch bestimmt helfen.«

Ohne Vorwarnung wanderte der Blick des Mannes zu mir und blieb mit dreister Eindringlichkeit an mir hängen. »Du bist wirklich ganz allein gekommen?«

Ich breitete die Arme aus. »Siehst du vielleicht einen Mörder, der sich unter meinem Umhang verbirgt?«

»In der Gegenwart des Königs wäre ich nicht so vorlaut.« Seine Mundwinkel verzogen sich. »Ich werde sehen, was ich tun kann. Du musst vor dem Tor warten, bis der König die Bittsteller in seiner Gerichtshalle empfängt. Es könnte sein, dass du viele Tage warten musst.«

Ich nickte dankbar, als seine Frau mir eine Decke reichte. »Mich erwartet ein Leben ohne meine Familie. Ein paar Tage Warten können mich nicht abschrecken.«

In dieser Nacht schlief ich wie eine Tote und wachte erst auf, als eines der Kinder des jungen Ehepaares mir auf die Schulter klopfte. Als ich durch die Berührung dieser knubbeligen Finger aufwachte, atmete ich den Duft des kleinen Jungen ein und blickte in weit aufgerissene Augen, die denen von meinem Binjamin genau glichen. Für einen Augenblick verschwand meine bittere Realität;

doch dann kehrte die Erinnerung zurück und ich schrie auf. Das Kind rannte erschrocken zu seiner Mutter zurück.

Ich setzte mich auf und unterdrückte das Schluchzen, das in meiner Kehle hochstieg. Um die anderen nicht zu beunruhigen, drehte ich mich um und versteckte die Tränen, die mir in meiner Gefühlsaufwallung über die Wangen liefen, hinter meinen Haaren.

»Er hat sich Sorgen um dich gemacht«, rief die junge Mutter, während sie den kleinen Jungen auf den Schoß nahm. »Du hast lange geschlafen.«

»Ich war müde.« Trotz meiner Entschlossenheit schwankte meine Stimme. Ich wischte mir die Tränen vom Gesicht und blickte zum vergitterten Fenster. Indirektes Sonnenlicht erhellte den Raum und Straßenlärm drang durch seine Öffnung. Ich konnte bereits das Plappern von Stimmen und das Blöken von Ziegen hören. »Ich ... bin es nicht gewöhnt, so lange zu schlafen.« Ich stand auf, klopfte mir das Stroh von meinem Gewand, dann drehte ich mich um, weil ich sehen wollte, ob ich meiner Gastgeberin helfen könnte.

Dodi kniete auf einem gewebten Teppich, wo mehrere kleine Brotfladen in einer Schüssel warteten. Sie fing meinen Blick auf und lächelte. »Du solltest etwas essen.« Sie deutete auf das Essen. »Mein Mann hat sich an deine Bitte erinnert. Er sagte, du solltest zu Herodes' Hof gehen und dort warten, bis der Hofmarschall dich rufen lässt.« Ich dankte ihr, nahm einen Brotfladen aus ihrer Schüssel entgegen und biss dankbar hinein. Der Anblick des Essens hatte meinen Appetit geweckt. Ich war wirklich ausgehungert. Dodi war eine gute Köchin und das Früchtebrot war genauso gut wie alles, was ich je in Magdala gegessen hatte.

Nach dem Essen nahm ich meinen Schleier aus dem Stroh und schüttelte ihn aus. Ich lächelte die junge Mutter und ihre Kinder an. »Werdet ihr heute weiterreisen?«

Sie nickte mit zusammengepressten Lippen. Es war beinahe so, als fürchte sie diese Aussicht. »Wir sind auf dem Weg nach Jerusalem. Der Vater meines Mannes war im Tempel, als er krank wurde. Er muss ihn nach Bethsaida zurückbringen.«

»Ihr seid weit fort von zu Hause.«

»Ja.« Sie brach ein Stück Brot ab, kaute es und steckte es danach ihrem kleinen Jungen in den aufgerissenen Mund. »Ich habe schon so viel vom Land gesehen ... viel zu viel.«

Ich lächelte. »Vor dieser Reise bin ich nur von Magdala nach Jerusalem gewandert und wieder zurück. Obwohl ich von Tiberias gehört hatte, hatte ich keine Ahnung, dass die Stadt wirklich so ...«, *so schlimm ist*, wollte ich sagen. Stattdessen zuckte ich die Achseln. »so interessant ist«, beendete ich den Satz.

Nachdem ich gefrühstückt und mir das Gesicht gewaschen hatte, dankte ich meiner Gastgeberin und trat hinaus auf die Straße.

»Pass auf!«

Ich wirbelte herum und sah gerade noch den durchgegangenen Esel, der auf mich zugaloppiert kam. Ich drückte mich flach gegen das Haus, während das Tier und sein frustrierter Besitzer an mir vorbeischossen. Als die Gefahr gebannt war, atmete ich tief durch und überprüfte, ob mein Schleier noch mein Haar bedeckte, und bemühte mich um einen entspannten Gesichtsausdruck.

Vor Herodes musste ich als vernünftige, von der Trauer niedergebeugte Frau erscheinen. Er würde begreifen müssen, dass ich keine Bettlerin, keine Sklavin, nicht die Frau eines unzivilisierten Bauern war. Ich war Mirjam von Magdala, Färberin feiner Stoffe und Witwe von Jaakov, dem Fischer. Zusammen mit meinem Mann und Sohn hatte ich einen Ehrenplatz unter meinen Landsleuten innegehabt, bis eine Gruppe rauer Soldaten mir alles genommen hatte.

Ich war zwar keine Römerin, aber ich erkannte Unrecht, wenn ich ihm begegnete. Und mir war bitteres Unrecht widerfahren.

Nach einer Stunde trat ich von einem Fuß auf den anderen und verschränkte die Arme vor der Brust. Seit dem frühen Morgen hatte sich eine Menschenmenge vor Herodes' Toren gesammelt, doch die Wachen hatten sich nicht gerührt. Seither hatte auch niemand Herodes' Tür geöffnet, was bedeutete, der König war entweder mit anderen Dingen beschäftigt oder entschlossen, seine wartenden Untertanen zu ignorieren.

Von den etwa zwölf Leuten vor dem Eingang zu Herodes' Hof war ich eine von zwei Frauen. Die andere Frau war jung und ebenfalls allein. Einmal ging ich zu ihr hin und berührte sie am Arm, wollte mich mit ihr unterhalten, aber sie riss die Augen auf und blickte mich an wie ein Rabe, der aus seinem Versteck aufgescheucht wird.

Ich wich zurück, da ich merkte, dass ich sie erschreckt hatte. »Entschuldige.«

Sie senkte den Blick, ließ den Kopf hängen, um ihre Gesichtszüge unter ihrem Schleier zu verbergen. Doch sie war nicht schnell genug gewesen; ich hatte die hässliche Wunde gesehen, die ihr Auge und ihre Wange verunstaltete.

Ohne dass es mir gesagt worden war, wusste ich, was sie vor Herodes' Türschwelle geführt hatte. Dieses arme Kind war mit einem brutalen Ehemann oder Vater gestraft und offensichtlich sah es keinen anderen Ausweg, als sich an den König zu wenden.

Ich schnalzte mit der Zunge. Warum trat niemand für dieses Kind ein? Wo war die Mutter des Mädchens?

Diese Frage löste erneut die Erinnerung an *meine* Kinder aus: Avram und Rahel und mein kostbarer Binjamin. Sie schliefen in ihren Gräbern und warteten auf Gerechtigkeit. Ich war ihr einziger Fürsprecher und ich durfte sie nicht enttäuschen.

Die Wunde, sie verloren zu haben, noch so frisch, riss auf wie eine dünne Kruste und ich schloss die Augen, damit ich nicht vor einem Dutzend Fremder zu weinen begann. Ich hatte mein Heim und meine Freunde verlassen und war an diesen Ort gekommen; ich hatte fast jede Regel tugendsamen Verhaltens missachtet. Musste ich jetzt noch diesen Heiden mein zerbrochenes Herz offenbaren?

Die Sonne stand bereits hoch am Himmel, als die hohen Tore zum Palast geöffnet wurden. Die Menge um mich herum drängte vor, getrieben von der Hitze und ihrem Anliegen, das sie veranlasst hatte, eine Audienz beim König zu erbitten, doch die beiden strengen Wachen gewährten uns keinen Zutritt.

Stattdessen erschien ein olivfarbenes Gesicht in der Öffnung zwischen den Doppeltüren. »Euer König ist beschäftigt.« Der Bote blinzelte, starrte uns an, als versuche er unsere Gewaltbereitschaft einzuschätzen. »Herodes bittet euch alle, nach Hause zu gehen und morgen wiederzukommen.«

»Morgen ist zu spät!«, rief der Mann neben mir. »Der Kaufmann, der mich betrogen hat, wird morgen viel zu weit von der Stadt entfernt sein.«

Der Bote trat in den kühlen Schatten der Halle zurück und winkte uns mit seiner mit Juwelen geschmückten Hand fort. »Geht alle nach Hause.«

Ich war nicht bereit zu glauben, dass ich den Mann richtig verstanden hatte, und so drängelte ich mich durch die Menge. Hatte Tirza dem Hofmarschall nicht von mir erzählt? Ich war von so weit her gekommen und hatte so viele Prüfungen überstanden –

»Warte. Warte!« Als die Tür sich schloss, schob ich meinen Fuß in die Öffnung.

Eine Wache packte mich am Arm, doch der Dienstbote hob die Hand. Mit geblähten Nasenflügeln starrte er mich an. »Entferne deinen Fuß, Frau.«

»Warte, bitte. Tirza kennt mich. Ich bin Mirjam von Magdala und ich muss mit dem König sprechen.«

Die Missbilligung in seinem Blick verstärkte sich. »Ich habe dir gesagt, du sollst nach Hause gehen.«

»Ich habe kein Zuhause – nicht mehr.«

»Nimm deinen Fuß aus der Tür oder ich befehle den Wachen, ihn abzuhacken.«

Ich nahm meine Sandale aus der Tür. Als die Tür mit einem endgültigen Krachen ins Schloss fiel, funkelte mich der am nächsten stehende Wachposten an. »Du hast gehört, was der Hofmarschall gesagt hat«, fuhr er mich unfreundlich an. »Du solltest gehen.«

»Aber ich habe keine Antwort bekommen.«

»Dann komm morgen wieder.«

Kopfschüttelnd und müde trat ich beiseite. Ich hatte jetzt die Wahl – entweder kehrte ich nach Hause zurück oder ich blieb in Tiberias, bis ich mein Anliegen vortragen konnte. Ich vermisste Magdala und hasste die Stadt des Herodes, aber um meiner Lieben willen durfte ich jetzt nicht nach Hause zurückkehren.

Müde schleppte ich mich durch die Hauptstraße und klopfte erneut an Tirzas Tür. Dodi öffnete mir und schien gar nicht erstaunt zu sein, mich zu sehen.

Ich sank auf den sauber gefegten Boden. Ohne ein Wort zu sprechen, fegte die Gastwirtin das verschmutzte Stroh vom Vortag zusammen. Der Gestank nach Ziegen hing schwer in der Luft.

»Die Kinder sind fort«, erklärte Dodi schließlich. Ihr Blick wanderte in die Ecke, in der die junge Familie übernachtet hatte. »Ich werde sie vermissen.«

Ich ließ den Kopf in meine Hände sinken und begann zu weinen.

Außer am Sabbat, den ich zusammen mit Tirza und Dodi in aller Stille beging, erschien ich in den folgenden Tagen jeden Morgen vor Herodes' Tor und wartete zusammen mit den Heiden bis zum späten Nachmittag. Die Münzen in meiner Börse schwanden langsam dahin, die Gesichter vor Herodes' Palast wurden mir viel zu vertraut. Viele von denen, die auf eine Audienz beim König warteten, gaben auf und zogen ihres Weges, aber ich ließ mich von meinem Vorhaben nicht abbringen.

Und so wartete ich.

Jeden Abend brachte Tirza eine andere Entschuldigung vor, warum er sich nicht für mich eingesetzt hatte – entweder war Herodes an diesem Tag nicht in den Stall gekommen oder Tirza war nicht in den Palast gerufen worden. Oder Herodes war im Stall gewesen, war jedoch zu beschäftigt gewesen, um seinem Stallknecht zuzuhören, oder der König war an dem Stall vorbeigekommen, jedoch zu zornig gewesen, um mit einem seiner Leute zu sprechen.

Jeden Abend knirschte ich mit den Zähnen, dankte Tirza dafür, dass er sich an meine Sache erinnert hatte, und versprach, noch einen weiteren Tag zu warten.

Ich lernte auch, meine Zeit klüger zu nutzen. Als mir klar wurde, dass Herodes sich erst lange nach Sonnenaufgang von seinem Lager erhob, lief ich durch die Straßen von Tiberias, bevor ich mich unter die Menge vor den Palasttoren mischte. Ich prüfte die Waren der Tuchmacher und besuchte die Verkaufsstände der Weber und Färber. Und ich lächelte still in mich hinein, als ich merkte, dass es dem führenden Färber von Tiberias zwar gelungen war, ein wunderschönes Purpur zu schaffen, doch seine Seide würde keinen violetten Schatten werfen, egal wie sorgfältig man es vor der Sonne schützte.

Wann immer ich etwas Neues entdeckte, dachte ich bei mir: *Das muss ich unbedingt Jaakov erzählen.* Bei diesen Gelegenheiten legte sich die Trauer wie ein Gewicht auf mich, drückte auf meine Glieder und erstickte meine Begeisterung für alles andere, außer der Gerechtigkeit.

Eines Morgens, als mir das Herz wieder besonders schwer war, blieb ich vor dem Verkaufsstand einer jungen Frau mit dunkler Haut stehen. Neben dem Stand der jungen Frau war ein dünner Baum aufgerichtet, behangen mit Amuletten.

»Liebe Frau«, sagte sie und verneigte sich, während ich mich bemühte, meiner plötzlich aufsteigenden Tränen Herr zu werden, »bist du heimgesucht von Trauer und Schmerz? Vielleicht ist dein Herz von Verzweiflung erfüllt. Meine Amulette, gesegnet von den Göttern, können solche schrecklichen Gefühle in den Abgrund treiben.«

Ich winkte ab und wich zurück, angewidert von ihren Worten, aber auch von dem Anblick so vieler geschnitzter Bilder, die im Wind leicht hin und her schwangen. Aber während die Tage vergingen und die Einladung des Mädchens mir vertraut wurde, verharrte ich länger vor dem Stand, berieselt von den leisen Tönen der klirrenden Amulette.

An meinem elften Tag in Tiberias blickte mich das Mädchen lächelnd an. »Ich bin Marisa«, stellte sie sich vor und warf ihre dichten Haare über die Schulter. »Früher eine Sklavin, jetzt eine freie Frau.«

Noch nie war ich einer befreiten Sklavin begegnet. Nur wenige Hebräer in Magdala hielten Sklavinnen und keine sah so exotisch aus wie dieses Mädchen.

Anscheinend hatte sie die Frage in meinen Augen gelesen. »Mein Herr hat mich in Ägypten gekauft und hergebracht. Ich glaubte, vor Einsamkeit sterben zu müssen, darum betete ich zu Isis um Weisheit.« Sie streckte die Hand nach einem fein geschnitzten Amulett aus. »Eines Abend legte sich mein Herr neben dem Feuer schlafen. Ich war eingeschlafen, aber der Gestank von brennendem Haar weckte mich auf. Ich fuhr hoch und sah, dass die Haare meines Herrn in Flammen standen, und ich habe sie mit meinen Händen erstickt. Mein Herr war so dankbar, dass er mir die Freiheit geschenkt hat.«

Ihr Blick ruhte mit einer seltsamen Mischung aus Wachsamkeit und Belustigung auf mir. »Hast du für ein bestimmtes Anliegen gebetet?«

Zögernd nickte ich.

Marisa blickte mich aus strahlenden Augen verschlagen an. »Vielleicht hast du zum falschen Gott gebetet.«

Ich trat einen halben Schritt zurück und stieß ein gezwungenes Lachen aus. Sie war eine gute Verkäuferin, aber ich brauchte kein Amulett. Keine Tochter Avrahams sollte ein geschnitztes Bild auch nur ansehen. Ich zog eine Augenbraue in die Höhe. »Wenn du so einsam warst, warum bist du nicht nach Ägypten zurückgekehrt, nachdem du deine Freiheit zurückbekommen hattest?«

Sie breitete die Hände aus. »Wie sollte ich in das Land meiner Geburt zurückkommen? Ich blieb hier, weil Isis mir gesagt hat, sie würde für mich sorgen, egal wo ich lebte. Solange ich Isis und einen Platz zum Schlafen habe, bin ich zu Hause.«

Ich blickte die Straße entlang und spürte, wie sich mein Pulsschlag beschleunigte. Das Tor zum Hof des Herodes war geöffnet worden.

»Ich muss gehen.« Hoffnung und freudige Erwartung lagen in meiner Stimme, als ich ihr einen Abschiedsgruß zurief. »Möge der Tag dir viel Gewinn bringen, Marisa.«

Herodes' mit Juwelen behängter Hofmarschall ließ seinen Blick über die Menge gleiten, als ich atemlos und vom schnellen Laufen erhitzt eintraf. Mein Herzschlag beschleunigte sich, als ich Tirza hinter ihm in der offenen Tür entdeckte. Der Aufseher über die Ställe des Königs beugte sich zum Ohr des Verwalters hinüber und daraufhin deutete der arrogante Mann auf mich. »Du, Frau – komm her. Und du, der Kaufmann aus Jerusalem. Ihr anderen müsst nach Hause gehen; der König wird heute sonst keinen mehr empfangen.«

Ich atmete tief und ungleichmäßig durch und trat vor, während sich die Menge murrend zerstreute. Der Kaufmann aus Jerusalem, ein großer Mann in einem reich bestickten Gewand, steckte ein

Kästchen aus poliertem Holz unter seinen Arm und trat, ohne mir einen Blick zu gönnen, auf den Hofmarschall zu.

Ich folgte ihm wortlos. Als Frau war ich daran gewöhnt, unsichtbar zu sein.

Der Hofmarschall, der sich als Chuza vorstellte, führte uns durch eine große Halle aus poliertem Stein und weißem Marmor. Ich merkte, wie ich mich näher an Tirza schob, das einzige bekannte Gesicht am Hof. Aber wie ein Tier, das Gefahr wittert, schlüpfte er durch eine Tür und verschwand. Ich blieb allein zurück.

Der Hofmarschall rief eine Warnung, als ich langsamer wurde: »Bleib nicht zurück! Sieh dich nicht um! Folge mir unverzüglich!«

Da ich nicht erneut gescholten werden wollte, senkte ich den Blick und steckte meine Hände in meine Ärmel.

Schließlich blieben wir vor einer mit funkelndem Messing beschlagenen Doppeltür stehen. Weitere Tierfiguren, Hunde, Bären und Löwen, waren in das Metall eingehämmert und in der Mitte jeder Tür prangte eine gebieterische Gestalt mit einem Bogen und einem Speer. Mir war sofort klar, dass ich das geschnitzte Abbild von Herodes vor mir hatte.

»Wartet hier«, zischte Chuza. Er öffnete die Türen einen kleinen Spalt und Musik floss in die Halle. Er verschwand im Thronsaal, kehrte jedoch nur Augenblicke später zurück.

Er wendete sich zuerst an den Kaufmann. »Lege dein Geschenk zu Herodes' Füßen ab, dann tritt zurück und verneige dich. Sprich erst, wenn du dazu aufgefordert wirst. Beantworte jede Frage so kurz wie möglich. Auf gar keinen Fall darfst du dich dem König nähern.«

Der Kaufmann blähte seine Wangen auf. »Aber woher soll ich wissen, ob er mehr von meinen Waren haben möchte?«

»Er wird es dich wissen lassen. Und was dich betrifft, Frau ...«, Chuza drehte sich zu mir um, »sprich erst, wenn Herodes dir seine Aufmerksamkeit zuwendet. Halte deinen Blick gesenkt, wenn du mit dem König sprichst. Auf gar keinen Fall darfst du ihm ins

Gesicht sehen. Bring dein Anliegen vor und warte auf die Antwort des Königs. Hast du verstanden?«

Da ich nicht so genau wusste, was von mir erwartet wurde, blickte ich den Hofmarschall an, senkte jedoch sofort wieder den Blick. »Ich habe verstanden.«

»Also gut, dann.« Der kleine Mann drehte sich um und stieß die Doppeltüren auf. Der Kaufmann schob das Kinn vor und marschierte in den Saal, der erfüllt war von dem rhythmischen Schlag von Trommeln. Wie sein Schatten trottete ich hinter ihm her.

Als er stehen blieb, um sein Geschenk Herodes zu Füßen zu legen, wäre ich beinahe gegen ihn geprallt. Ich merkte, dass ich ihm zu dicht gefolgt war, und trat zurück, blieb schweigend und mit gesenktem Kopf stehen. Unter den Lidern hervor blickte ich mich um und natürlich lauschte ich auch auf das kleinste Flüstern.

Noch nie hatte ich etwas gesehen, das mit dem Anblick vergleichbar gewesen wäre, der sich mir darbot.

Zuerst dachte ich, ich würde im Freien stehen. Lebhafte Malereien von einer mit Gras bewachsenen Wildnis zierten die Wände hinter den verschiedenen Sitzmöbeln, die um einen kleinen Tisch gruppiert waren und auf denen zwei Männer und eine Frau ruhten. Wolken zogen über einen blauen Himmel dahin, der über meinem Kopf an die Decke gemalt war, und der weiche Atem von Fächern gab mir das Gefühl, in den kühlen Schatten einer Wiese am See geschoben worden zu sein.

Hinter den jungen Mädchen, die die Luft mit ihren Fächern bewegten, schlugen drei Sklaven mehrere Trommeln und ein Flötist spielte eine fröhliche Melodie. Neben ihnen und rechts von mir bewegte eine geschmeidige Frau mit blasser Haut ihre nackten Arme, Beine und Hüften zum Rhythmus der Musik. Ihre Armreifen klimperten bei ihren Bewegungen an ihren Armen und mit ihrem lebhaften Minenspiel flirtete sie ungehemmt mit den Männern auf den Klinen.

Wie gebannt hing der Blick dieser Männer an der Tänzerin. Für etwas anderes interessierten sie sich nicht. Vermutlich hatten sie nicht einmal unser Eintreten bemerkt.

Ich spürte, wie ich errötete. Da ich, bedingt durch mein Geschäft, häufig in Kontakt mit heidnischen Ausländern kam, hatte ich mich immer als gebildet eingeschätzt, aber nie hatte ich etwas gesehen wie diese unzüchtige Zurschaustellung von Fleisch und Körperformen. Nicht einmal die Prostituierten, die sich gelegentlich in Magdalas Stadttoren herumtrieben, würden jemals ihre Körper so anpreisen, wie diese junge Frau es tat.

Der Kaufmann aus Jerusalem hatte jegliche Selbstkontrolle verloren. Eine ganze Zeit lang starrte er das sich windende Mädchen an. Dann kam er wieder zu Sinnen und erinnerte sich an die Anweisungen des Hofmarschalls. Er verneigte sich vor dem König und blieb bedeutungsvoll neben dem Holzkästchen auf dem Boden stehen.

Eine Bewegung des dicksten Mannes auf den Klinen zog meine Aufmerksamkeit auf sich. Er trug eine Tunika aus weißer Seide und einen Umhang in einem tiefen Rot. Ein Reif aus goldenen Blättern krönte seine Stirn. An jedem Finger glitzerte Gold; sogar seine Zehen schimmerten im Schein der Lampen. Sein Haar war geölt und über seiner breiten Stirn und dem kleinen, runden Kinn in kleine Locken gelegt.

Er war etwas rundlicher und weicher als der auf den Messingtüren abgebildete Krieger: Herodes Antipas.

Mein Herz begann laut in meiner Brust zu klopfen und übertönte sogar das Dröhnen der Trommeln und das Geklirre der Armreifen. Vielleicht war es eine große Dummheit gewesen, in diesen heidnischen Palast zu kommen. Meine ermordete Familie schrie nach Rache, aber warum konnte HaShem mich nicht zu jemandem führen, der tugendsamer war als Antipas?

Enttäuschung machte sich in mir breit und mein Mut sank. Ich hatte einiges über diesen König gehört, aber ich hatte diese Geschichten nicht glauben wollen. Solche Geschichten konnten übertrieben und die Gerüchte falsch sein, aber ein Blick auf den idumäischen König überzeugte mich davon, dass ich vor der vollen und schrecklichen Wahrheit noch verschont geblieben war.

Den Gerüchten nach war Antipas genauso bösartig wie sein Vater und niemand hatte den Mord des älteren Herodes an seiner Lieblingsfrau Mariamne, ihren beiden Söhnen Alexander und Aristobulus und nur fünf Tage vor seinem Tod an seinem ältesten Sohn Antipater vergessen. Auf seinem Totenbett hatte der ältere Herodes befohlen, dass die in seinen letzten Augenblicken versammelten Adeligen hingerichtet werden sollten, damit sein Tod mit einem alles umfassenden Wehklagen betrauert würde.

Jemand erzählte, er hätte auch die Tötung jedes männlichen Babys in einem kleinen Dorf mit Namen *Beit Lechem* oder Bethlehem angeordnet. Ich hätte gedacht, dass eine solche Tat für einen Nachfahren Avrahams zu barbarisch wäre, aber die Familie des Herodes war edomitischer Abstammung und Gewalt lag den Nachfahren Esaus im Blut.

Diesem Gedanken folgte sofort ein anderer und ein Schaudern durchfuhr mich und schnürte mir den Magen zu. Wenn Herodes der Große, ohne auch nur eine Sekunde zu zögern, unzählige hebräische Babys umbringen ließ, konnte ich dann erwarten, dass sein Sohn das Leben *meines* kleinen Jungen wertschätzte?

Ich spähte unter meinem Schleier hervor und beobachtete, wie der König sich zu dem Kästchen des Kaufmannes vorbeugte. Die Neugier stand ihm in seinem fleischigen Gesicht geschrieben. Auf der Kline ihm gegenüber hob eine sehr stark geschminkte Frau den Arm, legte ihre mit Henna gefärbten Fingerspitzen an die Lippen und unterdrückte mit dramatischer Geste ein Gähnen. »Herodes«, schnurrte sie, »müssen wir uns denn wirklich mit diesem gemeinen Volk abgeben, während Salome tanzt?«

Der König ignorierte sie und deutete auf den Kaufmann. »Wer bist du und was hast du mir gebracht?«

»Ein langes Leben und Frieden für dich, mein König.« Der König hob den Kopf. »Ich bin viele Tage unterwegs gewesen, um dir dieses Zeichen meiner Wertschätzung zu überreichen.« Ganz vorsichtig hob er den Deckel des Holzkästchens an, in dem eine goldene Krone lag. Mit einer Hand nahm er sie von ihrem Seidenkissen und zeigte sie Herodes.

Der König warf einen schadenfrohen Blick auf die Frauen und nahm den goldenen Reif vom Kopf. Die neue Krone war von raffiniertem Design; der Goldschmied hatte sein Material sehr fachkundig zu Schilfrohr gehämmert, das Symbol, das Herodes für seine prächtige Stadt gewählt hatte. Von meinem Platz aus sahen die schmalen Stängel beinahe lebensecht aus.

Herodes setzte sich die Krone auf den Kopf und drehte sie so, dass der Teil mit dem dicksten Schilfrohr auf seiner Stirn saß. »Herodias?« Er grinste. »Was hältst du davon?«

Die Frau wirkte überaus gelangweilt. »Warum willst du eine Krone aus Schilfrohr tragen?«

Alle Fröhlichkeit, die das Gesicht des Königs erhellte, erlosch. Schmollend wie ein verwöhntes Kind nahm der König die Krone wieder ab und warf sie in das Kästchen.

»Gefällt dir das Geschenk nicht?« Der Kaufmann rang besorgt die Hände. »Wenn nicht, kann ich dir etwas anderes arbeiten, eine Nachbildung, die deiner erhabenen Position eher entspricht. Ich könnte diesen Reif hier mit nach Jerusalem zurücknehmen und daraus ein anderes Schmuckstück herstellen, das deinem Geschmack eher entspricht ...«

In dem Gesicht des Königs arbeitete es und seine Augen zogen sich zusammen, während er nachdachte. »Nur wenige Männer bringen Geschenke, ohne gleichzeitig mit einer Bitte zu kommen«, bemerkte er. Seine fette Hand sank auf seine Knie. »Welches ist deine Bitte?«

Der Kaufmann senkte erneut den Kopf. »Wir wollen dich bitten ... das heißt, wir möchten fragen ...«

»Stelle meine Geduld nicht auf die Probe.«

»Wirst du, wenn du nach Jerusalem kommst, die Krone tragen, die ich angefertigt habe? Ich würde mich geehrt fühlen, als Goldschmied des Königs bekannt zu werden; ich wäre geachtet in ganz Jerusalem als der Goldschmied, der die Krone geschaffen hat, die dein Haupt ziert.«

Herodes setzte sich auf, stellte seine Beine auf den Boden und legte beide Hände auf seine Knie. Alle Langeweile war aus seinem Blick gewichen.

»Ich werde deine Krone tragen«, sagte er schließlich. Ein feines Lächeln umspielte seine Mundwinkel. »Aber ich werde diese hier behalten, um meine liebe Frau zu unterhalten. Wenn ich zu den Feiern anlässlich der hohen Festtage nach Jerusalem aufbreche, wirst du zwei zusätzliche Kronen für mich angefertigt haben – eine für mich und eine für Herodias. Sie sollen nicht nur aus einfachem Gold sein, sondern mit Rubinen und anderen Edelsteinen besetzt sein. Es sollen die elegantesten Kronen sein, die Erez-Jisrael je gesehen hat.«

Die Hände des Kaufmanns begannen zu zittern. »Oh – oh ja, natürlich. Aber *zwei* mit kostbaren Edelsteinen besetzte Kronen – die Kosten werden sehr hoch sein!«

»Nicht so groß wie die Ehre, die ich dir erweise.« Die dunklen Augen des Königs schossen zu Herodias, bevor sie wieder an dem Kaufmann hängen blieben. »Du darfst dich entfernen.«

Der Kaufmann trat katzbuckelnd zurück und wäre beinahe gegen mich geprallt. Einen Augenblick lang war ich versucht, in seinem Schatten zu verschwinden, aber die Erinnerungen an Jaakov, Avram und Binjamin veranlassten mich zu bleiben.

Herodes legte sich wieder auf seine Kline und griff nach einem Teller mit Kuchenstücken und Früchten. Herodias jedoch hatte mich entdeckt – eine Frau nimmt eine andere immer wahr.

»Herodes.« Sie fing seinen Blick auf und deutete mit dem Kopf auf mich. »Da wartet noch jemand auf dich.«

Der König steckte schnell ein Gebäckstück in den Mund, klopfte seine Hände ab und wandte sich mir kauend zu. Er warf mir einen kühlen, abschätzenden Blick zu und murmelte mit vollem Mund: »Was willst du, Frau?«

Unter seinem gefühllosen Blick fiel ich auf die Knie. »Gnädiger König, meine Seele ist tief betrübt. Ich bin mit einer Bitte aus Magdala zu dir gekommen.«

Ich konnte den Kopf nicht heben, aber das Schattenspiel auf dem Boden zeigte mir, dass Herodes sich seiner Frau zuwandte. »Hat es in Magdala Probleme gegeben?«

»Frag sie doch«, erwiderte Herodias.

»Sieh mich an, Frau.«

Ich begann zu zittern, tat jedoch, was er mir befohlen hatte.

»Worum geht es?«

Ich versuchte die richtigen Worte zu finden, aber sie waren mir im Hals stecken geblieben. Jetzt war ich so weit gekommen, hatte so lange gewartet und trug eine so schwere Last. Diese erbärmliche Kröte könnte den Tod meiner Familie rächen, warum also wollte meine Zunge meinem Willen nicht gehorchen?

Weil das Entsetzen mich gepackt hatte. Die Römer hatten meine Familie brutal ermordet, aber Herodes war so grausam, dass er nicht zögern würde, *meinen* Tod anzuordnen, wenn er sich durch mich beleidigt fühlte. Vermutlich hatte er schon wegen Geringerem getötet.

Ich schluckte meine Angst hinunter. »Wenn es dem König gefällt …«

»Es würde dem König gefallen, wenn du endlich zur Sache kämst.«

Herodias kicherte.

Ich atmete tief durch, um der Angst Herr zu werden, die Besitz von mir ergriffen hatte. »Wenn es dem König gefällt, ich bin zu dir gekommen als eine Frau, der großes Unrecht angetan wurde. Morde, oh König, sind in deinem Herrschaftsgebiet begangen worden. Mein Mann, meine beiden Söhne und meine Schwiegertochter wurden vor einem Monat heimtückisch ermordet.«

»Ermordet?« Herodes blickte mich an wie ein Mann, der gerade von einer durchgehenden Ziege überrannt worden war. »In meinem Herrschaftsgebiet?«

Ich wagte kaum zu atmen und nickte.

»Wurde dieser Mord auf irgendeine Weise provoziert?«

Die Frage raubte mir den Atem. *Provoziert?* »Ich bin nicht sicher, was du meinst«, gestand ich, »aber weder mein Mann noch meine Söhne haben die Männer, die sie so abscheulich behandelt haben, irgendwie beleidigt.«

»Dann soll dir die Gerechtigkeit zuteil werden, die du suchst.« Herodes beugte sich vor und stützte sich auf einem Ellbogen ab. »Aber zuerst muss ich wissen: Was für Juden sind das, die eine ganze Familie ermorden? Leben bei euch in Magdala etwa zwei Samsons?«

Herodias lachte laut auf und als ich ihren Spott vernahm, verwandelte sich meine Furcht in Verärgerung.

»Die Mörder sind keine Samsons, oh König, und auch sind sie keine Kinder Avrahams. Es handelt sich um römische Soldaten; der eine ist ein Zenturio und der andere einer seiner Offiziere.«

Herodes blieb vor Verblüffung der Mund offen stehen. »Da bist du ganz sicher?«

»Ja, mein König. Die Römer zogen durch unser Gebiet und schlugen ihr Lager vor unserer Stadt auf. Meine Nachbarn haben für mich Erkundigungen eingezogen. Natürlich waren auch noch andere daran beteiligt, aber diese beiden waren die Anführer.«

Herodes kniff seine Augen so stark zusammen, dass sein gesamtes Gesicht in sich zusammenzufallen schien. »Römische Zenturionen ziehen nicht durch das Land und ermorden judäische Bürger. Rom will ein friedliches Volk regieren und Mord ist nicht friedlich.«

Die Stimmung war umgeschlagen. Vor einem Augenblick noch hatte ich Herodes' Versprechen, mir zu helfen, aber die Schärfe in seiner Stimme ließ darauf schließen, dass er dabei war, seine Meinung zu ändern. Ich musste sofort seine Bereitschaft zur Kooperation zurückgewinnen.

»Vielleicht hat der Zenturio geglaubt, Grund zum Handeln zu haben, obwohl du sicher mit mir der Meinung bist, dass seine Motive fragwürdig und seine Reaktion überzogen waren. Mein Sohn ist – war – sehr impulsiv. Er hat zwar nichts gegen diesen Römer gesagt, doch ich habe mit angesehen, was am Nachmittag geschehen war.«

Herodes öffnete vorsichtig ein Auge einen kleinen Spalt. »Weiter.«

»Es war wirklich nur eine Nichtigkeit, mein König.«

»Nichts ist nichtig und doch hast du etwas gesehen. Also sprich, Frau.«

»Ich habe gesehen, wie mein Sohn Avram ... auf die Sandale des Zenturio gespuckt hat.«

»Er hat ihn *angespuckt?*« Ungläubige Fröhlichkeit schwang in Herodias' Stimme mit.

In meinem Wunsch, Herodes die Sache verständlich zu machen, überschüttete ich ihn mit einem Schwall von Worten: »Avram spuckte auf die Sandale des Mannes – *auf* seine Sandale. Der Zenturio, dieser Gaius, protestierte nicht einmal. Stattdessen kam er im Schutz der Dunkelheit zurück und ermordete eine unschuldige Familie beim Abendessen! Zusammen mit seinen Männern, mit diesem Riesen Atticus, ermordete er meine Lieben und brannte mein Heim nieder! Er hat mir alles genommen, was ich besaß, alle, die mir lieb waren.«

Als Herodes die Hand hob, verstummten die Trommeln. Der Tanz brach ab. Ich hörte nur meinen Pulsschlag in meinen Ohren;

dann winkte der König den Wachen an der Tür und deutete auf mich. Einen wilden und hoffnungsvollen Augenblick lang dachte ich, diese Geste wäre die Aufforderung an die Männer, sich meiner Sache anzunehmen. Die Wachen kamen an und packten mich an der rechten und linken Hand.

Der König lehnte sich zurück und griff nach einem weiteren Gebäckstück. »Bringt sie fort.«

Der Mut kehrte zurück, während mein Herz Zorn und Entrüstung durch meine Venen pumpte. »Mein König!« Ich schrie die Worte heraus, denn was hatte ich noch zu verlieren? »Sie haben meine Schwiegertochter getötet, sie haben das Kind aus ihrem Leib gerissen, seinen Kopf gegen einen Türpfosten geschmettert und seinen Körper den Flammen übereignet! Sie haben sich wie Tiere in einer unserer friedlichen Städte benommen und du willst nicht für mich eintreten?«

Herodes kaute ganz langsam und seine Augen zogen sich vor Zorn zusammen. Hoffnung flackerte wieder hoch; doch dann wurde mir klar, dass sein Zorn gegen mich gerichtet war, nicht gegen die Römer, und gleich würde ich ihn so sehr beleidigen, dass er kein Erbarmen mehr zeigen könnte.

So gab ich dem Schluchzen nach, das meine Kehle zusammenschnürte, und sank in mich zusammen, während die Wachen mich aus der Halle des Herodes schleiften. Als wir an den Bronzetüren im Hof vorbeikamen, trat Tirza vor und packte meinen Arm so fest, dass ich vor Schmerz aufschrie.

»Ist dir *dein* Leben etwas wert, Frau?«, zischte er mir ins Ohr. »Wenn ich gewusst hätte, dass du gekommen bist, um anzuklagen, hätte ich mich nie für dich eingesetzt.«

»Das ist keine Gerechtigkeit.« Ich fuhr mir mit dem Handrücken über die Wangen, nachdem die Wachen mich in Tirzas Obhut zurückgelassen und die Türen zugeknallt hatten. »Wenn Herodes nichts unternimmt, gibt es keine Gerechtigkeit in Judäa.«

»Wer hat gesagt, dass es in Judäa Gerechtigkeit gibt?« Tirza sprach mit leiser und beherrschter Stimme. »Herodes regiert so, wie Rom es will; begreifst du denn nicht? Er würde genauso wenig etwas gegen einen römischen Zenturio unternehmen, wie nackt durch die Straßen laufen. Du hast eine große Dummheit begangen, Frau, und es tut mir leid, dass ich mich für dich eingesetzt habe.«

»Aber ich hatte gehofft ...«

»Die Hoffnung ist etwas für Kinder und Narren. Jetzt verschwinde, bevor Herodes sich an deine Beleidigungen erinnert und nach dir suchen lässt.«

Tirza führte mich über den Hof und warf mich auf die Straße. Mit einem leeren Beutel an meiner Schulter fand ich mich in der heißen Sonne wieder.

Meine schrecklichen Verluste und jetzt diese schwere Niederlage ließen mich mit einem unaussprechlichen Gefühl der Hoffnungslosigkeit zurück. Ich schleppte mich vom Palast des Herodes durch die Straßen, bis ich einen Wassertrog für Tiere fand. In dem Schlamm an seinem Rand sank ich nieder und spritzte mir Wasser in mein tränenüberströmtes Gesicht. Ich blieb reglos sitzen, während ein Mann seinen Esel an einem Pfosten in der Nähe festband und ohne ein Wort zu sagen fortging.

Das Tier trank durstig und ignorierte mich. Eine Fliege summte um die Ohren des Esels und ließ sich schließlich auf meiner feuchten Hand nieder.

Ich starrte die lästige Fliege an und dachte über die offenen Wunden in meinem schmerzenden Herzen nach. Wohin sollte ich mich von hier aus wenden? In Magdala warteten nur meine Erinnerungen und die verkohlten Ruinen meines Hauses auf mich, sonst nichts. Tiberias ekelte mich an, aber ich wusste auch nicht, in welchen anderen Ort ich gehen sollte. Ich hatte keine Familie mehr und auch sonst keinen anderen Menschen in Erez-Jisrael.

In nur einem Monat war alles, was ich besessen hatte – meine

Familie, mein Geschäft, mein Heim – vernichtet worden. Mir blieb nichts außer Haut, Knochen und Bitterkeit.

Ich hatte mich selbst verloren.

Da ich Tirza und Dodi nicht wieder sehen wollte, ließ ich mich an der Mauer zu Boden gleiten. In abgrundtiefer Verzweiflung schlang ich die Arme um meine Knie. Da ich nicht wusste, wo ich hingehen sollte, würde ich hier sitzen bleiben und auf den Sonnenuntergang warten. Vielleicht hatte ich ja Glück und einer dieser Heiden würde versuchen, mich zu berauben, und mir, wenn er in meinem Beutel keine Wertsachen fand, stattdessen das Leben nehmen.

KAPITEL 14

Die Einladung hatte Atticus verblüfft. Zu Ehren des Geburtstages seiner Frau hatte Pontius Pilatus, der Statthalter von Judäa, alle Offiziere unter seinem Befehl – Zenturionen und alle *Hauptleute*, auch die im Rang eines Signalgebers, eines Optio oder eines Tesserarius – zu einem Bankett im Palast eingeladen.

Er und Flavius zogen sich sofort in die Bäder zurück, wo sie sich den Schmutz des Tages abwuschen, bevor sie saubere Tuniken und eine polierte Rüstung anlegten.

»Denkst du, es wird Fleisch geben?«, fragte Atticus und dachte an den Teller mit ungemahlenem Getreide oder *frumentum*, das die Soldaten in der Kaserne erwartete.

»Wen interessiert das schon?« Flavius wackelte mit seinen Augenbrauen. »Ich will wissen, ob Tanzmädchen da sind.«

Fröhlichen Herzens stiegen sie die Treppen zum Palast hoch, übergaben ihre Helme einem Sklaven und betraten den großen Bankettsaal. Der Hofmarschall des Statthalters hatte sich selbst übertroffen. Aus den Nischen in den Wänden und von den frei stehenden Säulen warfen Lampen ihren sanften Schein in den Saal und erhellten den Raum beinahe so gut wie die Sonne. Weiße Leinenkissen lagen auf jeder Liege und die Tische ächzten unter der Last der Platten mit allen nur vorstellbaren Köstlichkeiten. Auch Rindfleisch, Hühnchen und Fisch waren aufgetischt, wie Atticus mit einer gewissen Genugtuung bemerkte. *Fleisch.*

Atticus wusch sich die Hände in einer Schüssel mit Wasser, das mit Rosenblättern parfümiert war, und nahm von einem Diener ein Leinenhandtuch entgegen. Eine Gruppe Harfenisten stand hinter den Dienern mit den Fächern. Ihre Musik erfüllte die Luft mit einem warmen, angenehmen Plätschern wie von fließendem Wasser. Die Männer blieben hungrig und wartend stehen, bis der Ehrengast am Arm ihres Mannes erschien. Die edle Procula lächelte die versammelten Soldaten an und folgte ihrem Mann zu einem Podest. Dort ließ sie sich auf ihrer Kline nieder.

Atticus blickte Flavius an, der mit dem Kopf auf Gaius deutete. Ihr Zenturio wusste eher, wie man sich in Gesellschaft von Patriziern verhielt, darum folgten sie seinem Beispiel, nahmen Platz, wenn er Platz nahm; sie aßen, als er seinen ersten Bissen von einem Tablett nahm.

Nachdem die erste Anspannung abgeklungen war, hob Atticus seinen Becher. Alle sechs Zenturionen und die achtzehn Hauptleute ihrer Kohorte waren der Einladung des Statthalters gefolgt. Wer hätte das nicht getan? Es kam nicht häufig vor, dass sie am Abend mit Gebäck, Fleisch und Musik verwöhnt wurden.

Nach dem Abendessen wurden die Männer, sehr zu Flavius' Freude, von drei Tänzerinnen unterhalten. Nach dem Tanz, als Pilatus seine Gäste eigentlich hätte fortschicken sollen, erhob sich Gaius Cabilenus und trat in die Mitte des Raumes. Er wartete, bis er die Aufmerksamkeit des Statthalters hatte.

Atticus beobachtete seinen Zenturio mit einer Mischung aus Stolz und Sorge. Was tat Gaius da? Die anderen Zenturionen hatten bereits auf die Gesundheit der edlen Procula angestoßen und ihre Schönheit gepriesen, aber keiner von ihnen hatte eine solche Art der Aufmerksamkeit riskiert.

Pilatus beugte sich vor. Die Falte seiner Toga rutschte über einen Arm. »Was hast du zu sagen, Gaius?«

»Wenn es dem Statthalter und meiner Herrin Procula gefällt –«, Gaius verneigte sich tief, »darf ich die edle Carina hereinbitten? Sie hat ein Geschenk für die Frau unseres Statthalters.«

Pilatus nickte und gewährte damit seine Erlaubnis. Eine Tür hinten im Saal wurde geöffnet. Eine anmutige Frau trat ein, eine exotische Schönheit, deren dunkles Haar sich aus einem Knoten auf ihrem Kopf über ihre bloßen Schultern ergoss.

Flavius stieß Atticus mit dem Ellbogen an. Die meisten Männer in ihrer Einheit hatten Carina bereits kennengelernt, aber keiner von ihnen mochte sie. Diese Frau jammerte unablässig, wenn sie mit der Armee unterwegs war, doch sie weigerte sich auch, zu Hause zu bleiben.

An diesem Abend jedoch strahlte Gaius' Geliebte eine anmutige Eleganz aus. Sie schwebte in die Halle, sank an Gaius' Seite auf ein Knie nieder und nahm aus der weißen Tasche an ihrer Seite einen Stoff.

»Zu Ehren des Geburtstages meiner Herrin«, sagte sie und ihr Mund verzog sich, aber nicht zu einem Lächeln, »darf ich dir einen außergewöhnlichen und einzigartigen Stoff präsentieren?«

Flavius stieß Atticus erneut in die Seite. »Ich habe davon gehört«, flüsterte er ihm hinter seinem erhobenen Becher zu. »Sie wollte diese Seide nicht weggeben, aber Gaius hat es ihr befohlen. Er sagte, es wäre nicht passend, dass sie ein tieferes Purpur trage als die Frau des Statthalters.«

Atticus zog die Augenbraue in die Höhe. »Dieser Stoff ist rot.«

Flavius zog ebenfalls die Augenbraue in die Höhe. »Vielleicht hat dieses Miststück den Stoff ja vertauscht.«

Gaius nahm seiner Geliebten den Stoff aus den Händen und überreichte ihn Procula. »Dir zu Ehren, meine Herrin. Dieser außergewöhnliche Stoff wechselt von dunkelrot in das tiefste Violett, das du dir vorstellen kannst.«

Procula lächelte ihren Mann an und nahm Gaius' Geschenk entgegen. Sie fuhr mit der Hand über den Stoff und rollte ihn lang auf dem Fußboden aus. »Er ist wunderschön, Zenturio. Aber wie wechselt er die Farbe?«

»Durch das Licht, Herrin. Die Farbe wechselt im Licht.«

Lächelnd hielt Procula den Stoff in die Höhe, beugte sich zur nächst stehenden Lampe, doch die Seide blieb rot.

Atticus blickte Flavius an, der die Achseln zuckte und einen Schluck Wein trank.

Gaius versuchte zu lächeln, aber seine Mundwinkel zuckten nur bedenklich. »Vielleicht musst du ihn tragen. Vielleicht braucht es Zeit.«

Obwohl Pilatus unmutig die Stirn runzelte, neigte Procula den Kopf in, wie es schien, aufrichtiger Dankbarkeit. »Danke, Gaius und Carina, dass ihr an mich gedacht habt. Dies ist eine wunderbare Seide. Ich könnte daraus vielleicht einen Umhang für Pilatus machen lassen.« Sie gab ihrem Mann einen Kuss auf die Wange und entließ Gaius und seine Geliebte mit einer Handbewegung. »Bitte esst euch alle satt, bevor ihr geht. Vielen Dank, dass ihr an diesem Abend alle hergekommen seid.«

Atticus wandte sich wieder dem Tisch zu, um zu sehen, was von ihrem Festmahl noch übrig war. Er griff nach dem letzten Bissen kandierten Apfels, als er Flavius' Blick auffing.

»Und das«, sagte sein Freund mit leiser Stimme, »ist der Grund, warum es sich nicht auszahlt, sich eine Frau zu halten oder einem über dir Stehenden Geschenke zu machen. Ein geschenktes Pferd könnte sich umdrehen und dich in den Hintern treten.«

Atticus steckte den Apfel in den Mund. »Es ist unwahrscheinlich, dass ich jemandem ein Pferd schenke, und ich habe auch keine Frau.«

»Oh doch, das hast du.«

»Cyrilla ist nicht meine Frau; sie ist Quinns Amme.«

»Sie wird schon noch früh genug deine Frau sein«, erwiderte Flavius grinsend. »Und denk an meine Worte, mit Frauen fängt der Ärger erst an.«

Kapitel 15

Ich weiß nicht, wie lange ich dort gesessen habe, aber irgendwann vor Tagesanbruch döste ich inmitten der blökenden Herden ein.

Eine sanfte Berührung weckte mich auf. Ich blickte auf und erwartete, Dodi oder eine andere hebräische Frau zu sehen, aber Marisa, die ägyptische Exsklavin kniete neben mir. »Du hast dich verirrt«, sagte sie. »Komm mit mir.«

Ich hätte mich vielleicht geweigert, aber die ungehaltenen Blicke einiger Hirten machten mir klar, wie zornig sie darüber waren, dass ich ihre Ziegen vom Wassertrog verdrängt hatte. Darum erhob ich mich und folgte dem ägyptischen Mädchen, lief durch die Straßen und Gassen, bis wir ihren Verkaufsstand auf dem Marktplatz erreichten. Sie zog eine gewebte Grasmatte zur Seite und bat mich in ihre kleine Bude. »Setz dich«, forderte sie mich auf und deutete auf den Platz auf ihrem Teppich.

Ich war zu erschöpft, um zu widersprechen, darum gehorchte ich und sank hinter dem toten Baum, an dem die Waren der jungen Frau aufgehängt waren, auf den Boden. Marisas Verkaufsstand war sauber und gut gefegt und dort konnte ich tief durchatmen, ohne dass mir der Geruch von Tieren in die Nase drang.

Aus einem Steinkrug goss sie eine Tasse voll kühlen Wassers, brach ein Stück Brot ab und reichte mir Brot und Becher.

Obwohl mein Magen knurrte, schüttelte ich den Kopf. »Ich kann dein Essen nicht annehmen.«

»Isis hat es gegeben. Darum nimm, iss und stärke dich.«

Ich zögerte nur einen Augenblick, bevor ich ihrer Aufforderung folgte. Das Wasser schmeckte wie guter Wein, das Brot hatte eine köstliche Kruste und ein weiches Inneres. »Das …«, ich deutete auf das Brot, »schmeckt köstlich.«

Sie lachte. »Jetzt weiß ich, dass du hungrig bist.«

Marisa hockte sich zu mir auf den Boden und knabberte an einem Stück Kruste, doch sie erhob sich sofort wieder, um eine barhäuptige Frau zu bedienen, die stehen geblieben war und sich ihre Amulette anschaute. Die Kundin kaufte drei Stück – eins für sich und jeweils eins für ihre beiden Töchter. Marisa kehrte zurück. »Geht es dir jetzt besser?«

»Ja. Danke.« Ich blickte sie an. Meine Augen waren ausgetrocknet, als hätte ich jede Träne vergossen und jegliches Gefühl aufgebraucht. »Ich sollte jetzt gehen.«

»Du wirst hierbleiben. Es besteht keine Notwendigkeit, zu diesem schrecklichen Mann im Gasthaus zurückzukehren.«

Ich starrte sie an. »Woher wusstest du, wo ich …?«

»Isis hat es mir gesagt. Sie sagt mir alles Mögliche.«

Ich blinzelte. Marisa erhob sich wieder, um einen weiteren Kunden zu bedienen. Isis war eine ausländische Göttin, ein von Menschen geschaffenes Stück Stein oder Holz und ein Gräuel für jeden Israeliten ... das zumindest war mir beigebracht worden.

Ich war in einem Dorf aufgewachsen, in dem die Jungen bis zum Alter von sechs Jahren an im Tanach, unseren Schriften, unterrichtet wurden. Ihnen wird beigebracht, den einen unsichtbaren Gott über allen geschaffenen Dingen zu verehren. Auch wenn den Frauen nicht gestattet war, die Thora zu studieren, so hatte mein Vater doch erkannt, dass HaShem mich mit einem neugierigen und schnellen Geist gesegnet hatte. Vielleicht hatte er sich gedacht, dass ich eines Tages das Gesetz kennen müsste, um meine Söhne zu lehren, denn er ließ mich immer dabei sein, wenn er meine Brüder unterrichtete. Zusammen mit ihnen lernte ich Stellen aus den Schriften auswendig. Der Unterschied zwischen uns war nur, dass sie die Worte der Propheten zu den Füßen meines Vaters studierten, während ich die Thora beim Fegen des Fußbodens lernte.

Nachdem meine Brüder das sechste Lebensjahr erreicht hatten, wurden sie von unserem Rabbi in der Synagoge unterrichtet. Da ich nie zur Schule ging, lernte ich nicht so viel wie meine Brüder, aber ich kannte die Geschichten der Propheten. Ich wusste, wie unsere Vorväter der Götzenanbetung und den heidnischen Praktiken erlegen waren. HaShems Zorn war über uns entbrannt und wir waren aus unserem verheißenen Land für siebzig Jahre ins Exil geführt worden.

War HaShem noch immer zornig auf uns? Denn auch wenn wir in dem Land lebten, das Avraham, Jitzhak und Jaakov versprochen worden war, arbeiteten wir und beteten wir unter der rücksichtslosen Hand eines fremden Kaisers an. Wir blieben der Gnade seiner rückgratlosen Vasallen ausgeliefert, die keinen Finger rührten, um das uns angetane Unrecht zu rächen oder diejenigen zu bestrafen, die uns grundlos quälten.

Ich hob den Blick zu Marisas leblosen Baum und seinen fingerähnlichen Zweigen. Die starren Augen der Steingesichter starrten mich an und jedes von ihnen versprach – was denn? Was konnten diese Steingötzen versprechen, das der Gott unserer Väter nicht vermochte?

Gerechtigkeit.

Rache.

Genugtuung.

Die Stimmen strichen mit der Sanftheit eines Flüsterns über mich hinweg, aber die Wirkung war so groß, als hätten sie mir die Worte ins Ohr gebrüllt. Ohne ersichtlichen Grund sträubten sich mir bei diesen drei Wörtern die Nackenhaare.

Marisa schloss das Geschäft mit ihrem Kunden ab, steckte die Münzen in ihren Beutel und kniete neben mir nieder. Ich blickte sie kurz an und bemühte mich um ein Lächeln. »Hast du sie gehört?«

Sie legte den Kopf zur Seite. »Wen?«

»Ist egal.«

Sie betrachtete mich, dann nahm sie meine Hand mit einem Lächeln, das mich weit mehr erwärmte als die aufgehende Sonne. »Was«, flüsterte sie, »wünschst du dir am meisten auf der Welt?«

Flüsternd, wie man einem anderen nur geheime Dinge anvertraut, erzählte ich es ihr.

Sie lächelte.

Und der lebenslange Dienst für den Gott Avrahams, Jitzhaks und Jaakovs war beendet, als ich mich vorbeugte, um zuzuhören.

Kapitel 16

Das Steinamulett war klein, kaum größer als mein Fingernagel. Es hing an einem dünnen Lederband um meinen Hals. Mein Geheimnis. Meine Hoffnung.

Mein Jaakov, Friede seinem Andenken, wäre außer sich vor Zorn, wenn er wüsste, dass ich ein Amulett angelegt hatte. Aber mein Mann konnte mir nichts mehr vorschreiben. Der Mann, dem es nicht gelungen war, seinem Sohn beizubringen, den Mund zu halten, hatte sich zu seinen Vätern versammelt, einer Gruppe gläubiger Hebräer, die mit der Hoffnung auf die Befreiung vom Himmel in ihr Grab gegangen waren.

Nachdem ich von Marisa das Amulett in Empfang genommen hatte, versuchte ich meine vorherige Zurückhaltung zu erklären. »Ich wurde als Tochter Avrahams erzogen«, erklärte ich ihr. »Ich gehorchte meinem Vater, hörte auf meine Mutter, hielt den Sabbat und das Gesetz Moses. Aber ich habe nie verstanden, warum Frauen nicht lernen dürfen wie Männer. Einmal habe ich gehört, wie der Rabbi meinen Brüdern sagte, es wäre für die Worte des Gesetzes besser, verbrannt zu werden, als an eine Frau weitergegeben zu werden.«

Marisa schwieg, doch der Blick in ihren Augen zeigte mir, dass sie mich verstand. Wir hatten so vieles gemein, diese ehemalige Sklavin und ich. Wir waren beide als Frau geboren worden; wir waren beide in einer Art Knechtschaft zur reifen Frau herangewachsen, wenn auch meine Knechtschaft ein sanfterer Dienst gewesen war. Jetzt hatte Marisa mir den Weg zur Freiheit gezeigt.

Die Hoffnungslosigkeit, die ich nach meiner Audienz bei Herodes empfunden hatte, führte zu neuer Entschlossenheit. Meine Sehnsucht nach Gerechtigkeit hatte nicht nachgelassen und da weder mein König mir Recht verschaffte noch meine Gebete zum Gott meiner Väter irgendeine Wirkung zeigten, empfand ich keine Schuldgefühle, weil ich mir eine andere Quelle suchte, von der ich Hilfe bekommen würde. Und so hängte ich mir das Amulett um den Hals und jeden Morgen folgte ich Marisas Beispiel und legte Korn auf den kleinen Steinaltar vor ihrem Verkaufsstand.

Ich blieb mehrere Tage in Tiberias, arbeitete an Marisas Verkaufsstand und hörte ihr zu, wie sie von der Geisterwelt erzählte. In vielerlei Hinsicht fühlte ich mich wieder als Kind, aber dieses Mal hatte ich die Freiheit, zu den Füßen meiner Lehrmeisterin zu lernen. Die Götter seien genau wie Menschen, erklärte Marisa; sie empfänden Eifersucht, Rivalität und Zorn. Wenn sie zufrieden mit uns seien, könnten sie sich überreden lassen, uns zu helfen; wenn wir sie erzürnten, würden sie Unglück in unser Leben bringen. Obwohl wir ihre Gesichter nicht sehen könnten, seien sie immer in der Nähe. Manchmal, wenn wir uns konzentrierten und aufmerksam zuhörten, könnten wir sie reden hören.

Eines Nachts, als sich die Sterne hinter einer dunklen Wolke verbargen, lag ich in Marisas Verkaufsstand und versprach erneut einem ganzen Pantheon von Gottheiten, ich würde ihnen alles geben, ganz für sie da sein, wenn sie mir helfen würden, den Mord an meinen Familienmitgliedern zu rächen.

Ein unterdrückter Schrei riss mich aus meinen Gedanken. Ich richtete mich auf und sah nach Marisa, die häufig im Schlaf aufschrie, aber sie lag ganz still auf ihrer Matte. Lange Strähnen ihrer geflochtenen Haare lagen über ihrem schlafenden Gesicht.

Da wieder ein Geräusch – unverkennbar ein Schrei des Schmerzes und der Angst, gefolgt von einem tiefen Grunzen. Ich setzte mich auf und spähte über den Rand der Grasmatte, die uns vor der Straße abschirmte, konnte aber nichts Ungewöhnliches entdecken. Nachtlichter brannten in den Häusern auf der anderen Straßenseite; ein einsamer Wächter drehte am Ende der Straße seine Runde.

Ich wollte mich gerade wieder hinlegen, als ich das vertraute Knirschen von Sandalen auf dem Pflaster hörte.

Ein römischer Soldat in einer roten Tunika kam aus der Gasse und sah zu dem herumlaufenden Nachtwächter hinüber. Sein scharfes und mürrisches Profil hob sich scharf gegen die Dunkelheit ab und verlieh ihm das Aussehen eines Raubvogels. Er stemmte die Hände in die Hüften, blickte nach rechts und links und setzte sich schließlich in Bewegung, marschierte über die Straße mit der unterschwelligen Arroganz eines siegreichen Kriegers.

Und da wusste ich, was er getan hatte.

Das Herz klopfte mir bis zum Hals, trotzdem schlüpfte ich unter der Matte hindurch und schlich zu der Gasse. Irgendwo vermisste eine Familie eine Tochter; eines Tages würde ein Ehemann seine ihm versprochene Braut ablehnen. Denn wenn ich mich nicht irrte, hatte dieses römische Schwein ein Mädchen ohne Begleitung auf der Straße entdeckt und es in diese Gasse gezerrt.

Ich spähte in die Dunkelheit. »Hallo?«

Keine Antwort.

»Ich werde dir nichts tun. Ich bin Mirjam und ich kann dir helfen.«

Ich beugte mich vor und versuchte, die Dunkelheit zu durchdringen. Auf einmal hörte ich ein leises Wimmern.

Es war stockfinster und ich tastete mich mit ausgestreckten Armen vor, bis meine Füße gegen einen Widerstand stießen. Ich kniete nieder und öffnete meine Arme für das verletzte unschuldige Mädchen, das ich gesucht hatte.

»Liebes.« Ich strich ihr die Haare aus dem nassen Gesicht; der brutale Kerl hatte ihr den Schleier fortgerissen. »Komm, lass mich dir helfen.«

Sie lag zitternd in meinen Armen, wollte nicht sprechen und klammerte sich auch nicht an mich, und so stützte ich sie so gut ich konnte und zog sie ins Licht.

Als ich den Verkaufsstand erreichte, war Marisa bereits aufgewacht. Wortlos streckte sie die Arme nach dem Mädchen aus und forderte sie auf, sich hinzulegen.

Während Marisa Beschwörungsformeln murmelte und die Wunden des Mädchens versorgte, starrte ich hinaus auf die leere Straße und spürte, wie sich mein Magen zusammenkrampfte. Das Mädchen zu meinen Füßen war keine junge Frau – sie war noch ein Kind, elf, vielleicht zwölf Jahre alt. Ihre Kleidung gab sie als Hebräerin zu erkennen; ihr verletztes Gesicht zeigte mir, dass sie nicht nur gedemütigt, sondern dass ihr auch Gewalt angetan worden war.

Marisa fing meinen Blick auf, wagte aber nicht auszusprechen, was wir beide wussten: Dieses Mädchen würde nie das Leben führen können, das es sich erträumt hatte.

Stille hüllte uns ein wie ein dichter Nebel; ich drehte mich um und rannte aus der Verkaufsbude. Meine Angst war verschwunden, vertrieben von einem unbändigen Zorn. Was interessierte es mich, ob ich auf der Straße einem römischen Soldaten begegnete? Sollte einer dieser widerwärtigen Hunde mich angreifen, würde ich mit einem Fluch auf den Lippen sterben.

Ich marschierte zu den Stadttoren, entschlossen, diesen erbärmlichen Ort hinter mir zu lassen. Hass – und der Wunsch nach Gerechtigkeit – brannten in meiner Seele. Als ich die hohen Holztore erreichte, hob ich die Faust und flehte jeden Gott an, der antworten würde, meinen Hass zu nehmen und damit meine Familie zu rächen. Ich schrie zum Himmel, riss an meinem Gewand, machte meinem Zorn und Hass in einer Schimpfkanonade Luft.

Die Turmwachen riefen mir Warnungen zu, aber ich ignorierte sie. Ich hätte Herodes und die Römer verflucht, bis die Wachen mich verhafteten, aber ein unerwarteter Windstoß wirbelte um meine Füße und schickte einen erwartungsvollen Schauer durch meine Glieder. Der Wind riss den Saum meines Gewandes hoch, liebkoste meine Knie, meine Hüften, meine Schultern. Ich öffnete den Mund und atmete ihn ein, sog einen Duft ein wie die Frische eines Frühlingsmorgens. Und in diesem Augenblick empfand ich eine tiefe Zufriedenheit. Ich fühlte mich neu belebt. Mit neuer Hoffnung erfüllt. Ich hatte meine Schlacht zwar nicht gewonnen, aber meine Einsamkeit war verschwunden. Fröhlichen Mutes wanderte ich zum Marktplatz zurück und blieb vor Marisas mit Amuletten behängtem Baum stehen.

Ich stand da, verloren in einer angenehmen Träumerei, als ich das Lachen einer Frau hörte. Ich drehte mich um und rechnete damit, Marisa und das Mädchen zu sehen, aber sie waren weder auf der Straße noch in dem Verkaufsstand. Ich stand ganz allein auf der nur von wenigen flackernden Nachtlichtern in den Häusern erhellten Straße, allein mit meiner Entschlossenheit.

Wie Licht so hell und so sanft wie Regenwasser ertönte das Lachen erneut. Es wärmte meine Schultern und kitzelte mich an den Armen. Das Lachen kam aus *meinem* Mund, warm und voll, doch ich hatte dieses Lachen nicht bewusst von mir gegeben. Ich war nicht betrunken. Eigentlich war mir überhaupt nicht nach Lachen zumute und doch lachte irgendetwas ... oder jemand ... in mir.

Unbehaglichkeit breitete sich in meinem Bewusstsein aus wie eine Rauchwolke. Mein Herz blieb beinahe stehen, als ich eine Stimme vernahm: *Arme Frau, du willst Rache für deine Familie? Rufe mich an und ich werde dir helfen.*

Ich taumelte zurück, verblüfft über das Flüstern, das in meinem Kopf widerhallte. Auf der Straße war keine Menschenseele zu sehen, nicht einmal ein Nachtwächter. Die Stimme gehörte auch nicht Marisa oder einem der anderen Kaufleute; sie schien aus dem *Inneren* meines Kopfes zu kommen ...

Obwohl es heiß draußen war, hatte ich das Gefühl, als wäre ein Rinnsal eiskalten Gebirgswassers meinen Rücken hinuntergelaufen. Ich nahm den letzten Rest meines Mutes zusammen und flüsterte in die Dunkelheit: »Wer bist du?«

Und wieder ertönte Gelächter in meinem Kopf, doch dieses Mal begleitet von einer melodischen weiblichen Stimme: *Ich bin Natar, eine Freundin von Isis. Ich möchte gern auch deine Freundin sein. Willst du wirklich Gerechtigkeit für deine Familie?*

Auch wenn mein Herz raste wie ein wildes Tier, das in einem Käfig gefangen ist, nickte ich. »Ja.«

Dann werde ich dir helfen.

Auch vorher schon war mir Hilfe versprochen worden; dieses Mal wollte ich mich nicht so schnell überzeugen lassen. Zweifelnd schob ich mein Kinn vor, da ich meinem unsichtbaren Verbündeten misstraute. »Beweise es.«

Im stärker werdenden Wind trug mir die Stimme auf: *Geh zu Tirzas Gasthaus.*

Ich lief durch die stillen Straßen und blieb stehen, als einer der Nachtwächter im Mondlicht vor mich trat. Er blieb stehen, beobachtete mich und sprach mich mit leiser Stimme an, um nicht die Menschen aufzuwecken, die hinter den offenen Fenstern schliefen. »Was machst du hier, Frau?«

Ich deutete die Straße entlang. »Ich bin auf dem Weg zu Tirzas Gasthaus.«

Der Nachtwächter trat näher und hielt seine Lampe hoch. Ich blinzelte unter seiner Musterung, fürchtete beinahe, er könnte hinter meine Augen blicken und Natar entdecken, aber anscheinend zufriedengestellt, ließ er die Lampe sinken. »Verschwinde hier. Aber laufe nicht noch einmal nach Einbruch der Dunkelheit durch die Straßen von Herodes' Stadt.«

Ich verneigte mich und lief weiter zum Gasthaus. Auf der Schwelle zögerte ich, lauschte auf eine letzte Anweisung von der Stimme, die mich losgeschickt hatte, doch ich vernahm nichts als das Rascheln des Windes.

Ich klopfte an die Tür. Hinter dem vergitterten Fenster regte sich etwas. Dodi spähte durch einen Spalt in der Tür. Ihre Augen weiteten sich, als sie mich erkannte. »Mirjam?«

»Darf ich hereinkommen?«

Sie öffnete die Tür etwas weiter. »Brauchst du einen Platz zum Schlafen?«

Ich schüttelte den Kopf. »Eigentlich weiß ich gar nicht so genau, warum ich gekommen bin.«

Ich blickte mich in dem schwach erleuchteten Raum um. Zwei Männer schliefen in der Nähe der Fenster, mit Wolldecken zugedeckt. Ein raues Stöhnen war hinter dem Vorhang, der den Kochbereich von dem Vorderzimmer abteilte, zu vernehmen.

Mit gerunzelter Stirn betrachtete Dodi mich. »Bist du eine Heilerin?«

»Ist jemand krank?«

»Tirza. Als er gestern nach Hause kam, hatte er Schmerzen in der Brust. Ich habe ihn mit Kräutern betäubt und mit Decken zugedeckt, aber er hat trotzdem Schmerzen und bekommt anscheinend nicht genügend Luft.«

Ich schloss die Augen und lauschte. Hatte Natar mich hergeschickt, um dem Mann zu helfen, der mich buchstäblich auf die Straße geworfen hatte?

»Darf ich ihn sehen?«

Dodi führte mich in den hinteren Teil des Hauses, wo Tirza unter einer Decke auf einem Strohhaufen lag. Schweiß stand ihm auf der Stirn und der Oberlippe; seine Augen waren geschlossen. Die Lampe in einer Nische in der Mauer erhellte den Raum mit warmem Licht. Er öffnete die Augen, aber es war schwer zu sagen, ob er mich oder seine Frau erkannte.

Da ich nicht wusste, was ich sonst tun sollte, kniete ich neben dem Mann nieder. Natar blieb stumm in mir, darum flüsterte ich: »Ich bin gekommen. Also, was soll ich tun?«

Die Stimme antwortete nicht und ich spürte Dodis Blick auf

mir. Wenn ich auch weiterhin Selbstgespräche führte, würde sie denken, ich hätte den Verstand verloren.

Ich hob den Kopf und suchte ihren Blick. »Hab keine Angst. Ich glaube ... ich glaube, ich bin von einer der Göttinnen heimgesucht worden. Sie hat mich zu dir geschickt und ich hoffe, dass sie mir sagt, was ich tun soll.«

Dodi erblasste. Sie begriff. Eine Hand an ihre Kehle gelegt, trat sie zurück und hockte sich hinter ihren Kochtopf.

Ich schloss die Augen und flehte Natar um Führung an. »Ich bin gekommen. Ich habe gehorcht. Jetzt musst du mir sagen, was ich tun soll.«

Ein eisiger Schauer stieg von meinem Nacken hoch, als die Stimme antwortete: *Wirst du gehorchen?*

»Natürlich. Ich bin ja da.«

Egal was geschieht?

»Egal was geschieht.«

Zeige ihm deine Hand.

Meine Hand? Was sollte das? Ich hob den Arm vor Tirzas geschlossenen Augen; nichts passierte. Um vor Dodi nicht töricht zu wirken, strich ich eine Haarsträhne aus Tirzas fieberheißer Stirn, dann tauchte ich ein Tuch in Wasser und kühlte ihm das Gesicht. Bei meiner Berührung öffnete er die Augen. Erkenntnis flackerte in seinen Augen auf.

Zeige ihm deine Hand!

Warum? Ich blickte auf meine Hände; es war nichts Ungewöhnliches daran zu erkennen.

»Tirza, geht es dir wieder besser?« Ich griff nach dem Wasserkrug und wollte dem Mann zu trinken geben, aber bevor ich Dodi um einem Becher bitten konnte, legten sich unsichtbare Finger um meinen Hals. Ich versuchte zu sprechen, brachte jedoch kein Wort heraus; ich wollte nach Luft schnappen, doch das ging nicht.

Du musst lernen zu gehorchen! Zeige ihm deine Hand!

In meiner Verzweiflung streckte ich die Hand aus und beobachtete, wie auf meiner prickelnden Handfläche ein blutrotes Abbild des eckigen Gesichts auf meinem Amulett erschien.

Der arme Tirza! Während der Druck an meinem Hals nachließ, traten die Augen des Kranken aus den Höhlen und seine Haut rötete sich. Schnell ballte ich meine Hand zur Faust und versteckte sie hinter meinem Rücken, aber nachdem Tirza schrecklich gewürgt und nach Luft geschnappt hatte, sank sein Kopf zur Seite. Seine Augen waren leer wie die offen stehenden Fenster.

Dodi kam angerannt und fand ihren Mann tot vor. Die Gastwirtin, die mir immer respektvoll begegnet war, starrte ihren Mann einen Augenblick lang ungläubig an, dann drehte sie sich zu mir um. »Du hast ihn getötet.« Sie funkelte mich mit brennendem, vorwurfsvollem Blick an. »Du bist hergekommen, um Tirza zu töten, nicht um ihn zu heilen.«

»Nein, ich …«

»Du warst zornig, weil Herodes dir nicht zugehört hat. Darum bist du hergekommen, um meinen Mann zu bestrafen.«

Ich wollte protestieren, aber die Frau hörte mir gar nicht zu. Schnell rannte ich aus dem Haus und blieb zitternd auf der Straße stehen, während Dodis spitzes Wehklagen die Nachtruhe zerriss.

Ich zitterte am ganzen Leib. Und wenn Dodi mich nun vor Herodes anklagte? Sie könnte sagen, ich hätte ihren Mann durch Hexerei getötet – und in diesem Augenblick fragte ich mich, ob das nicht tatsächlich so gewesen war. Wenn die Bewohner von Tiberias auf einmal aus ihren Häusern gestürmt wären und mich gesteinigt hätten, ich hätte nicht protestiert.

Ich unterdrückte mein Schluchzen und floh.

KAPITEL 17

Nachdem Atticus einen Zwanzig-Meilen-Marsch in fünf Stunden zurückgelegt hatte, führte er seine Truppe von Hilfsrekruten zum Übungsplatz zurück und befahl ihnen anzutreten. Als alle zur Ruhe gekommen waren, schritt er ihre Reihen ab und nickte, wenn er ein besonders wachsames Gesicht entdeckte.

»Und so beginnt euer Leben als Soldaten«, sagte er. Er hatte die Hände auf dem Rücken verschränkt und betrachtete seine samaritanischen Auszubildenden. »Für die römische Armee ist nichts so wichtig wie Soldaten, die marschieren können. Eine Armee, die durch Trödler aufgespalten wird, befindet sich in großer Gefahr. Der Feind wird sich das zunutze machen. Wenn ihr euch an diesen Marschschritt gewöhnt habt, werden wir in voller Ausrüstung und mit Gepäck unsere Geschwindigkeit steigern und eine Entfernung von vierundzwanzig Meilen in derselben Zeit zurücklegen.«

Keiner der Männer protestierte, aber er bemerkte, wie mehr als einer der Männer die Schultern sacken ließ. Sie waren müde, doch mit der Zeit würden sie schon noch stark werden.

»Also gut«, meinte er zuversichtlich. Für den Anfang war er zufrieden. »Ihr könnt abtreten.«

Die Männer antworteten mit einem Gruß und einem lauten Schrei. Danach lösten sich die Reihen auf und die Rekruten schlenderten zu ihren Unterkünften.

Atticus blickte Flavius lächelnd entgegen, der mit einem breiten Grinsen auf dem Gesicht auf ihn zukam. »Wie läuft die Ausbildung?«

»Ungefähr so, wie ich erwartet habe.«

»Auf mich wirken sie etwas schmächtig. Ich bin erstaunt, dass sie überhaupt marschieren können.«

»Du solltest sie nicht unterschätzen. Diese Männer sind an die Hitze und die Wüste gewöhnt. Allerdings ist ihnen Organisation noch etwas fremd.«

Flavius fuhr sich mit der Hand über das Gesicht, während er den letzten Nachzüglern nachblickte, die in ihren Unterkünften verschwanden. »Ich weiß, dass du eine gewisse Sympathie für die Einheimischen hegst, aber mir wäre wohler, wenn wir Römer ausbilden würden, die an unserer Seite marschieren. Diesen Leuten kann man nicht trauen.«

Atticus wollte ihn darauf hinweisen, dass die Armee Einheimische anwerben musste, um ihre Garnisonen zu füllen, aber Flavius unterbrach ihn. Er ruckte hoch und zerrte Atticus von einer Gruppe Soldaten fort, die aus dem Haus des Statthalters kamen.

Als sie sich so weit entfernt hatten, dass sie nicht mehr belauscht werden konnten, verschränkte Flavius seine Arme und zog die Augenbraue hoch. »Hat Gaius dich angesprochen?«

Atticus zuckte zusammen. »Habe ich etwas falsch gemacht?«

»Nein, nein.« Flavius biss sich auf die Lippen. »Ich darf nicht mehr sagen.«

»Flavius, du kannst mich nicht einfach mit einer solchen Frage bombardieren und dann erwarten, dass ich nicht …«

»Schsch. Da kommt er. Von mir weißt du nichts.«

In tiefer Verwirrung drehte sich Atticus um. Der Zenturio überquerte den Platz und kam auf ihn zu. Seine Sandalen wirbelten den Staub auf.

»Atticus Aurelius.« Der Zenturio nickte ihm grüßend zu. »Ich habe dich beobachtet.«

Atticus nahm Haltung an. »Mein Herr, habe ich etwas getan, das dir missfällt?«

»Ganz im Gegenteil, ich halte dich für einen hervorragenden Soldaten. Du bist deinen Pflichten als Tesserarius mit größter Sorgfalt nachgekommen.«

»Danke, mein Herr.«

Der Zenturio antwortete mit einem unpersönlichen Nicken des Kopfes. Er hielt sein Gesicht der Sonne entgegen. »Gehe ich recht in der Annahme, dass du gern weiter aufsteigen würdest? Dass du vielleicht sogar gern Zenturio werden möchtest?«

Atticus widerstand dem Impuls, Flavius anzuschauen. »Ja, mein Herr. Ich habe mein Leben Rom verschrieben; ich werde dienen, solange das Reich mich braucht.«

»Ausgezeichnet. Dann solltet ihr beide mich bei Sonnenuntergang am Garnisonstor treffen. Erzählt keinem, wo ihr hingeht. Und verspätet euch nicht.«

Der Zenturio entfernte sich. Atticus hatte es die Sprache verschlagen. Flavius packte ihn am Arm. »Es wird wahr. Ich denke, wir sind für die Initiation ausgewählt worden.«

Atticus lächelte, aber ihm war unbehaglich zumute. Irgendwie überlief es ihn kalt. Die Armee von Rom forderte alles von ihren Männern – ihren Geist, ihren Körper und sogar ihre Seele. Jeder Soldat betete Jupiter, Juno und Minerva an, die Götter der etablierten Staatsreligionen. Aber gelegentlich wurde hinter vorgehaltener Hand in den Unterkünften auch von einer anderen Sekte geflüstert, einer geheimen Gesellschaft, die Mithras verehrte.

Den Gerüchten zufolge konnten nur diejenigen, die sich der Mithras-Sekte angeschlossen hatten, zum Zenturio befördert werden ... und nur wer den gnadenlosen Initiationsritus über sich hatte ergehen lassen, konnte Mitglied der Sekte werden.

Atticus wollte gern in den Rängen aufsteigen ... aber welchen Preis würde sein Ehrgeiz fordern?

Hinter einer Hecke in Pilatus' Garten versteckt, beobachtete Atticus, wie das syrische Mädchen das weinende Baby tröstete. Ein undefinierbares Gefühl machte sich in ihm breit. Was gab den Frauen den Vorteil des Tröstens? Er hatte keine Brüste, um ein

Kind zu stillen, aber auch Cyrilla konnte das nicht; das Mädchen musste auf Ziegenmilch zurückgreifen. Auch war sein Schoß nicht so weich wie der einer Frau, aber dafür hatte er starke Schultern, fähige Hände und Beine, die einen ganzen Tag marschieren konnten, ohne müde zu werden. Er hatte einen recht schnellen Verstand, flinke Finger und Ohren, die hörten, wenn ein Baby schrie.

Warum also kuschelte sich der Junge so leicht in die Arme des Mädchens und quengelte so kläglich in seinen?

»Du kannst herauskommen, Atticus«, rief Cyrilla, ohne aufzublicken.

Er versteifte sich, empfand Verlegenheit, doch dann erhob er sich hinter der Hecke zu seiner vollen Größe. »Woher wusstest du, dass ich da war?«

Ein Lächeln umspielte ihre Lippen, während sie ihm entgegenblickte. »Wenn sich eine Wolke vor die Sonne schiebt, spüre ich den Schatten. Wenn du in den Garten kommst, spüre ich die Erde erbeben.« Sie lachte leise. »Du kommst fast jeden Nachmittag hierher. Und da meine Herrin zu dieser Stunde ruht, hielt ich es für eine gute Gelegenheit, ein paar private Worte mit dir zu wechseln – das heißt, wenn du dich frei machen kannst.«

Atticus setzte sich neben sie auf die Bank und betrachtete das Kind in ihren Armen. In den vergangenen Wochen hatte der Junge zugenommen. »Er sieht gut aus«, meinte Atticus. Sie würde seine Bemerkung hoffentlich als Kompliment werten.

Cyrilla lächelte und fuhr sich mit der Hand über ihre Haare, die sie im Nacken zu einem Knoten zusammengesteckt hatte. »Übrigens, Soldat, dieses Kind braucht einen Namen.«

Atticus runzelte die Stirn. »Nun ... wie nennst du ihn denn?«

Sie zuckte die Achseln. »Ich nenne ihn *Süßer*, aber das ist kein angemessener Name. Das Recht der Namengebung liegt bei dir. Ich habe auf dich gewartet, um dich danach zu fragen.«

Atticus starrte die grüne Hecke an. Sie hatte auf ihn gewartet?

Dieser Gedanke erwärmte ihn; aber andererseits beunruhigte er ihn auch. Ein Soldat durfte keine Bindungen eingehen.

Er drehte sich um. »Wie findest du den Namen Quintus?«

Sie legte den Kopf zur Seite. »Das ist ein römischer Name.«

»Na und? Ich bin ein römischer Soldat.«

»Atticus ...« Ihr Gesicht verzog sich amüsiert. »Der Junge ist Hebräer. Ich habe es sofort gesehen, als ich ihn hochnahm.«

Atticus schluckte den Kloß, der ihm im Hals steckte, hinunter und verschränkte die Arme. Es war wirklich dumm von ihm zu denken, niemand würde es bemerken. Die Juden praktizierten den seltsamen Ritus der Beschneidung. Dadurch war der Junge für immer gezeichnet. Er stellte sich den Jungen als jungen Mann im öffentlichen Bad vor, wie er unangenehme Fragen abwehrte oder Angst hatte, sein Handtuch sinken zu lassen ...

»Quintus«, wiederholte Cyrilla. Offensichtlich hing sie keinen unangenehmen Gedanken über künftige Demütigungen nach. »Quintus soll er heißen. Und ich werde dein Geheimnis wahren, Atticus. Soweit es mich betrifft, ist dieser Junge dein Sohn.«

Er betrachtete die junge Frau neben sich. Sie sah viel besser aus als bei ihrer letzten Begegnung. Ihre Wangen waren voller und runder. Trotzdem war ihr Gesicht von ihren großen, braunen Augen beherrscht.

»*Auuuuuuuu.*« Das Baby stieß einen langen Schrei aus, dann blickte es Atticus an und strahlte ihn an.

»Neue Zähne?« Atticus berührte vorsichtig die Unterlippe des Jungen. »*Zwei* neue Zähne?«

Cyrilla ließ den Jungen, der gerade einen Namen bekommen hatte, auf ihrem Knie hüpfen. »Bevor du weißt, wie dir geschieht, wird Quintus erwachsen sein.«

Atticus hatte Flavius gerade erzählt, wie sehr der Junge gewachsen war, als Gaius aus dem Schatten trat und sie am Tor abfing. »Legionäre«, begrüßte der Zenturio sie. Jede Spur von Freundlichkeit war aus seinem Blick gewichen. »Wollt ihr im Dienst für Rom weiter aufsteigen? Wollt ihr euch einer Bruderschaft anschließen, in der Rang und die Verpflichtung dem anderen gegenüber nicht auf einem Sozialkodex basieren, sondern auf den geheimen Banden eines geschlossenen Kreises?«

Atticus hätte gern seinen Freund angeschaut, aber sein Instinkt warnte ihn, dass jedes Anzeichen von Zögern nicht gut aufgenommen werden würde. »Ja«, erwiderte er. Erleichtert nahm er zur Kenntnis, dass Flavius dieselbe Antwort gab.

»Seid ihr bereit«, fuhr Gaius fort, »euch den sieben Prüfungen zu unterziehen, die zum Sakrament des Eintritts gehören? Schwört ihr bei eurem Leben, diese Riten geheim zu halten?«

Und wieder bejahten Atticus und Flavius diese Fragen.

»Dann folgt mir schweigend.«

Atticus setzte sich in Bewegung und folgte dem Zenturio, aber erst nachdem er zehn Schritte gegangen war, wagte er es, seinen Gefährten anzuschauen. Flavius grinste, aber auch bei ihm machte sich eine gewisse Besorgnis bemerkbar. Und sicherlich konnte Flavius auch in seinen Augen diese dunklen Strömungen erkennen.

Sie marschierten mehr als zwei Meilen, bis sie schließlich durch ein Tor in einen Garten traten. Gaius führte sie um einen Springbrunnen und mehrere Hecken herum zu einer Steintreppe, die vor einer grob behauenen Tür endete. Der Zenturio klopfte und murmelte eine Parole; kurz darauf schwang die Tür auf.

Atticus nahm den Anblick schweigend in sich auf. Durch die Gerüchte, die in den Unterkünften kursierten, wusste er, dass er ein Mithraeum betrat, einen unterirdischen Tempel, der Mithras geweiht war und einer Höhle glich.

Vor einer weiteren Tür drehte sich Gaius zu ihnen um. »Schwört ihr bei eurem Leben, niemals zu offenbaren, was ihr hier zu sehen bekommt? Schwört ihr, niemals die Namen der in dieser inneren Kammer versammelten Brüder preiszugeben?«

Atticus und Flavius schworen es.

Zum ersten Mal erhellte der Anflug eines Lächelns das Gesicht des Zenturios. »Dann tretet ein. Und bereitet euch vor, eure Kraft Mithras zu Ehren auf die Probe zu stellen.«

Atticus musste den Kopf einziehen, um die unterirdische Kammer zu betreten. Der rechteckige Raum war nicht groß, aber seine Erbauer hatten gute Arbeit geleistet. Die Decke war gewölbt; ein Gang zog sich durch die Mitte des Tempels, auf jeder Seite waren Steinbänke platziert. Auf diesen Bänken saßen Soldaten; jeder trug seine Uniform und eine Maske. Atticus hätte sie nicht erkennen können, selbst wenn er es gewollt hätte. Allerdings fanden sich bei einigen die leicht zu erkennenden Helme eines Zenturio.

Ein Mann mit der Maske eines Stiers stand vorne im Raum. »Die Initiaten mögen nach vorne kommen.«

Gemeinsam traten Atticus und Flavius vor den Altar aus Stein.

»Mithras«, fuhr der Priester fort, »ein Gott, geboren aus einem Felsen und dazu bestimmt, die Rettung der Welt sicherzustellen, fordert euch auf, ihm zu folgen. Wie der Gott Apollos durch den Dienst eines Raben Mithras befahl, den Stier aus der Region des Mondes zu schlachten, so befehle ich euch, eure Feinde zu töten und euch mit euren Blutsbrüdern zu freuen. Jeder der hier Anwesenden ist durch die Prüfungen des Feuers, Wassers, Hungers, der Kälte, der Geißelung, des Blutlassens und der Brandmarkung gegangen. Wenn ihr bereit seid, euch diesen Prüfungen zu unterziehen und unser Sakrament anzunehmen, so kniet vor mir nieder. Seid ihr dazu nicht bereit, dreht euch um und verlasst sofort dieses Gewölbe in dem Wissen, dass ihr, solltet ihr jemals hiervon etwas verraten, euer Leben verwirkt habt.«

Atticus spürte, wie ihm der Schweiß von den Achselhöhlen zu seinen Rippen lief, aber er blieb reglos stehen und blickte auch Flavius nicht an. Sein Leben hatte er Rom geweiht und dafür Sicherheit bekommen ... und Eintönigkeit. Wenn er die endlosen Tage des Exerzierens, des Marschierens und Trainings in Friedenszeiten hinter sich lassen wollte, dann würde er diese Initiation über sich ergehen lassen müssen. Er war als römischer Bürger geboren worden und die Armee bot ihm mehr Vorteile als den unzivilisierten Hilfskräften, die die Unterkünfte in Cäsarea bevölkerten, aber ohne diese Prüfung konnte er niemals mit den Söhnen von Senatoren um Führungspositionen konkurrieren.

Mithras bot ihm, was er suchte.

Er kniete auf dem kalten Stein nieder und blickte den Mann mit der Stiermaske an. »Ich bin bereit.«

Flavius neben ihm sprach dieselben Worte aus.

Die Augen des Priesters zogen sich zusammen. »Bereitet euch vor. Mithras gebietet in der Macht der unbesiegten und unbesiegbaren Sonne. Wenn ihr ihm dienen wollt, müsst ihr euch dessen würdig erweisen. Ihr müsst ein Vorbild sein und euch das Vertrauen eurer Soldatenbrüder verdienen. Wir werden von euch Selbstbeherrschung, Tugend, Loyalität und Blut fordern. Diese Prüfungen werden entscheiden, ob ihr in der Lage seid, diese Forderungen zu erfüllen.«

Der Priester streckte seine Hand einem anderen maskierten Soldaten entgegen, der auf einen dunklen Gang deutete. Atticus blickte Flavius an und beobachtete, wie er schwer schluckte.

Mit weichen Knien erhob sich Atticus und betrat den Tunnel.

KAPITEL 18

Eine klebrige Feuchtigkeit hing an meinen Händen, beschmutzte meinen Umhang und meinen Schleier. Pfützen einer roten Flüssigkeit hatten sich auf dem steinigen Berg gesammelt. Der Saum meines Gewandes hatte sich damit vollgesogen. Ich schaute mich um, konnte jedoch nirgendwo das Tier entdecken, das hier geschlachtet worden war.

Ich zögerte, blinzelte verblüfft. Wurde etwa Jom Kippur gefeiert, der Tag, an dem der Priester ins Allerheiligste eintrat und das Blut eines geheiligten Stieres als *Kapparah* oder Sühne für unsere Sünden opferte? Ich hatte keine Ahnung, wie viele Tage seit Tirzas Tod vergangen waren, aber ich hatte gesündigt, das wusste ich. Es war falsch gewesen, zu Herodes zu gehen, das Amulett anzulegen, mich von dem Heiligen Israels, gepriesen sei sein Name, abzuwenden.

Aber wie konnte ich zur Wahrheit zurückkehren? Wie konnte ich mich von dem Bösen befreien, das in mein Herz, meinen Geist und meinen Körper eingedrungen war?

Die Götter, die ich angerufen hatte, wollten mich nicht aus ihren Fängen lassen und sie fanden Vergnügen an Blut. Ihre Stimmen surrten in meinem Kopf; sie freuten sich am Anblick eines Blutbades. Sie umschwirrten mich wie Wespen, kitzelten meine Ohren und ließen sich auf meinen Schultern nieder. Wie ein Hund, der seinen Schwanz jagt, schlug ich nach ihnen und schlug doch nur mich selbst.

Ihre Jubelrufe verwandelten sich in Spott. Viele von ihnen hatten sich in meinem Kopf eingenistet; sie leisteten mir Tag und Nacht Gesellschaft. Auch wenn ich sie niemals sah, so sprachen sie doch in lauten Schreien und leisem Schnurren zu mir, in männlichem Knurren und weiblichem Flüstern. Ab und zu nannten sie sich beim Namen – Ba-ath, Qin-ah, Avah, Az-aph, Katakritos, Geah – aber eine Stimme übertönte sie alle: Natar.

Sie gehört uns. Wir haben ein Heim gefunden!

Die Stimmen umgaben mich, vermischten sich in freundlicher Beleidigung und Zustimmung.

Sie hat gehorcht; sie hat die Tür geöffnet.

Sie hat mit dem toten Mann gespielt; er hat den Handel besiegelt.

Ihr Herz ist voll von Zorn und Hass!

Sie liebt uns! Sie braucht uns!

Sie gehört mir; ich bin sie.

Sie ist verloren für den Einen, dessen Name nicht ausgesprochen werden darf. Sie gehört uns; wir haben gewonnen!

Außer mir vor Verzweiflung, hielt ich mir die Ohren zu, bohrte meine Knöchel in meine Wangen und drückte meine Daumen in meine Augenhöhlen in dem Versuch, die Stimmen aus meinem Kopf zu vertreiben. Ich riss mich an den Haaren und hoffte, ich könnte die Eindringlinge herauszerren, aber trotz des Schmerzes, des Blutes und der Blindheit blieben sie, die wirbelnde Kakophonie einer ausgelassenen Feier.

»Lasst mich in Ruhe! Geht weg!«

Ich öffnete die Augen und erblickte Marisa, die mich entsetzt anstarrte. Ihr Gesicht war totenblass, abgesehen von den roten Flecken auf ihren Wangen. Sie hockte auf der Matte in ihrem Verkaufsstand, die Hände auf den Teppich gepresst, als wollte sie jeden Augenblick aufspringen und davonrennen.

Ich atmete zitternd aus. Es war nur ein Traum. Der zerklüftete Berg, das Blut, der Schmerz – nur ein Traum.

Aber ich hob die rechte Hand, und sie war blutverschmiert und Haarsträhnen klebten daran. Ich betastete meinen Kopf mit meiner linken Hand und zuckte zusammen, als meine Fingerspitzen das rohe Fleisch berührten.

Ich starrte Marisa an, in deren Gesichtsausdruck sich meine Verwirrung spiegelte. »Kannst du mir helfen?«

Sie hob beide Hände und wandte sich ab. »Geh!«, rief sie und verbarg ihr Gesicht, als wäre allein der Anblick meiner Not bereits ansteckend. »Geh fort!«

»Aber …«

»Du bist verflucht! Verlasse mich.«

Stumm hockte ich mich auf Hände und Knie. Die Stimmen hatten wieder angefangen zu reden. Ich hielt mir die Ohren zu und wiegte mich auf meinen Fersen hin und her, während sie mich verspotteten und quälten, aber Marisas Schrei übertönte alle: »Geh fort oder ich werde Herodes' Wachen rufen!«

Irgendwie rappelte ich mich hoch. Die Sonne schickte gerade ihre ersten Strahlen über den Himmel. Vielleicht konnte ich aus der Stadt fliehen, bevor Marisa die Wachen verständigte. Ich konnte verstehen, warum Dodi mich des Mordes beschuldigte, aber wieso hielt Marisa mich für gefährlich? Sie hatte mich doch mit diesen Stimmen bekannt gemacht.

Die Ägypterin? Sie ist nichts, nur ein Pfand.

Warum sollten wir uns wegen ihr Gedanken machen? Sie hat schon immer uns gehört, aber du, eine Tochter Avrahams, du bist unser Kronjuwel.

»Geht fort, geht fort, geht fort!« Ich presste meine Hände auf die Ohren und taumelte die Straße entlang. Ich wusste nur eins: Ich musste Tiberias verlassen. Die Stadt war mir zum Fluch geworden.

Vor dem Verkaufsstand eines Bäckers zögerte ich, während die Stimmen wüteten. Irgendwie gelang es mir, tief durchzuatmen und mich auf die Flucht zu konzentrieren. »Wenn du überleben willst, musst du still sein.« Ich sprach die Worte laut aus, weil ich mich daran freute, meine Stimme eine Nuance lebendiger zu hören als die der anderen. »Wenn du beim Verlassen der Stadt die Aufmerksamkeit auf uns lenkst, könnten die Wachen uns vor Herodes bringen.«

Ich schloss die Augen und wappnete mich für meine Aufgabe und auf wundersame Weise verstummten die Stimmen. Ich atmete aus und freute mich an der seltenen Stille. Meine Gedanken kamen zur Ruhe; meine Atmung normalisierte sich wieder.

Aha. Die Götter konnten also tatsächlich mit sterblichen Menschen kooperieren.

Ich schlang meinen Schleier um meinen verletzten Kopf und machte mich auf den Weg zum Brunnen in der Mitte der Stadt. Ich würde mir die Hände und das Gesicht waschen und dann mit dem Strom der morgendlichen Reisenden die Stadt verlassen. Tiberias hatte mir nichts gegeben, also konnte ich genauso gut nach Magdala zurückkehren, wo ich Besitz hatte und vielleicht noch ein paar Freunde.

Am Brunnen angekommen, zog ich mit dem Seil den Eimer hoch und tauchte meine blutverschmierten Hände in das reinigende Wasser.

Kapitel 19

Die nackten Steinmauern wurden allein durch den Feuerschein erhellt, daher hatte Atticus keine Ahnung, wie lange er und Flavius schon in der Tempelkammer saßen. Bestimmt waren Tage vergangen – vielleicht sogar eine Woche oder mehr.

Er wusste nur, dass er, sollte er noch einmal vor die Wahl gestellt werden, für Mithras zu leiden, ganz schnell aus dem Tempel fliehen und niemals zurückblicken würde.

Sieben Prüfungen, hatte der Priester gesagt: Feuer, Wasser, Hunger, Kälte, Geißelung, Aderlass, Brandmarkung. Eine Prüfung nach der anderen könnte ein Mann vielleicht klaglos ertragen, aber wenn alle gleichzeitig über einen kamen, dann würde jeder seinen Schmerz hinausschreien.

Nachdem sie die kleine Kammer betreten hatten, waren er und Flavius angewiesen worden, ihre Rüstung und Tuniken abzulegen. Den Elementen ausgesetzt und fern der wärmenden Sonne spürten sie den Stachel der Kälte bereits in ihrer ersten Stunde im Initiationsraum. Kurz nach ihrer Ankunft machte sich der Hunger bemerkbar, denn niemand hatte ihnen etwas zu essen oder zu trinken gebracht. Stattdessen waren sie an die Wand gekettet und allein gelassen worden.

Eine Zeit lang hatten sich Atticus und Flavius unterhalten, um bei Laune zu bleiben, doch als sich die Stunden hinschleppten, setzte sich bei Atticus mehr und mehr der Gedanke fest, ob diese Initiation vielleicht nur ein übler Scherz war. Hatte Gaius vielleicht mitbekommen, dass Atticus das Baby aus dem Haus der getöteten Juden mitgebracht hatte? War dies eine ganz besondere Form der Bestrafung? Der Zenturio war ein Mann, der eine Beleidigung wortlos hinnahm und zuschlug, wenn sein Gegner es am wenigsten erwartete. Er war auch ein Mann, der sich nichts dabei dachte, einen Feind und jeden, der ihm nahe stand, zu vernichten.

Flavius wurde still und begann schließlich zu schnarchen. Atticus riss an seinen Ketten und drehte sich so, dass er seinen Freund ansehen konnte. Es verblüffte ihn, dass Flavius in sitzender Position einschlafen konnte. *Seine* Nerven waren auf jeden Fall zu angespannt, um zur Ruhe kommen zu können. Seine Gedanken waren kalt und scharf und konzentriert wie die Spitze eines Pfriemes.

Als Pilatus Cyrilla und das Baby entdeckt hatte, hatte Gaius bestimmt an der Erklärung gezweifelt, die die Frau des Statthalters ihm geliefert hatte. Bestimmt hatte er Spione unter die Soldaten geschickt und einer von ihnen hatte vielleicht mit einem Mann aus Atticus' Zenturie gesprochen. Vielleicht waren sie eines Abends zusammen ausgegangen, um einen zu trinken und Atticus' Kamerad hatte nach dem Genuss von zu viel Bier angefangen zu plaudern und verraten, dass das Baby jüdischer Herkunft war und aus Magdala stammte, und Gaius hatte die Puzzleteilchen zusammengesetzt.

Atticus' Gedanken kehrten zu dem Nachmittag und seiner Begegnung mit Cyrilla und Quintus im Garten des Palastes zurück. Beide schienen glücklich gewesen zu sein, also hatte sie niemand bedroht ... noch nicht. Aber vielleicht befand sich Gaius in diesem Augenblick im Palast und informierte den Statthalter darüber, dass das kleine Kind unter der Aufsicht seiner Frau ein verachteter Jude und das Mädchen eine Hure war. Pilatus würde vermutlich so zornig, dass er beide töten oder in die Sklaverei verkaufen ließe ...

Diese quälenden und schmerzlichen Gedanken leisteten Atticus Gesellschaft, bis Flavius einmal schnaubte und wieder aufwachte.

Atticus beugte sich vor. »Schlaf nicht wieder ein.«

»Was? Ich war doch wach.«

»Nein, du hast geschnarcht. Ich muss über etwas Wichtiges mit dir reden.«

»Das ist nicht der beste Augenblick.«

»Ich meine es ernst. Ich habe nachgedacht. Und wenn uns Gaius nur bestrafen will?«

Flavius grinste, aber Atticus glaubte, einen Anflug von Unbehagen in seinem Blick zu bemerken. »Was meinst du?«

»Vielleicht hat Gaius von dem Baby erfahren. Vielleicht will er uns töten. Es tut mir leid, dass du in der Sache mit drinsteckst …« Er presste ganz schnell die Lippen aufeinander, als die aufgequollene Holztür über den Boden kratzte und zwei Soldaten mit einer Tiermaske eintraten. Einer von ihnen hielt eine *flagellum* in der Hand, eine Lederpeitsche, deren Riemen mit kleinen Blei- und Knochenstücken verstärkt worden waren.

Der größere Mann klopfte mit der Peitsche in seine Handfläche, während der andere vortrat, um Atticus von seinen Ketten zu befreien. Hinter der Maske konnte Atticus ein grimmiges Lächeln in den Augen des Mannes erkennen.

Flavius' Grinsen erstarb. »Ihr werdet uns das doch nicht wirklich antun, oder? Wir sind römische Bürger.«

»Ihr seid römische Soldaten«, kam die unfreundliche Antwort. »Ihr werdet das Geforderte ertragen, um von Mithras angenommen zu werden. Wenn ihr den Schmerz nicht ertragen wollt, dann sprecht jetzt. Ihr braucht es nur zu sagen, wenn ihr die Prüfungen abbrechen wollt.«

Das war bestimmt ein Scherz. Denn das hier war eine Bestrafung, die Strafe, die Gaius zuerst für Atticus angeordnet hatte, dann für Flavius.

Es sei denn ... vielleicht wusste Gaius doch nicht über das Baby Bescheid. Vielleicht hatte der Zenturio nur vermutet, dass bei seinen Männern irgendetwas nicht stimmte, und diese Folter war der Versuch, Atticus oder Flavius dazu zu bringen, zu gestehen, auf welche Weise sie seit Magdala gegen die Regeln verstoßen hatten.

Atticus presste die Lippen aufeinander und verdrängte den

Gedanken an die Peitsche, als der kleinere Mann ihn zwischen zwei Säulen festband. Während der Ausbildung hatte er schon Dutzende Schläge von Gaius' Stab erduldet und kleine Narben von fehlgeleiteten Schwertspitzen zierten seine Arme. Aber noch nie hatte er den Schmerz einer Geißelung erlebt. Die Bleikugeln würden Wunden in seinem Fleisch hinterlassen, die scharfen Knochenstücke seine Haut zerfetzen.

Zitternd und angespannt wie eine Bogensehne, die gerade einen Pfeil losgeschickt hatte, stand er da. Trotzdem fragte er mit gelassener Stimme: »Wie viele Schläge?«

»Sieben.«

Sieben ... wenn er nicht zusammenbrach und sein Verbrechen gestand. Doch wenn er zusammenbrach, dann wäre damit gleichzeitig auch Cyrillas und Quintus' Schicksal besiegelt.

Er drehte sich um und blickte den Mann mit der Geißel an. »Wann immer du bereit bist.«

Kapitel 20

Als die Sonne halb über dem See von Galiläa aufgegangen war, hatte ich mich einer Gruppe von Reisenden auf dem Weg nach Genezaret angeschlossen. Ihre Reise würde sie durch Magdala führen und so lief ich hinter ihnen her und mied, so weit das möglich war, jedes Gespräch.

Eine der älteren Frauen jedoch schien entschlossen zu sein, mir Gesellschaft zu leisten. Ich ertappte sie dabei, wie sie mich musterte, als sie neben der Straße herlief, und schließlich wurde sie langsamer, bis ich sie eingeholt hatte. »Meine Liebe, schlägt er dich oft?«

Die Frage verwirrte mich. »Wie bitte?«

»Dein Mann. Wer sonst sollte dich schlagen.«

Ich blickte sie verblüfft an. »Mein Mann ist tot.«

Verwirrt runzelte die Frau die Stirn. »Aber wer …?«

Ich winkte ab, und um jeden Versuch, mich in ein Gespräch zu verwickeln, gleich im Keim zu ersticken, sagte ich: »Mir geht es gut. Und ich möchte allein sein.«

Natürlich würde sie es als ihre Pflicht ansehen weiterzubohren, das wusste ich, darum verließ ich die Gruppe und ging zum Ufer des Sees. Als ich das Schilf erreichte, blieb ich dort stehen, bis sich der Straßenstaub, den die Gruppe aufgewirbelt hatte, gelegt hatte.

Erst dann kniete ich nieder und starrte in eine Pfütze im Sand. Ich hatte mir nicht vorstellen können, was die Frau in meinem Gesicht entdeckte, aber in dem Wasser konnte ich Verletzungen erkennen – dunkelrote Flecken unter meinen Augen, an der Stirn und unterhalb meiner Ohren – die Spuren der Schläge, die ich mir selbst beigebracht hatte, um die Stimmen in meinem Kopf zum Verstummen zu bringen.

Ich sank auf den nassen Sand und tauchte meine Hand in das kühle Wasser ein. Warum nahm ich diese Reise auf mich? Ich hatte keine Familie, die ich versorgen musste, kein Geschäft zu beaufsichtigen. Mein König, die Autorität, die sich für mich hätte einsetzen müssen, hatte mir jegliche Hilfe verweigert. Die Stimmen, die mir Wunder versprochen hatten, hatten mich betrogen, mich aus der kleinen Unterkunft vertrieben, die ich gefunden hatte ... und fort von der Frau, die mir wenigstens ein Stück Freundlichkeit erwiesen hatte.

Ich hob mein Gesicht in den Wind und lauschte auf das Rascheln der Blätter einer Platane. Ich könnte doch in den See gehen und mich unter den Wellen verlieren. Ich könnte Jaakov, Avraham, Rahel und meinem geliebten Binjamin doch in das Tal des Todes folgen.

Mit weichen Knien erhob ich mich und ließ meinen Blick über den blaugrünen See von Galiläa gleiten. In der Ferne ruderten zwei Fischerboote zu den Märkten an der nördlichen Küste. Der Wind hatte aufgefrischt, peitschte das Wasser hoch und zeichnete weiße Kappen auf die Wellen. Auf diesem See entwickelte sich häufig ganz unvermutet ein Sturm; die Boote standen oft innerhalb von wenigen Minuten voll Wasser.

Gegen dieses aufgewühlte Wasser könnte ich nicht ankommen, falls ich doch noch meine Meinung ändern sollte. Der schwere Seegang würde mich unter Wasser ziehen; der auffrischende Wind würde mich vom Ufer forttreiben. Vielleicht würde Magdala die Nachricht erreichen, eine Frau mittleren Alters sei ertrunken, und vielleicht würden einige vermuten, dass ich es gewesen sein könnte, aber niemand würde mit Gewissheit erfahren, was ich getan hatte.

Sie starrt ins Wasser! Denkst du, sie will sterben?

Halte sie auf!

Ja! Sie darf nicht sterben! Wo sollten wir sonst hingehen?

Halt, Frau! Das kannst du uns nicht antun!

Komm schon, Mirjam, so mutig bist du nicht!

Laufe fort von dem Wasser! Komm zurück zu uns!

Furcht kroch durch meine Eingeweide, aber ich ignorierte sie und machte einen weiteren Schritt auf das Vergessen zu. Sollte ich meine Sandalen ausziehen? Eine dumme Frage, aber vielleicht eine praktische.

Vergiss doch deine Schuhe. Tritt zurück!

Du Dummkopf! Du bringst einen Fluch über dich!

Du bist nicht mutig genug für eine solche Tat! Du bist ein Dummkopf!

Aasgeier! Zauberin!

Ich lächelte. Als kleines Mädchen war ich barfuß über diesen Sand gelaufen und hatte mit Hingabe in diesem Gewässer gebadet, aber seit ich erwachsen geworden war, hatte ich nicht einmal mehr eine Zehe ins Wasser getaucht.

Ich würde meine Sandalen anbehalten und auch meinen Umhang und meinen Schleier. Je mehr Kleider ich am Leibe trug, desto größer wäre mein Gewicht. Meine Kleider würden mich nach unten ziehen, sobald meine Kraft nachließ, und ich würde so unspektakulär aus diesem Leben scheiden wie die unzähligen kleinen Fische, die Jaakov jeden Tag in diesem See gefangen hatte.

Ich teilte das Schilf und watete durch den grünlichbraunen Schlamm am Ufer. Ich machte einen weiteren Schritt ... und noch einen. Die Stimmen in meinem Kopf heulten protestierend auf, aber ich presste meine Hände auf die Ohren und war entschlossen, sie zu ignorieren.

Wie gebannt starrte ich auf die glitzernde Wasseroberfläche und ging gleichmäßig weiter, versuchte mich auf das vertraute Plätschern der Wellen am Ufer zu konzentrieren. Unsichtbare Hände drückten meinen Magen zusammen und hämmerten gegen mein Herz, aber ich ließ mich nicht beirren, ignorierte das Stechen und den Schmerz.

Bald wäre meine Qual vorüber. Bald würde ich meine Familie im Sh'ol wiedersehen, wo wir gemeinsam den Gerichtstag erwarten würden. Wenn meine Sünden mich von meiner Familie trennen würden, dann hätte ich zumindest meinem Schmerz ein Ende gesetzt.

Der Wind nahm noch zu, verfing sich in meinen Gewändern. Das Wasser im See war aufgepeitscht wie rollende Berge. Draußen auf dem See kämpften die Boote mit den Wellen und die Fischer zogen ihre Netze ein, bevor der unerwartete Wind die Boote zum Kentern bringen würde.

Ich ging weiter, begann zu zittern, als das Wasser seine kalte Hand nach meinem Schoß ausstreckte, in dem ich meine Kinder getragen hatte. Das Wasser stieg höher, seine Berührung war zunehmend vertraut; es liebkoste meine Taille, meine Brust. Ich konnte mich kaum noch konzentrieren, denn in meinem Kopf schrien, kreischten und heulten die Stimmen fremder Götter heftiger als je zuvor.

Ich ließ die Arme sinken und gab mich zufrieden mit dem Wissen, dass nichts mich aufhalten könnte. Ich ließ meine Hände auf der Wasseroberfläche treiben und erzeugte damit kleine Wellen, die meine Handgelenke umspülten. Im schimmernden Wasser waren rote Streifen von der untergehenden Sonne zu erkennen. Die Wellen schlugen nach mir, aber mir waren sie willkommen.

Hier am Ufer dieses Sees war ich geboren worden ... Es schien passend zu sein, dass ich in seinen Tiefen starb.

Ich legte den Kopf zurück, um mich treiben zu lassen, und spürte, wie der Sand unter meinen Füßen nachgab. Als das Wasser über meinem Gesicht, meinem Kopf zusammenschlug, war mein erster Impuls – verstärkt durch die schreienden Stimmen in meinem Kopf – gegen das Wasser anzukämpfen, aber unter äußerster Willensanstrengung gelang es mir, meine Arme an mich zu pressen und die restliche Luft aus meinen Lungen auszustoßen. Silbrige Luftblasen stiegen von meinen gekräuselten Lippen an die Oberfläche und Wasser drang mir in die Nase. Ich hob mein Gesicht zur glitzernden Oberfläche und sah, wie die Welt, die ich gekannt hatte, entwich.

Die Stimmen verfluchten mich in Sprachen, die ich noch nie gehört hatte, aber sie konnten mich nicht aufhalten. Ich verschränkte die Arme vor der Brust und senkte den Blick auf den schlammigen Grund.

Ich glaube, ich habe sogar gelächelt.

KAPITEL 21

Atticus versteift sich, als die Frau verstummt. Er steht auf und geht auf sie zu, bleibt an ihrer Seite stehen. »Du bist nicht gestorben.«

Die Frau lächelt, beeindruckt vielleicht davon, dass er das Offensichtliche in Worte fasst. »Nein. Aber ... ich frage mich, ob du mir vielleicht einen Becher Wasser bringen könntest? Ich bin es nicht gewöhnt, so lange zu reden.«

Er winkte der Wache an der Tür. »Wasser für die Gefangene. Und schnell.«

Er sinkt auf die neben der Frau stehende Bank und betrachtet ihr Gesicht. Für jemanden, der so viel gelitten hat, ist ihr Gesicht erstaunlich glatt, ihr Haaransatz nur von wenigen grauen Strähnen durchzogen. Wieder fällt ihm die Form und Farbe ihrer Augen auf. Sie sieht aus wie eine ganz normale ältere Frau aus Galiläa, aber sie hat etwas an sich ...

Er räuspert sich. »Wurdest du auf deiner Reise nach Rom gut behandelt?«

Ein Mundwinkel verzieht sich nach unten. »Für eine Gefangene, ja.«

Atticus blickt zu dem Schreiber. »Du schreibst ihre Geschichte auf? Der Kaiser wird einen vollständigen Bericht wünschen.«

Der Schreiber errötete und deutet auf die dicht beschriebene Seite. »Eine ziemlich verzwickte Geschichte. Aber Einzelheiten ihres Verbrechens habe ich noch nicht gehört.«

Der Blick der Frau, so unergründlich wie der Grund des Meeres, bleibt an Atticus hängen, als sie antwortet. »Ich bin noch nicht fertig.«

Stille senkt sich über den Raum, während Atticus seine Hand an die Wange legt und über die Geschichte der Frau nachdenkt.

Bruchstücke einer fernen Vergangenheit passen zueinander, aber noch kann er das ganze Bild nicht erkennen.

Er bleibt still sitzen, bis der Wachposten einen Becher bringt und ihn Atticus reicht. Er erhebt sich und bietet ihn der Frau an, die gierig trinkt; vielleicht ist ihr klar, dass es der letzte Becher sein könnte, der ihr in diesem Leben gereicht wird.

Flavius, der am Tisch sitzt, räuspert sich. »Vielleicht möchtest du diese Gefangene befragen, Zenturio? Ich werde dir gern meinen Platz überlassen, wenn du es möchtest ...«

»Nein, Flavius, bitte fahre fort. Ich möchte ihrem Bericht lieber zuhören.«

Atticus kehrt zu seiner Bank zurück und setzt sich so, dass er die Gefangene im Blick hat. Es hat keinen Zweck, sich jetzt hinter ihr zu verstecken. Er möchte sie beim Erzählen ihrer Geschichte beobachten; er möchte eine Erklärung für ihre Anwesenheit in diesem Gerichtssaal.

Als die Frau der Wache den Becher zurückgibt, fordert Flavius sie auf fortzufahren. »Du hast also versucht, Selbstmord zu begehen.«

»Ja. In törichter Unwissenheit dachte ich, ein *Ende* dieses Lebens sei eine *Antwort* auf das Leben. Später erkannte ich den Fehler in meinem Denken ... aber zuvor gab es noch andere Gelegenheiten, mich nach dem Tod zu sehnen.«

Nachdem Flavius unsicher in Atticus' Richtung geblickt hat, reibt er sich müde den Nasenrücken und schließt die Augen.

»So fahre fort. Und Schreiber, nimm alles auf.«

Die Frau atmet tief durch und fährt fort.

Kapitel 22

Ich erwachte im Bug eines Fischerbootes.

Wegen des zunehmenden Sturmes und des Geschreis in meinem Kopf hatte ich die beiden Fischer in einem kleinen Boot links von mir nicht bemerkt. Meine erste Erinnerung an sie geht unter in einem Sturm von Erinnerungen, die ich viel lieber vergessen würde ... aber um die Silberfäden in einem Stoff richtig zur Geltung zu bringen, muss man auch dunkle Fäden einweben.

Die Männer hatten mich im Boot liegen gelassen und waren an Land gegangen. Vermutlich hielten sie mich für tot. Ich setzte mich auf, lehnte mich gegen den Rumpf und versuchte herauszufinden, wo ich an Land gekommen war. Ich schätzte, dass ich mich noch immer südlich von Magdala befand, in der Nähe der Fischmärkte.

Ich entdeckte einen der Männer unmittelbar hinter dem Schilf; vor sich hinsingend befestigte er die Deckel auf den Körben, die er auf seinen Esel geladen hatte. Der zweite Mann kam hinter einem Baum hervor, wechselte ein Wort mit seinem Partner und führte den Esel fort.

Ich duckte mich wieder ins Boot und zog eine Grimasse. Die Stimmen waren nach wie vor in mir; ich hörte ihr brüllendes Gelächter und ihr leises Murmeln. Irgendwie hatten sie gewonnen.

Ich lag ganz still und versuchte, über das Klatschen der Wellen gegen den Rumpf und den beharrlichen Lärm in meinem Kopf zu hören, was an Land vorging. Als der Gesang des Fischers verstummte, hob ich den Kopf und spähte über den Bootsrand.

Leider war der Fischer nicht fortgegangen, er hatte nur aufgehört zu singen, um seine Sandalen zu binden. Seine Augen wurden weit, als er mich entdeckte; dann band er die Schleife an seinem Schuh und eilte zum Boot.

Von Panik ergriffen wandte ich mich ab. Wie sollte ich meine Tat erklären? Tugendhafte Frauen liefen nicht allein durch das Land und ganz bestimmt versuchten sie nicht, sich im See zu ertränken.

Aus praktischen Gründen wollte ich unbedingt als tugendhafte Frau gelten.

»Ah, du bist endlich aufgewacht.« Erstaunen lag in der Stimme des Mannes. »Beim Thron des Himmels, wir haben dich schon für tot gehalten.«

Ich atmete tief durch und setzte mich auf, zuckte aber zusammen, als Natar mir ins Ohr zischte. Mit meinem Handteller schlug ich mir gegen den Kopf, um die Schwingungen zu stoppen.

»Alles in Ordnung? Komm aus dem Boot und lass dich anschauen.«

Da meine Glieder schwach und zittrig waren, konnte ich mich nicht bewegen. Die breite Faust des Fischers packte mich am Arm; mit der anderen Hand zog er an meinem Gürtel und zerrte mich aus dem Boot.

Als er mich an Land losließ, versuchte ich auf meinen Beinen zu stehen, aber sie waren so schwach wie die eines neugeborenen Lammes. Ich sank zu Boden und bei der Berührung des festen Bodens brach ein solches fröhliches Geschnatter in meinem Kopf los, dass ich mir mit beiden Händen die Ohren zuhielt.

Der Mann sagte etwas, doch ich konnte wegen des Lärms in meinem Schädel nichts verstehen. Ich blinzelte ihn an, versuchte, ihm die Worte von den Lippen abzulesen, aber ich konnte nicht einmal unterscheiden, ob er Griechisch oder Aramäisch sprach. Schließlich wandte ich mich dem schlammigen Gras zu, drückte meine Ellbogen in den weichen Boden und suchte den Trost der warmen Erde. Dort lag ich, eine einsame Frau, verwirrt, zerzaust und wehrlos.

Als er mich berührte, musste ich sofort an jenes arme Mädchen in Tiberias denken. Sie war noch verletzlicher gewesen als ich; sie würde viel mehr Schaden davontragen. Ich war bereits ein zerbrochenes Gefäß, nur dazu geeignet, heidnischen Göttern ein Heim zu bieten.

Der Fischer hielt mich für eine dieser Frauen, die an viel befahrenen Straßen herumlungern und sich ihren Lebensunterhalt auf die primitivste Weise verdienten, die man sich vorstellen kann. Und so grinste er mich an und seine Hand fuhr an meinen Hals. Meine Stimmen trillerten bei seiner Berührung. Einige schrien den Namen meines toten Mannes und einen Augenblick lang glaubte ich, ich hätte den Weg an die Küste des Todes gefunden und Jaakov, Friede seinem Andenken, würde auf mich warten ...

Aber als der Mund des Fremden meine Haut berührte, wusste ich, dass das Ufer nicht Sh'ol war und dieser Fremde war auch nicht mein Mann. Ich zog mich an einen dunklen Ort zurück, während meine Ohren von dem spöttischen Johlen der Eindringlinge erfüllt waren, die meine Seele quälten.

Kapitel 23

Feuer, Wasser, Hunger, Kälte, Geißelung, Aderlass. Brandmarkung der Schulter mit den Bildern eines Hundes, einer Schlange und eines Skorpions. Atticus hatte alles in der dunklen Initiationskammer über sich ergehen lassen, wo die Zeit stillstand und die Welt draußen aufhörte zu existieren. Manchmal erhob sich der Schmerz in ihm langsam wie eine Welle, erreichte ihren Höhepunkt und schickte Ströme der Qual in jede Faser seines Seins; dann wieder kroch der Schmerz über seinen Rücken wie eine Brandblase.

Während der Wasserprüfung, bei der seine Peiniger seinen Kopf weit länger unter Wasser gedrückt hatten, als er sich hätte vorstellen können, hatte er nicht genügend Luft, um den Schrei auszustoßen, der seine Kehle zusammenschnürte. Bei der Feuerprüfung, bei der seine Peiniger Fackeln an seine Fußsohlen hielten, schrie er, bis er dachte, er würde Julius Cäsar von den Toten aufwecken. Aber während der ganzen Tortur übte er keinen Verrat an Quintus und er flehte auch kein einziges Mal um Gnade.

Nachdem er das Brandzeichen bekommen hatte, als Atticus genug hatte vom Geruch von Blut, Schweiß und verbrannter Haut, öffnete sich die aufgequollene Holztür erneut. Vier maskierte Soldaten traten ein, zwei von ihnen trugen neue Togen und Rüstungen.

Atticus schloss die Augen; er war erleichtert und freute sich, diese greifbaren Zeichen der Rückkehr in die reale Welt zu sehen.

Zusammen mit ihren Rüstungen und Tuniken bekamen Flavius und er Rabenmasken als Zeichen für ihren Rang. »Aber bevor ihr sie anlegt«, sagte der Priester, und seine mittlerweile vertraute Stimme kratzte an Atticus' gereizten Nerven, »gibt es noch einen Initiationsritus zu erfüllen.« Wieder lächelten die Augen hinter der Maske. »Folgt mir.«

Atticus vermied es, Flavius anzublicken, als sie die Kammer verließen und zurück zum Haupttempel gebracht wurden. Wie zuvor waren die Bänke mit maskierten Soldaten in voller Rüstung besetzt und einen Augenblick lang fragte sich Atticus, ob sie sich seit jenem ersten Abend überhaupt bewegt hatten.

»Unser Mithras«, intonierte der Priester, »bekam von Apollos den Auftrag, den Stier, das Sinnbild für die Fülle des Lebens, zu schlachten. Im *taurobolium* müsst ihr den Stier schlachten und in seinem Blut eintauchen, um an seinen lebensspendenden Eigenschaften teilzuhaben und Teil unserer Bruderschaft zu werden. Seid ihr bereit dazu?«

Atticus hatte den Blick gehoben. Hinter dem Priester war eine tiefe Schale in die Erde eingelassen; über der Schale war ein Steg aus Latten errichtet worden. Ein Stier stand zwischen zwei Pfosten angebunden auf diesem Steg. Der Stier schnaubte wild, senkte seinen großen Kopf und brüllte voller Zorn.

Flavius zögerte nicht. »Ich werde den Stier schlachten.«

Atticus nickte. »Ich auch.«

»Dann nehmt eure Schwerter und schlagt zu im Namen Mithras!«

Atticus blickte nach rechts, wo zwei Schwerter auf einem Steinaltar lagen. Er griff nach dem ersten und wartete darauf, dass Flavius das zweite nahm; daraufhin stiegen sie in die Schale hinab und blickten durch die Holzlatten nach oben.

Der Stier warf den Kopf und tänzelte wild herum. Atticus nickte Flavius zu und beide stießen ihre Schwerter zwischen den Brettern hindurch und stachen auf den Bauch des Stiers ein. Über das Todesgebrüll des Stiers hinweg hörte Atticus sein eigenes Triumphgeschrei.

Blut und Eingeweide regneten auf sie herab. Atticus blickte seinen Freund an. Er war betrübt und ein wenig erstaunt, dass Entbehrung und Prüfungen ein blutrünstiges Feuer in seinen Adern entzünden konnten, aber Flavius' Augen brannten vor Überschwang. Atticus empfand ebenso, auch wenn er weniger Freude an dieser Ritualschlachtung hatte als an der einfachen Tatsache, dass das, was er durchlebt hatte, tatsächlich Prüfungen gewesen waren, kein ausgeklügelter Plan, seinen Geist zu brechen und ihn zu zwingen, die Menschen, die zu beschützen er versprochen hatte, zu verraten.

Gemeinsam knieten sie nieder, legten ihren Kopf in den Nacken und öffneten ihre Münder, um die Blutstaufe zu trinken. Am Altar rezitierte der Priester ein Gebet zu Mithras, danach verkündete er, Atticus Aurelius und Flavius Gemellus hätten ihre Prüfungen bestanden und das Taurobolium empfangen. Und damit seien sie nun *renatus in aeternum*, für alle Ewigkeit wiedergeboren.

Kapitel 24

Die Abendschatten hatten sich über dem Boden ausgestreckt, als ich die Fischstände außerhalb von Magdala erreichte. Ich kam an umgedrehten Booten und leeren Verkaufsständen vorbei, schleppte mich über Wege, die ich unzählige Male mit Avram, Jaakov und Rahel gegangen war. Als ich die Stadttore erreichte, lehnte ich meine aufgeschürfte Wange dagegen und war gar nicht erstaunt festzustellen, dass ich ausgeschlossen worden war.

Es war zu spät, um den Nachtwächter zu rufen. Magdala war nicht Tiberias; der Wachturm war nicht die ganze Nacht besetzt. Der Mann, der Turmdienst gehabt hatte, war bereits nach Hause gegangen, zu seiner Frau, seinen Kindern und einer guten Nachtruhe.

Mir blieb nichts anderes übrig, als unter den Sternen zu schlafen ... falls ich einen Ort finden würde, wo ich mein Haupt niederlegen könnte.

Ich drehte mich um und betrachtete die Landschaft. Ein Halbmond in der Farbe von gebleichten Knochen stand im Osten am Himmel, aber die Schatten unter den Platanen waren kalt und blau. Ich erschauderte. Der Mond warf seltsame Schatten auf den Sand und in den sich bewegenden Formen konnte ich die unaussprechlichen Dinge erkennen, die mir von den Stimmen in meinem Kopf eingeflüstert wurden. Während unsichtbare Wesen durch die Dunkelheit schlichen und in der Stimme des Windes murmelten, zitterte mein Herz wie ein Tier in einem Käfig aus Rippen.

Ich unterdrückte ein Schluchzen und rannte zum Tor des Friedhofs. Dort wenigstens würde ich bei meinem geliebten Jaakov, bei Avram, Rahel und Binjamin ruhen. Und wenn die Frauen von

Magdala mich morgens tot zwischen den Gräbern fanden, würden sie sich fragen, wie ich hergekommen wäre, aber sie würden meinen Tod nicht betrauern.

Sie würden sich nur gegenseitig daran erinnern, dass eine Frau ohne ihre Familie nichts ist.

KAPITEL 25

Familie. Das Wort erinnert Atticus an eine bestimmte Begebenheit. Er war gerade dabei, vor der Kaserne mit einer Gruppe Rekruten zu exerzieren, als ein Sklave zu ihm trat und ihn zur Seite nahm. Der Sklave teilte ihm mit, die edle Procula wünsche ihn sofort zu sprechen. Atticus schickte seine Rekruten fort.

Er wäre sofort zum Palast des Statthalters geeilt, doch der Sklave schlug vor, er solle sich erst waschen, bevor er sich auf den Weg machte. Atticus folgte dem Vorschlag, aber nur oberflächlich – er spritzte sich Wasser auf seine feuchten Haare, trocknete sein Gesicht an seiner Tunika und zog seinen Umhang über seine verschwitzten Schultern und begab sich dann sofort zum Palast.

Der Diener schob ihn in einen kühlen Raum mit hohen Türen, durch die ein kühler Wind hereinwehte. Niedrige Liegen waren um einen Tisch mit kurzen Beinen gruppiert, auf dem ein Krug, mehrere Becher und ein Teller mit Früchten stand.

Atticus legte seine Hand auf den Rücken und widerstand dem Drang, nervös von einem Fuß auf den anderen zu treten. Ihm fiel kein Grund ein, warum Pilatus' Frau einen der Legionäre, die ihr Haus bewachten, zu sich rufen sollte. Bestimmt hatte es etwas mit dem Kind zu tun.

War der Junge vielleicht erkrankt? Der Gedanke traf ihn wie ein Stein, der in einen Teich fällt, und Sorge erfüllte sein ganzes Sein, wie sich die Wellen über den Teich ausbreiten.

Eine Tür ging auf und herein kam Pilatus' Frau, in golden glänzende Seide gehüllt. Cyrilla folgte ihr, das Baby auf der Hüfte. Das Baby schien, Gott sei Dank, gesund und munter zu sein.

Quintus betrachtete Atticus mit aufgerissenen Augen und schenkte ihm schließlich ein strahlendes Lächeln. Nur mit Mühe unterdrückte Atticus den Drang, zu ihm hinzueilen und den kleinen Jungen in die Arme zu reißen.

Procula ließ sich auf einer der Liegen nieder, lächelte ihn an und musterte Atticus' Gesicht mit großer Konzentration. »Ich habe Gutes über dich gehört, Atticus Aurelius. Cyrilla berichtet mir, dass dir viel an diesem Kind liegt. Es macht dir nichts aus, dass es taub und damit weniger nützlich ist ... und außerdem ein Jude.«

Atticus warf einen schnellen Blick auf das Mädchen, das Quinns Hände festhielt und auf der anderen Seite des Raumes mit ihm laufen übte. Was genau hatte sie ihrer Herrin erzählt?

Procula legte die Hände ineinander und blickte ihn mit einem undefinierbaren Blick an. »Hab keine Angst, Soldat. So weit es mich betrifft, ist es dein Kind. Aber einige Mitglieder meines Haushalts würden zu gern alle Juden entfernen; wir müssen die Fakten also für uns behalten.«

Er verneigte sich vor der Frau des Statthalters. »Ich würde niemals die Armee oder deinen Haushalt, meine Herrin, belasten, aber es erschien mir ... unfreundlich, ein Leben auszublasen, das die Götter geschenkt haben.«

»Da stimme ich dir zu. Und ich frage mich ... wärst du bereit, dich von deinen Pflichten als Legionär beurlauben zu lassen und für mich einen Auftrag zu erledigen?« Procula blickte Atticus vorsichtig an und nur ihre hochgezogene Augenbraue war ein Hinweis darauf, dass ihr bewusst war, dass sie sich auf gefährlichem Terrain befand. »Dieser Gefallen ... wäre ein Akt der Freundlichkeit.«

Nur mit Mühe konnte er einen verblüfften Ausruf unterdrücken. So weit er wusste, hatte die Frau des Statthalters noch nie einen Soldaten auf diese Weise ausgezeichnet. »Ich werde dir gern auf jede erdenkliche Weise dienen ...«, er suchte nach Worten, »wenn der Prokurator und mein Zenturio darüber Bescheid wissen und es billigen.«

»Genau da liegt das Problem.« Procula senkte die Stimme. »Der

Prokurator und dein Zenturio dürfen von meiner Bitte *nichts* erfahren. Keiner von ihnen würde es billigen, fürchte ich, und beide würden uns verurteilen.«

»Wenn diese Bitte nicht anständig ist, dann …«

»Ich habe nach dir geschickt, Atticus Aurelius, weil ich aus guter Quelle weiß, dass du Ehre höher einschätzt als blinden Gehorsam.« Sie zog die Augenbraue in die Höhe. »Habe ich da etwas falsch verstanden und du bist gar nicht der Mann, für den ich dich halte?«

Im hintersten Winkel seiner Gedanken, in einem Teil, der nicht damit beschäftigt war, einen Ausweg aus dieser Situation zu suchen, dachte er darüber nach, dass Flavius nach seiner Hinrichtung vermutlich Anspruch erheben würde auf Atticus' Schwert und Besitz. Denn wenn Procula von Atticus verlangte, gegen die Armee, Gaius oder einen der anderen Zenturionen zu handeln, dann würde das sicherlich eintreten. Die Männer Mithras würden nicht zögern, ihn wegen unloyalen Verhaltens zu töten.

»Soldat?« Proculas Stimme drang in seine Gedankengänge. »Habe ich das falsch verstanden?«

Er schüttelte den Kopf. »Meine Herrin, ich weiß nicht, was ich sagen soll. Ich habe geschworen, Rom zu dienen …«

»Sage im Augenblick gar nichts, sondern höre mir zu. Ich kenne Männer, Atticus, und ich kenne Römer. Mein Mann und dein Zenturio betrachten dieses Kind als einen wertlosen Sklaven, während ich, die ich den Schmerz einer kinderlosen Frau sehr gut kenne, nicht bereit wäre, *irgendein* Kind unnötig leiden zu lassen. Darum bitte ich dich um diesen Gefallen ... um des Kindes willen.«

Atticus blickte zu Cyrilla hinüber, die die Szene mit weit aufgerissenen Augen verfolgte. Er kniete vor der Frau des Prokurators nieder. »Ich werde deinen Wunsch respektieren«, erwiderte er einfach. »Aber ich bitte dich – verlange nicht von mir, meiner Kohorte oder meinem Kaiser Unehre zu bereiten.«

»Das würde ich nie von dir verlangen.« Proculas ruhige Stimme erwärmte sein aufgewühltes Herz. »Meine Bitte ist einfach. Ich möchte, dass du nach Galiläa reist. Gaius begleitet die Wache meines Mannes nach Jerusalem, er wird deine Abwesenheit also nicht bemerken. Auch wenn du eine Truppe kommandierst …«, ihre Lippen verzogen sich zu einem Lächeln, »glaube ich nicht, dass deine Rekruten innerhalb von ein paar Tagen vergessen, wie man marschiert.«

Atticus stützte seinen Ellbogen auf sein gebeugtes Knie. »Was soll ich in dieser Region tun?«

Procula atmete tief durch, dann erhob sie sich und ging zum Fenster. »Als ich das letzte Mal in Jerusalem war, haben Pilatus und ich mit Herodes gespeist. Der König hat mich seinem Hofmarschall vorgestellt, einem Mann mit Namen Chuza, und später hatte ich Gelegenheit, mich mit Johanna, der Frau des Hofmarschalls, zu unterhalten.«

Atticus nickte. Pilatus und sein Gefolge wohnten im Palast des Herodes in Jerusalem, wann immer sie die Heilige Stadt besuchten. Da der Palast nicht weit vom Tempel und der Festung Antonia entfernt lag, konnte eine einzige Kohorte beide Herrscher problemlos bewachen und alle drei Orte kontrollieren.

»Johanna«, fuhr Procula fort, während sie aus dem Fenster starrte, »erzählte mir von einem Heiler aus Nazaret, einem Mann, den viele Juden für einen Propheten halten. Man erzählt sich, er hätte Wasser in Wein verwandelt.«

Atticus konnte nur mit Mühe ein verächtliches Schnauben unterdrücken. Jeder Betrunkene ließ sich vormachen, Wasser sei Wein, wenn er genügend Wein intus hatte.

»Man erzählt sich«, fuhr Procula fort, »er hätte blinde Augen und taube Ohren aufgetan.«

Atticus erstarrte, als ihm klar wurde, was das bedeutete. Ein Mann, der einen tauben Menschen heilen konnte?

Procula wandte sich zu ihm um. »Ich möchte, dass du dieses

Kind zu dem Heiler bringst. Aber du darfst nicht als Soldat Roms reisen; das würde zu viel Aufsehen erregen. Lege einfache Gewänder an und nimm Cyrilla mit. Gebt euch als Mann und Frau aus; bringt den Jungen zu dem Propheten und seht, was er für das Kind tun kann.«

Atticus blinzelte. »Und ... falls er nichts tun kann?«

Proculas Augen schimmerten vor Tränen. »Zumindest haben wir es dann versucht.«

Atticus wandte sich Cyrilla zu, die ihre Herrin besorgt anblickte. »Weißt du, wo wir diesen Heiler finden können?«

Cyrilla nickte. »Von anderen Dienern habe ich gehört, dass er in der Region von Galiläa umherzieht und in den verschiedenen Städten lehrt. Hunderte folgen ihm. Es wird bestimmt nicht schwer sein, ihn zu finden.«

Atticus wandte sich wieder seiner Herrin zu. »Wann sollen wir aufbrechen?«

»Morgen mit dem ersten Tageslicht, denke ich. Gaius und Pilatus werden ihre Reise heute Abend antreten.« Sie runzelte leicht die Stirn. »Habe ich irgendetwas vergessen, Atticus?«

»Nein. Danke, dass du mich mit dieser Aufgabe betraust.« Er erhob sich, doch in der Tür blieb er noch einmal stehen. »Darf ich dich etwas fragen?«

»Frage nur.«

»Warum ich? Jeder deiner Diener hätte das für dich tun können.«

Ihre Lippen verzogen sich zu einem schwachen Lächeln. »Weil du den Jungen liebst.«

Am folgenden Morgen erhob sich Atticus vor Tagesanbruch und legte seine rote Tunika ab. Cyrilla hatte ihm frische Kleidung aus dem Palast geschickt – eine Tunika aus beigem Leinen, einen Gürtel und einen tiefbraunen Umhang. Die Kleidung war besser als alles, was Atticus vor seinem Eintritt in die Armee besessen hatte, aber ohne seine Rüstung fühlte er sich seltsam unvollständig.

Flavius öffnete ein Auge und als er ihn als Kaufmann verkleidet sah, fuhr er hoch. »Bei Apollos faulem Atem, was machst du da?«

Atticus legte den Finger auf seine Lippen. »Ich habe einen Auftrag zu erledigen.«

»Bist du verrückt geworden?«

»Ich werde in zwei oder drei Tagen zurück sein. In der Zeit meiner Abwesenheit halte bitte den Mund. Wenn jemand nach mir fragt, ich bin im Häuschen oder in der Unterkunft.«

Er ging zur Tür und spähte in den Hof. Cyrilla, in einen gewöhnlichen Umhang und eine schmucklose Tunika gehüllt, wartete in einem Wagen in der Nähe des Tores. Das Baby saß auf ihrem Schoß und lehnte müde an ihrer Schulter.

Flavius schlich hinter ihm her und schnalzte mit der Zunge. »Ich verstehe, was du vorhast. Wenn dies die Frau ist, die du willst …«

»Es geht nicht um die Frau.« Atticus schlug seinem Freund zum Abschied auf die Schulter. »Ich werde dir alles erzählen, wenn ich wieder da bin.«

Er nahm aus einem Fass neben der Tür einen Stab, trat in den Hof und ging mit großen Schritten zu seiner Familie.

Nazaret und der See von Tiberias lagen mehr als eine Tagesreise von Cäsarea entfernt, aber während Atticus den langsam dahintrottenden Esel antrieb, war er dankbar, dass er nicht in der sengenden Hitze zu Fuß zu gehen brauchte.

Procula war so klug gewesen, ihnen einen einfachen Karren zur Verfügung zu stellen und nicht einen Wagen oder eine Sänfte. Diese beiden Beförderungsmittel hätten feindselige Aufmerksamkeit erregt, und auch wenn niemand sie für Juden halten würde, so konnten sie doch auf den ersten Blick auch nicht als Soldat und ehemalige Hure erkannt werden.

Während der Esel über das Steinpflaster trottete, betrachtete Atticus die Landschaft und dachte über die Aufgabe nach, die vor ihm lag. Wie sollte er unter so vielen jüdischen Männern einen bestimmten finden? Er wusste wenig über die Juden, aber sein Zenturio behauptete, sie seien faul, unwissend und abergläubisch. »Sie wollen am siebten Tag nicht arbeiten«, hatte er einmal berichtet. »Wenn man einen Juden an einem Samstag schlägt, wird er keine Hand erheben, nicht einmal zu seiner Verteidigung. Sie sondern sich von anderen Völkern ab und verbieten ihren Töchtern, mit Fremden zu reden. Sie behaupten, dies sei ein Gebot ihres Gottes, aber weder in ihrem Tempel noch in den Synagogen gibt es Götter. Das ist doch wirklich dumm.«

Atticus war nicht sicher, ob er seine Aufgabe unter Menschen erfüllen könnte, die lieber nicht mit Fremden sprachen, aber wie es die Götter gefügt hatten, waren sie an einem Samstag aufgebrochen, und dass er die Straße fast für sich allein hatte, gefiel ihm durchaus.

Er blickte hinter sich, wo Cyrilla die Beine unter ihre Tunika gesteckt hatte. Das Baby saß an ihrer Seite. »Alles in Ordnung da hinten?«

»Uns geht es prima.« Sie fuhr mit der Hand über Quinns daunenweiches Haar. »Er ist wirklich ein süßer Junge, Atticus. Procula ist ganz begeistert von ihm.«

Er wandte den Blick ab, damit sie nicht mitbekam, wie sehr ihre Bemerkung ihm gefiel. »Das ist gut.«

»Ich mag ihn auch.«

»So sollte es sein. Ein Junge braucht eine Mutter.«

»Ein Junge braucht auch einen Vater.«

Atticus schluckte und schlug mit den Zügeln. Sich mit Cyrilla zu unterhalten war, als würde man über einen Strand mit Treibsand laufen ... eine gedankenlose Antwort und es konnte passieren, dass Atticus in einem festen Morast festsaß.

»Denkst du«, fuhr sie fort, »dieser Heiler könnte unserem Quintus helfen?«

Unserem Quintus? Nur mit Mühe presste er eine Antwort hervor. »Keine Ahnung.«

»Die edle Procula ist höchst beeindruckt von den Geschichten, die sie gehört hat. Sie würde diesen Mann ja selbst aufsuchen, aber ihr Mann erlaubt es nicht.«

»Nun ... es wäre schwer, für ihren Schutz zu sorgen. Die Juden können ganz schöne Unruhestifter sein.«

»Und doch hast du eines ihrer Babys gerettet.«

Ihre Stimme war weicher geworden und als er sich umdrehte, entdeckte er Zärtlichkeit in ihren Augen.

»Ich glaube nicht, dass Gaius von uns verlangt hat, einem Kind etwas anzutun.«

»Du denkst zu gut von ihm, Atticus. Ich kenne deinen Zenturio; ich habe gehört, was andere Frauen von ihm sagen. Er kann sehr brutal sein.«

Atticus schwieg. Das Klappern der Hufe des Esels und das Gurgeln des Kindes hallten über die leere Straße.

Eine Zeit lang fuhren sie wortlos weiter. Atticus ließ den Esel in einem gleichmäßigen Tempo traben. Er fand es schön, mit Cyrilla und Quintus zusammen zu sein, fern vom Palast. Die wenigen Minuten Gemeinsamkeit, die sie sich im Garten stahlen, waren nichts im Vergleich zu dem Vergnügen einfacher Kameradschaft.

Sie machten Rast im Schatten einer Eiche, um sich zu stärken. Quinn stolperte über das Gras, hob Blätter auf, steckte Baumrinde in den Mund und deutete auf alle möglichen Merkwürdigkeiten, die er auf dem Boden entdeckte.

»Er läuft gut«, bemerkte Atticus.

Cyrilla stützte den Kopf in ihre Hand und lächelte. »Allerdings. Er flitzt durch den ganzen Palast – zumindest bis der Statthalter nach Hause kommt. Dann muss ich Quinn ins Quartier der Dienstboten bringen, damit der Statthalter seine Ruhe hat.«

Sie wartete, während Atticus ein Stück Rinde aus Quinns Mund holte und so weit weg warf, dass er es nicht mehr erreichen konnte. Mit jammervollem Blick schaute der Junge der Rinde nach. Atticus nahm ein Stück getrocknetes Rindfleisch aus seinem Beutel und reichte es stattdessen dem Kind.

»Ich denke, sie hat sich Kinder gewünscht«, meinte Cyrilla mit leiser Stimme. »Und ihr Mann ist zu stolz, einzugestehen, dass ihre Ehe nicht vollkommen ist. Darum tut Pilatus so, als sei seine Frau glücklich und Procula beobachtet Quinn mit Tränen in den Augen. Aber sie nimmt ihn nicht auf den Arm. Sie will ihm nicht zu nahe kommen.«

Atticus ließ seinen Blick zur Straße wandern, wo gerade ein Steuereintreiber mit seiner mit dem Reichsadler geschmückten Geldkassette auftauchte. Ein anderer Mann, ein Syrer, eilte vorbei und schleuderte dem Steuereintreiber Schmähungen entgegen, aber Quinn schenkte den beiden lärmenden Menschen keinen Blick.

»Ich könnte den Jungen beinahe beneiden«, bemerkte Atticus. Er streckte sich im Schatten aus. »Um seine Taubheit, meine ich. Wir hören so viel Hässliches – das Klirren von Schwertern, das Schlachtgetümmel, die Schmerzensschreie der Menschen.«

Cyrilla lachte. »Du führst ein seltsames Leben, Soldat. Die Welt ist aber auch erfüllt von singenden Frauen, lachenden Kindern, in den Bäumen zwitschernden Vögeln.« Sie deutete auf einen Spatz, der in dem Baum von Ast zu Ast hüpfte. Quinn bemerkte ihre Geste und folgte ihrem Blick und der Mund blieb ihm offen stehen.

Atticus grinste. Er war überzeugt, dass das Kind mehr mitbekam, als Cyrilla glaubte. Der Vogel begann zu singen ... und der süße Ton raubte Atticus den Atem. Wie lange war es her, seit er eine Stunde Zeit gehabt hatte, sich einfach hinzusetzen und auf das Lied eines Vogels zu lauschen? Viel zu lange. Und wenn der jüdische Heiler nicht helfen konnte, würde Quinn dieses einfache Vergnügen nie genießen können.

Er erhob sich, nahm das neugierige Kind auf den Arm und reichte Quinn an Cyrilla weiter, damit er die Überreste ihrer Mahlzeit einpacken konnte. »Wir machen uns besser wieder auf den Weg. Der Tag geht schnell zu Ende.«

Kapitel 26

Nach Sonnenuntergang, als Atticus im Hof eines Hauses, das in Nazaret als Gasthaus diente, den Esel versorgte, trat eine Gruppe von Neuankömmlingen durch das Hoftor und sammelte sich um das Feuer. Die drei Männer trugen Bärte und Fransenschals, wie es für die Juden üblich war, und auch wenn sie sich auf Aramäisch unterhielten, verstand Atticus doch genug, um mitzubekommen, dass sie über einen Rabbi sprachen, der auf einem Berg außerhalb von Kapernaum lehrte.

Atticus machte sich an dem Harnisch des Esels zu schaffen, während er sehr genau zuhörte. Er sprach kein Wort, weil er Angst hatte, sein Akzent würde ihr Misstrauen erregen, aber die Reisenden waren so in ihr Gespräch vertieft, dass sie ihn gar nicht wahrzunehmen schienen.

»Dieser Rabbi ist anders«, behauptete ein graubärtiger Mann, der seine Hände am Feuer wärmte. »Ganz anders als alle anderen Lehrer, die dir ein Dutzend unterschiedlicher Antworten auf eine Frage geben. Er spricht wie jemand, der Autorität besitzt.«

»Wie ich höre, kommt er aus Nazaret«, meinte ein schmächtiger Mann. In seinem Blick lagen Zweifel. »Kann aus diesem elenden Dorf denn etwas Gutes kommen?«

»Frag seine Mutter.« Graubart deutete mit dem Daumen über seine Schulter. »Seine Familie wohnt nicht weit von hier entfernt.«

Der größere Mann schnaubte. »Seine Familie hält ihn für verrückt. Und wenn die Familie des Rabbis ihn schon nicht unterstützt, warum sollten andere es tun?«

»Ich habe gehört …«, der dünne Mann trat näher an das Feuer heran und senkte die Stimme, »er sei zum Jordan gegangen und hätte sich von dem Propheten Jochanan taufen lassen. Als er aus dem Wasser auftauchte, so berichten einige, hätten sie eine Stimme aus dem Himmel gehört! Einige sagen, eine Taube hätte sich auf seinen Kopf gesetzt.«

Graubart schüttelte den Kopf. »Pah! Ich war da und habe keine Stimme gehört. Sicher, er wurde untergetaucht und ein lauter Donner ertönte. Das war alles. Gar nichts Ungewöhnliches.«

Der dünne Mann runzelte die Stirn. »Und Jochanan? Was ist eigentlich aus diesem Propheten geworden?« Die drei rückten näher zusammen. Atticus wollte eigentlich nicht so vorwitzig sein beim Lauschen, aber da sich niemand für ihn interessierte, beruhigte er den Esel und trat näher an die Fremden heran.

»Jochanan ist verhaftet worden.« Der große Mann zog seine Augenbrauen in die Höhe. »Wegen dem, was er über Herodes gesagt hat, weil er die Frau seines Bruders genommen hat.«

Der dünne Mann schnaubte. »Ich wusste, dass das Probleme geben würde. Der Täufer nimmt kein Blatt vor den Mund.«

»Bestimmt wird Herodes es nicht wagen, ihm etwas anzutun.« Graubart blickte sich im Kreis um. »In Herodes' Haus ist er doch sicher, nicht?«

»Ist bei Herodes irgendjemand sicher?«

Die Gruppe verstummte. Das Feuer knackte.

Atticus nutzte die Stille und trat auf die Gruppe zu, den Kopf unterwürfig gesenkt. »Friede sei mit euch, Freunde«, sagte er auf Griechisch. »Ich bin in diese Gegend gekommen, um den Propheten zu suchen, der heilen kann. Wisst ihr, wo ich ihn finden kann?«

Der dünne Mann zog eine Augenbraue in die Höhe. »Du möchtest geheilt werden?«

»Nicht ich – mein Kind.«

Der Mann, der die Lippen aufeinandergepresst hatte, entspannte sich. »Sie kommen von überall her, einige sogar aus Syrien. Der Mann, den du suchst, nennt sich Jeschua; er lehrt unter freiem Himmel in der Nähe des Sees. Brecht morgen früh auf in Richtung

Norden auf der Hauptstraße. Wo ihr große Menschenmengen entdeckt, dort findet ihr Jeschua.«

Atticus dankte ihm lächelnd. »Eine gute Nachtruhe euch allen.«

»Und dir auch«, murmelten sie.

Als er sich im Gemeinschaftsraum neben einem Fremden niederlegte, der nach Schweiß und Pferden roch, belauschte Atticus noch mehr von dem Gespräch der Männer am Feuer.

»Der ist aber groß.«

»Kommt offensichtlich nicht aus dem Galil.«

»Ein Syrer?«

»Zu groß.«

»Römer?«

»Zu höflich.«

»Wird Jeschua mit ihm sprechen, was meint ihr?«

»Schwer zu sagen. Der Prophet sagt, er sei zu den verlorenen Schafen Israels gekommen.«

»Er nennt uns verlorene Schafe? Wie kann er vergessen, dass wir aus allen Völkern auserwählt wurden?«

»Auserwählt für *das hier*? Was hat HaShem gegen uns?«

Sie lachten.

Am folgenden Morgen lenkte Atticus seinen Wagen zum See von Tiberias. Gegen Mittag würden sie in Herodes' Stadt ankommen, schätzte er, und von da aus konnte er jede jüdische Siedlung rund um den See erreichen, unter anderen auch Magdala, Genezaret, Kapernaum, Chorazin und Bethsaida. Er hatte vor, wenn nötig, jeder einen Besuch abzustatten, bis sie den heilenden Propheten fanden.

Cyrilla und Quinn saßen still im Wagen; beide waren müde, weil sie in der Nacht wenig Schlaf gefunden hatten. Atticus saß auf dem pelzigen Rumpf des Esels und lauschte auf das Stöhnen und Ächzen der Holzräder. An diesem ersten Tag der Woche bevölkerten

Fußgänger und andere Beförderungsmittel die Straße und vor dem Eselskarren eines unbekannten Kaufmannes wichen sie nicht zur Seite.

Ohne die Ungeduld seines Herrn zu beachten, trottete der Esel die Straße entlang, sein Kopf wippte im Rhythmus seiner Beine. Als Cyrilla zu singen begann, blickte Atticus hinter sich – der kleine Quinn beobachtete sie aufmerksam, hing an ihren Lippen. Auch wenn er mit einem klanglosen »*Auuuuuu*« einstimmte, ließ nichts darauf schließen, dass er die schwungvolle Melodie vernahm.

Atticus presste die Lippen aufeinander und wandte sich ab. Was sollten sie tun, wenn dieser Heiler sich weigerte, ihnen zu helfen? Vermutlich könnte er ihn durch Androhung körperlicher Gewalt dazu zwingen, aber ein richtiger Prophet würde seine Macht vermutlich nicht für einen Fremden einsetzen, der ihn einschüchtern wollte.

Sie hatten Magdala hinter sich gelassen und näherten sich Genezaret, als Atticus eine beträchtliche Zunahme des Verkehrs bemerkte. Eine große Menschenmenge verstopfte vor ihnen die Straße, und das waren nicht nur Juden. In der Menge erblickte Atticus mehrere rasierte Gesichter und auch einige römische Uniformen.

»Ich glaube, wir haben ihn gefunden.«

Während Cyrilla das Gesicht des Babys wusch, lenkte Atticus den Esel von der Straße herunter. Er ließ das Tier zum Stehen kommen und auf einem Grasflecken grasen, holte Quinn vom Wagen und führte Cyrilla zu der Menschenmenge. Sie folgten einem Fußweg zu einem felsigen Hügel am Ufer des Sees. Wie die anderen ließen sich Atticus und Cyrilla im Gras nieder und warteten auf die Ankunft des Propheten.

In der Zeit des Wartens spielte Atticus mit Quinn und hörte den Gesprächen um sich herum zu. Eine ganze Reihe Skeptiker waren aus Magdala, Genezaret und den zehn Städten gekommen, aber viele sprachen auch mit ehrfürchtiger Überzeugung von dem Propheten.

Während seiner Dienstzeit in Judäa hatte Atticus gelernt, dass die Juden zwar einen gemeinsamen Vorfahren hatten, allerdings waren sie alles andere als vereint. Doch an diesem Ort entdeckte er seltsamerweise Pharisäer mit ihren breiten Phylakterien und den Fransenschals, Essener in weißen Tuniken und langen Bärten und sogar ein paar Priester in ihren gestickten Gewändern und den auffälligen Kopfbedeckungen. Bettler, Kinder, Frauen, Krüppel und Ausgestoßene mischten sich auf dem Berg offen unter die Religionsexperten. Alle waren neugierig auf den Propheten.

Schließlich stieg ein Mann mittleren Alters auf den Hügel und stellte sich vor die Menge. Wie jeder andere jüdische Mann, der hierher gekommen war, trug er einen Bart und einen Gebetsschal mit Fransen. Er war mit der einfachen Tunika eines typischen Galiläers bekleidet. Um seine Taille hatte er einen Gürtel gebunden.

Nachdem er sich mit einigen Männern hinter ihm besprochen hatte, hob der Prophet – falls er das war – die Hände. Die Menge wurde still und der Mann, den man Jeschua nannte, sprach mit autoritätsgewohnter Stimme, die über die Felsen hallte.

»*Shema JIsrael, ADONAI Eloheinu, ADONAI Echad!* Höre, oh Israel, der Herr, unser Gott, der Herr ist einer!«

Atticus zuckte zusammen, als die Menge um ihn herum mit denselben Worten antwortete. War das ein Gebet?

Es blieb ihm keine Zeit, länger darüber nachzudenken, denn der Prophet sprach sofort weiter:

»Seid ihr arm heute? Hungrig? Trauert ihr?« Sein Gesicht erhellte sich, als wäre gerade ein Licht in ihm angezündet worden. »ADONAI segnet euch, die ihr arm seid, denn das Reich Gottes ist euch gegeben. ADONAI segnet euch, die ihr hungert, denn ihr werdet satt werden. ADONAI segnet euch, die ihr weint, denn die Zeit wird kommen, wo ihr vor Freude lachen werdet. ADONAI segnet euch, die ihr gehasst und ausgeschlossen, verspottet und verflucht werdet, weil ihr euch zu mir bekennt, dem Menschensohn.

Wenn dies geschieht, so freut euch! Ja, springt vor Freude! Denn große Belohnung erwartet euch im Himmel. Und denkt daran, die alten Propheten wurden von euren Vorfahren genauso behandelt.«

Die dunklen Augen des Propheten glitten über die Versammlung und blieben an den Kindern hängen, die im Gras zu seinen Füßen spielten. »Seht ihr diese Kleinen? Menschen wie ihnen gehört das Reich Gottes. Ja, ich sage euch, wer das Reich Gottes nicht annimmt wie ein Kind, wird nicht hineinkommen können.«

Atticus drehte sich zu Cyrilla um, die die Vorgänge mit aufgerissenen Augen beobachtete. »Verstehst du, was er sagt?«

Ein Lächeln umspielte ihre Mundwinkel. »Nicht wirklich. Aber ich verstehe eines – sieh dort hin.«

Sie deutete zu der Grasfläche unter der Hügelkuppe, wo der Prophet stand. Atticus folgte ihrem Finger und entdeckte eine Gruppe von Juden, die sich geteilt hatten, die Männer auf der einen, die Frauen auf der anderen Seite. Doch Cyrilla hatte die Kinder gemeint, die im Gras zu den Füßen des Propheten herumtollten. Die konzentriert zuhörenden Männer schienen die Kinder nicht zu bemerken, allerdings waren einige der Frauen aufgestanden, um ihre Kinder im Auge zu behalten.

Jeschua trat vor, seine Stimme wurde leiser, während sie noch an Intensität zunahm. »Wenn ihr bereit seid zu hören, sage ich, liebt eure Feinde. Tut Gutes denen, die euch hassen. Betet für das Glück derer, die euch verletzen. Wenn jemand euch auf die eine Wange schlägt, so haltet ihm auch die andere hin. Wenn ein Soldat euch zwingt, sein Marschgepäck eine Meile zu tragen, dann tragt es zwei!«

Atticus hätte beinahe laut aufgelacht. Nach dem römischen Gesetz hatte ein Legionär das Recht, jeden Zivilisten, der ihm begegnete, aufzufordern, seine Last von einem Meilenstein zum nächsten zu tragen. Und da ein Soldat in der Regel eine Lanze, einen Schild, eine Säge und einen Korb, einen Eimer, eine Axt, einen Ledergurt, eine Sichel, eine Kette und Rationen für drei Tage mit sich führte, fügte sich kaum ein Zivilist, ohne großes Aufhebens zu machen.

Wenn auch viele Kameraden in seiner Einheit von diesem Gesetz Gebrauch machten, hatte Atticus das schon lange von keinem mehr gefordert. Seine Schultern waren stark genug, seine Ausrüstung zu tragen; er würde keinen anderen Mann bitten, ihm seine Last abzunehmen. Vor allem keinen dieser aufgebrachten Juden.

Doch dieser Rabbi forderte sein Volk auf, sich freiwillig zum Dienst für Rom zu melden? Undenkbar. Unglaublich. Unmöglich. Atticus spürte, wie sich sein Mund zu einem grimmigen Lächeln verzog, als er Anzeichen von Ungläubigkeit auch auf den Gesichtern der anderen Zuhörer bemerkte.

Aber nicht alle reagierten mit Hohn. In vielen Gesichtern lag Erstaunen; Verwirrung umwölkte andere. Hier und da entdeckte Atticus Sehnsucht im Blick von Einzelnen. Worauf hofften sie?

Bestimmt ... nein. Gaius hatte ihm gesagt, dass die zelotischen Juden glaubten, ihr Gott würde ihnen bald einen Befreier schicken, einen *Messias*, der sie in ihrer Revolte gegen Rom anführen würde.

Aber dieser Rabbi war kein militärischer Führer. Auch wenn der schlanke Prophet fit genug dazu wirkte, so war an seinem Mund und in seinen Augen doch sehr viel Humorvolles zu entdecken, und die Form seines Kinnes ließ auf einen gewissen Eigensinn schließen. Er blickte zu häufig mit einem Lächeln auf die spielenden Kinder und seine Stimme war zu sanft, um Soldaten zu kommandieren.

Sollte Jeschua es wagen, die Autorität des Kaisers infrage zu stellen, dann würde Rom ihn in einem Nachmittag brechen.

Nachdem der Rabbi fertig war mit seiner Rede, erhob sich die Menge und streckte sich. Genervte Mütter ließen ihre Kinder los, die Frauen stellten sich zum Plaudern zusammen und die Männer fanden sich nach ihrem Stand in Gruppen zusammen.

Mit einem gepressten Lächeln beobachtete Atticus diese soziale

Interaktion. Cyrilla zupfte ihn am Ärmel. Sie, die bisher wie ein Schatten an ihm geklebt hatte, stand jetzt auf Armeslänge von ihm entfernt, als wäre sie in dieser abgesonderten Gesellschaft plötzlich selbstbewusst geworden.

»Quintus«, sagte sie und erinnerte ihn damit an den Grund ihres Kommens, »du musst den Jungen zu dem Lehrer bringen.«

Atticus blickte zu dem Propheten hinüber. Jeschua war hinter einen Felsen getreten und zwang damit diejenigen, die mit ihm sprechen wollten, sich in einer Reihe anzustellen. Die Jünger des Rabbis – eine Gruppe rauer, bärtiger Juden – hatten Mühe, Ordnung in der vordrängenden Menschentraube zu schaffen.

»Ich nehme ihn.« Atticus nahm Quinn in die Arme und marschierte los. Mit seinen langen Schritten hatte er die anderen bald überholt. Als er das Ende der langen Reihe erreichte, zögerte er. Als römischer Legionär war es sein gutes Recht, sich ganz vorne anzustellen, aber er trug keine Uniform ... und er befand sich auf jüdischem Territorium.

Es war besser, geduldig abzuwarten.

Und so lauschte er auf die griechischen und aramäischen Gespräche um sich herum, während Quinn gegen sein Kinn patschte und seine Tunika vollsabberte. Das Kind gab Geräusche von sich, ein tonloses, gleichmäßiges *Uhhhhh*, das ihn auf Dauer als Einfaltspinsel ausweisen würde; man würde ihn als Außenseiter behandeln, der Liebe oder Zuneigung nicht verdient hatte ...

Der andere Quintus hatte in diesem Alter auch gebrabbelt. Aber er hatte Silben wie »ba« und »da« und »ma« geplappert – bis er hohes Fieber bekam und ganz aufgehört hatte zu sprechen.

Atticus schob sich mit der Menge weiter vor. Vor ihm, in der Nähe des Rabbis, hob eine Frau die Hände zum Himmel und begann zu tanzen. Eine jüngere Frau stand neben ihr und Tränen liefen ihr über die Wangen, während ihr bärtiger Mann zustimmend lächelte.

Wo lagen die Grenzen der Macht dieses Heilers?

Atticus beobachtete fasziniert, wie die Leute den Propheten in Gruppen von zwei oder drei verließen. Er sah, wie ein Krüppel sich aufrichtete und ohne seine Krücken davonging. Eine blinde Frau, die von ihrer Tochter zu dem Rabbi geführt worden war, konnte nun allein gehen. Ihre Augen waren vor Staunen weit aufgerissen. Ein vom Fieber geschwächter Mann, der auf einer Bahre zu dem Propheten gebracht worden war, ging, vor Gesundheit strotzend, davon; ein Kind, dessen Haut mit Pusteln übersät gewesen war, rannte mit makelloser Haut zu seinem Vater.

»Du da.« Einer der Jünger, ein schlanker Mann mit tief gebräunter Haut, deutete auf Atticus. »Warum willst du den Rabbi sehen?«

Atticus nahm das Kind auf den anderen Arm. »Der Junge ... er ist taub.«

Der Mann zupfte stirnrunzelnd an seinem Bart. »Du bist kein Jude.«

»Nein.«

»Nun ...« Der Jünger blickte hinter sich, als suche er Erlaubnis.

Atticus' Atem brannte ihm in der Kehle. »Kümmert sich dieser Heiler nur um Juden?«

Der Jünger blinzelte. »Er kam zu uns, den Kindern Avrahams.«

Atticus überlegte, ob er eingestehen könnte, dass Quintus jüdischer Abstammung war. Wenn er an diesem Ort die Wahrheit sagte, würde man ihn dann mit dem Kind gehen lassen, das er mittlerweile als sein eigenes betrachtete?

Er runzelte die Stirn und suchte den Blick des Jüngers. »Kümmert sich der Heiler nicht auch um andere Kinder?«

Ein anderer Jünger mit kurzen, lockigen Haaren trat vor und zupfte den ersten Jünger am Ärmel. Er deutete mit dem Kopf zu dem Propheten. »Er möchte alle Kinder sehen.«

Lächelnd wandte sich der zweite Mann Quintus zu. »Ein hübscher Junge.« Als der Fremde ihn anblickte, versteckte Quintus den Kopf an Atticus' Schulter. »Und sehr schüchtern.«

Atticus strich dem Jungen über die Tunika. »Allerdings.«

»Also gut, dann.« Der erste Jünger deutete auf Atticus. »Tritt vor.«

Atticus setzte sich in Bewegung. Links von ihm liefen Dutzende Menschen herum, gratulierten den gerade Geheilten, andere betrachteten die Erfolge mit zweifelndem Blick. Cyrilla stand allein, abseits von den Juden und den Syrern. Sie behielt Atticus genau im Blick. Er nickte ihr zu und näherte sich dem Rabbi.

Ein stämmiger Jünger mit spärlichem Bartwuchs hielt ihn mit seiner erhobenen Hand auf. »Du wirst warten müssen. Der Meister braucht einen Augenblick für sich.«

Atticus seufzte tief. Der Rabbi, nur wenige Meter von ihm entfernt, verabschiedete sich gerade von einem Mann und seiner alten Mutter. Auf ein Wort des Jüngers, der Atticus aufgehalten hatte, verschwand Jeschua hinter einem dichten Gebüsch hinter dem Felsen, um einen Augenblick auszuruhen.

Atticus begriff. Er wandte den Blick ab. Der Rabbi hatte stundenlang ohne Unterbrechung vor diesen Menschen gestanden – kein Wunder, dass er einen Augenblick für sich brauchte.

»*Auuuuu.*« Quinn zupfte am Kragen von Atticus' Tunika. »*Auuuuu.*«

Atticus kitzelte das Baby. Bald würde der Junge Hunger bekommen und er hatte nichts zu essen zur Hand. Dieser Prophet sollte sich besser beeilen.

Die Büsche raschelten und der Rabbi kehrte zurück. Sein Mund verzog sich zu einem Lächeln, als er Atticus' Blick auffing. »Es tut mir leid, dass du warten musstest.«

Da er nicht sicher war, wie viel Respekt er einem jüdischen Rabbi-Propheten zu erweisen hatte, neigte Atticus den Kopf. »Ich würde den ganzen Tag warten, wenn du diesem Jungen helfen könntest.«

Jeschua kam mit ausgestreckten Händen auf ihn zu. »Wie lange ist der Junge schon taub?«

Stirnrunzelnd reichte ihm Atticus das Baby. Woher wusste er von Quinns Taubheit? Niemand, der Quinn anschaute, würde erraten, dass er ein Problem hatte, es sei denn ... Stoßartig ließ er den Atem entweichen. Natürlich. Der erste Jünger hatte Jeschua auf diese Begegnung vorbereitet.

Atticus verschränkte die Arme. »Ich glaube, er ist seit seiner Geburt taub.«

Jeschua warf das Kind in die Luft und drückte den lachenden Jungen an seine Brust. »Weißt du, warum dieses Kind nicht hören kann?«

Atticus starrte ihn an. War das irgendein Test? Vermutete der Prophet, Atticus würde nur vorgeben, Quinns Vater zu sein? Er stieß ein gezwungenes Lachen aus. »Wer kann schon sagen, warum so etwas geschieht? Vermutlich habe ich irgendetwas getan, das den Göttern missfallen hat, darum haben sie meinen Sohn geschlagen.«

Jeschua blickte Atticus an. Seine Augen strahlten Zuversicht aus, ein wissendes Lächeln umspielte seinen Mund. »Dieses Kind ist nicht wegen deiner oder der Sünde seiner Eltern taub. Er wurde taub geboren, damit dir die Macht ADONAIs offenbart werden kann.«

Bevor Atticus über diese rätselhaften Worte nachdenken konnte, gab der Prophet Atticus das Kind zurück und legte die Hände auf Quinns Ohren. Das vorgereckte Kinn des Kindes begann zu zittern, als er in die dunklen Augen Jeschuas blickte; daraufhin hob der Prophet die Hände und befahl: »Tut euch auf!«

Quinn blinzelte und riss die Augen auf. Sein verwirrter Blick blieb zuerst an dem Propheten hängen, dann auf Atticus. Plötzlich drehte er sich in Atticus' Armen um, weil er nach einer krächzenden Krähe schauen wollte, die von einem Gebüsch hochflatterte und davonflog.

Jeschua legte dem Jungen die Hand auf die Stirn. »Wie ein Same, der von einem Vogel fallen gelassen wird, wird er fern von seinem Volk zur Reife kommen. Aber der Plan Gottes wird sich in ihm offenbaren und er wird die Wahrheit erkennen.«

Atticus hatte keine Ahnung, was Jeschua mit diesen Worten meinte, aber der Prophet hätte versprechen können, Quintus würde der nächste Kaiser werden, Atticus hätte ihm geglaubt.

Von tiefem Frieden und tiefer Zufriedenheit erfüllt, bedankte er sich überschwänglich bei dem Propheten und ging mit Quintus zu Cyrilla zurück.

Kapitel 27

Quinn war normalerweise ein stilles Baby, doch auf dem Rückweg nach Cäsarea kam er einfach nicht zur Ruhe. Er wand und drehte sich in Atticus' Armen, rutschte unruhig auf Cyrillas Schoß herum und hing an allem, was sich bewegte und Geräusche machte.

Cyrilla war fasziniert. »Kannst du dir vorstellen, was in seinem Kopf vorgehen muss? Auf einmal hört er so viele Geräusche, nachdem er bisher nur absolute Stille gekannt hat! Unser kleiner Mann muss unglaublich geschockt sein.«

Atticus lächelte, aber mit seinen Gedanken war er ganz woanders. Der Erfolg der Berührung des Heilers hatte ihn fasziniert, aber in wessen Macht war dieses Wunder geschehen? Die Priester von Mithras – oder zumindest die wenigen, die er bisher hatte beobachten können – vollführten ihre Rituale mit großem Pomp, sie brauchten für ihre geheimnisvollen Riten Puder, Gesänge und verschwenderische Aderlässe. Bevor sie so etwas Wichtiges wie eine Heilung auch nur versuchen würden, würden sie zuerst die Eingeweide einer Ziege oder eines Ochsen studieren, um zu sehen, ob der Tag geeignet wäre, um die Götter anzurufen. Der Bittende hätte fasten und eine Prüfung absolvieren müssen, um sicherzustellen, dass er der Aufmerksamkeit der Götter würdig wäre. Falls an einem Punkt irgendetwas schief lief oder zweifelhaft wirkte, würde die Bitte abgelehnt werden.

Dieser Jeschua jedoch hatte Quinn mit dem liebevollen Blick eines alten Freundes angeblickt und gesagt: *»Dieses Kind ist nicht taub wegen deiner oder der Sünde seiner Eltern.«*

Hatte Atticus das richtig verstanden? Der Heiler konnte nicht gewusst haben, dass Quinn nicht Atticus' Sohn war – der Junge hatte eine Tunika getragen, unter der der Beweis für seine Beschneidung verborgen war. Eigentlich fühlte sich Atticus als Quinns Vater und auch Cyrilla hatte eine echte Zuneigung zu dem Kind entwickelt. Jeschua hatte keinerlei Zurückhaltung erkennen können, die ein Hinweis darauf gewesen wäre, dass sie nicht die Eltern des Kindes waren. Woher also hatte er die Wahrheit gewusst ... und wie hatte er die tauben Ohren des Kindes geöffnet?

Die Frage hing in der Luft, schimmerte wie eine Spiegelung des Sees links von Atticus. *»Er wurde taub geboren, damit dir die Macht ADONAIs offenbart werden kann.«* ADONAI musste ein Name für den Gott der Juden sein, für den Gott, der in ihren Synagogen und ihrem Tempel nicht zu finden war. Wenn er nicht an ihren Anbetungsstätten lebte, wie um alles in der Welt traten sie mit ihm in Verbindung?

Atticus blickte hinter sich. Er wollte Cyrilla fragen, ob einer der Götter ihres Volkes eine solche Macht besäße, aber ihr Kopf hing auf ihrer Brust, als würde sie schlafen. Er drehte sich wieder der Straße zu und trieb den Esel an.

Cyrilla hatte sich verändert, seit sie zusammen mit den anderen Frauen der Armee nachgereist war. Das geschwätzige, offenherzige Mädchen war weicher geworden. Vielleicht hatte Proculas kultiviertes Benehmen auf sie abgefärbt. Cyrilla achtete neuerdings mehr auf ihre Kleidung und ihre Frisur und ihre Nägel waren nicht mehr bis auf die Haut abgekaut.

Alles in allem würde jeder Mann die Veränderungen an Cyrilla attraktiv finden, dachte Atticus.

Die Menschenmenge auf der Straße ließ nach, je weiter sie nach Süden kamen. Atticus schlug mit den Zügeln und trieb das Tier an. Wenn möglich, wollte er die Nacht gern in Tiberias verbringen, wo es entschieden weniger hebräisch zuging.

Sie hatten gerade die hohen Tore Magdalas hinter sich gelassen, als Atticus eine zerlumpte Gestalt auf dem Friedhof vor den Stadttoren entdeckte. Eine Frau mit wilden Augen und struppigen Haaren stand zwischen den Gräbern, die Arme auf einen Grabstein gelegt, ihr Gesicht ausgezehrt und zerfurcht. Im Gegensatz zu den bescheidenen jüdischen Frauen, die Atticus unterwegs begegnet waren, trug sie keinen Schleier.

Cyrilla stieß ihn an, rückte näher und legte die Arme fest um Quintus. »Beeile dich, Atticus.«

»Warum sollten wir Angst haben vor einer Frau?«

»Widersprich mir nicht; treibe einfach den Esel an. Nur Verrückte und Dämonen leben unter den Toten.«

»Dämonen?« Atticus drehte sich noch einmal zu der Frau um, aber Cyrilla schnappte sich die Peitsche und hieb auf den Rumpf des Esels ein, der erschrocken in einen leichten Trab verfiel.

Atticus umklammerte die Zügel fester und ließ das Tier in diesem Tempo weiterlaufen, bis sie den Friedhof hinter sich gelassen hatten.

Die Luft kühlte sich ab und ganz langsam senkte sich die Dämmerung auf sie herab. Mit Erstaunen entdeckte Atticus in sich einen gewissen Neid auf die Familiengruppen, die die Straße verlassen hatten und durch die verschiedenen Stadttore nach Hause eilten. Wie schön musste es sein, eine Frau und ein Kind zu haben, die zu Hause auf einen warteten! Wenn er nie in die Armee eingetreten wäre, wenn Cyrilla seine Frau und Quinn sein Sohn wären, würde er sie in ein solide gebautes Haus bringen, die Tür verriegeln und dafür sorgen, dass sie sich in Sicherheit schlafen legen könnten. Kein Mann, Soldat oder Dieb, würde in ihr Heim eindringen können, denn Atticus würde es mit seinem Leben beschützen ... genau wie damals jener jüdische Vater versucht hatte, sein Heim in Magdala zu schützen.

Eine Welle der Schuldgefühle stieg in ihm hoch und drohte ihn zu verschlingen, aber er drängte sie zurück. Warum vergeudete er seine Zeit mit törichten Fantasien? Er war römischer Soldat; er hatte geschworen, dem Kaiser zu dienen und das Reich zu verteidigen, koste es, was es wolle. Rom war das Licht der Welt, der zivilisierende Einfluss, der Barbaren gezähmt und den Armen Bildung verschafft hatte.

Das Haus in Magdala war im Besitz eines Feindes gewesen. Der Mann hatte zu jenen Rebellen gehört, die geschworen hatten, eine Revolte gegen das Weltreich anzuzetteln. Wenn Gaius ihnen nicht befohlen hätte, in jener Nacht zuzuschlagen, hätten der Mann und sein eigensinniger Sohn sie vielleicht angegriffen und einige von Atticus' Kameraden getötet.

Manchmal musste ein Führer eben vorbeugende Maßnahmen ergreifen. Und wenn ein Zenturio einen Befehl gab, dann hatte der Soldat zu gehorchen.

Atticus atmete tief durch. Ein Dutzend unterschiedlicher Emotionen prallten in ihm aufeinander, als er sich umdrehte und seinen Blick auf dem schlafenden Kind ruhen ließ. Er hatte nicht *alle* Befehle ausgeführt. Gaius hatte ihm befohlen, alle Bewohner des Hauses herauszubringen, aber das Baby hatte er nicht ausgeliefert. Doch Quinn war auch kein Feind. Wenn er eine Chance bekam, eine Erziehung und Ausbildung, könnte er der römischen Armee genauso fähig dienen wie Atticus, Gaius oder sogar Pontius Pilatus ...

»Atticus?« Cyrillas Stimme durchdrang seine Gedanken. »Würdest du ihn mal nehmen? Ich möchte mich gern ausstrecken.«

Atticus nahm das schlafende Kind wortlos entgegen und legte es sich an die Schulter. Sie sollten sich einen Platz suchen, wo sie die Nacht verbringen könnten, aber vielleicht sollten sie die Gasthäuser meiden. Zu viele Menschen, zu viele Fragen und Antworten. Das würde ihnen zu viel werden. Sie brauchten Ruhe und in einem kleinen Wäldchen könnten sie genauso gut schlafen wie in einem Gasthaus.

Er entdeckte eine weit ausladende Platane auf der Kuppe des vor ihnen liegenden Hügels und deutete mit seiner freien Hand darauf.

»Dort. Wir werden dort anhalten und auf dem Karren schlafen. Morgen werden wir früh aufstehen und nach Cäsarea weiterfahren.«

Als er Cyrillas Seufzer der Erleichterung vernahm, lächelte er. Das Mädchen, das er früher für töricht und albern gehalten hatte, hatte sich als treu und findig erwiesen. Sie würde eine gute Mutter sein. Eines Tages, wenn sie warteten, würde sie eine gute Frau werden.

Von diesem Gedanken beherrscht, betrachtete Atticus die Straße, die sich vor ihm bis zum Horizont erstreckte, und er wünschte, er hätte die Freiheit, sich eine Frau zu nehmen.

KAPITEL 28

Ich wünschte, ich könnte mich besser an die Tage erinnern, die ich zwischen den Gräbern vor den Toren von Magdala verbracht habe, aber meine Erinnerung an diese Zeit ist getrübt. Ich erinnere mich an Dunkelheit und Schmerz, Hunger und Elend, den Atem von rauen Männern in meinem Gesicht und den bohrenden Schmerz wie von scharfen Nägeln in meinem Herzen. Ich erinnere mich, die abscheulichen Worte, die von meinen Lippen kamen, förmlich *gerochen* zu haben. Meine Augen registrierten anstößige Geräusche und obszöne Sätze. Meine Nase atmete eine Kakophonie von Lärm und Gestammel ein. Ich lebte in vollkommener Umnachtung, taumelte häufig zwischen den Grabsteinen und Grüften umher, als würden Heerscharen von Verfolgern an meinen Fersen knabbern.

Ich hatte das Gefühl, als wäre mein Inneres von einem Pack von Dieben und Verbrechern übernommen worden. An manchen Tagen klingelten meine Ohren vor Stille; dann wieder brachte mich das Gewirr von nicht menschlichen Stimmen zum Schreien und in dem verzweifelten Versuch, mich davon zu befreien, kratzte ich mir die Haut auf. Ich degenerierte zu einem Schatten, der bei Tagesanbruch in die Dörfer schlüpfte und nach Essensresten und alten Lumpen suchte, mit denen ich mich in der kalten Nacht zudecken konnte.

Ein bestimmter Tag ist mir allerdings im Gedächtnis geblieben ... Ich befand mich zwischen zwei Dörfern, allein auf der Straße, als ich eine Truppe römischer Soldaten auf mich zukommen sah. Sofort waren meine Gedanken klar und mein Blick geschärft. Den Zenturio, der an der Spitze der Truppe marschierte, kannte ich. Wir waren uns schon einmal auf der Straße begegnet. Damals hatte ich beobachtet, wie seine funkelnden Augen an meinem erstgeborenen Sohn hängen blieben.

Die harten Linien seines Gesichts und sein selbstsicherer Gang waren unverkennbar. Er hatte sich nicht verändert.

In Windeseile schoss ich von der Straße herunter und versteckte mich hinter einem Gebüsch. Zwischen meinen stoßweisen Atemzügen wiederholte ich immer wieder denselben Namen: »Gaius. Gaius. Gaius.« Der Mörder meiner Familie.

Der Zenturio befahl seinen Männern stehen zu bleiben. Ich hob den Kopf und beobachtete, wie er im Gebüsch verschwand, nicht weit von den Männern unter seinem Kommando entfernt. In seiner Arroganz war er neben mich getreten, um sich zu erleichtern. Keinen Gedanken verschwendete er daran, dass ihn dabei jemand bemerken könnte.

Aber ich bemerkte ihn. Und meine Stimmen auch.

Sieh nur, da ist er!

Wer kommt denn da für dich? Das ist der, den du hasst!

Steh auf, Mirjam, steh auf und sieh!

Er ist gekommen, um dich zu töten! Willst du gar nichts unternehmen?

Der, den du hasst, befindet sich in deiner Reichweite!

Das Geschnatter der Stimmen holte mich aus meiner Starre und richtete meine Aufmerksamkeit auf Gaius. Mein Feind stand nur ein paar Meter von mir entfernt.

Ich beugte mich vor und kroch im Schutz der Büsche an der Straße auf ihn zu. Zwei Schritte von ihm entfernt blieb ich stehen und wartete.

Als Gaius sein Geschäft erledigt hatte, lehnte er sich gegen einen Baum und nahm ein Stück Brot aus einem Beutel an seiner Seite. Unter dem Lederbeutel hing ein Dolch – eine spitze Klinge, der Griff aus Stahl. Klein genug für meine Hand.

Warum zögerst du? Hast du keinen Mut?

Er hat dir den Rücken zugewandt, der Dummkopf! Steh auf und handle! Nimm Rache!

Sie ist zu schwach; sie wird es nicht tun.

Sie ist stark! Sie wird!

Sie wird nicht!

»Ich werde!« Diese Worte kamen über meine Lippen und als Gaius sie vernahm, drehte er sich um. Seine Augenbrauen zogen sich nach oben, als ich wie ein Wirbelwind auf ihn zuschoss. Mein Blut war in Wallung und nichts und niemand würde mich aufhalten können. Der Römer warf sein Brot fort, aber meine Hand war bereits an seiner Taille, meine Finger suchten nach dem Griff seines Dolches …

»Wie dein Schwert Müttern die Kinder genommen hat, so soll deine Mutter jetzt kinderlos sein unter den Frauen!«

Ich zog den Dolch heraus, holte aus und spürte, wie sich seine Hand um meinen Arm schloss. Er drückte mich zu Boden, seine Augen brannten sich in meine, seine Hand war so unnachgiebig wie der Stahl in meiner Hand. Ich wäre auf die Knie gesunken, aber ich flehte die Macht der Götter in mir um Hilfe an und schaffte es, seiner Kraft zu widerstehen und drückte ihn zurück, bis die Klinge seinen Hals berührte. Alle Farbe wich aus seinem Gesicht und ein erstickter Laut gurgelte in seiner Kehle. Dann wurde ich am Hinterkopf getroffen und ein Funkenregen von Lichtern explodierte in meinem Kopf wie ein Schwarm Glühwürmchen.

Ich sank in mich zusammen, als würden meine Knochen aus Pergament bestehen.

Die Kraft meiner Götter ließ nach und ich schloss die Augen und stellte mich tot. Ich stöhnte nicht einmal, als mich ein schwerer Tritt in die Seite traf und etwas in meiner Mitte zurückschnappte wie ein Zweig.

»Soll ich sie töten?«, fragte ein Mann auf Griechisch.

Mein Feind hustete und räusperte sich, bevor er antwortete. »Sie ist bereits halbtot. Lass sie liegen. Mit ein wenig Glück wird der nächste Unglückliche, der ihre Aufmerksamkeit erregt, ein Jude sein.«

Jemand lachte und rollte mich auf den Rücken. Ich spürte Hände auf meinem Gesicht und meinem Gewand; ich wusste, was als Nächstes geschehen würde.

Ich bereitete mich vor, mich in die Dunkelheit zurückzuziehen, wohin ich in diesen Situationen immer wieder entfloh, aber ganz unerwartet drang eine Stimme zu mir durch: »Lass sie in Ruhe, Soldat. Warum willst du das Elend dieser Frau noch größer machen?«

Erstaunt, dass ein Römer – ein *erbärmlicher* Römer – Erbarmen zeigen konnte, öffnete ich die Augen. Die blendende Sonne verhinderte, dass ich die Gesichter klar erkennen konnte, aber ich erhaschte den Blick auf zwei Männer – einen dunkelhaarigen und einen ungewöhnlich großen Soldaten. Meine Stimmen verstummten, als der Schatten des Rohlings auf mich fiel; dann begannen sie in wahnsinniger Fröhlichkeit loszuheulen.

Da ich ihre Ausgelassenheit nicht mehr ertragen konnte, zog ich mich in die Dunkelheit zurück.

Ich weiß nicht, warum ich während jener Monate nicht gestorben bin. Ich aß verdorbenen Fisch, Gras und Abfälle. Ich trank aus dem See. Ich vernachlässigte meine Körperpflege, weil mir an mir nichts mehr lag, und die fremden Götter in mir freuten sich an meinem Niedergang.

Die meiste Zeit verspotteten sie mich in meinem Kopf. Manchmal übertönte eine Stimme die anderen; manchmal verlor ich die Kontrolle über meine Zunge und die Stimmen drangen aus meiner Kehle. Wenn dies geschah, zogen die Frauen ihre Kinder an sich und eilten davon; Männer standen vor ihren Hoftoren und betrachteten mich mit verschränkten Armen und hartem Blick. Wenn meine Lippen stumm waren, zogen Vorübergehende ihre Gewänder um sich, damit wir nicht denselben Staub berührten. Einige spuckten mich an, als wäre ich ein herumstreunender Hund.

Bestimmt umgab mich der Gestank von Götzendienst und Sünde.

An die meisten jener Tage erinnere ich mich jetzt nicht mehr, allerdings weiß ich noch, dass ich eines Tages, als ich erwachte, meine alte Nachbarin auf dem Friedhof von Magdala entdeckte. Sie kniete am Grab meiner Familie und säuberte die Inschrift auf dem Stein vom Dreck. Lange Zeit starrte ich sie einfach nur an; dann gelang es mir, ihren Namen auszusprechen. »Judit?«

Sie zuckte zusammen, als hätte sie einen Geist gesehen. »Mirjam! Du – dir geht es nicht gut.«

Ich taumelte auf sie zu, zerrte an meinem zerlumpten Gewand, während eine gutturale Stimme aus meiner Kehle brüllte: »Was hast du mit diesem Ort zu schaffen, Tochter Avrahams?«

Furcht strahlte von dem Gesicht meiner alten Freundin aus wie ein Lichthof um den Mond. »Mirjam ... warum sprichst du so? Bist du – willst du irgendetwas?«

»Wollen?« Ich legte den Kopf zur Seite und starrte sie an. »Ich will alles. Ich will gar nichts. Ich will, dass Sonne, Mond und Sterne mir helfen. Ich will die Römer töten. Ich will alle die töten, die sie nicht davon abgehalten haben, meine Familie zu ermorden ...«

Ich wirbelte herum, als das Tor zum Friedhof in seinen Angeln quietschte. Meine liebliche Hadassa stand im Eingang, einen Korb am Arm, ihr Gesicht von Traurigkeit überschattet.

Mein Herz begann zu klopfen. »Hadassa?«

»Mirjam?« Für einen Augenblick schien sich ihr Gesicht zu öffnen, sodass ich in sie hineinblicken und die Spur ihrer Gefühle entdecken konnte. Ich erblickte Freude, Verwirrung und ein Aufflackern von Furcht ... und dann Schmerz. »Liebe Mirjam, was ist dir zugestoßen?«

Judit zitterte und Tränen liefen ihr über die Wangen. »Hadassa, nicht.«

»Aber Mutter, es ist Mirjam ...«

»Nein. Lauf zurück zum Tor.«

»Aber Mutter ...«

»Verschwinde von hier, sofort!« Meine beste Freundin und Nachbarin raffte ihr Gewand und schlängelte sich wie ein Aal zwischen den Grabsteinen hindurch, dann packte sie Hadassa und zerrte sie durch das Tor. Ich folgte ihnen auf die Straße, verfluchte mit jedem Schritt Judits Feigheit.

Die Ältesten im Tor von Magdala zogen sich mit beschämtem Gesicht und schweigend zurück, als ich näher kam. Ich glaube, sie hätten mir den Eintritt in die Stadt versagt, aber der Abstand zu meinen fliehenden Nachbarinnen war zu gering. So traten die Ältesten zur Seite, als ich in die Stadt taumelte und zu den Ruinen meines Heimes schlich. Dort kniete ich in den Trümmern nieder und schrie die Namen meiner toten Angehörigen hinaus.

Nach dem Gesetz sind drei Tage des Weinens erlaubt, sieben des Klagens, dreißig Tage enthält man sich gewaschener Kleider und des Haareschneidens. Die Rabbis sagen, jeder, der länger als diese zugestandene Zeit trauert, trauere eigentlich um einen anderen. Vielleicht habe ich mein verlorenes Leben betrauert. Ich wusste nicht mehr, wer ich war oder was ich sein sollte. Aber ich trauerte.

Jene Nacht verbrachte ich in der Asche meiner Vergangenheit und als die Stadttore am folgenden Morgen geöffnet wurden, betrat ein Fremder die Stadt Magdala. Dieser Mann war kein Römer, kein Grieche, kein Syrer.

Er war ein Nazarener.

Bei Tagesanbruch erwachte ich mit dem starken, aber nicht greifbaren Gefühl, dass ein Sturm losbrechen würde. Ich schaute zum Himmel empor und rechnete damit, Gewitterwolken zu entdecken, aber der Himmel erstreckte sich weit und makellos blau, wohin ich blickte. Die Morgenluft strich über meine bloßen Arme, ein angenehm kühler Willkommensgruß des Tages.

Warum nur diese prickelnde Unruhe in mir?

Die Götter in meinem Kopf flüsterten miteinander, aber keiner sprach mich direkt an. Als ich durch die Straße lief und beobachtete, wie die Wachen die Stadttore von Magdala öffneten, spürte ich, wie neue Kraft in mich hineinströmte, eine momentane Wachheit. Ich spürte, dass ich auf der Schwelle zu einem wichtigen Ereignis stand ... doch ganz schnell war dieses Gefühl wieder verschwunden. Es war fort. Wie alles in meinem Leben.

Ich gähnte, kratzte die Insektenstiche auf meinen Armen und fragte mich, ob ich auf eine Ladung Seide oder Wolle warten sollte. Nein, nein – meine Färberei gehörte zu meinem früheren Leben, dem Leben, das einen Sinn gehabt hatte.

Mein knurrender Magen lenkte meine Gedanken auf das Essen. In der Stadt war ich auf die Wohltätigkeit von Fremden angewiesen oder musste an den Verkaufsständen auf dem Markt stehlen; und zu so früher Stunde versprach keine dieser Aktivitäten großen Erfolg.

Ich schlurfte zum Hof meines Hauses zurück und setzte mich an die Stelle, wo Jaakovs Blut den Boden durchtränkt hatte.

Quin-ah erwachte in mir und begann mit ihrem kläglichen Gejammer: *Wie kannst du hier sitzen, Mirjam? Wie kannst du einen weiteren Tag vergehen lassen, ohne deinen Mann zu rächen? Steh auf von diesem Ort, bedecke dein Gesicht mit dem Staub, der sein Blut getrunken hat, und lass den ersten Römer, der dir begegnet, deine Rache spüren! Geh auf die Straße, denn dort laufen Römer herum; dort sind Römer, an denen du dich rächen kannst.*

Lustlos dachte ich über diesen Vorschlag nach, als ich ungewohnte Stimmen vernahm – *menschliche* Stimmen. Ich rappelte mich hoch auf die Knie, spähte durch ein Loch in der Wand und entdeckte eine Gruppe von Reisenden, die nach Magdala gekommen waren, mehr als dreißig Männer und mehrere Frauen in ihrem Gefolge.

Der Anblick der Fremden ließ meine Stimmen zu einem ungewöhnlichen Schweigen verstummen. Ich zuckte zurück, drückte mich gegen die beschädigte Hofmauer, während die Gruppe vorbeizog. Ihre Schatten fielen über mich und ein Schaudern stieg aus der Tiefe meiner Seele auf.

Natar begann zu brummen. *Verschwinde sofort aus dieser Stadt,* murmelte sie mir ins Ohr, ihre Stimme war leise und von Abscheu erfüllt. *Diese Fremden, diese Söhne des Teufels, solltest du meiden! Sie werden dich anspucken, Mirjam; sie werden dir noch mehr Verachtung zeigen als deine Nachbarn!*

Eine nach der anderen stimmte in ihren Wortschwall ein: Baath, Qin-ah, Avah, Az-aph, Katakritos und Ge-ah drängten mich, sofort die Flucht zu ergreifen. Ich müsse zum Friedhof laufen; ich müsse die Stadt verlassen; ich müsse rennen, als hätte ich Feuer unter den Füßen.

Aber ich wollte nicht mehr davonlaufen ... und ich hatte schrecklichen Hunger.

Ich sammelte meine letzten Kraftreserven, rappelte mich hoch und schleppte mich zu Judits Haus. Vielleicht würde sie mir aus Mitleid – oder von dem Wunsch getrieben, mich loszuwerden – einen kleinen Laib Brot geben. Auf jeden Fall würde mein Bauch gefüllt sein und ich könnte die Stadt verlassen.

Ich überschritt Judits Schwelle, betrat ihren Hof und klopfte an ihre Tür. Als ich zurücktrat, entdeckte ich Hadassas kummervolles Gesicht hinter dem Gitter vor dem Fenster, aber sie ließ mich nicht herein. Ich klopfte immer wieder, rief nach Judit und Hadassa, aber meine Nachbarn, meinen früheren Freundinnen, wollten mich nicht kennen.

Die Enttäuschung traf mich wie ein Faustschlag in den Magen. Ich legte die Hand an den Mund und schluckte, um die Galle zurückzudrängen, die in meiner Kehle aufstieg.

Das Gesetz gebietet uns, unsere Nachbarn zu lieben. Durch unsere Liebe zu anderen, sagen die Rabbis, ehren wir die, die im Bilde HaShems geschaffen sind. Wenn Judit meine Bitten ignorierte, konnte sie anscheinend nichts von dem Heiligen in mir entdecken. Ich war keine Tochter Israels, keine Rose Sharons. Ich war ein zerbrochenes Gefäß, das nur noch zur Heimstatt für die heidnischen Götter taugte, die ich aufgefordert hatte, die Leere meines Lebens auszufüllen.

Eine Hand an die Brust gedrückt, taumelte ich aus dem Hof meiner Nachbarin, in dem ich nicht willkommen war. Meine Stimmen begannen zu jammern, als ich mich nicht sofort auf den Weg zu den Stadttoren machte. Aber der Durst trieb mich zum Brunnen.

Und dort sah ich ihn.

KAPITEL 29

Als ich um die Ecke bog und zum Brunnen ging, steigerten sich die summenden Stimmen in meinem Kopf zu einer so zornigen Lautstärke, dass ich kaum noch denken konnte.

Du wirst nie mehr etwas sein; du wirst nie mehr geliebt werden.

Was wollen deine Nachbarn? Warum ignorieren sie dich? Verlasse diesen Ort, sofort!

Sie wollen dir weh tun. Siehst du denn nicht die Furcht in ihren Augen?

Diese Frau, diese Judit, hat Gerüchte über dich in Umlauf gebracht.

Du bist besser als ihre Leute, besser als sie alle!

Beim Licht des Mondes, beim Licht der Sonne, alle wissen alles, was du getan hast.

Töte sie, töte sie, vernichte sie alle!

Mit blutunterlaufenen Augen starrte ich die Gruppe Fremder an der Zisterne an. Sie lachten, unterhielten sich angeregt, während eine Frau Wasser für sie schöpfte. Als meine Stimmen diese Fröhlichkeit bemerkten, begannen sie zu wüten.

Lauf davon! Verschwinde!

Hier ist einer, der dir schaden will!

Was denkst du denn, wer sie sind? Dieser da ... er ist böse.

Was fällt dir ein, dich solchen Männern zu nähern? Fliehe, Mirjam, lauf davon!

Sie werden dich anspucken, dich treten wie einen Straßenköter!

Verfluche sie, Tochter der Dunkelheit! Spucke sie an!

Wende dich ab, lass nicht zu, dass sie dich anschauen!

Ich zögerte, hin- und hergerissen zwischen meinem schrecklichen Durst und dem Drang zu fliehen. »Es ist falsch! Es ist nicht eure Zeit! Für wen haltet ihr euch denn?« Ich schrie in einer Stimme, die nicht mir gehörte. »Die Sonne ist heiß; der Tag ist lang – ihr solltet längst euren Aufgaben nachgehen und uns in Ruhe lassen.«

Eine schwere Stille legte sich auf die Gruppe am Brunnen. Die Frau senkte den Blick, als hätte mein Schrei sie in Verlegenheit gebracht, und einer der Männer versteifte sich, als wäre meine Anwesenheit eine Beleidigung. Die anderen jedoch drehten sich zu einem unscheinbaren Mann mittlerer Größe und durchschnittlichen Aussehens um, der auf dem Brunnenrand saß und mich anblickte. Er hatte ein scharf geschnittenes Gesicht mit einer hervorstehenden Nase, hohen Wangenknochen und glatte, olivfarbene Haut.

Sein Blick richtete sich auf mich und seine Augen leuchteten vor unheimlicher Erkenntnis.

Meine Stimmen wurden wild, als sein Blick meinen einfing. Meine Glieder schienen sich zu verselbstständigen; meine Hände zupften an meinem Gewand und meine Beine zitterten.

»Woher kommst du, Jeschua von Nazaret?«, brüllte Natars Stimme aus meiner Kehle. »Wir wissen, wer du bist, auch wenn diese Frau es nicht weiß. Lass uns in Ruhe, Heiliger.«

Mein Kopf legte sich in den Nacken und ich konnte nichts dagegen tun. Mein Mund schloss sich und die Luft entwich mit einem leicht pfeifenden Geräusch durch meine Nase. Meine Hände legten sich wie Klammern um meinen Hals; meine Knochen rasselten, als sich mein Körper versteifte und zu Boden sackte. In meinem Kopf herrschte ein schreckliches Durcheinander, wie ich es noch nie erlebt hatte. Die Welt verschwamm vor meinen Augen und ich wand mich im Staub wie eine Schlange, der man den Kopf abgehackt hatte.

Dann begann der Mann zu sprechen und auch wenn er seine Stimme nicht erhob, waren seine Worte voll Autorität: »Seid still! Kommt aus ihr heraus, ihr alle.«

Mein Rücken bog sich durch, mein Mund öffnete sich. Meine Brust hob sich, als würde ich meinen Geist aushauchen ... und dann herrschte eine Sabbatstille über meiner Seele.

Und er berührte mich. Der Mann, den Natar Jeschua und Heiliger genannt hatte. Der Fremde hatte keine Scheu, mit einer Ausgestoßenen zu sprechen; er wagte es, die Hand einer gebrochenen Frau zu fassen und ihr aufzuhelfen.

Zu verblüfft, um zu sprechen, stand ich stumm und zitternd da. Ich fühlte mich, als wäre ich gereinigt worden und stände jetzt als glänzendes, reines und bereitwilliges Gefäß vor ihm.

Ich wusste nicht, wer er war, aber dass er kein gewöhnlicher Mensch war, das erkannte ich sofort.

Sein Blick ruhte voller Liebe auf mir. »Frau, deine Sünden sind dir vergeben.«

Wer war dieser Mann? Ich kannte ihn nicht, darum konnte ich ihm auch kein Unrecht getan haben. Und auch wenn ein Mensch mir das Unrecht vergeben konnte, das ich ihm angetan hatte, so konnte nur HaShem die Sünden vergeben, die ich gegen sein heiliges Gesetz begangen hatte.

Dieser Morgen war verwirrend, aber mein Herz war dankbar für die Befreiung. Mit zitternden Knien fiel ich in den Staub und streckte meine schmutzigen Finger aus, um seine Sandalen zu berühren. »Rabbi«, flüsterte ich mit meiner eigenen, krächzenden Stimme, »wie kann ich dir danken?«

Als ich den Kopf hob, strahlten mich seine Augen voller Freundlichkeit an. »Mirjam –«, er sprach meinen Namen so selbstverständlich aus, als würde er mich schon mein ganzes Leben kennen, »du sollst mir nachfolgen. Aber du musst eines begreifen – Füchse haben Höhlen und Vögel Nester, doch ich habe kein eigenes Heim, nicht einmal einen Ort, wo ich mein Haupt hinlegen kann.«

»Dann geht es dir wie mir«, erwiderte ich. Ich freute mich über die Freiheit, ganz offen mit einem Mann sprechen zu können, der nicht zu meiner Familie gehörte, »denn ich habe weder Heim noch Ehemann. Allerdings bin ich mit geschickten Händen, einem starken Rücken und einem dankbaren Herzen beschenkt.«

»Allerdings«, erwiderte Jeschua ein wenig amüsiert. »Allerdings.«

KAPITEL 30

Judit entdeckte die Veränderung in mir sofort. Von dem Aufruhr angelockt, kam sie zum Brunnen. Ich saß ganz ruhig und vernünftig da. Sie nahm mich mit in ihr Haus, gestattete mir zu baden und meine Haare zu kämmen, schenkte mir ein sauberes Gewand und einen passenden Schleier.

Als Hadassa mich umarmte, fühlte ich mich wieder wie eine Tochter Israels.

Während Jeschua zu einigen Männern von Magdala sprach, saß ich am Brunnen und betrachtete die Stadt mit neuen Augen. Die Steinmauer um Judits Hof schien mich willkommen zu heißen; der über die eingestürzte Mauer meines Hauses kriechende Wein stand voller Knospen und lebendiger grüner Triebe.

Neue Augen. Was für ein Geschenk.

Ich wandte meine Aufmerksamkeit dem Stadtzentrum und dem Marktplatz zu. Mein Verkaufsstand, nach wie vor stabil und mit Dach ausgerüstet, stand am Ende der Reihe in der Nähe des Brunnens. Eine Frau verkaufte darin ihre Wolle – und warum auch nicht, da ich ihn im Augenblick ja nicht brauchte? Aber der Anblick meines Verkaufsstandes erinnerte mich an eine Tatsache, die ich unter meinem Schmerz vergraben hatte – ich war eine Frau, die über finanzielle Mittel verfügte. Da ich meine Kinder überlebt hatte, hatte ich den Besitz meines Mannes geerbt: ein abgebranntes Haus, einen Verkaufsstand auf dem Markt, ein Boot und Netze. Auch besaß ich einiges, das ich an Rahel hatte weitergeben wollen – meine Sachkenntnis, meine Techniken, mein Handwerk. Ich konnte mein Wissen immer noch an andere weitergeben ... und es ihnen überlassen, mein Geschäft weiterzuführen, falls ich mich entschließen würde, ein neues Leben zu erforschen.

Ich betrachtete den Fremden, den Mann, der Jeschua genannt wurde. Er hatte gesagt, es sei mir bestimmt, ihm zu folgen, aber wer war er überhaupt? Seine Talmidim – *Jünger* in eurer Sprache – nannten ihn Rabbi; aber ich wusste, dass er nicht nur ein Lehrer der Thora war. Er musste ein Prophet sein, vom Heiligen, gepriesen sei sein Name, geschickt. Wie sonst hätte er mich von der Herrschaft der Dämonen befreien können?

Als eine Menschenmenge in die Stadt strömte, schlug einer der Männer des Rabbis vor, sie sollten hinunter zum See gehen. Dort könne Jeschua von einem Boot aus sprechen.

»Was für ein Boot?«, protestierte ein anderer Mann. »Die Fischer sind doch noch draußen auf dem See.«

»Ich besitze ein Boot.« Ich spürte, wie ich errötete, als sich alle Köpfe in meine Richtung drehten. »Mein Mann besaß ein Boot. Ich habe es einige Zeit lang nicht mehr gesehen, aber wenn es noch da ist, könnt ihr es gern benutzen.«

Kurze Zeit später saß ich inmitten einer Gruppe von Frauen, während zwei Männer Jaakovs Boot mit Jeschua an Bord auf den See hinausruderten. Zwei andere Männer saßen hinter ihm; sie würden das Boot ruhig halten, während der Prophet sprach.

Ein Mann an Land, ein Reisender, den ich noch nie gesehen hatte, winkte dem Propheten zu, um seine Aufmerksamkeit auf sich zu lenken. »Wir kommen von Jochanan dem Täufer«, rief er. »Er hat uns geschickt, um dir eine Frage zu stellen.«

Jeschua nickte. »Frage nur.«

»Bist du wirklich der Messias, den wir erwarten, oder sollen wir auf einen anderen warten?«

Jeschua zog eine Augenbraue in die Höhe und lächelte. »Geht zurück zu Jochanan und erzählt ihm, was ihr gehört und gesehen habt – Blinde sehen, Lahme gehen, Leprakranke werden geheilt, Taube hören, Tote werden auferweckt und die Gute Nachricht wird den Armen verkündigt. Und sagt ihm: ›Gott segnet die, die keinen Anstoß an mir nehmen.‹«

Jeschuas Worte weckten eine Erinnerung in mir, die mich durch die Jahre begleitet hatte – an meinen Vater, der meinen Brüdern aus dem Propheten Jesaja vorlas: »Wenn er kommt, wird er die Augen der Blinden und die Ohren der Tauben auftun. Der Lahme wird springen wie ein Reh und wer nicht sprechen kann, wird schreien und singen! Seid stark und habt keine Angst, denn euer Gott wird kommen, um eure Feinde zu vernichten. Er wird kommen, um euch zu retten.«

Ich spürte, wie mich ein warmer Schauer durchlief. Der Abgesandte des Täufers hatte eine offene Frage gestellt und Jeschua, der mit Sicherheit wusste, wie nahe er Herodes' Gefängnis in Tiberias war, hatte taktvoll geantwortet. Aber jedes Kind Avrahams würde es begreifen. Gott schickte den Messias, um Rom zu vernichten!

Als sich der Reisende und seine Gefährten zum Gehen wandten, hob Jeschua die Arme und sprach diejenigen von uns an, die zurückblieben. »Wer von euch losgezogen ist, um Jochanan zu sehen – wer ist dieser Mann in der Wüste, den ihr sehen wolltet? Ein Schilfrohr, das im Windhauch schwankt? Nein? Und was wolltet ihr sehen? Einen Propheten! Ja, und ich sage euch, er ist mehr als ein Prophet. Er ist, von dem es in der Schrift heißt: ›Siehe, ich sende meinen Boten vor dir her, der deinen Weg bereiten soll.‹«

Jeschua redete weiter, aber ein Ausdruck von ihm ließ mich nicht los – *ein Schilfrohr, das im Wind schwankt.* Jeder in Galiläa dachte sofort an Herodes Antipas, wenn er das Wort Schilfrohr hörte, denn der Mann, der von Rom als Herrscher über uns eingesetzt worden war, hatte sein Symbol auf seine Stadt, seine Insignien und unsere Münzen geprägt.

Jeschua sagte, dass weder Herodes noch Jochanan unser versprochener König sei ... sondern *er.*

Fasziniert hörte ich zu, wie Jeschua zu beten begann: »Oh Vater, Herr des Himmels und der Erde, danke, dass du die Wahrheit vor denen verborgen hast, die sich für so klug halten, und es den Kindern offenbart hast. Ja, Vater, es hat dir gefallen, es so zu tun!«

Ich saß reglos da, schockiert von einer Erkenntnis, die mir zu hoch war, um sie zu erfassen. Jeschua betete zum Heiligen, gepriesen sei sein Name, als ... *Vater*? Wir waren Menschen, die HaShems heiligen Namen nicht auszusprechen wagten, auch wagten wir nicht, uns dem Thron des Himmels mit der Leichtigkeit zu nähern, wie sie Kinder besitzen, die mit einer Bitte zu ihren Eltern kommen. HaShem war zu heilig und wir – vor allem *ich* – waren zu böse.

Während die Menge erstaunt vor sich hinmurmelte, hob der Prophet den Kopf und blickte zu einem fernen Hügel. Ich folgte seinem Blick und entdeckte einen Bauern, der ein Gespann Ochsen, das vor einen Pflug gespannt war, führte.

»Kommt zu mir«, sagte Jeschua und sein Blick schloss die ganze Menge mit ein, »die ihr müde seid und eine schwere Last tragt; ich will euch Ruhe geben. Nehmt mein Joch auf euch. Ich will euch lehren, denn ich bin demütig und sanftmütig und ihr werdet Ruhe finden für eure Seelen. Denn mein Joch passt genau und die Last, die ich euch zu tragen gebe, ist leicht.«

Als er fertig war, spürte ich Judits Ellbogen in meiner Seite. »Verstehst du das alles?«

Ich runzelte die Stirn. Obwohl es eine Erleichterung für mich war, mit nur einer Stimme im Kopf zu denken, nämlich mit meiner, war ich nicht sicher, ob ich meiner Interpretation von Jeschuas Lehre trauen konnte. »Ich *glaube*«, flüsterte ich, »dass er von dem Heiligen, gepriesen sei sein Name, geschickt worden ist, um uns durch diese Zeit der Unterdrückung zu helfen. Er ist ein Prophet; er hat Macht. Aber wie er vorhat, sie einzusetzen ... ich weiß es nicht.«

»Ach, wie schön.« Judits Mund verzog sich zu einem trockenen Lächeln. »Meine nachdenkliche Freundin ist aus dem Land des Schmerzes zurückgekehrt.« Sie legte den Kopf zur Seite. »Bist du sicher, dass es dir gut geht?«

Ich tätschelte ihre Hand. »Rundherum gut. Ich habe Befreiung erlebt.«

Einer der Jünger des Propheten kam zu uns und nickte uns grüßend zu. Judit senkte den Blick, wie es die Tradition verlangte, aber ich lächelte und ermutigte ihn zu sprechen.

»Es ist sehr warm heute.« Seine dunklen Augen versanken in einem Netz von Fältchen, als er in die Sonne blinzelte. »Könntet ihr uns etwas zu essen und Wasser bringen?«

Ich nickte. »Ja, natürlich gern. Meine Freundin wird mir helfen.«

Ich ignorierte Judits verblüfftes Schnaufen und zog sie auf die Beine. Wir gingen in die Stadt, um Brot und Wasserkrüge zu holen. Als wir zurückkehrten, hatte die Menschenmenge abgenommen. Jeschua saß am Ufer und ruhte sich mit seinen Jüngern im Schatten eines Olivenbaumes aus.

Während Judit das Brot am Rande der Versammlung verteilte, gab ich den Wasserkrug herum und tat so, als würde ich nicht zuhören, obwohl ich an jedem Wort hing.

Ich glaubte, einen der Jünger zu kennen. Zwar wusste ich seinen Namen nicht, aber er und sein Bruder waren Fischer aus Kapernaum. Jaakov hatte häufig mit den beiden Brüdern im nördlichen Teil des Sees gefischt.

Jeschua deutete auf den Fischer mit Namen Kefa, auf Griechisch Petrus. »Du hattest eine Frage?«

Petrus nickte. Sein Lächeln entblößte seine vorstehenden Vorderzähne. »Wirst du uns erklären, was deine Geschichten bedeuten?«

Jeschua lächelte. »Euch wird es geschenkt, die Geheimnisse in Bezug auf das Reich Gottes zu verstehen. Aber ich spreche in Geschichten, um es vor Außenseitern zu verbergen, damit die Schrift erfüllt würde.«

Der Blick des Rabbis richtete sich nach innen, auf ein inneres Bild, das ich nicht einmal erahnen konnte, aber seine nächsten

Worte erkannte ich als Zitate aus dem Propheten Jesaja: »Dass sie nicht sehen mit ihren Augen noch hören mit ihren Ohren, noch verstehen mit ihrem Herzen und sich nicht bekehren und genesen.«

Da mein Wasserkrug leer war, entfernte ich mich, aber Jeschuas Worte ließen mich nicht mehr los. Warum sollte ein Rabbi in Rätseln sprechen? Mir fiel nur ein Grund dafür ein: Römische Ohren könnten seine Botschaft für aufrührerisch halten. Seine Botschaft von dem kommenden König war nicht schwer zu verstehen. Die Propheten hatten uns gesagt, HaShem wollte, dass Israel von ADONAI selbst durch seinen Gesalbten, unseren Messias, regiert würde. In der Vergangenheit hatten wir versagt und unsere Könige hatten uns in die Irre geführt, aber nachdem ADONAI unser Volk gestraft hätte, würden wir befreit, erneuert und das Land, das Avraham, Jitzhak und Jaakov versprochen worden war, würde wieder in unseren Besitz kommen.

Ich lehnte mich gegen einen Felsvorsprung und betrachtete die Gruppe Männer auf dem Hügel. Wenn dieser Jeschua gekommen war, um uns in den Aufruhr gegen Rom zu führen, dann war er an den richtigen Ort gekommen. Wir Galiläer waren für unser schnelles Temperament bekannt, wir waren bekannt dafür, abenteuerlustig und loyal bis in den Tod zu sein. Die Männer würden jedem Führer folgen, dem es gelang, die Aufmerksamkeit des Volkes zu erringen.

Auf dem Rückweg in die Stadt hakte Judit sich bei mir unter. »Was hältst du von ihm?«

Ich atmete tief durch. »Er kennt die Schriften. Er kennt unsere Männer; ist dir aufgefallen, wie ihre Augen bei seinen Worten geleuchtet haben? Er ist Galiläer und weiß daher auch, wie wir unter den Herodianern und den Römern gelitten haben.«

Judit nickte respektvoll den Ältesten zu, als wir an den Stadttoren vorbeikamen. Drei der Männer starrten mich an. Offensichtlich waren sie erstaunt über die Veränderung in meinem Aussehen und Verhalten.

Ich lächelte sie schüchtern an – alles andere hätte unbescheiden gewirkt – und sprach erst weiter, als wir uns dem Brunnen näherten. »Wer sonst hätte die Macht, Menschen von fremden Göttern zu befreien?«

»*Shedim.*« Judit sprach das schreckliche Wort für Dämonen nur flüsternd aus. Wir stellten unsere Krüge ab und Judit griff nach dem Seil. Sie zögerte kurz, bevor sie den Eimer hochzog. »Ich habe dich vermisst, Mirjam.«

Meine Augen schimmerten vor Tränen. Sie hatte mich in der Zeit der Not abgewiesen, aber anscheinend hatte ich sie durch meine Raserei fürchterlich erschreckt. Vermutlich hätte ich im umgekehrten Fall ähnlich reagiert.

Ich drückte ihre Hand. »Ich habe dich auch vermisst. Und Hadassa.«

»Was wirst du jetzt tun?«

»Ich denke …«, ich schob ihr meinen Krug hin, damit er gefüllt werden konnte, »vielleicht reise ich eine Weile mit Jeschua herum. Ich möchte seine Pläne für Israel kennenlernen. Wenn er wirklich der Messias ist, möchte ich ihm helfen, unsere Feinde zu vernichten.«

Wir schwiegen, während Judit Wasser in meinen Krug goss; dann ließ ich mein Gefäß hinunter. »Das Haus und das Boot werde ich vermutlich verkaufen. Ich habe keine Verwendung dafür.«

Erstaunt riss sie die Augen auf. »Aber wo wirst du wohnen?«

Ich lachte. »Wie die Vögel der Luft, Judit. Ich werde wie ein Vogel der Luft leben.«

Mit dem Sonnenuntergang brach der Sabbat an und ich verbrachte ihn in Urias warmem Haus. Als Judit vor unserer Mahlzeit die Sabbatlampen anzündete, drückte ich Hadassas Hand und betrachtete verstohlen ihren Vater. Was hätte Uria gedacht, wenn er den Propheten hätte hören können?

Wir sammelten uns um die vollgehäuften Platten mit gebratenen Heuschrecken, Fisch, Obst und Gebäck – ein Sabbatfestmahl. Nach dem Dankgebet begannen wir zu essen. Uria, der mir andauernd verstohlene Blicke zuwarf, als könnte ich jeden Augenblick in Flammen aufgehen, erzählte, er hätte keinen guten Fang gehabt. Judit dagegen berichtete, ihr Tag sei sehr interessant gewesen.

Urias schlechte Laune besserte sich auch nicht, als er hörte, dass Jeschua einige von den jungen Männern von ihrer Arbeit fortgelockt hatte. Judit deutete auf mich als Beweis für Jeschuas Berufung zum Propheten, aber Uria wollte sich nicht überzeugen lassen.

»Wie viele Möchtegernmessiasse und Befreier sind in den letzten zwanzig Jahren aufgetreten? Ein Dutzend? Wie viele Israeliten sind von Rom befreit worden? Kein Einziger. Nein, Judit, ich werde mich nicht über diesen Jeschua freuen und du wirst ihm oder seinen Kumpanen nicht wieder dienen. Soll er Magdala in Frieden verlassen, aber ermutige ihn nicht noch.«

»Er tut viel Gutes im Volk«, entgegnete Judit mit leiser Stimme. »Er hat Kranke aus allen Städten im Galil geheilt. Ich habe mit einer der Frauen gesprochen, die mit ihm unterwegs ist; sie sagt, auf die Berührung des Propheten hin würden Blinde sehen und Lahme gehen ...«

Uria schüttelte den Kopf. »Die Menschen sind leicht zum Narren zu halten. Er braucht nur ein paar Leute anzuheuern, die so tun, als wären sie lahm.«

Hadassa blickte auf. Ihre Augen blitzten herausfordernd. »Und was ist mit Mirjam?«

Uria betrachtete mich, saugte an der Innenseite seiner Wange, während seine dichten Augenbrauen arbeiteten wie eine Raupe. »Mirjam war wahnsinnig vor Schmerz«, meinte er schließlich mit brummiger Stimme. »Welche Frau würde in einer solchen Situation nicht den Verstand verlieren? Aber die Zeit hat sie geheilt und jetzt ist sie zu Hause, wo sie hingehört.«

Judit ließ scharf die Luft entweichen, suchte meinen Blick und verdrehte stumm die Augen. In diesem Augenblick wusste ich, dass sie sich mir nicht anschließen würde, wenn ich Magdala verließ.

Doch meine Pläne standen fest. Unvermittelt teilte ich Uria mit, ich wolle mein Haus, das Boot und Jaakovs Netze verkaufen. »Ich werde dich für den Verkauf bezahlen.«

Er schloss die Augen und öffnete den Mund, zeigte mir dadurch, dass ich die Grenzen guten weiblichen Benehmens überschritten hatte. »Du wirst diese Dinge noch brauchen. Du brauchst ein Heim, in dem du leben kannst.«

»Ich werde nicht in Magdala bleiben.«

»Und wo willst du hin?«

»Ich weiß es nicht genau.«

Das musste er erst einmal verarbeiten. »Was ist mit deinem Verkaufsstand? Deinem Geschäft?«

»Judit kann meinen Verkaufsstand übernehmen – sie hat ihn immer bewundert; jetzt gehört er ihr. Ich würde sie und Hadassa auch gern in meine geheimen Färbeformeln einweihen; ich könnte schon morgen damit beginnen. Wir werden Partner im Geschäft sein und du kannst mir meinen Anteil an dem Gewinn jeden Monat auszahlen.«

Urias Gesicht überzog sich mit einem tiefen Rot und ich wusste, meine Offenheit hatte ihn zutiefst irritiert. Als Jaakov noch am Leben war, hatte mein Mann für mich gesprochen; ich glaube nicht, dass ich auch nur zehn Worte in Urias Gegenwart über die Lippen gebracht habe. Aber da weder mein Mann noch mein Sohn am Leben waren, musste ich für mich sprechen. Wenn das Uria aufbrachte, nun, dann war das eben so.

Jeschua hatte nichts dagegen gehabt, dass ich ihn direkt ansprach.

Hadassa schien gegen meine Entscheidung nichts einzuwenden zu haben. »Du willst mir das Färben von Stoffen beibringen?«, fragte sie mit weit aufgerissenen Augen. »Oh Mirjam, wie wundervoll!«

»Ich wollte dich schon immer anlernen.« Ich tätschelte ihr die Hand. »Jetzt geht das.«

Ich senkte den Blick, als die Trauer wieder von mir Besitz ergriff. Wenn die Römer nicht gewesen wären, hätte ich meine Formeln an Rahel und Binjamins Frau weitergegeben; meine Färbetechniken wären in der Familie geblieben. Wir hätten den Rest unseres Lebens damit verbracht, entweder Purpurschnecken zu zerdrücken und Farben anzurühren oder die Stoffe auf dem Marktplatz zu verkaufen ... jetzt würden sich die Farbtöpfe in Judits Hof stapeln, dort würden die zerbrochenen Schneckengehäuse liegen, nicht mehr in meinem.

Uria musterte mich mit kaltem Blick. »Als Freund deines verstorbenen Mannes muss ich dich warnen, dass das Umherziehen mit diesem sogenannten Rabbi nicht zu deinem Besten dient. Ich habe einiges aus Nazaret gehört. Wusstest du, dass seine Familie ihn nicht akzeptiert? Nur seine Mutter unterstützt ihn. Seine Brüder halten ihn für verrückt und ich habe gehört, dass ...«

»Ja, du bist der Freund meines verstorbenen Mannes«, unterbrach ich ihn, »und ich danke dir für deine Besorgnis. Aber bitte arrangiere den Verkauf meines Besitzes für mich und behalte den Verkaufsstand. Judit hat es verdient, bei der Arbeit ein wenig Schatten zu genießen.«

Uria zog die Unterlippe ein und verzog den Mund zu einem gepressten Lächeln. »Und wem soll ich das Geld bringen?«

»Mir«, erwiderte ich mit fröhlicher Stimme. »Ich werde mit Jeschua unterwegs sein.«

In der Nacht, bevor ich Magdala verließ, lag ich wach und dachte über Jeschua nach. Er war am Sabbat in Magdala geblieben und hatte in unserer Synagoge über das kommende Reich Gottes gepredigt.

Als Frau hatte ich es immer vorgezogen, die theologischen Gespräche Jaakov und Avram zu überlassen. Aber da ich ein persönliches Interesse an der Auseinandersetzung zwischen Israel und Rom hatte, wollte ich mehr über den Messias erfahren.

Eine Erinnerung huschte an meinem inneren Auge vorüber. Eines Abends hatten Jaakov und Avram beim Abendessen darüber gesprochen, ob Herodes der Messias sein könnte.

»Unmöglich!«, beharrte Avram. »Der Messias wird für Israel kämpfen und Herodes setzt sich ausschließlich für sich selbst ein.«

»Aber sein Vater hat den Tempel wieder aufgebaut«, stellte Jaakov heraus und seine Augen funkelten, während er über seinen Bart strich. »Und er hat die Parther und Nabatäer besiegt. Vielleicht ist das Reich Gottes doch schon da.«

»Der Sohn ist nicht wie der Vater«, widersprach Avram. »Und so lange Israel die Thora nicht bis ins Kleinste befolgt, ist das Reich noch nicht aufgerichtet. Wenn die besiegten Heiden nicht zum Zion kommen und Weisung suchen, wie die Propheten es vorhergesagt haben, ist das Reich noch nicht angebrochen.«

Aber das Reich Gottes sollte kommen ... das hatte Jeschua, der Prophet, versprochen.

Ich fühlte mich wie ein Kind auf der Schwelle zu einem neuen Leben. Ich war zu alt, um noch einmal zu heiraten. Ich hatte meine Kinder geboren und wieder verloren. Ich hatte ein Heim und ein Geschäft aufgebaut und zusehen müssen, wie beides in Flammen aufgegangen war. Böse Dämonen hatten Besitz von mir ergriffen, aber ich war befreit worden. Für meine Befreiung würde ich ewig dankbar sein, doch ich erwartete noch mehr von Jeschua, dem wahren Propheten des Heiligen.

Ich wollte in seinem Dienst stehen, wenn er das Reich Gottes aufrichtete. Durch meine Hilfe könnte ich meinen Beitrag leisten zum Sturz der Römer und Gerechtigkeit für meinen Mann, meine Söhne und meine Schwiegertochter erlangen. Was mir weder durch Herodes noch aus eigener Kraft gelungen war, konnte ich verwirklichen, wenn ich Jeschua unterstützte. Nachdem er den Gestank Roms aus unserem Heiligen Land vertrieben hätte, könnte ich nach Magdala zurückkehren und zufrieden mein Leben beenden.

Dieser Gedanke beherrschte mich, als ich mich am folgenden Morgen Jeschuas Gruppe anschloss und Magdala verließ. Hadassa warf die Arme um mich, als ich mich zum Aufbruch bereit machte. »Ich werde mir Mühe geben, dir Ehre zu machen mit allem, was du mich gelehrt hast«, sagte sie und deutete mit dem Kopf zu den Farbtöpfen in ihrem Hof. »Wenn du wieder nach Hause kommst, hoffe ich, dir ein schönes Stück purpurrot gefärbten Stoffes zeigen zu können.«

»Du wirst deine Sache gut machen«, erwiderte ich. »Du hast einen Blick für Farben.«

»Und es tut mir so leid«, flüsterte sie mir ins Ohr, »wie meine Mutter dich behandelt hat, bevor ... bevor ...«

»Sei still, Kind.« Ich strich ihr die Haare aus dem Gesicht und küsste ihre Stirn. »Alles ist in Ordnung zwischen uns.«

»Aber warum musst du dann gehen? Du bist gerade erst zurückgekommen und jetzt verlässt du uns schon wieder ...«

Ich nahm ihre Hand und drückte sie gegen meine Wange. »Weißt du noch, wie sehr wir Avram geliebt haben?«

»Natürlich!«

»Ich gehe fort, um Jeschua zu helfen, alles für uns in Ordnung zu bringen ... für uns alle. Jetzt sei ein braves Mädchen. Wir sehen uns bald wieder.«

»Versprichst du es?«

»Ja.«

Obwohl ein Stück meines Herzens in Magdala zurückblieb, wusste ich doch, dass ich das Richtige tat. Jeschua hatte es gesagt.

Da die Frauen normalerweise für sich bleiben, bemerken die meisten Männer es kaum, wenn eine Frau hinter ihnen herkommt. Aber während die Jünger des Propheten meine Anwesenheit vielleicht nicht wahrnahmen, konnten die Frauen, die dem Propheten folgten, mich nicht ignorieren. Vier Frauen waren mit Jeschua unterwegs: Jeschuas Mutter – sie hieß ebenfalls Mirjam –, Johanna, die Frau von Herodes' Haushofmeister, Susanna, die Frau von Petrus, und Salome, die Schwester von Jeschuas Mutter.

Die Frauen in Jeschuas Gefolge nahmen mich sehr freundlich auf, als wir am ersten Tag der Woche Magdala verließen. Sie sprachen meistens nur flüsternd miteinander, als wollten sie kein Wort von Jeschuas Lippen verpassen. Die Männer zeigten ihm gegenüber nicht diesen Respekt, nicht zu der Zeit, als ich zur Gruppe stieß. Gelegentlich sagte er etwas, das ihren Mund in nachdenklichem Schweigen verschloss, aber es dauerte nicht lange, bis sie wieder anfingen zu prahlen, sie seien auserwählt worden, das Reich Gottes aufzurichten.

Obwohl es mir Freude machte, die Männer zu beobachten, hielt ich mich bei den Frauen. An jenem ersten Tag redeten wir nicht viel – ich glaube, sie warteten darauf, dass ich meine Motive erklärte –, ich dagegen wollte jedes Gespräch mit anhören, das mir Aufschluss gab über Jeschuas Pläne für die Zukunft. Doch ich konnte kaum etwas verstehen und so wurde ich nach einer Weile langsamer und passte mich dem Schritt von Jeschuas Mutter an.

Die Mutter des Propheten sang gern. Sie sang fast immer und meistens so leise, dass nur die in ihrer unmittelbaren Nähe gehenden Frauen sie hörten. Ich lernte ihren leisen Gesang lieben und hörte ihr zu jeder Tages- und Nachtzeit zu.

In jener Nacht lagerten wir in der Wildnis außerhalb von Kapernaum. Die Sonne war gerade am westlichen Horizont verschwunden, als Uria auf einem Esel angeritten kam. Er war gekommen, um mir zu berichten, dass er das Boot und das Haus verkauft hatte, und er reichte mir einen Beutel mit Denarii. Natürlich forderte Petrus ihn auf, mit den Männern zu essen und am Feuer zu rasten, und er blieb die Nacht über da, obwohl ich den Eindruck hatte, dass es ihm überhaupt nicht passte, mit Jeschua am Lagerfeuer zu sitzen.

Ich hatte gerade meinen Beutel geöffnet, als Judas, ein breitgesichtiger Mann aus Kerjot, vortrat und die Hand ausstreckte. »Ich verwahre das für dich.«

Ich drückte den Beutel an meine Brust und blickte Salome fragend an. »Das ist in Ordnung«, meinte sie. »Judas verwaltet das Geld für unsere Gruppe.«

»Frauen sollten keine großen Summen Silbergeld mit sich führen«, erklärte Judas. Er blickte in den Himmel, zu den Felsen, den Bäumen, nur nicht in meine Augen. »Wenn du mir also deinen Beutel gibst, Mirjam …«

Ich nahm einen Denarius heraus und legte ihn in seine Hand. »Ich gebe dir das hier«, sagte ich, »bis ich den Eindruck habe, ich sollte dir mehr anvertrauen.«

»Es ist gefährlich …«, setzte er erneut an, als wäre ich schwerhörig.

»Junger Mann«, unterbrach ich ihn, »in diesem Leben kann mir kaum etwas noch Angst einjagen. Ganz bestimmt habe ich keine Angst vor einem Dieb.«

Dieser Judas tat mir beinahe leid, als er meinen Blick endlich erwiderte. Woher sollte er wissen, was ich in der Wildnis Galiläas erlebt hatte?

Ich ließ ihn gehen, ohne ihm noch ein Wort der Erklärung zu gönnen.

Johanna blickte mich fragend an.

»Ich bin nicht geizig.« Ich steckte den Beutel in den Gürtel um meine Taille. »Aber ich traue diesem jungen Mann nicht.«

»Wenn Jeschua ihm vertraut …«

»Jeschua kann ihm vertrauen oder nicht«, antwortete ich. »Aber ich kenne mich im Geschäftsleben aus und ich möchte warten.«

»Worauf?«, fragte Susanna.

»Darauf, dass sich zeigt, was für ein Mensch er ist.«

Kapitel 31

Atticus stützt seine Ellbogen auf die Knie. Als die Frau von dem Beutel mit Geld spricht, wird in ihm eine Erinnerung lebendig. Er war zehn Jahre alt, als sein Vater sich vor ihn hinkniete, einen Beutel mit Münzen in seine Hand legte und ihm auftrug, für seine Mutter und seinen jüngeren Bruder zu sorgen.

»Ich muss der Armee in Gallien neue Vorräte bringen«, erklärte sein Vater. Stolz und Zärtlichkeit lagen in seinen Gesichtszügen. »Du wirst der Mann im Haus sein, während ich unterwegs bin. Du musst also auf deine Mutter und den kleinen Quinn aufpassen. Mit diesen Münzen kannst du kaufen, was du brauchst, in Ordnung?«

Atticus hatte die Schultern gestrafft und gern die Last auf sich genommen, die sein Vater ihm auferlegt hatte. Für seine Mutter zu sorgen war leicht; sie war sanft und lieb, sie schwebte durchs Leben mit der Anmut eines Blütenblattes im Wind. Die Sorge für Quinn wäre eine größere Herausforderung, aber der kleine Junge mit den großen Augen hockte den größten Teil des Tages im Schatten und sah zu, wie Atticus mit seinem Schild und Holzschwert trainierte.

Sein Vater küsste Atticus auf die Stirn und drückte seine Schultern. »Wenn du ein guter Junge bist, bringe ich dir ein Geschenk mit. Also denke daran, deine Gebete zu sprechen und deiner Mutter zu gehorchen, solange ich fort bin.«

Er hatte seinen Vater umarmt und die Hand seiner Mutter gehalten, als Varinus Aurelius im Dienst des Weltreiches davongeritten war.

Atticus sollte seinen Vater nie wieder sehen. In einem Brief, den sie ein Jahr später erhielten, wurde ihnen mitgeteilt, Varinus hätte sich in Lugdunum mit einer Karawane treffen sollen, doch die Karawane sei auch eine Woche nach der vereinbarten Zeit noch nicht eingetroffen. Da er nicht mehr länger warten wollte, sei Varinus allein weitergeritten und von Räubern auf der Straße beraubt und getötet worden.

Atticus' Mutter, die nie besonders stark gewesen war, konnte die Last ihres Kummers und die Belastung, für zwei Söhne sorgen zu müssen, von denen einer durch ein Fieber stumm und taub geworden war, nicht ertragen. Atticus versuchte ihr zu helfen, aber er konnte die Aura von Melancholie nicht vertreiben, die die blassen und zarten Gesichtszüge seiner Mutter umwölkt hatten. Der Beutel mit Münzen war schon lange leer und das Geld, das er durch den Verkauf von Zuckerwerk auf der Straße verdiente, reichte nicht lange.

An einem Wintertag kam ein älterer Mann, ein Kaufmann patrizischer Abstammung und mit beträchtlichem Vermögen, zu ihrem Haus und schlug eine Heirat vor, aber Atticus' Mutter bestand darauf, einen Priester im Tempel des Jupiter aufzusuchen, bevor sie den Heiratsantrag des Kaufmannes annahm.

Als sie an jenem Abend nach Hause kam, legte sie ihre Hand auf Atticus' Stirn und erklärte ihm, sie würden bald in das Heim von Titus Rutilius einziehen.

In der Nacht konnte Atticus nicht schlafen. Er lag ausgestreckt auf seinem Bett und versuchte seine Augen zu überreden, doch geschlossen zu bleiben, aber die Neuigkeit hatte seine Fantasie angespornt. Wie schön wäre es, in einem großen Haus zu wohnen, ein Pony zu haben und zur Schule zu gehen!

Da er nicht schlafen konnte und auch seine Mutter nicht stören wollte, schlich er zu der Kammer, in der Quinn schlief, doch die Strohmatte seines Bruders war leer.

Er fand seine Mutter im vom Mondschein erhellten Säulengang, bekleidet mit ihrem Umhang, ihrer Tunika und Sandalen. Sie weinte. Als er sie nach Quinn fragte, schüttelte sie den Kopf und weinte noch mehr.

Panisch vor Angst rannte Atticus durch das Haus und suchte Quinns Verstecke ab. Einmal meinte er das Gelächter seines kleines Bruders vernommen zu haben, doch als er um die Ecke bog, war da nur das Plätschern der Fontäne.

Wo steckte der Junge? Atticus trug die Verantwortung für ihn; sein Vater hatte ihm aufgetragen, für seinen Bruder zu sorgen. Wie konnte er seinen Vater jetzt im Stich lassen?

Von Panik getrieben, schlüpfte Atticus in seine Sandalen und lief hinaus in die Nacht. Ein kalter Nebel hatte sich über die Stadt gesenkt, sich über die Pflastersteine gelegt und hüllte seinen Weg ein. Atticus eilte von Haus zu Haus und rief Quinns Namen, bis seine Stimme heiser wurde.

Irgendwie fand er sich auf einmal beim Tempel des Jupiter wieder. Die Fassade aus weißem Marmor hob sich leuchtend von dem mit Sternen übersäten Himmel ab, eindrucksvoll und abweisend, aber Atticus nahm allen Mut zusammen und stieg die Stufen des Säulengangs hoch.

Ein Priester, ein verhutzelter alter Mann, der sich unter seinem Umhang zusammenkauerte, stand in dem Gang. Er runzelte die Stirn, als Atticus näher kam, aber er sprach kein Wort, bis Atticus ihn fragte, ob er den Priester kennen würde, der seine Mutter beraten habe.

»Und wer ist deine Mutter?«

»Lithia Aurelius.«

Der Priester zog die Augenbrauen zusammen. Atticus fragte sich, ob er versuchte sich zu erinnern oder zu vergessen. »Warum interessierst du dich dafür?«

»Weil mein Bruder verschwunden ist und meine Mutter weint.«

»Aha.« Der Priester hob achselzuckend die Schultern. »Dann hat sie es also getan.«

Atticus spürte, wie ihm ein kalter Schauer über den Rücken lief. »Sie hat ... was getan?«

»Kümmere dich nicht darum, Junge. Geh nach Hause. Die Sonne wird aufgehen, bevor du ein wenig Schlaf bekommen hast.«

»Was hat sie getan?« Atticus begegnete dem gleichgültigen Blick des Priesters, ohne zusammenzuzucken. Doch plötzlich schlossen sich seine Hände um die dürre Kehle des Mannes. »Sag mir, was sie getan hat!«

Er wollte dem Priester nicht weh tun; er handelte aus reiner Verzweiflung und dem Wunsch, seinen Bruder zu retten. Aber er war einen Kopf größer als seine Altersgenossen und sich seiner Bärenkräfte noch nicht bewusst. Der Priester warf ihm einen Blick des reinen Entsetzens zu, dann deutete er in Richtung auf die Straße.

»Was meinst du?« Atticus' Hände schlossen sich noch fester um den Hals des Mannes. »Sag es mir!«

Das Gesicht des alten Priesters wurde hochrot, während er an Atticus' Händen zerrte. Als er in die Knie ging, ließ Atticus ihn los und trat zurück, erschrocken über das, was er in seinem Zorn getan hatte.

Aber der alte Priester blickte nicht auf und bemerkte nicht das Bedauern in seinem Gesicht. Er beugte sich vor, stützte sich auf Händen und Knien ab und erklärte mit zitternder Stimme: »Sie kann ... nicht heiraten ... mit einem stummen Sohn. Darum hat sie ... ihn ... den Göttern ... zurückgegeben.«

Atticus blinzelte. »Was redest du da? Sie hat doch nicht ...« Er brach abrupt ab, als eine kalte Panik in ihm hochstieg und sich in ihm breitmachte. Wie viele Ochsen und Lämmer waren auf dem Altar Jupiters bereits ausgeweidet worden? Aber seine Mutter würde doch *das* nicht tun ...

»Sie hat ihn ausgeliefert«, fuhr der Priester keuchend fort. »Auf dem Feld außerhalb der Via Cornelia.«

So schnell er konnte, rannte Atticus die Stufen hinunter und seine Sandalen klatschten auf den Marmor. Die Via Cornelia führte durch den nordwestlichen Teil Roms, ein weiter Weg vom Tempel des Jupiter.

Die ersten hellen Streifen der Morgendämmerung waren am Himmel im Osten zu erkennen, als er das Stadttor an der Via Cornelia erreichte. Ein großes Feld lag hinter dem Wachturm, eine Wiese, die von der Stadt sanft abfiel.

Keuchend lehnte sich Atticus gegen die Steinmauer. Er hielt sich im Schatten, bis die Wachablösung vorbei war und die Stadttore geöffnet wurden; dann schlüpfte er durch den Spalt und rannte die Straße hinunter.

Er hatte von Kindern gehört, die auf geheimnisvolle Weise verschwanden ... aber bis zu diesem Augenblick hatte er keine Ahnung gehabt, was aus den Kindern geworden war. Jetzt begriff er das, aber das Wissen brachte ihm keinen Frieden. In der Kälte konnte kein Kind lange überleben, kein Kind konnte in einem Gebiet am Leben bleiben, in dem wilde Tiere und gesetzlose Männer herumstreiften.

Er zwang sich, etwas langsamer zu gehen, schaute nach rechts und nach links, während er die Arme schwenkte und Quinns Namen rief. Am Straßenrand wuchsen ganze Büschel von langem Gras und Wildblumen, aber sie waren längst nicht so groß wie Quinn. Wenn der Junge nur aufstehen würde ...

Die Straße schlängelte sich den Abhang hinunter, folgte der Biegung des Hügels. Am untersten Punkt entdeckte Atticus einen Wasserlauf. Und dort zwischen den Felsen am Rand des Bächleins erspähte er eine kleine Gestalt.

Einen Schrei hinunterschluckend, rannte Atticus durch das Gras und den Abhang hinunter. Die Insekten schwirrten auf der Wiese, aber der reglose Junge gab keinen Ton von sich.

Atticus rannte in das Wasser hinein und drehte den nackten Jungen der Sonne zu.

Er hatte Quintus gefunden – allein, ausgesetzt, tot. Die Wunde an seiner Stirn erzählte die Geschichte – sich selbst überlassen, war sein Bruder vermutlich zum Wasser gegangen, war hineingefallen und hatte sich den Kopf an einem Stein aufgeschlagen.

Atticus sank kraftlos in sich zusammen. Was musste Quinn empfunden haben, nachdem er hier zurückgelassen worden war? Hatte er nach Atticus gerufen? Hatte er gelitten?

Eine Flut von Bildern zog durch Atticus' Kopf. Das Gesicht seines toten Bruders würde für immer in sein Gedächtnis eingebrannt bleiben. Er zog den Jungen an sich und tiefe Trauer erfüllte ihn, als er versuchte, diese blassen, kalten Glieder wieder warm zu reiben. Er hatte seinen Bruder im Stich gelassen, seinen Vater und auch seine Mutter. Er war der älteste Sohn, der Erstgeborene, und ihm war die Aufgabe zugefallen, die Familie zu beschützen.

Der Schock der Niederlage lähmte ihn eine ganze Weile lang. Doch dann machte sich der Schmerz mit voller Wucht bemerkbar. Atticus nahm seinen Bruder auf die Arme und kehrte in die Stadt zurück. Schweigend zog er an den Wachen vorbei, die die Stadttore bewachten, vorbei an den Kaufleuten in ihren Verkaufsständen. Mit klappernden Zähnen und zitternden Gliedern trug er seinen kleinen Bruder an dem Pantheon und den Bädern Agrippas vorbei. Schließlich legte er seine Last auf den Stufen zum Tempel des Jupiter ab.

Der alte Priester wartete auf ihn und sein eisiger Blick wurde weicher, als er Quintus' blassen Leichnam betrachtete. »Nur der Starke verdient es zu überleben«, sagte der Priester, ohne Atticus anzublicken. »Der Schwache sollte den Göttern zurückgegeben werden. Du wurdest mit Kraft gesegnet, dein Bruder nicht. Lern, mit deinem Segen zu leben.«

Und seither kämpfte Atticus darum, damit zu leben.

Kapitel 32

Nicht in jeder Stadt waren Jeschua und seine Begleiter willkommen. In Nazaret, der Heimatstadt des Propheten, gingen wir am Sabbat in die Synagoge, wo Jeschua aus den Schriften vorlas: »Der Geist ADONAIs Elohims ist auf mir, weil ADONAI mich gesalbt hat. Er hat mich gesandt, den Elenden gute Botschaft zu bringen, die zerbrochenen Herzen zu verbinden, zu verkündigen den Gefangenen die Freiheit, den Gebundenen, dass sie frei und ledig sein sollen; zu verkündigen ein gnädiges Jahr des Herrn und einen Tag der Vergeltung unseres Gottes, zu trösten alle Trauernden.«

Jeschua ließ die Schriftrolle sinken und erklärte den Menschen, dass der Prophet Jesaja von *ihm* gesprochen hätte.

Seine Bemerkung löste einen großen Aufruhr aus. Die Ältesten der Stadt packten ihn und zerrten ihn auf einen nahe gelegenen Felsen. Sie wollten ihn hinunterstoßen als Strafe für Gotteslästerung, aber irgendwie schaffte es Jeschua, ihnen zu entwischen.

Als ich hörte, dass es ihnen nicht gelungen war, ihn festzuhalten, freute ich mich über seine Fähigkeit, seine Feinde zu überlisten. Wenn wir gegen Rom marschierten, würde er sich sicherlich der Gefangennahme entziehen müssen.

Die Macht des Propheten hatte mich stark beeindruckt. Voller Ehrfurcht erlebte ich mit, wie er Männer und Kinder, die in derselben dämonischen Dunkelheit lebten, wie ich es erlebt hatte, von Dämonen befreite. Ich sah, wie er Menschen gesund machte, die als Krüppel geboren worden waren; ich erlebte mit, wie er den Blinden die Augen öffnete, genau wie der Prophet Jesaja vorhergesagt hatte. Wir feierten diese Heilungen, denn Jeschua hatte nicht nur das Elend Einzelner gelindert, er hatte auch denen das Geschenk des *shalom* gegeben, der Ganzheitlichkeit, die von der Synagoge ausgeschlossen waren, weil sie rituell unrein waren.

Während unserer Feier kam mir ein weiterer Gedanke: Wenn unsere Armee unter Jeschuas Befehl stehen würde, dann hätten wir in ihm einen Führer, der die Verwundeten allein durch seine Berührung heilen konnte. Welche Fürsorge von HaShem für sein Heer!

Doch nicht alle glaubten; nicht alle wollten zuhören. Skeptiker versuchten eine Erklärung für Jeschuas Wirken zu finden, doch selbst die Pharisäer mussten zugeben, dass er übernatürliche Autorität besaß. Die Zweifler hatten schnell die Erklärung zur Hand, seine Macht käme vom Teufel, aber ich, die ich die Mächte des Bösen am eigenen Leibe erlebt hatte, konnte keine Anzeichen dieser Dunkelheit bei Jeschua erkennen. Ich sah nichts als Licht.

Auch wenn nicht alle bereit waren, die gute Nachricht zu hören, war ich eifrig darum bemüht, die Nachricht zu verbreiten. Ganz Israel, von den südlichen Stämmen bis zu den verstreuten Stämmen im Norden, sehnte sich danach, dass der Heilige, gepriesen sei sein Name, sein unterdrücktes Volk befreite. Ich wollte mich auf eine Bergspitze stellen und hinausrufen, dass HaShem, der den Kindern Avrahams, Jitzhaks und Jaakovs durch einen unauflöslichen Bund verpflichtet war, bald den Plan in die Tat umsetzen würde, den er vor Grundlegung der Welt entworfen hatte. Er würde sein Reich aufrichten und er würde seine Versprechen an Israel halten, indem er unsere Feinde bestrafte und die Welt neu ordnete.

Oh, wie freute ich mich auf die Aussicht, Cäsar entthront zu sehen. Wenn Jeschua regierte, würde Herodes aus Tiberias vertrieben und sein heidnischer Palast würde zerstört werden. Die *cohanim*, die Hohenpriester, die mit den Feinden verkehrten, würden durch gerechte Priester ersetzt werden. Und die Römer, die meine Familie ermordet hatten, würden aus Erez-Jisrael hinausgeworfen werden.

Wir wussten, dass die Römer uns verachteten. Unsere Sitten – wie zum Beispiel die Einhaltung des Sabbat, die Beschneidung und die Enthaltsamkeit von Schweinefleisch und dem Opferfleisch, das bösen Geistern geopfert worden war – riefen Erstaunen, Verachtung und Spott bei den Heiden hervor. Ihre Haltung war nicht neu – jeder in Israel wusste, dass wir in den Augen der Römer ihrer Verachtung nicht wert waren. Bei uns gibt es ein Sprichwort: Was den Heiden heilig ist, ist den Hebräern gotteslästerlich.

Aber der Heilige Israels, gepriesen sei sein Name, ist spezialisiert darauf, heidnische Tyrannen niederzuwerfen. Hatte er nicht den Pharao besiegt, Balak, Og und Sihon? Hatte er nicht Jericho dem Erdboden gleichgemacht und aus Ai einen Trümmerberg? Der Heilige Israels konnte Rom besiegen.

Ich kam sehr bald zu der Überzeugung, dass er dies durch seinen Propheten Jeschua tun würde.

Und dann würde ich meine Rache an dem bösen Weltreich und seinen Söhnen Gaius Cabilenus und dem Goliat mit dem Namen Atticus Aurelius bekommen.

Auf dem Marktplatz von Kapernaum entdeckte ich eine alte Frau, die jammernd vor einem Steuereinnehmer auf dem Boden lag. Sie streckte ihm die geöffneten, schwieligen Hände entgegen und wollte ihm damit zeigen, dass sie nichts anderes zu geben hätte, doch der Steuereinnehmer, ein bärtiger Israelit, der für die Römer arbeitete, blickte sie stirnrunzelnd an und zeigte kein Erbarmen.

Wie ein Blitzschlag durch meine Brust wallte der Zorn in mir hoch. Das erstaunte mich. Ich presste die Lippen aufeinander und mein Zorn entbrannte wie die Kohle in einem Herd. Ich zupfte die Frau am Ärmel. »Komm mit mir.«

Sie folgte mir, hoffte vermutlich, ich würde ihr Geld geben, aber ich brachte sie zu Jeschua. Er und seine Jünger hatten sich um den Brunnen herum gesammelt. Mehrere der Dorfältesten waren gekommen, um ihm ihre Fragen zu stellen. Ich unterbrach ihn nur ungern und als Frau hatte ich gar kein Recht, ihn anzusprechen, aber ich war zu müde und ausgelaugt, um mir Gedanken darum zu machen, was Fremde über mich dachten.

»Jeschua«, rief ich und ich spürte, wie sich mein Magen dabei zusammenkrampfte, »diese Frau wird von dem Steuereinnehmer bedrängt. Sie hat kein Geld und er will ihr keinen Aufschub gewähren. Kannst du helfen?«

Ich hatte erwartet, dass er uns an Judas verweisen würde, der ihr eine oder zwei Münzen in die Hand drücken würde. Der Gedanke, unseren knauserigen Schatzmeister zu ärgern, bereitete mir ein gewisses Vergnügen.

Aber Jeschua blickte Judas nicht einmal an. Stattdessen lächelte er die Frau an und erhob sich. »Wirst du mich zu ihm führen?«

Mit langen Schritten begleiteten die alte Frau und ich unseren Rabbi zum Marktplatz. Der Steuereinnehmer saß an einem kleinen Tisch unter einem schattigen Verkaufsstand. So hatte er es bequem, wenn er die Menschen ärgerte.

Jeschua nahm die Hand der alten Frau und trat auf den Steuereinnehmer zu. Ich hielt die Luft an und rechnete damit, eine Flut von Beschimpfungen zu hören, aber Jeschua richtete seinen durchdringenden Blick auf den Mann und sagte nur drei Worte: »Folge mir nach.«

Der Steuereinnehmer blickte von der alten Frau zu mir und wieder zu Jeschua. Ein Ausdruck der Verwunderung zeigte sich auf seinem Gesicht; schließlich erhob er sich und folgte Jeschua, der uns zurück zum Brunnen führte.

Jeschua überließ die alte Frau meiner Obhut. Das arme Wesen drehte sich zu mir um. Tränenspuren, vermischt mit Staub, zogen sich über ihr Gesicht. »Und was mache ich jetzt?«

Ich lächelte. »Fordert jemand von dir eine Steuer?«

»Nein.«

»Hast du Essen in deinem Haus?«

»Nein.«

Ich nahm eine Hand voll Münzen aus meinem Beutel und drückte sie ihr in die Hand. »Kauf dir etwas Korn und Öl und gehe in Frieden.«

Die anderen Frauen scharten sich um sie, gaben ihr Worte der Ermutigung und des Trostes mit auf den Weg, aber ich begab mich zum Kreis der Männer. Der Steuereinnehmer saß zu Jeschuas Füßen auf dem Boden, die Stirn nachdenklich gerunzelt.

Warum hatte Jeschua den Steuereinnehmer nicht gescholten? Alle wussten, dass die Zolleintreiber viel mehr verlangten, als von Rom gefordert war, vor allem, wenn sie eine Antipathie gegen den Bürger hegten, der vor ihnen stand. Mein Jaakov hatte sich häufig darüber beklagt, dass der für die Bewohner von Magdala zuständige Steuereintreiber anscheinend der Meinung war, Jaakov und ich seien so reich, wir könnten neben unserem Haushalt auch noch gut zu dem des Cäsar beitragen.

Ich lehnte mich gegen eine Mauer und verschränkte die Arme. Vielleicht hatte Jeschua einen Plan für diesen speziellen Steuereintreiber. Vielleicht würde er den richtigen Augenblick abwarten und den Schurken dann vor der gesamten Versammlung demütigen.

Ich wartete, aber Jeschua erzählte von einem Bauern, der Samen ausstreute. Ich wollte gerade wieder zu den Frauen zurückkehren, als er auf einmal abbrach und den Steuereintreiber bat aufzustehen. Ich hielt mitten im Schritt inne; die anderen warfen sich verstohlene Blicke zu. Sie verzogen hämisch das Gesicht. Der Mann wurde rot, aber er gehorchte.

»Freunde ...«, Jeschua legte seine Hand auf die Schulter des Steuereintreibers, »dies ist Levi. Heißt ihn bei uns willkommen, denn heute ist er einer von uns geworden.«

Levi brachte stammelnd eine Einladung zum Abendessen in seinem Haus vor. Ich starrte die Gruppe schweigend an, verblüfft, dass Jeschua einem Menschen gegenüber, der ganz offen mit unseren Feinden kollaboriert hatte, so viel Erbarmen zeigte. Und dann auch noch diese Einladung zum Abendessen! Mit jemandem zu essen bedeutete, dass man mit ihm in Frieden lebte, und ein Friedensbündnis, das während eines Essens geschlossen wurde, war bindend.

Als Jeschua die Einladung des Steuereintreibers annahm, wurde mir klar, dass er tatsächlich gekommen war, um die verlorenen Schafe Israels zu suchen und zu retten. Das wurde an seinem Verhalten deutlich. Er hatte Levi in unsere Gruppe gebracht; er hatte dem Mann seine beschämenden Sünden vergeben.

Für ein anderes Kind Israels konnte ich nicht weniger tun, vermutete ich.

Kapitel 33

Eines Nachmittags schlugen wir unser Lager außerhalb von Bethsaida auf. Die Stelle, die wir uns ausgesucht hatten, war so schön wie jede andere in Erez-Jisrael; der saphirblaue See im Osten, die Stadt im Westen, ein seidenweicher blauer Himmel über uns und eine angenehme Wärme, die vom Boden aufstieg, um unsere müden Körper zu trösten.

Bei Sonnenuntergang sammelten wir uns auf einer Lichtung und warteten darauf, dass sich die Dunkelheit über uns breitete. Einer der Männer begann zu singen – ich glaube, es war Andreas, denn er hatte die kräftigste Stimme. Während er sang, saß ich bei den anderen Frauen und beobachtete Jeschua. Nachdem ich ein paar Wochen mit dem Propheten unterwegs war, hatten sich meine Gefühle für ihn gewandelt. Sie gingen über die des einfachen Respekts hinaus; ich hatte angefangen, ihn zu lieben, aber nicht wie eine Frau ihren Mann oder ihren Rabbi liebt.

Ich liebte ihn auf eine sanfte, liebevolle Art, wie eine Mutter ihren Sohn liebt.

Ich glaube, ich liebte Jeschua, weil er mich an Avram erinnerte. Wie bei meinem Erstgeborenen begannen seine Augen zu blitzen, wenn er erregt war, und sein Herz brannte vor Leidenschaft für Israel. Er hatte die Angewohnheit, beim Lachen die Hände in die Hüften zu stemmen und den Kopf in den Nacken zu legen – auch das erinnerte mich an Avram.

In jener herabsinkenden Dunkelheit, in der niemand den Hunger in meinem Blick bemerkte, betrachtete ich meinen Rabbuni und mir drängte sich der Gedanke auf, dass mein Sohn Jeschua hätte helfen können, das Reich Gottes aufzurichten, wenn die römischen Hunde ihn nicht umgebracht hätten. Avram wäre mit dem Herzen dabei gewesen, er besaß genügend Leidenschaft, Güte und Mut. Aber böse Männer hatten ihn umgebracht.

Früher am Tag, als wir zähneknirschend die Straße frei gemacht hatten, damit ein römischer Wagen vorbeifahren konnte, hatte ich Jeschuas Mutter angeblickt und mich gefragt, ob sie sich wohl über ihren ganz besonderen Sohn freute. Ich wusste, sie hatte viel Schweres durchgemacht – ein Jahr, bevor Jeschua angefangen hatte zu lehren, hatte sie ihren Mann verloren –, aber sie schien in einem Zustand des nachdenklichen Staunens durch die Tage zu gleiten. Wenn Jeschua lachte und mit seinen Jüngern feierte, lächelte sie; wenn er zornig wurde auf die kritischen Pharisäer, zog sie kommentarlos eine Augenbraue in die Höhe.

Was würde aus ihr, wenn Jeschua Rom tatsächlich besiegte? Würde sie einen Ehrenplatz in seinem neuen Reich einnehmen oder würde sie nach Nazaret zurückkehren und bei ihren anderen Kindern leben?

Als ich den Blick hob und den Propheten und seine Männer betrachtete, durchzuckte mich ein Schmerz, der schlimmer war als alles, was ich mir vorstellen konnte.

Ich hatte meine Lieben begraben und betrauert, aber ich hatte sie nicht vergessen. Mein Erstgeborener, mein hübscher Junge, hatte äußerlich seinem Vater sehr geglichen, aber sein Temperament hatte er eher von mir. Im Gegensatz zu meinem Jaakov, der einer der sanftesten Männer von Magdala gewesen war, war Avram sehr aufbrausend und handelte häufig unüberlegt. Jeden Morgen war er mit seinem Vater zum Fischen hinausgefahren, aber nachmittags, wenn die älteren Männer im Schatten saßen und ihre Netze flickten, hatte sich Avram mit den jungen Männern getroffen und über Rom geschimpft.

Es sei falsch, hatte er gesagt, dass die Kinder Israels die Knechtschaft einer ausländischen Herrschaft schweigend erduldeten. Würde nicht der Richter der ganzen Erde Recht üben? Wenn der Heilige, gepriesen sei sein Name, Sodom um zehn Unschuldiger willen verschont hatte, würde er Israel nicht wegen Tausenden befreien?

Avrams leidenschaftliche Argumente brachten mein Herz häufig zum Erzittern, weil ich vermutete, dass sein Eifer auf die Geschichten von Ezechiel, Josia und Judas Makkabäus zurückzuführen war, die ich ihm als Kind erzählt hatte. Diese drei Helden hatten den Tempel gesäubert und die angemessene Anbetung des Heiligen, gepriesen sei sein Name, wieder erneuert, doch als mein Sohn zum Mann heranreifte, bedauerte ich es, ihm von den Helden unseres Volkes erzählt zu haben. In unserer Zeit konnten nationalistische Träume gefährlich sein; sie luden ein zum Misstrauen und waren gefährlich für unser Leben.

Bei der Heirat meines Sohnes warnte ich ihn, sich mit seinen Reden gegen Rom zurückzuhalten. Als Rahel uns erzählte, sie würde ein Kind erwarten, bat ich Avram zu schwören, dass er sich auf das Fischen konzentrieren und die Römer in Ruhe lassen würde.

Er wollte nicht schwören ... und sein Verhalten kostete ihn das Leben.

So sehr Jeschua mich an Avram erinnerte, konnte ich die Augen aber auch nicht vor den Unterschieden in den beiden Männern verschließen. Mein Avram, Friede seinem Andenken, war ein Hitzkopf gewesen, Jeschua dagegen verhielt sich umsichtig und klug. Er würde nicht in eine römische Falle tappen. Tag für Tag hatte ich mitbekommen, wie unser Rabbi geheimnisvolle Geschichten erzählte, in denen die Römer keinen Sinn erkennen konnten, die aber einen Nachhall in den Herzen der Hebräer fanden.

Ja, Jeschua war weise. Ich war sicher, er würde Erfolg haben, wo Avram versagt hatte.

Ich schluckte den Kloß in meinem Hals hinunter und mit einem gezwungenen Lächeln auf den Lippen stimmte ich in Andreas' Lied mit ein.

Eines Nachmittags bekamen Judas und ich Streit. Ein Bote war von Magdala gekommen und Judas, diesem gerissenen Fuchs, war der Geruch von Geld in die Nase gestiegen. Ich hatte kaum Zeit gehabt, den Boten zu begrüßen, ihm etwas zu essen und trinken anzubieten und eine Zahlung von Uria in Empfang zu nehmen, als Judas schon in unseren Kreis von Frauen trat und mich um einen Beitrag bat.

Ich starrte ihn an, als wüsste ich nicht, was er meinte. »Einen Beitrag?«

»Mirjam«, sagte er mit vor Verachtung triefender Stimme, »ich weiß, dass du Zahlungen aus deinem Dorf erhältst, also lass mich nicht ein zweites Mal darum bitten. Es ist nur recht und billig, dass ich das Geld verwalte; ich bin der Schatzmeister.«

»Und ich bin kein Dummkopf.«

Bei diesen Worten starrte Susanna mich an, aber Salome begann zu kichern.

Judas errötete. »Ich bin der Schatzmeister.«

Ich erhob mich und schaute ihn an. Er war nicht besonders groß und ich bin nicht besonders klein, so standen wir uns Auge in Auge gegenüber, etwa gleich von Statur, wenn schon nicht vom Stand her.

»Du kannst nicht gut mit Geld umgehen«, erklärte ich ihm. »Wie viel hast du für das Huhn und Brot in Nain bezahlt? Zehn Denarii? Das ist unverschämt. Ich hätte den Kaufmann auf fünf herunterhandeln können.«

»Ich habe ein gutes Geschäft gemacht.«

»Jede Frau aus dieser Gruppe hätte es besser machen können. Du solltest dabei bleiben, den Preis für Vieh und Schafe auszuhandeln; überlasse das Essen uns Frauen.«

Rote Flecken erschienen über seinem Bart, als hätte ich ihn auf beide Wangen geschlagen.

Johanna trat an meine Seite. »Das ist eine wundervolle Idee, meinst du nicht, Judas? Überlasse die niederen Aufgaben uns; du kannst dem Rabbi bei wichtigeren Angelegenheiten helfen. Du brauchst dich nicht um das Essen zu kümmern – wir werden das übernehmen.«

Jedes Kind hätte ihren himmelschreienden Appell an seinen Stolz durchschauen können, aber Judas schluckte und gab nach. »So sei es. Behalte das Geld für Essen, aber wenn ihr etwas braucht, so wisst, dass ich andere Verwendung für die gemeinsame Börse habe.«

»Verstanden«, rief ich ihm nach.

Ich stieß ein gezwungenes Lachen aus, als er fortging. »Der da ist eine Schlange. Es würde mich nicht überraschen, wenn er sich aus der Gemeinschaftskasse bedient hätte.«

»Aber Mirjam!« Die sanfte Susanna blickte mich stirnrunzelnd an. »Ich bin sicher, Judas würde so etwas nie in Betracht ziehen. Er ist unserem Rabbuni treu ergeben.«

Jeschuas Mutter trat neben mich. »Manchmal mache ich mir Sorgen um dich, Mirjam.« Ihr Blick suchte meinen, als könnte sie meine Gedanken lesen. »Du hast dein ganzes Einkommen für diese Arbeit gegeben. Solltest du dir nicht etwas zurückbehalten? Was wirst du tun, wenn sich unsere Gruppe auflöst?«

Ich lächelte sie amüsiert und erstaunt zugleich an. Hatte sie ihrem Sohn denn nicht zugehört? An diesem Nachmittag hatte Petrus Jeschua daran erinnert, dass wir unser Heim zu verlassen hätten, um ihm zu folgen. Unser Rabbuni hatte erwidert, alle, die um des Reiches Gottes willen Haus, Frau, Brüder, Eltern oder Kinder aufgegeben hätten, würden vielfach belohnt werden.

Ich hatte zwar mein Heim, meine Stadt und ein paar irdische Güter aufgegeben, aber ich rechnete damit, voll entschädigt zu werden, wenn Jeschua das Königreich neu ordnen würde.

»Ich würde die letzte Münze in meinem Beutel für die Sache Jeschuas geben«, erwiderte ich ihr. »Aber mir geht es nicht ums Geld.«

Ich suche Gerechtigkeit für meine Familie.

Ich verstummte, als sich zwei römische Soldaten auf der Straße unserem Rastplatz näherten. Einer von ihnen deutete mit dem Kopf auf einen Reisenden, der vorbeigekommen war, um Jeschua zu treffen. Der Legionär zeigte auf die Last auf seinem Rücken und schlüpfte aus den Riemen, mit denen sie festgeschnallt war.

Dieser arme Mann würde die Last des Soldaten zum nächsten Meilenstein tragen müssen.

Ich zwang mich zu einem Lächeln. »Jeden letzten Quadrans«, bekräftigte ich. »Nichts ist mir zu viel für die Sache.«

An einem besonders milden Abend hatte sich die Gruppe aufgeteilt, um sich Schlafplätze zu suchen. Ich legte meinen Umhang über Kopf und Schultern und verließ den Kreis der Frauen, um einen Spaziergang am Ufer zu machen. So dankbar ich auch war, dass Jeschua mir eine neue Chance gegeben hatte, der See würde mich immer mit einer Sehnsucht nach vergangenen Zeiten erfüllen.

Ich ging zum Ufer, schloss die Augen und konnte Jaakovs fröhlichen Gruß im Wind über dem See hören.

Während ich am Ufer stand und der Wind mir über das Gesicht strich, erlosch mein Lächeln. Mir war ein neues Leben geschenkt worden, eine neue Berufung, und ich liebte den Rabbi, dem ich diente. Noch nie hatte ich mich HaShem oder seinem Volk Israel so nahe gefühlt.

Trotzdem ... ich vermisste meine Familie.

Ich ging am Schilf entlang und beobachtete, wie die Sterne am Himmel erschienen, während ich über meine Lieben nachdachte. Auch wenn es im Gesetz hieß, ich sollte sie nicht mehr betrauern, in stillen Augenblicken öffnete ich der Erinnerung an Jaakov, Rahel, Avram und Binjamin gern die Fenster meines Herzens. Manchmal hörte ich im Surren der Insekten ihr Lachen; manchmal sah ich ihr Lächeln in den flackernden Lichtern von den am See gelegenen Dörfern.

Ich dachte gerade an Avram, als ich zufällig auf Judas und Schimon, den Kanaaniter, traf, die sich mit drei Männern aus einem Nachbardorf unterhielten. Kein anständiger Mann würde eine Frau zur Kenntnis nehmen, die nachts allein unterwegs ist; die meisten würden sich abwenden und mir keine weitere Beachtung schenken. Schimon und Judas wandten sich auch tatsächlich ab, doch zuvor warfen sie mir einen stechenden Blick zu, der mich beunruhigte und misstrauisch machte.

Ich nickte ihnen unverbindlich zu und hielt mich im Dunkeln, doch hinter einem Felsen blieb ich stehen und lauschte. Die drei Fremden kannte ich nicht, aber Schimon hatte aus seiner Sympathie für jene Hebräer, die in ihrem Eifer für HaShem auch einer bewaffneten Rebellion nicht abgeneigt waren, nie einen Hehl gemacht. Und Judas – nun, Judas war stets bereit, seine Nase in Angelegenheiten zu stecken, die Ärger bringen könnten. Worüber sie wohl sprachen?

Ein Schauder des Entsetzens durchfuhr mich, als ich von Dolchen und Schwertern hörte; dann merkte ich, dass ich Zeugin einer Verschwörung wurde. Die drei Fremden versprachen vermutlich ihre Mithilfe, Geld oder Waffen ...

Wusste Jeschua von ihren Plänen?

Ich zog mich zurück, hielt mich im Schatten auf dem Weg zu der Stelle, wo sich die Frauen zum Schlafen niedergelegt hatten. Jemand müsste diesen Dummköpfen einmal einschärfen, vorsichtig zu sein. Auch mein Sohn hatte für Gott geeifert und Avrams Eifer war uns teuer zu stehen gekommen. Eine gedankenlose Tat hatte zur Vernichtung meiner gesamten Familie geführt; darum durfte ich nicht zulassen, dass Schimon und Judas die Pläne des Propheten zunichtemachten.

Ich hatte zu viel in Jeschuas Sache investiert; ich wollte nicht, dass er durch unfähige Männer zu Fall gebracht wurde.

Kapitel 34

Der schwere Duft von Parfüm hing an der jungen Frau, als sie aus dem Raum kam, in dem die Männer aßen. Hanna, die Frau von Simon, dem Pharisäer, senkte verlegen den Blick, als sich die Frau zu uns gesellte; sogar Susanna wandte sich ab.

Aber wie könnte ich diesem Wesen meine Freundlichkeit versagen? Ich hatte Jeschuas Worte gehört; ich wusste, er hatte ihre impulsive Tat gebilligt. Unser Gastgeber, ein Pharisäer, hatte Kritik an dieser jungen Frau geübt, als wäre sie so gefühllos wie das Alabastergefäß in ihrer Hand, aber Jeschua wusste es besser.

Ich trat näher und hob mit meiner Fingerspitze das Kinn der jungen Frau. Bei dieser unerwarteten Berührung zuckte sie zusammen; vermutlich rechnete sie mit einem Vorwurf, aber ich lächelte sie freundlich an. »Hast du Hunger?«

Sie blinzelte. »Hunger?«

»Bestimmt hast du Hunger.« Ich legte meinen Arm um ihre schlanke Taille und drängte sie zum Tisch, an dem die Frauen arbeiteten. »Es ist schon spät und du hast den halben Tag gewartet.«

Das Mädchen blieb stehen, als sei es dort festgewachsen. »Du ... du hast mich gesehen?«

»Natürlich, Liebes, ich habe gesehen, wie du dich hinter der Hofmauer versteckt hast. Ich hätte dich ja hereingebeten, aber ...«, ich deutete auf die Arbeit auf den Tischen, »meine Hände wurden anderweitig gebraucht.«

Ihr Blick wanderte zu einem Korb mit Brot. Ihre Lippen teilten sich; dann wandte sie den Blick ab und schüttelte den Kopf. »Ich kann nicht mit euch essen. Diese Frauen würden ... sie würden mich nicht willkommen heißen.«

»Denkst du nicht?« Ich legte ihr die Hände auf die Schultern.

Mir fiel auf, wie mager das Mädchen war, nur Haut und Knochen. »Denkst du …«, ich suchte ihren Blick und meine Stimme wurde weicher, »nur du hättest Grund, dich zu schämen? Wir alle haben Geheimnisse, die wir vor der Welt verbergen.«

Die Unterlippe des Mädchens zitterte. »Der reiche Mann am Tisch – er sagte, der Rabbi sei ein Betrüger. Er sagte, wenn Jeschua wirklich ein Prophet wäre, hätte er gewusst, was für eine Frau zu seinen Füßen knien würde. Er sagte es ganz laut, sodass jeder es hören konnte …«

Ich strich ihr über die Wange; ihre Tränen verbrannten meine Finger wie heißes Wachs. »Der reiche Mann am Tisch«, erwiderte ich, und mir war sehr wohl bewusst, dass Simons Frau zuhörte, »versteht Jeschuas Lehre nicht. Der Pharisäer hält sich vor aller Welt an die Gebote des Gesetzes, doch innerlich ist er so schwarz wie die Sünden, die er in dir erkennt.«

Die anderen Frauen hinter mir verstummten. Aus dem Augenwinkeln heraus bemerkte ich, wie Susanna mit vorwurfsvollem Gesichtsausdruck näher kam.

Aber es war mir egal. Während das junge Mädchen mich durch tränenverschleierte Augen ansah, wanderten meine Gedanken zurück zu einem glühend heißen Tag in Magdala, bevor ich Jeschua begegnete. Hungrig und erschöpft von den Stimmen, die in meinem Kopf wüteten, hatte ich in einer Gasse hinter dem Markt ein wenig Schatten gesucht, aber einer der Kaufleute hatte meinen Ruheplatz entdeckt. Nachdem er sich vergewissert hatte, dass niemand zusah, drückte mich der brutale Kerl in den Staub und trieb seinen Spaß mit mir. Dann erhob er sich keuchend und grinsend und schlenderte zu seinem Verkaufsstand zurück.

Als ich zitternd und geschlagen auf die Straße taumelte, hob ich den Arm, um ihn anzuklagen. Doch ich hatte kaum Luft geholt, als er seine Frau und seine Tochter in den Schatten zog. »Fort mit dir«, schimpfte er und trat zwischen mich und seine Frauen. Er hob das

Kinn und erhob die Stimme, sodass alle, die in Hörweite waren, ihn hören konnten. »Diese Kreatur stinkt nach Hurerei!«

Mein Arm fiel herunter, während sich Dutzende Augenpaare auf mich richteten. Der stechende Blick ihrer unnachgiebigen Missbilligung tat mir mehr Gewalt an, als ich in der Gasse hatte erdulden müssen.

Ein böser Mann greift eine Frau fern von den Augen der Öffentlichkeit an. Ein Teufel macht sie in der Öffentlichkeit nieder.

»Komm.« Ich wandte mich dem Mädchen zu. »Setz dich zu uns und iss. Hör dir unsere Geschichten an und du wirst erfahren, dass Jeschua tatsächlich ein wahrer Prophet ist.«

Auch wenn ich gern mit Jeschua über Schimon und Judas gesprochen hätte, je länger ich darüber nachdachte, desto lächerlicher erschien mir die Vorstellung einer Verschwörung. Jeschua war ADONAIs Prophet – er besaß große Macht. Womit könnten Judas und Schimon seine Pläne durchkreuzen?

Und darum schwieg ich.

Wir zogen zum Passahfest nach Jerusalem. Jeschua tat mehrere Wunder und viele Menschen glaubten an ihn. Auf dem Rückweg nach Galiläa machten wir in Sychar in Samaria Rast. Dort ging Jeschua allein fort und sprach mit einer Frau am Dorfbrunnen. Sie und ihre Nachbarn waren so beeindruckt von ihm, dass wir zwei Tage in dem Gebiet blieben.

Als wir nach Galiläa zurückkehrten, rief Jeschua die Jünger zusammen und gab ihnen Macht, Dämonen auszutreiben und Kranke zu heilen. Er schickte sie in die Nachbarstädte. Dort sollten sie die Kranken heilen und allen von dem kommenden Reich HaShems erzählen.

Ich konnte meine Aufregung kaum zügeln. Bestimmt war dies Jeschuas Ruf zu den Waffen! Er konnte seine Absichten nicht deutlicher erklären, um die Römer nicht misstrauisch zu machen, aber dadurch, dass er die Jünger als Boten aussandte, konnte er die Nachricht verbreiten, seine Macht als HaShems Prophet unter Beweis stellen und eine Armee zusammenstellen.

Bestimmt würde es jetzt nicht mehr lange dauern.

Während wir in Susannas Haus auf die Jünger warteten, erfuhren wir, dass Herodes Kenntnis von Jeschuas Wirken erlangt hatte. Den Gerüchten zufolge glaubte Antipas, der Jochanan, den Täufer, hingerichtet hatte, der tote Prophet sei wieder lebendig geworden. Er schickte seine Spione durch das ganze Land. Sie sollten Jeschua suchen.

Als ich das hörte, konnte ich mich nicht halten vor Lachen. Susanna starrte mich an, als wäre ich verrückt geworden.

»Verstehst du denn nicht?« Ich wischte mir die Tränen aus den Augen. »Das ist eine gute Neuigkeit! Erstens wird Jeschua sich von dieser ekligen Kröte niemals fangen lassen. Zweitens, Herodes hat Angst. Er hat Angst vor einer Revolution und will wissen, aus welcher Richtung Gefahr droht. Bis er die Gefahr identifiziert hat, wird er schon gestürzt sein!«

Eine Sorgenfalte trat zwischen Susannas Brauen. »Und was ist mit meinem Mann? Chuza arbeitet für Herodes. Wenn Herodes herausfindet, dass ich mit Jeschua unterwegs bin …«

Jeschuas Mutter legte die Hand auf Susannas Arm. »Mach dir keine Sorgen um diese Dinge«, beruhigte sie die Freundin. »Alles wird offenbar werden, wenn die Zeit gekommen ist.«

Ich schloss die Augen und genoss den wohltuenden Trost ihrer Worte. Zu seiner Zeit würden wir alles erfahren.

Darauf setzte ich.

Mit begeisterten Berichten von ihrem Wirken kehrten die Jünger nach Kapernaum zurück. Sie hatten das Interesse der Menschen geweckt und viele Kranke geheilt. Bald würden die Menschen aus allen Städten und Dörfern der Region herbeigeströmt kommen.

Alle würden Jeschuas Lehre vom kommenden Reich hören wollen.

Endlich hatte der Messias das Herz der Menschen erreicht.

Jeschua hieß seine Jünger willkommen und sagte, er wolle sie allein sprechen. Susanna schlug vor, sie sollten zum See gehen und mit dem Boot hinausfahren. Wir erklärten uns bereit, den Meister und seine Männer in Bethsaida zu treffen.

Wir Frauen beluden mehrere Esel mit Vorräten und machten uns auf den Weg. »Seht nur«, sagte Salome und deutete auf eine Gruppe, die uns auf der Straße entgegenkam. »Das Gewand der Frau hat eine so wunderschöne Farbe. Hast du jemals eine solche Farbe an einem Stoff gesehen, Mirjam?«

Ich schnalzte mit der Zunge und wollte gerade erklären, jemand hätte die Formel für meine *tekhelet,* meine Farbe, gestohlen, als ich das ovale Gesicht unter dem blauen Schleier erkannte. »Aber das ist ja Hadassa!«

Ich flog die Straße entlang, ihr entgegen. Erst nachdem ich sie in meine Arme gerissen hatte, begrüßte ich ihre Begleiter, die so freundlich gewesen waren, sie zu mir zu bringen. Ich nahm ihre Hände. »Was machst du hier? Wo sind deine Eltern?«

»Ich wollte mehr über Jeschua erfahren«, erklärte sie mir. »Als die Söhne des Zebedäus uns erzählten, was er gesagt hatte, wusste ich, ich musste kommen, aber Vater wollte nichts davon wissen. Mutter hatte anscheinend befürchtet, ich könnte mich davonschleichen, denn sie gab mir ein paar Münzen und trug mir auf, dich zu suchen. Sie sagte, du würdest dich schon um mich kümmern.«

»Natürlich, mein liebes Mädchen!« Ich drückte sie erneut an mich, dann hakte ich mich bei ihr unter und stellte sie den anderen Frauen vor.

Sie nahmen Hadassa herzlich in ihren Kreis auf, boten ihr Wasser und einen Platz zum Ausruhen an. »Mir geht es gut«, wehrte sie ab. »Bitte, wir sollten die Reise fortsetzen.«

»Wir sind auf dem Weg nach Bethsaida«, erklärte ich ihr. »Aber es kommen so viele Menschen, um Jeschua zu hören; ich bezweifle, dass die Stadtmauern die Menschenmenge aufnehmen können.«

Unzählige Menschen waren auf der Straße unterwegs. Herumirrend wie Schafe ohne Hirten, fragte jede Gruppe, ob der Prophet Jeschua nach Kapernaum oder Bethsaida gegangen oder ob er vielleicht auf den Feldern zu finden sei. Wir wiesen sie in die richtige Richtung und als die Sonne halb am Himmel im Osten hochgestiegen war, hatte sich vor Bethsaida eine Menschentraube versammelt.

»Er ist dort!« Salome deutete zum See. Ein Boot näherte sich in dem blendenden Schein der Sonne auf dem Wasser. Zwei Anker wurden herabgelassen. Jeschua und seine Jünger sprangen ins Wasser und kamen an Land. Die Menge drängte vor, zwang die Jünger, sich an den Händen zu fassen und eine gewisse Ordnung hineinzubringen. Während die Jünger die Menge zurückhielten, stieg Jeschua einen steinigen Abhang hinauf, wo er gesehen und gehört werden konnte.

Die Menge kam zur Ruhe und er begann zu lehren. Er sprach über bekannte Themen und erzählte Geschichten, die ich bereits gehört hatte, darum beobachtete ich Hadassa. Meine junge Freundin saß da wie eine Blume, die sich der Sonne öffnet; Jeschuas Worte erfüllten sie mit Licht.

Und doch wurde ich auch von leisen Schuldgefühlen geplagt. Hadassa war ohne die Erlaubnis ihres Vaters hergekommen. In unserer Kultur war dies ein schwerwiegendes Vergehen. Mit siebzehn war sie alt genug, um verheiratet zu werden und bei der Familie ihres Mannes zu leben, aber sie hatte sich den Versuchen ihres Vaters widersetzt, einen Mann für sie zu finden. Wie viel von ihrem Widerstand war auf ihren Eigensinn zurückzuführen und wie viel auf meinen Einfluss, fragte ich mich.

Ich wusste, sie bewunderte mich ... als Avrams Mutter und ältere Freundin. Und auch wenn ich mich darüber freute, dass sie Stärke und Eigeninitiative zeigte, so sollte sie doch keinesfalls erleben, was ich aufgrund meines Eigensinns erlebt hatte.

Irgendwann würde ich sie wieder der Obhut ihres Vaters übergeben ... und hoffen, dass sie mir deswegen nicht zürnen würde.

Die Sonne hatte gerade ihren Zenit überschritten, als Judas zu uns kam. »Ihr Frauen wolltet ja für das Essen sorgen.« Sein kalter Blick blieb an mir hängen. »Also, was wollt ihr dieser Menschenmenge zu essen geben?«

Ich blickte Salome und Hadassa an und begann zu lachen. »Wir haben nicht vor, ihnen zu essen zu geben. Selbst wenn wir unser gesamtes Geld zusammenlegen würden, könnten wir eine so große Menschenmenge nicht satt bekommen.«

Judas stolzierte davon, aber Hadassa drehte sich mit aufgerissenen Augen zu mir um. »Es gibt nichts zu essen? Viele dieser Menschen haben bestimmt kleine Kinder bei sich ...«

Ich tätschelte ihr beruhigend die Hand. »Ich mache mir keine Sorgen, meine Liebe. Warte und sieh, was Jeschua tun wird.«

Ich nahm Hadassa an die Hand und führte sie näher zu der Stelle, an der Jeschua stand. Er hatte aufgehört zu reden, vermutlich, um seine Stimme zu schonen, und eine schläfrige Stille hing über der Wiese, auf der die Menschen lagerten.

Von unserem Platz aus konnten wir Philippus und Judas sehen. Sie kletterten über die Felsen, die Gemeinschaftsbörse in der Hand. Als sie den Propheten erreichten, durchdrang Philippus' nasale Stimme die Stille und erreichte sogar unsere Ohren: »Du musst die Leute fortschicken, um Essen zu kaufen. Es ist spät und sie haben nichts zu essen.«

Jeschua blickte ihn an. »Gebt ihr ihnen zu essen.«

Judas deutete auf die dezimierte Börse. »Womit denn? Wir brauchten mehr als zweihundert Denarii, um eine solche Menge satt zu bekommen!«

Jeschua sah sich um und lächelte, als er meinen Blick auffing. Er ließ sich nieder, um mit Petrus und einigen anderen zu sprechen, die unten im Gras standen. »Was habt ihr denn an Essen? Geht und findet es heraus.«

Ich hoffte, die Jünger würden feststellen, dass die Menschen Essen mitgebracht hatten, aber sie kehrten mit einem trostlosen Bericht zurück: »Wir haben fünf Brote und zwei Fische.«

Jeschua deutete auf die Wiese. »Die Leute sollen sich in Gruppen zu je fünfzig zusammensetzen.«

Ich legte den Arm um Hadassa. Jeschua nahm die fünf Brote und zwei Fische, blickte zum Himmel auf und sprach den Segen für das Brot: *»Baruch Atah ADONAI Elohenu Melech Ha'olam, hamotzi Lechem Min Ha'aretz.«*

In verblüfftem Staunen beobachteten meine junge Freundin und ich, wie unser Rabbuni den Fisch und die Brote brach und die Stücke austeilte, immer und immer wieder. Jeder aß, so viel er wollte, und die Jünger sammelten noch zwölf Körbe mit Resten ein. Einen Korb für jeden der zwölf Stämme im kommenden Reich, wie mir auffiel.

Ich drückte Hadassas Schulter. »Erinnerst du dich noch, wie ein Mann Elisa einen Sack Korn und zwanzig Laibe Haferbrot gebracht hat? Damit hat er mehr als einhundert Männer satt gemacht und noch einen großen Rest übrig behalten.«

Hadassa und die Jünger staunten über Jeschuas Macht, aber ich wage zu behaupten, dass Judas, Schimon und ich das Wunder aus einer anderen Perspektive betrachteten. Ein Führer, der mehr als fünftausend Männer, dazu unzählige Frauen und Kinder, mit nur fünf Broten und zwei Fischen satt bekommen konnte ... könnte auch problemlos eine Armee ernähren.

Eine Armee, die siegreich gegen unsere Feinde marschieren würde.

Kapitel 35

Wir waren auf dem Weg nach Jerusalem, als wir hörten, dass Pontius Pilatus einige Galiläer getötet hatte, die im Tempel ein Opfer darbrachten. Entsetzen machte sich in unserer Gruppe breit und Schimon suchte meinen Blick, als wir uns um unseren Rabbuni scharten. Würde Jeschua uns jetzt noch in die Stadt dieses gefährlichen römischen Statthalters führen, bevor der Plan für einen militärischen Feldzug ausgearbeitet war?

Unser Rabbuni ging in seinen Reden kaum auf diese Tragödie ein. Ich hörte ihm aufmerksam zu und versuchte zwischen den Zeilen zu lesen und seine Absichten zu erkennen. Wie immer sprach er in Gleichnissen – er erzählte das Gleichnis von einem Feigenbaum, vom Senfkorn, der schmalen Pforte und Bräuten, die auf die Hochzeit nicht vorbereitet waren. Er sprach von ganz gewöhnlichen Dingen zu ganz gewöhnlichen Leuten und während ich seine Worte innerlich abwog, kam ich zu der Überzeugung, dass ich seine Bedeutung anscheinend irgendwie nicht richtig verstanden hatte.

Später, als sich die Männer zum Schlafen gelegt und die meisten Frauen sich in unseren Kreis zurückgezogen hatten, traf ich Jeschua am Ufer. Er hatte sich seinen Umhang um die Schultern gewickelt als Schutz vor dem kalten Wind. Sein Blick war in die Ferne gerichtet und ich hätte meine letzte Münze gegeben, um seine Gedanken lesen zu können.

»Was ist los, Mirjam?«, fragte er, ohne mich anzuschauen.

»Du scheinst meinen Schritt zu kennen.«

Er drehte sich um. Sein Mund verzog sich zu einem Lächeln. »Hast du eine Frage an mich?«

Ich lächelte. Seine Intuition verblüffte mich. »Um ehrlich zu sein, ja. Heute hast du gesagt, das Reich Gottes sei wie der Sauerteig, der zum Brotbacken verwendet wird.«

Er nickte. »Du hast gut zugehört.«

»Aber ich verstehe es nicht. Vor dem Passahfest sollen wir doch allen Sauerteig aus unseren Häusern entfernen; die Rabbis sagen, Sauerteig stehe für Sünde, denn der Sauerteig durchdringe alles, womit er in Berührung kommt. Wie könnte dann das Reich Gottes dem Sauerteig ähnlich sein?«

»Mirjam.«

Seine Stimme klang so geduldig und es lag so viel Zuneigung darin, dass mir ganz warm ums Herz wurde.

»Kannst du denn *sehen*, wie der Sauerteig in deiner Schüssel am Werk ist?«

Ich schüttelte den Kopf.

»Kannst du es hören?«

»Nein.«

»Kannst du erklären, wie der Sauerteig einen kleinen Klumpen Mehl zu einem großen Brotlaib aufbläht?«

Ich lachte. »Nein.«

»So wirst du auch die Ausbreitung des Reiches Gottes nicht erklären können.«

Ich hatte irgendetwas verpasst, aber er drehte sich wieder zum See um und mir blieb nichts anderes übrig, als seine Worte mit in die Nacht zu nehmen. Ich dachte darüber nach und versuchte, seine Bedeutung mit der bevorstehenden Revolution in Einklang zu bringen, als Susanna mir in den Weg trat.

Als sie mich entdeckte, zog sie die Augenbrauen in die Höhe. »Hast du Jeschua gesehen? Petrus möchte ihn sprechen.«

Ich deutete mit dem Kopf zum See. »Er ist dort drüben.«

»Ich nehme an, er war mit Johannes oder einem der anderen zusammen?«

Ich starrte sie eine ganze Minute lang an, bis ich die Bedeutung ihrer Frage verstand. Bei allem, was heilig war, dachte sie tatsächlich, ich hätte Jeschua gesucht ... wie eine Frau einen *Mann* sucht?

Ich atmete tief durch und sammelte den Rest meiner angeschlagenen Würde zusammen. »Er ist ein *Prophet*«, erwiderte ich mit eisiger Stimme.

»Du bist eine Frau.«

»Und Frauen dürfen keine Fragen stellen?«

Susanna starrte mich mit funkelnden Augen an; ihre Gedanken waren leicht zu erraten. Schließlich zog sie ihren Schleier fest an ihrem Hals zusammen. »Gute Nacht, Mirjam.«

Meinen Schleier hatte mir der Wind natürlich vom Kopf geweht, als ich am Ufer gestanden und mich mit Jeschua unterhalten hatte. Aber nicht meine unpassende Erscheinung war der Grund für Susannas Frage gewesen. Sie hatte mich angehalten, weil mir mein Ruf anhaftete wie ein übler Gestank und jeden vergiftete, der mich in Galiläa gesehen hatte, als die Dämonen noch mein Leben kontrolliert hatten.

Ich hatte miterlebt, wie Jeschua einen toten Jungen seiner Mutter zurückgegeben hatte, aber wie er ein Gerücht aus der Welt schaffte, das hatte ich noch nicht erlebt.

Vor dem Laubhüttenfest lagerten wir außerhalb der Stadt Nazaret. Ich dachte, Jeschua hätte uns zu diesem Dorf gebracht, weil er seine Mutter besuchen wollte, denn sie zog nicht immer mit uns durch das Land. Unser Rabbuni war zwar ihr Erstgeborener, doch auch ihre anderen Kinder Jakobus, Joseph, Abigail, Simon, Judas und Anna forderten ihre Aufmerksamkeit. Mit ihren Ansichten über die Aktivitäten ihres ältesten Bruders hielten sie nicht hinter dem Berg. Je bekannter Jeschua in der Region vom Galil wurde, desto offener griffen seine Geschwister ihn an.

Wir hatten kaum die Esel abgeladen, als Jeschuas Brüder kamen und ihn drängten, sich den Pilgern auf dem Weg in die Heilige Stadt anzuschließen. »Geh«, forderte sein Bruder Jakobus ihn auf. »Geh nach Jerusalem, wo deine Jünger deine Wunder sehen können. Du kannst nicht bekannt werden, wenn du dich hier draußen in der Wildnis versteckst. Wenn du tatsächlich solche Wundertaten vollbringen kannst, dann beweise es der Welt!«

Jeschua lächelte seinen Bruder an. »Jetzt ist nicht der richtige Zeitpunkt für mich, nach Jerusalem zu gehen. Du kannst jederzeit gehen. Das kümmert keinen. Die Welt hasst dich nicht, aber sie hasst mich, weil ich ihr den Spiegel vorhalte und sie mit ihrer Sünde und dem Bösen konfrontiere. Ich bin noch nicht bereit, zu diesem Fest zu gehen, weil meine Zeit noch nicht gekommen ist.«

Am folgenden Tag jedoch erklärte uns Jeschua, wir würden nach Jerusalem aufbrechen, wenn auch in aller Stille. »Meine Zeit ist noch nicht gekommen«, wiederholte er und ich wusste sofort, was er meinte. Wir waren noch nicht bereit für einen Aufstand.

Mir wurde ganz leicht ums Herz, als wir uns auf der Straße zum Berg Zion Hunderten anderer Pilger anschlossen. Wir waren zwar noch nicht bereit, gegen Rom loszuschlagen, doch Jeschua musste die religiösen Führer für unsere Sache gewinnen und die meisten von ihnen lebten in der Heiligen Stadt. Rom konnten wir nur besiegen, wenn unser Volk vereint hinter ihm stand.

Wir reisten in Gruppen von vier oder fünf und Jeschua hatte seinen Kopf bedeckt, damit man ihn nicht erkannte. Hunderte Pilger waren auf den Straßen unterwegs. Sie ritten auf Eseln oder Kamelen, fuhren mit Karren oder Wagen oder gingen zu Fuß. Unterwegs sangen wir die Psalmen der Himmelfahrt: »Wie lieb sind mir deine Wohnungen, ADONAI-Tzva'ot! … Wohl den Menschen, die dich für ihre Stärke halten und von Herzen eine Pilgerreise nach Jerusalem suchen …«

Noch nie hatte ich eine solche Vorfreude empfunden. Natürlich hatten wir davon gehört, dass gewisse fehlgeleitete Religionsführer Jeschuas Tod planten, aber ich war davon überzeugt, dass sie sich unserer Sache anschließen würden, sobald sie die Gelegenheit hatten, die Botschaft unseres Rabbuni zu hören.

Ich überholte einen römischen Legionär auf der Straße und begegnete seinem verächtlichen Grinsen mit stahlhartem Blick. Warum sollte ich mich vor ihm ducken? Der Sieg war in greifbare Nähe gerückt.

Jeschua war Stadtgespräch, als wir unser Ziel erreichten. Einige nannten ihn einen Propheten und einen klugen Lehrer, andere behaupteten, er sei ein Betrüger und Schwindler.

Ich hoffte, Jeschua würde die religiösen Führer fern von den Augen der Öffentlichkeit umwerben, sich im Schutz der Dunkelheit mit ihnen treffen, wie es bei Nikodemus, einem bedeutenden Führer der Pharisäer, der Fall gewesen war. Ich war auf dem Weg zu Judas, um mit ihm über die Unterkunft zu sprechen, als Jeschua sich auf den Weg zum Tempelberg machte.

Eine Welle der Vorfreude erfasste mich und ich eilte ihm nach. Warum hatte er sich in aller Heimlichkeit in die Stadt geschlichen, wenn er jetzt zu den Festbesuchern sprechen wollte?

Als ich ihn einholte, hatte Jeschua bereits die Brücke zum äußeren Vorhof überquert. So schnell es die Menschenmenge zuließ, lief ich über den äußeren Vorhof und folgte Jeschua in den Vorhof der Heiden.

In diesem Hof, den jeder ehrfürchtige Mensch betreten darf, herrschte hektisches Treiben. Geldwechsler saßen an ihren Tischen; Hirten boten Ziegen, Lämmer, Ochsen und Tauben zum Verkauf feil. Ich ignorierte den Gestank und das Gewimmel und hielt nur einen Augenblick vor den Marmortafeln inne, auf denen die Heiden unter Androhung der Todesstrafe gewarnt werden, keinen Schritt weiterzugehen.

Jeschua hatte jetzt den Vorhof der Frauen erreicht, so genannt deswegen, weil den Frauen nur hier der Aufenthalt gestattet war. Weiter ins Innere des Tempels zu gehen war uns Frauen untersagt. Mit eingezogenem Kopf stieg ich die Stufen zu diesem Hof hoch und gelangte auf die erhöhte Galerie, die sich über drei Seiten der rechteckigen Kammer zog.

Ich blickte hinab auf das Gedränge und hielt Ausschau nach Jeschua. Schließlich entdeckte ich ihn neben einem der dreizehn, wie eine Trompete geformten Kästchen, in die man die Tempelabgabe und die mildtätigen Gaben legte. Er breitete die Arme aus und sprach zu denen, die bereit waren, ihm zuzuhören. Mehrere Priester standen am Rand und beobachteten die Menge mit wachsamem Blick, während sie vorgaben, unserem Rabbuni zuzuhören.

»Was ich euch sage, sind nicht meine eigenen Gedanken«, lehrte Jeschua gerade, »sondern die von dem, der mich gesandt hat. Wenn jemand seinen Willen tut, wird er wissen, ob meine Lehre vom Heiligen ist oder nur von mir. Wer seine eigenen Gedanken wiedergibt, sucht Lob für sich selbst, aber wer Ehre sucht für den Einen, der sie gegeben hat, ist gut und ehrlich.«

»Was ist mit deinen Jüngern?«, rief einer der Priester. »Sie halten den Sabbat nicht und gehorchen auch nicht dem Gesetz Moses!«

Jeschuas Augen funkelten vor plötzlichem Zorn. »Keiner von euch gehorcht dem Gesetz Moses! Ihr habt sogar vor, mich zu töten.«

Die Zuhörer schnappten hörbar nach Luft; und auf einmal begannen alle durcheinanderzureden. Einer der Priester warf ihm vor, von einem Dämon besessen zu sein, und ich fragte mich, warum diese Menschen nicht akzeptieren konnten, was für mich von Anfang an, seit meiner ersten Begegnung mit Jeschua, offensichtlich gewesen war: Der Heilige hatte ihn gesandt, um uns von den Römern zu befreien. Er *musste* unser Messias sein.

Eine Frau zupfte mich am Ärmel. »Ist das der Mann, den sie töten wollen?« Sie deutete auf meinen Rabbuni. »Warum hassen sie ihn?«

»Meinst du nicht«, fragte eine andere Frau, »er könnte tatsächlich der Messias sein?«

»Was glaubt ihr?«, fragte ich und blickte von einer Frau zur anderen. »Denkt ihr, der Messias würde noch mehr übernatürliche Zeichen und Wunder tun, als er bereits getan hat?«

Der blecherne Klang von Trompeten in der Ferne unterbrach uns. Es war der siebte Tag des Laubhüttenfestes und unser geliebtes Ritual war gerade im Gange. Um daran zu erinnern, wie Mose Wasser aus dem Berg Horeb fließen ließ, brachte am ersten und jeden darauf folgenden Morgen ein *cohanin* oder ein Priester einen großen goldenen Krug vom Tempelberg zur Quelle von Siloa. Umgeben von den Gläubigen schöpfte er Wasser aus dem Teich und kehrte damit zum Tempel zurück. Er brachte den Krug in den inneren Hof.

Ich hob meinen Blick und beobachtete, wie der Priester mit dem goldenen Krug in der Hand zum Altar trat. Ihm folgte eine Prozession von Priestern mit Weidenzweigen in den Händen. Sie sangen die Schlussverse des Hallel:

ADONAI, bitte rette uns! ADONAI, bitte schenke uns Wohlstand!
Gesegnet sei, der da kommt im Namen ADONAIs!
Wir haben dich gesegnet aus dem Hause ADONAIs.
Gott ist ADONAI und er hat uns Licht geschenkt.

Vor dem Altar jonglierten Gaukler mit brennenden Fackeln und Akrobaten vollführten ihre Saltos. Das fröhliche Ritual, bekannt als *Simchat Beit HaSho'evah*, fand seinen Höhepunkt, als der Priester das Wasser über den Altar goss und damit das Blut der Morgenopfer fortwusch.

Während das Wasser in das Auffangbecken floss, wanderte mein Blick zu Jeschuas Gesicht ... und ich beobachtete, wie er das Schauspiel mit einem abwesenden Lächeln verfolgte, als lausche er auf etwas, das nur er hören konnte.

Woran dachte er?

Ich verstand, warum er in Rätseln sprechen musste – wegen der vielen römischen Soldaten im Vorhof der Heiden konnte er nicht offen von Aufstand und Volksaufwiegelung sprechen.

Jeschua durchquerte den Vorhof der Frauen, blieb oben auf der Treppe stehen und breitete die Arme aus. »Wer durstig ist, der komme zu mir!«, sprach er zu den Menschen im Vorhof der Heiden. »Wenn ihr an mich glaubt, kommt und trinkt! Denn in den Schriften steht, dass Ströme lebendigen Wassers von ihm ausgehen werden.«

Seine Worte sprachen etwas in meinem Inneren an und zweifellos empfand jeder der Gläubigen, die ihn hörten, dasselbe.

Während andere Priester mit den Trompeten das Ende des Wasserrituals ankündigten, sang ein Chor von Priestern die Worte Jesajas: »Dann werdet ihr fröhlich Wasser schöpfen aus den Quellen *yeshuas*.«

Ja ... *yeshua* bedeutete »Erlösung«. Und in diesem Augenblick begriffen einige von uns. Die Cohanim hatten unseren Rabbuni vor Jahrhunderten vorhergesagt und da war er und bezeichnete sich selbst als die Quelle reinigenden und lebendigen Wassers.

Aber nicht alle akzeptierten seine Lehre. Ich ließ meinen Blick über die Menschenmenge gleiten und entdeckte Jeschuas Bruder Jakobus. Er stand zwischen den Pilgern, sein Blick hing an Jeschuas Gesicht und missbilligend runzelte er die Stirn.

Als sich die Menge zu zerstreuen begann, hörte ich Bemerkungen zu Jeschuas Rede. Einige meinten: »Das ist bestimmt, wovon der Prophet Mose gesprochen hat.« Andere fragten sich, wie er der Messias aus der königlichen Abstammung Davids sein könne, wo seine Herkunft doch nicht mit den alten Prophezeiungen übereinstimmte. In den Schriften hieß es, unser Messias würde in Bethlehem geboren, aber es war allgemein bekannt, dass Jeschua aus Nazaret kam.

Das Lächeln meines Rabbuni erlosch, als die Tempelwachen, die normalerweise an den Toren postiert waren, auf ihn zukamen. Mein Herzschlag setzte beinahe aus.

Kurz bevor die Wachen Jeschua erreicht hatten, blieben sie stehen, doch sie behielten ihn genau im Blick, während er unbeirrt weitersprach. Die Atmosphäre war so angespannt, dass ich kaum zu atmen wagte. Ich verließ die Galerie und begab mich wieder in den Vorhof der Heiden. Nach einer Weile kehrten die Wachen an ihre Posten zurück, aber die Spannung in der Luft blieb.

Ich wollte mich gerade auf die Suche nach Salome und Johanna machen, als ich hörte, wie ein Pharisäer eine der Tempelwachen mit Vorwürfen überhäufte. »Warum hast du ihn nicht verhaftet? Du bist der Hauptmann; du hättest aktiv werden müssen!«

»Noch nie habe ich jemanden so reden hören«, erwiderte der Wachposten. »Er hat nichts Falsches gesagt.«

»Bist auch du in die Irre geführt worden?« Die Augen des Pharisäers blitzten vor Zorn. »Glaubt auch nur ein einziger von den Priestern oder uns Pharisäern an ihn? Der Pöbel tut das, aber was wissen sie schon? Ein Fluch über ihre unwissenden Seelen!«

Ich hielt den Atem an, als Nikodemus, der große Mann, der bei einem unserer früheren Besuche in Jerusalem eine private Unterredung mit Jeschua gesucht hatte, vortrat und die Hand hob. »Vorsicht, mein Freund. Ist es rechtmäßig, einen Mann zu verurteilen, bevor ihm eine Anhörung gewährt wurde?«

Der andere Pharisäer fuhr ihn an. »Kommst du auch aus dem Galil? Lies in den Schriften und überzeuge dich selbst – kein Prophet kommt jemals aus dem Galil!«

Kapitel 36

Atticus brauchte nicht an den jüdischen Eigensinn erinnert zu werden. Er hatte ihn an jenem Nachmittag erlebt, als seine Kohorte während eines jüdischen Festes in Jerusalem stationiert war. Flavius war mit hochroten Wangen und die Hand an das Schwert gelegt in die Unterkunft gekommen.

Beim Anblick des Freundes vertiefte sich die Röte seiner Wangen noch und Atticus richtete sich auf seinem Hocker auf. »Was ist los?«

Flavius stieß einen Schwall besonders farbiger Flüche aus und unterstrich seinen Ausbruch damit, dass er gegen eine leere Truhe trat. »Cäsar sollte sie alle zusammentreiben! Die eine Hälfte in die Arena schicken und die andere als Sklaven verkaufen. Auf diese Weise bringen sie dem Weltreich wenigstens einen Nutzen!«

Atticus blickte ihn verblüfft an. »Wer?«

»Die Juden.« Flavius keuchte und seine Nasenflügel bebten. »Einer von denen hatte doch tatsächlich den Nerv, mich anzuspucken, als ich unter einer Brücke herritt. Zu *spucken*!«

»Warum hast du den Mann nicht festgenommen?«

Flavius blähte erneut die Nasenflügel. »Ich konnte nicht. Auf der Brücke wimmelte es von Juden und alle waren sehr aufgebracht und erregt. Ich hätte alle festnehmen müssen, aber bis ich die Männer zur Brücke geschickt hätte, wären alle längst fort gewesen. Sie sind wie Ratten; sie können unter den Holzbalken verschwinden, wenn es ihnen in den Kram passt.«

Atticus deutete auf einen leeren Hocker. »Setz dich. Entspann dich. Du bist doch schon häufiger angespuckt worden und vermutlich wird es auch nicht das letzte Mal sein.«

Flavius ließ sich nieder. Er hatte die Hand um die Gurgel eines unsichtbaren Gegners gelegt. »Ich würde diese kleine Ratte gern finden und erwürgen. Warum verhalten sich diese Hebräer denn nicht wie andere normale Menschen? Wie die Römer?«

Atticus konnte sich ein Lächeln nicht verkneifen. »Nun ... Vielleicht, weil sie keine Römer sind.«

Flavius ignorierte diese Antwort. »Müssen wir etwa jeden einzelnen von ihnen auspeitschen? Sie sind besiegt. Es wird allmählich Zeit, dass ihnen das klar wird.«

»Ich denke, wir beide würden uns auch nicht damit abfinden, von einer überlegenen Armee erobert worden zu sein«, gab Atticus zu bedenken. Er holte ein Tuch unter seiner Matratze hervor, zog sein Schwert aus der Scheide und begann mit dem Tuch die scharfe Klinge zu polieren. »Wir würden kämpfen bis zum Ende, nicht?«

Flavius blickte ihn finster an. »Kämpfen, ja, bis zu meinem letzten Atemzug. Aber diese Juden kämpfen nicht. Sie *streiten.* Sie verschanzen sich hinter ihren dummen Regeln und religiösen Traditionen. Sie spielen Politik und ...« er blickte nach rechts und nach links und senkte die Stimme, »du weißt, dass nichts so schmutzig ist wie ein Mann, der mit der Politik spielt.«

Atticus legte den Kopf zur Seite und stimmte ihm zu. »Ich habe gehört«, bemerkte er mit betont fröhlicher Stimme, »dass die Juden in der Regel nicht kämpfen, weil sie auf ihren Gott warten. Wie es scheint, hat er versprochen, für sie einzutreten.«

Flavius' Gesichtsausdruck wechselte von Zorn zu Verblüffung. »Wie kann jemand so etwas glauben? Sieh sie dir doch nur an – besiegt, zerstreut, ganze Dörfer hungern, sie sind arm ...«

»Trotzdem haben sie sich ihren Glauben bewahrt. Und wenn es der römischen Armee nicht gelungen ist, ihren Glauben zu erschüttern, dann wird das unserer Kohorte wohl auch nicht gelingen.«

Flavius schnaubte. »Narren, das sind sie. Jedes Volk, das einem unsichtbaren Gott folgt, der sein Volk in die Niederlage führt – nun, sie haben verdient, was ihnen zugestoßen ist.«

Atticus hielt sein Schwert ans Licht und begutachtete die lange, geschärfte Klinge. »Trotz allem haben sie an ihrem Glauben festgehalten. Sie mögen töricht und eigensinnig sein ... aber sie sind auch mutig und treu.« Er zog eine Augenbraue in die Höhe. »Auch wenn Cäsar hier regiert, dieses Volk ist noch längst nicht besiegt. Bis sie sich uns ganz unterwerfen, können wir nicht wissen, was sie sind.«

Zorn und Frustration lag in Flavius' Blick, als er ihn anschaute. »Du hältst dich schon zu lange in dieser Provinz auf, mein Freund. Diese Menschen haben dir das Gehirn vernebelt.«

Atticus steckte sein Schwert wieder in die Scheide. »Ich muss zugeben, sie können sehr anstrengend sein. Aber sie sind auch sehr ... interessant.«

Flavius erhob sich kopfschüttelnd. »Ich gehe jetzt ins Badehaus. Ich möchte mir auch die letzte Spur dieses verrückten Ortes von der Haut abwaschen.«

Atticus blickte seinem Freund schweigend nach. Dann beugte er sich vor und legte die Hände auf die Knie. Flavius hatte recht; das Volk in diesem Land hatte ihn tief beeindruckt. Aber ein Bad würde ihm nicht helfen, denn es war unmöglich, die Spuren Israels von seinem Herzen abzuwaschen.

Kapitel 37

Kurz nachdem wir Jerusalem verlassen hatten, wurde mir eine Tochter geschenkt. Wir kamen in die Region des Galil und ich brachte Hadassa zu Uria zurück, aber ihr Vater wollte ihr nicht vergeben, dass sie ohne seine Einwilligung fortgegangen war. Obwohl sie ihn demütig um Verzeihung anflehte, warf Uria mir einen wütenden Blick zu und verkündete, Hadassa hätte den Bogen überspannt. Wenn sie einem Propheten folgen wolle, der sich mit gefallenen Frauen umgab und mit Steuereintreibern zu Tische lag, dann wäre sie nicht mehr seine Tochter.

Und so wurde sie meine. Als wir Urias Hof verließen, legte ich meinen Arm um das weinende Mädchen und warf einen Blick zurück auf das Haus. Uria hatte sich mit gerötetem und vor Zorn verzerrtem Gesicht in der Tür aufgebaut, aber Judit stand am Fenster und Tränen liefen ihr über das faltige Gesicht.

Unsere Blicke trafen sich und ein Versprechen wurde gegeben und empfangen. »Weine nicht, du Liebe«, sagte ich genauso sehr zu Judit wie zu dem Mädchen in meinem Arm. »Du hast einmal gesagt, du wolltest meine Familie sein, erinnerst du dich? Jetzt werde ich deine sein.«

Hadassa nickte schniefend, aber natürlich würde sie den Verlust ihrer Lieben betrauern. Ich würde versuchen, sie zu trösten, das stand außer Frage, aber so mancher Schmerz konnte nicht gelindert werden. Keiner wusste das besser als ich.

Zu Beginn des dritten Jahres meines Dienstes für unseren Rabbuni hatte ich das Gefühl, dass es mit unserer Bewegung nicht mehr so recht voranging. Wir machten wenig Fortschritte, Jeschua wirkte oft erschöpft und die Spannung unter den Zwölfen stieg. Alle spürten, dass Jeschua bald handeln müsste, aber ich hatte nicht den Eindruck, dass wir schon dazu bereit waren.

Zum einen hatte Jeschua noch keine Armee aufgestellt. Seine Anhänger waren in fast jeder Stadt in der Region um Galiläa und auch in mehreren heidnischen Siedlungen zu finden, aber er hatte nichts unternommen, um eine militärische Autorität einzusetzen oder Soldaten auszubilden. Ich war immer davon ausgegangen, dass die Zwölf die Befehlshaber seiner Armee werden würden, aber nicht einmal Petrus, Jakobus und Johannes, Jeschuas engste Freunde, zeigten die Art von Disziplin, die nötig war, um einen Angriff gegen Rom zu führen.

Auch unter uns Frauen wuchs die Spannung. Mirjam, die Frau des Zebedäus und Mutter von Jakobus und Johannes, wartete eines Abends, bis das Abendessen vorüber war, dann kniete sie respektvoll vor Jeschua nieder. Wenn ich wie die anderen aufgeräumt und abgewaschen hätte, hätte ich gar nichts davon mitbekommen, aber Hadassa hatte sie bemerkt und mir einen Rippenstoß versetzt.

Ich drehte mich um und starrte die Frau des Zebedäus an, die Jeschua fragte, ob ihre Söhne Ehrenplätze bekommen würden, wenn Jeschua sein Reich aufgerichtet hätte. »Es würde mir großes Vergnügen bereiten«, sagte sie und drückte in einer übertriebenen Geste der Demut eine Hand an ihre Brust, »zu wissen, dass meine Söhne rechts und links von dir sitzen werden.«

Mir blieb die Spucke weg. Jeschua drehte sich zu Jakobus und Johannes, unseren sogenannten Donnersöhnen, um. Er musterte sie eindringlich, dann fragte er, ob sie in der Lage wären, von dem bitteren Kelch des Leides zu trinken, den er bald trinken würde.

»Oh ja«, nickten sie. »Das sind wir!«

Ein Anflug von Traurigkeit trat in Jeschuas Blick. »Ihr werdet tatsächlich davon trinken, aber ich habe kein Recht zu sagen, wer neben mir auf den Thronen sitzen wird. Mein Vater hat diese Plätze für die bereitet, die er erwählt hat.«

Mirjam, die Frau des Zebedäus, erhob sich beschämt und ich beobachtete zornig, wie sie mit einem Korb voll übrig gebliebenener Früchte zur Tür eilte. Mich ärgerte nicht, dass sie ihre Söhne fördern wollte – nun, vielleicht doch ein wenig –, sondern dass ihre Söhne keinen Finger gerührt hatten, um die bevorstehende Revolution vorzubereiten. Petrus hatte zumindest ein Schwert gekauft, aber Jakobus und Johannes schienen sich damit zufriedenzugeben, durch das Land zu ziehen, als könnte der Sieg durch Gesang und überzeugende Lehre errungen werden.

Noch beunruhigender fand ich eine andere Entwicklung. Jeschua sprach nicht immer öffentlich; manchmal nahm er die Zwölf zur Seite und erläuterte ihnen seine Pläne. Nach einem dieser privaten Gespräche ertappte ich Petrus dabei, wie er unsere Vorräte durchsuchte, vermutlich nach etwas zu essen.

Ich nahm ein kleines Früchtebrot aus dem Korb, zögerte aber, es ihm zu geben. Die sonst so fröhlichen Augen des Fischers wirkten vor Trauer wie verschleiert.

»Petrus?« Ich senkte die Stimme. »Was ist los?«

Er sah sich um, um sich davon zu überzeugen, dass niemand uns belauschte. »Jeschua hat uns mitgeteilt, dass er bald sehr leiden würde. Er sagte, die Cohanim und Thora-Lehrer würden sich gegen ihn zusammenrotten. Er sagte, sie würden ihn töten.«

Ich begann beinahe laut zu lachen. Wie konnten sie einen Propheten mit Jeschuas Macht töten? Aber aus Respekt vor der Sorge in Petrus' Blick nickte ich mitfühlend. »Du hast ihn bestimmt missverstanden.«

»Das dachte ich zuerst auch. Ich habe Jeschua zur Seite genommen und ihm gesagt, er solle nicht so reden. Aber er schaute mich an und sagte …«, Petrus zögerte und seine Augen wurden vor Kummer ganz trüb.

»Was hat er gesagt?«

»Er sagte: ›Weiche von mir, Satan!‹ Ich fuhr zurück und verstand nicht, wie er so etwas zu mir sagen konnte, ausgerechnet zu mir …«

Ich presste die Hand an den Mund und blickte prüfend in

Petrus' Augen. Dieser Mann stand Jeschua näher als jeder andere, abgesehen von Johannes vielleicht, doch in vielerlei Hinsicht ähnelte Petrus einem überaktiven Kind. Anscheinend hatte er unseren Rabbuni irgendwie verärgert, was er mir verschwiegen hatte. Ich tätschelte ihm die Schulter, wie eine Mutter ihren Sohn tröstet. »Ich bin sicher, Jeschua hat diese Bemerkung nicht so ernst gemeint, Petrus. Mach dir nichts daraus.«

»Denkst du, er wird sterben?«

»Ich denke, er wollte nur deine Hingabe auf die Probe stellen. Bist du bereit, ihm zu folgen, auch wenn alle gegen uns sind? Wenn das der Fall ist, dann bist du genauso bereit, ihm zum Sieg zu folgen.«

Petrus blickte mich beinahe erleichtert an. »Ich hoffe, du hast recht.«

»Natürlich habe ich recht. Denkst du wirklich, Jeschua wäre so töricht, in eine Falle zu tappen?«, lachte ich. »Nicht einmal mein Jaakov, Friede seinem Andenken, war so leichtgläubig, obwohl er von einfacher Natur war.«

Bei unserer Rückkehr nach Kapernaum, wo wir erneut in Petrus' Haus Quartier nehmen sollten, empfingen wir eine Gruppe Pharisäer und Thora-Lehrer, die aus Jerusalem geschickt worden waren, um Jeschuas Aktivitäten zu überprüfen. Ich wertete ihre Anwesenheit als gutes Zeichen – offensichtlich hatten Nikodemus und andere, die Jeschua unterstützten, Fortschritte bei den Religionsführern gemacht. Wenn diese Abgeordneten in Jerusalem einen guten Bericht ablieferten, könnte unsere Sache endlich Fortschritte machen.

Der zerbrechliche Friede, der seit unserer Begegnung auf der Straße entstanden war, wurde bei der Mittagsmahlzeit erschüttert. Wie es unsere Sitte war, wenn wir unterwegs waren, saßen die Männer im Kreis im Gras, während wir Frauen Schalen mit Obst, Brot und Käse herumreichten. Nachdem Jeschua das Brot gesegnet hatte, bedienten sich die Jünger aus unseren Schüsseln und aßen, aber die Männer aus Jerusalem wollten das Essen nicht anrühren.

Spannung hing in der Luft wie Rauch, als ihr Anführer Jeschua zornig anfunkelte. »Warum missachten deine Jünger unsere Jahrhunderte alten Traditionen? Sie waschen sich vor dem Essen nicht die Hände.«

Ich kannte die Antwort auf diese Frage der Pharisäer. Das Wasser, mit dem die Hände gewaschen wurden, musste vom See geholt werden, und das war meine Arbeit sowie die von Salome, Johanna und Susanna. Jeschuas Entscheidung, dieses Ritual des Händewaschens auszulassen, war ein Zugeständnis an uns Frauen. Er wollte uns schonen. Doch die Pharisäer dachten scheinbar nur an ihr zartes Gewissen.

Jeschua blickte die Pharisäer zornig an. »Warum verstoßt ihr durch eure Traditionen gegen die Gebote Gottes? Zum Beispiel sagt Gott: ›Ehre deinen Vater und deine Mutter‹ und: ›Jeder, der Böses über seinen Vater oder seine Mutter spricht, muss zu Tode gebracht werden.‹ Aber ihr sagt: ›Man braucht seine Eltern nicht zu ehren, indem man ihre Bedürfnisse erfüllt, wenn man stattdessen Gott Geld gibt.‹ Und so setzt ihr durch eure Traditionen das direkte Gebot Gottes außer Kraft.« Jeschuas Stimme wurde weich, trotzdem war der Zorn darin nicht zu überhören. »Ihr Heuchler! Jesaja hat euch gemeint, als er sagte: ›Dies Volk naht sich mir mit seinem Munde und ehrt mich mit seinen Lippen, aber ihr Herz ist fern von mir und sie fürchten mich nur nach Menschengeboten, die man sie lehrt.‹«

Der Pharisäer, den Jeschua angesprochen hatte, betrachtete unseren Rabbuni mit einem neuen Ausdruck in den Augen. Sein Gesicht hatte sich verzerrt, die Fassade der Frömmigkeit und des Mitgefühls war verschwunden und die hässliche Bitterkeit darunter offengelegt.

Jeschua hob seine Stimme, damit jeder, der sich in der Nähe aufhielt, ihn hören konnte: »Hört auch, was ich sage, und versucht, es zu verstehen. Nicht durch das, was ihr esst, werdet ihr verunreinigt; ihr werdet verunreinigt durch das, was ihr sagt und tut.«

Wie die anderen starrte ich Jeschua verblüfft an. Schweigen senkte sich auf die Gruppe herab.

Petrus beugte sich zu ihm hinüber. »Ist dir klar, dass du die Pharisäer durch deine Worte gerade beleidigt hast?«

Jeschua warf dem Pharisäer einen funkelnden Blick zu, bevor er sich zu Petrus umdrehte. »Jede Pflanze, die nicht von meinem himmlischen Vater gepflanzt ist, muss ausgerissen werden. Darum ignoriere sie. Sie sind blinde Führer, die die Blinden führen, und wenn ein Blinder einen anderen Blinden führt, werden beide in einen Graben fallen.«

In diesem Augenblick löste sich meine Hoffnung auf die Unterstützung der Rabbis wie eine Fata Morgana in Luft auf.

Im Frühling diesen Jahres, als wir uns gerade in der Nähe des Jordans aufhielten, erhielten wir die Nachricht, Lazarus von Bethanien, der Bruder von Mirjam und Marta, sei krank. Jeschua nickte ernst, als er die Nachricht bekam, aber er versicherte uns, Lazarus' Krankheit würde nicht zum Tod führen.

Nach zwei Tagen teilte Jeschua uns mit, wir würden nach Bethanien aufbrechen, das nicht weit von Jerusalem entfernt lag. Die Jünger erhoben Einwände, denn mittlerweile hatte sich die Feindschaft zwischen Jeschua und den Religionsführern zu einem richtigen Krieg ausgeweitet, aber Jeschua bestand darauf, dass wir uns auf den Weg machten. Lazarus sei eingeschlafen, meinte er, und er müsse hingehen und ihn aufwecken.

Thomas, unser Pessimist, schnappte nach Luft und sagte, wir sollten nach Jerusalem gehen ... und mit unserem Rabbi sterben.

Als wir Bethanien erreichten, kam uns Marta weinend vor dem

Stadttor entgegen. »Wenn du hier gewesen wärst«, sagte sie, »dann wäre mein Bruder nicht gestorben.«

Von Mitleid und Schmerz erfüllt betrachtete Jeschua sie. »Dein Bruder wird auferstehen.«

»Das weiß ich«, erwiderte Marta schniefend, »wenn alle anderen am Auferstehungstag auferstehen.«

»Marta«, sagte Jeschua liebevoll. Er nahm ihre Hand. »Ich bin die Auferstehung und das Leben. Wer an mich glaubt, wird leben, auch wenn er wie alle anderen gestorben ist. Glaubst du das?«

Ich hörte ihre Antwort nicht, denn in diesem Augenblick kam Mirjam, Lazarus' jüngste Schwester durch die Stadttore gerannt, gefolgt von einer Gruppe Trauernder. Sie fiel zu Jeschuas Füßen nieder und wiederholte Martas Bemerkung: »Wenn du hier gewesen wärst, wäre unser lieber Bruder nicht gestorben.«

Jeschua betrachtete die weinenden Frauen und die Menge, die hinter ihnen stand. Alle klagten und weinten. Trauer umwölkte sein Gesicht. Er wandte sich an Marta. »Wo habt ihr ihn hingelegt?«

Sie deutete zu dem nahe gelegenen Friedhof. »Kommt und seht.«

Jeschua folgte ihnen ... weinend. Die Jünger und ich begleiteten ihn und natürlich hörten wir die Bemerkungen der Trauernden:

»Seht nur, wie sehr er ihn geliebt hat!«

»Wenn er ihn so sehr geliebt hat, warum ist er dann nicht rechtzeitig gekommen, um ihn zu retten?«

»Er hat einen blinden Mann geheilt, warum konnte er Lazarus' Tod nicht verhindern?«

Auf dem Friedhof angekommen, führte Marta Jeschua durch das Tor und deutete auf das Grab. Ein Stein war vor den Eingang gerollt worden.

Jeschua faltete die Hände. »Rollt den Stein beiseite.«

»Aber Herr«, weinte Marta, »er ist seit Tagen tot! Mittlerweile wird der Geruch unerträglich sein!«

Mein Magen krampfte sich vor Trauer zusammen. Ich drängte mich durch die Menge, weil ich keinen Augenblick mehr länger in der Nähe des Grabes ertragen konnte.

Der Schmerz war zu groß. Zu viele Erinnerungen. Mich quälten nicht nur die Bilder von Jaakov, Avram, Rahel und Binjamin, ich konnte auch nicht mehr auf einen Friedhof gehen, ohne diese Zeit zu durchleben, in der ich unter den Toten gelebt hatte, weil die Lebenden meine Gegenwart nicht ertragen konnten.

Ich hatte die Trauernden beinahe hinter mir gelassen und drängte auf die freie Fläche, wo ich frische, saubere Luft atmen konnte. Die Luft, die aus dem Eingang des Grabes dringen würde, würde faul und modrig riechen und was wollte Jeschua denn erreichen, indem er sich die verwesenden Überreste seines Freundes anschaute? Ich hatte miterlebt, wie er einen Jungen von einer Totenbahre auferweckt hatte; ich hatte miterlebt, wie er Menschen geheilt hatte, deren Seelen zwischen dieser Welt und dem Sh'ol hingen. Aber das hier war anders. Lazarus war seit vier Tagen tot.

Der scharfe Ruf des Meisters riss mich aus meinem Schmerz: »Lazarus, komm heraus!«

Mein Herz begann heftig zu pochen und die Menge verstummte. Ich schloss die Augen und unterdrückte einen frustrierten Aufschrei.

Wie würden Mirjam und Marta reagieren, wenn es Jeschua nicht gelang, ihren Bruder ins Leben zurückzurufen? Die Pharisäer, die am Rand der Menschenmenge standen und Desinteresse vorheuchelten, würden sich über Jeschuas Versagen freuen, aber Lazarus' Schwestern würde neben ihrer Trauer noch die enttäuschte Hoffnung quälen. Ich würde mich natürlich nach Kräften bemühen, sie zu trösten; vielleicht könnte ich sie zur Seite nehmen, wenn wir bei ihnen angekommen waren …

»Er kommt nicht«, bemerkte ein Mann neben dem Tor, das Gesicht hämisch verzogen. Auf seine zynische Bemerkung reagierten die Trauernden mit einem empörten Zungenschnalzen, aber ich regte mich nicht darüber auf. Die Seele eines Menschen mochte einen Tag, höchstens noch zwei Tage da sein, aber jeder Rabbi, den ich kannte, sagte, dass keine Seele dem Ruf des Sh'ol länger als drei Tage widerstehen konnte.

Doch auf einmal bewegte sich etwas in der Nähe des Grabes. Ich hob den Kopf. War Jeschua vielleicht hineingegangen? Denn ich nahm eine Bewegung wahr …

Die Stille über dem Friedhof wurde durch markerschütternde Schreie zerrissen. Staub wirbelte auf und ich fuhr zusammen. Mirjam und Marta schluchzten; ihre Stimmen gingen in den Freudenschreien der Umstehenden unter.

»Wickelt ihn aus«, hörte ich Jeschuas Stimme, die den Lärm übertönte. »Bindet ihn los und lasst ihn gehen!«

Ich betrachtete den Zyniker am Tor. Seine Augen waren immer noch verengt, aber sein Mund stand vor Verblüffung offen. Zwei der Pharisäer hatten sich auf Zehenspitzen gestellt; ein Thora-Lehrer stützte sich an der Schulter seines Gefährten ab, bei seinem Versuch, über die Menge hinwegzuschauen.

Auch ich erhob mich, umklammerte den Friedhofszaun und versuchte zu erkennen, welches Wunder am Grab geschehen war. Ich hatte gerade Martas Kopf entdeckt, als die Menge verstummte.

»Meister.«

Die Stimme, tief und wohltönend. Sie gehörte Lazarus von Bethanien; ich hätte sie überall erkannt.

»Mein Freund Lazarus.« Mit einem warmen Lächeln begrüßte Jeschua ihn. »Sollen wir dich nach Hause bringen?«

Jubel brach unter den Dutzenden Umstehenden los und die Menge drängte zum Tor. Sprachlos trat ich zurück, als Mirjam, Marta, Lazarus und Jeschua die verblüffte Gruppe vom Grab fort zur Stadt anführten.

Ich blickte ihnen nach und eine neue Erkenntnis durchfuhr

mich und brachte mich zum Zittern: Nie wieder würde ich den Erfolg von Jeschuas Plan anzweifeln. Mit felsenfester Gewissheit wusste ich, dass der Heilige Israels Jeschua gesandt hatte, um uns gegen Rom zu führen ... weil er die Macht hatte, sogar tote Soldaten wieder zum Leben zu erwecken.

Begriffen die anderen überhaupt, was sie gerade miterlebt hatten? War ihnen klar, was dies bedeutete?

Unter Jeschuas Führung wäre der Sieg unser. Denn nicht einmal Rom konnte sich einer unsterblichen Armee rühmen.

Kapitel 38

Sechs Tage vor dem Beginn der Passahzeremonien kehrten wir zum Haus von Mirjam, Marta und Lazarus zurück. Die Menge hörte von unserer bevorstehenden Ankunft und Dutzende Männer, Frauen und Kinder strömten in Lazarus' Haus, um sich persönlich den Mann anzuschauen, der aus dem Grab zurückgekehrt war.

Die Kunde von dem, was mit Lazarus geschehen war, hatte sich in ganz Bethanien und Jerusalem verbreitet. Während meiner Besuche auf dem Markt und an den Stadtbrunnen hörte ich, dass Augenzeugen die Nachricht von Lazarus' Auferweckung dem Sanhedrin hinterbracht hatten, unserem religiösen Rat. Da dieser Rat Jeschuas Einfluss fürchtete, wollten die Lehrer ihn aus dem Weg schaffen.

Unser Rabbuni war sehr still geworden und zog sich noch mehr als gewöhnlich von uns zurück. Er verbrachte lange Stunden im Gebet und ich hatte Angst um ihn. Machte er sich Sorgen darum, wie er den Nachschub organisieren sollte, der nötig wäre, um unsere Sache durchzuziehen? Hatte er Angst vor den Römern? Ich wollte ihm versichern, dass mein Vertrauen in ihn ungebrochen ist, aber als Frau stand es mir nicht zu, über solche Dinge zu reden.

Ich entdeckte zwei Pharisäer unter der Menge in Lazarus' Haus und mir fiel der verächtliche Ausdruck auf ihren Gesichtern auf. Wie konnten sie mit einem Mann streiten, der vier Tage im Grab gelegen hatte? Er war aus dem Sh'ol zurückgekehrt, weil das Wort Jeschuas ihn zurückgeholt hatte.

Die Schwestern bereiteten Jeschua zu Ehren ein herrliches Abendessen vor und während die Männer zusammen im Haus zu Tische lagen, saßen wir Frauen draußen und ließen es uns schmecken. Als Gastgeberin war Marta voll und ganz damit beschäftigt, ihre Gäste zu bedienen, doch ich hielt mich in der Nähe der jüngeren Schwester auf, da ich spürte, dass sie etwas bedrückte.

Schließlich blickte Mirjam mich an. »Ich weiß nicht«, sagte sie, »wie ich ihm danken soll.«

Ich wusste, was sie meinte – wie oft fehlten mir die Worte, wenn ich darüber nachdachte, wie viel ich dem Rabbuni verdankte.

Ich drückte ihren Arm. »Ich weiß, was du empfindest. Wie kann jeder Einzelne von uns ihm für das danken, was er getan hat?«

Sie schüttelte lächelnd den Arm. »Nein, nicht für das, was er getan hat. Für das, was er tun wird.«

Ich stutzte. Stille umgab uns. Jeschua würde das Reich aufrichten und uns von unseren Feinden befreien ... doch nie war mir der Gedanke gekommen, ihm dafür zu danken.

Mirjam verschränkte die Arme. Man sah ihr an, dass sie nachdachte. »Ich – ich muss beim Abendessen helfen«, sagte sie schließlich, »aber vielleicht ist da etwas ...«

Marta rief nach ihr und Mirjam entfernte sich. Ich blieb vor dem mit Spitze behängten Fenster stehen und spähte ins Haus. Lazarus, vor Gesundheit strotzend, lag neben Jeschua auf der Kline. Er lachte und sprach wie ein Mann, der vor nichts Angst hat, am wenigsten vor den Pharisäern, die sich durch den Propheten von Nazaret stärker bedroht fühlten als je zuvor.

Lazarus' Lachen brach abrupt ab und Stille legte sich über die Gruppe. Die Männer drehten sich um und sahen etwas oder jemanden an und ich bemerkte Mirjam, die auf Jeschua zuging. Mit einem großen Krug in den Händen kniete sie am Ende der Liege, auf der er lag, nieder. Wortlos öffnete sie den Krug und spritzte Salböl auf seine Füße, dann trocknete sie sie mit ihren langen Haaren ab.

Der süße Duft drang sogar bis zu dem Fenster, an dem ich stand.

Ich sah zu den anderen hinüber – Petrus beobachtete die Szene mit wehmütigem Gesichtsausdruck. Johannes schenkte ihr ein liebevolles Lächeln und Andreas starrte sie verblüfft an.

Aber Judas runzelte die Stirn. »Dieses Salböl«, zischte er und offensichtlich war ihm egal, dass Mirjam jedes Wort verstehen konnte, »war ein kleines Vermögen wert! Es hätte verkauft werden sollen. Das Geld hätte man den Armen geben können.«

Jeschua drehte sich zu Judas um und blickte ihn traurig und vorwurfsvoll an. »Lass sie in Ruhe. Sie hat dies getan als Vorbereitung für meine Beerdigung. Die Armen habt ihr immer bei euch, aber ich werde nicht mehr sehr lange unter euch sein.«

Mein Herz brach für Mirjam, die bei Judas' harten Worten zusammengezuckt war. Tränen strömten ihr über die Wangen, aber ob sie nun wegen Judas' Bemerkung oder Jeschuas Antwort weinte, konnte ich nicht sagen.

Am liebsten wäre ich hineingeeilt und hätte ihr die Tränen abgewischt, doch Marta war die Gastgeberin, ich konnte nicht einfach einen Raum voller Männer betreten. Trotzdem staunte ich darüber, dass Mirjam den Mut dazu gefunden hatte.

Aber sie brauchte nicht zu weinen. Jeschuas Siegesstunde stand unmittelbar bevor. Er würde uns verlassen, aber nur, um seinen rechtmäßigen Thron als Messias und Befreier Israels zu besteigen.

Wir verbrachten den Sabbat in Bethanien und brachen am ersten Tag der Woche nach Jerusalem auf. Die Kunde unserer Ankunft eilte uns voraus. Eine Gruppe von Jerusalem-Besuchern zum Passahfest kam uns mit Palmzweigen auf der Straße entgegen. Die Menschen riefen: »Hosianna, dem Sohne Davids«, was in unserer Sprache heißt: »Befreie uns, Sohn Davids!«

An diesem Morgen hieß nicht nur Jerusalem Jeschua als Messias willkommen. In der Menge entdeckten Hadassa und ich sogar Heiden, die sich von der Begeisterung hatten anstecken lassen und mit Palmzweigen winkten.

Nur mit Mühe konnte ich mich beherrschen, denn sonst hätte ich laut zu lachen begonnen. Die Stunde des Sieges war nah; freudige Erwartung lag in der Luft. Mit Jeschuas Fähigkeit, große Wunder zu vollbringen, und dieser Art der Unterstützung aus dem Volk konnte kein römischer Legionär gegen uns bestehen! Jemand bot Jeschua einen jungen Esel an. Da er müde war – ich bemerkte die dunklen Ringe unter seinen Augen –, stieg er auf den knochigen Rücken des Tieres und ritt durch die Stadttore in die Stadt. Er wirkte eher wie ein müder und staubiger Reisender und nicht wie ein im Triumphzug einziehender König, trotzdem erkannte die Menge ihn als ihren Messias an.

Und während ich ihm folgte, fielen mir die Worte aus dem Propheten Sacharja ein: »Du Tochter Zion, freue dich sehr, und du, Tochter Jerusalem, jauchze! Siehe, dein König kommt zu dir, ein Gerechter und ein Helfer, arm und reitet auf einem Esel, auf einem Füllen der Eselin.«

Unter den Menschen, die bei unserem Eintreffen in Jerusalem die Palmzweige schwangen, befand sich auch eine Gruppe von Griechen. Einige von ihnen kannten Philippus und sie baten ihn um eine Unterredung mit dem Propheten. Ich hörte zufällig, wie Philippus Andreas von ihrer Bitte erzählte; gemeinsam gingen sie zu Jeschua und fragten ihn, ob er mit den Heiden sprechen würde.

Jeschua war einverstanden und ging nach draußen, um sie zu begrüßen. »Die Zeit ist da«, erklärte er den Griechen, »dass der Sohn des Menschen in seine Herrlichkeit eintritt.«

Ich hielt die Luft an. Jeschua hatte schon häufiger von sich als Sohn des Menschen gesprochen, aber ich dachte immer, das beziehe sich auf seine Menschlichkeit. In jenem Augenblick ließ diese Bezeichnung zum ersten Mal etwas in mir anklingen. Jaakov hatte Avram häufig aus den Schriften des Propheten Daniel vorgelesen, der von der Wiederkunft des Menschensohnes geschrieben hatte.

Ich schloss die Augen und gab mich der Erinnerung hin. Jaakovs Stimme verschmolz mit Jeschuas Stimme und ich hörte die geliebten Worte so klar, als würde mein Mann sie mir ins Ohr flüstern:

> Ich sah in diesem Gesicht in der Nacht, und siehe, es kam einer mit den Wolken des Himmels, wie eines Menschen Sohn, und gelangte zu dem, der uralt war, und wurde vor ihn gebracht. Der gab ihm Macht, Ehre und Reich, dass ihm alle Völker und Leute aus so vielen verschiedenen Sprachen dienen sollten. Seine Macht ist ewig und vergeht nicht und sein Reich hat kein Ende.

Meine Wangen röteten sich vor Freude, als ich meinen lieben Rabbi mit den Heiden reden sah. Den Religionsführern gegenüber war Jeschua vorsichtig gewesen, aber mit den Griechen sprach er ganz offen. Die Stunde war nah. Der Sieg war in greifbare Nähe gerückt.

Ich schob mich näher an die Gruppe heran in der Hoffnung, Jeschua würde sie bei seiner Revolte gegen Rom um ihre Hilfe bitten, aber stattdessen sprach er wieder einmal in Rätseln. »Es ist so«, fuhr Jeschua fort, »ein Weizenkorn muss in den Boden gepflanzt werden. Wenn es nicht stirbt, wird es allein bleiben – ein einziges Samenkorn. Aber sein Tod wird viele neue Samen hervorbringen – eine reiche Ernte neuen Lebens. Wer sein Leben auf dieser Welt liebt, wird es verlieren. Wer sein Leben auf dieser Welt aber verachtet, wird es für die Ewigkeit behalten.«

Meine aufkeimende Hoffnung fiel in sich zusammen wie ein toter Kugelfisch. Was meinte er? Wollte er damit sagen, dass wir im bevorstehenden Reich neue Positionen bekommen würden? Irgendwie gefiel mir dieses Gerede vom Tod nicht. Beim Kampf würden einige Männer ihr Leben lassen, das war mir klar. Eine Revolution ging nun mal nicht ohne Blutvergießen vonstatten, aber ich hatte doch miterlebt, wie Jeschua einen Mann auferweckt hatte, der bereits vier Tage tot gewesen war. Bestimmt könnte er doch alle, die im Kampf umkamen, wieder zum Leben erwecken.

»Wer mein Jünger sein will«, sagte er zu den Griechen, »muss kommen und mir folgen, weil meine Diener dort sein müssen, wo ich bin. Wenn sie mir folgen, wird der Vater sie ehren.«

Ich beobachtete ihn und meinte, etwas wie Bedauern in seinem Gesicht erkennen zu können. »Meine Seele ist jetzt tief betrübt«, fuhr Jeschua fort. »Soll ich beten: ›Vater verschone mich vor dem, was auf mich zukommt‹? Aber aus diesem Grund bin ich doch gekommen! Vater, verherrliche deinen Namen.«

Über das, was als Nächstes geschah, herrscht unter denen, die um Jeschua versammelt waren, immer noch Uneinigkeit. Einige behaupten, sie hätten einen Donnerschlag gehört; einige sagten, sie hätten einen Engel gehört. Aber ich hörte eine Stimme. Ein tiefes Donnern vom Himmel antwortete auf Jeschuas Schrei: *»Ich habe ihn bereits verherrlicht und ich werde ihn noch einmal verherrlichen.«*

Jeschua blickte uns an, als wäre seine Seele müde geworden. »Die Stimme war um euretwillen, nicht um meinetwillen. Die Zeit des Gerichts über die Welt ist gekommen, wenn der Fürst dieser Welt hinausgeworfen werden wird. Und wenn ich von der Erde genommen werde, werde ich alle zu mir ziehen.«

Ein Raunen machte sich unter den Männern breit:

»Sagt er damit, dass er sterben wird?«

»In den Schriften heißt es, der Messias würde ewig leben. Und wer ist dieser Menschensohn, von dem er redet?«

Jeschua starrte auf seine Hände. »Mein Licht wird nur noch kurze Zeit für euch leuchten. Wandelt darin, solange ihr noch Gelegenheit dazu habt, damit ihr nicht stolpert, wenn die Dunkelheit hereinbricht. Wenn ihr in der Dunkelheit wandelt, könnt ihr nicht sehen, wohin ihr geht. Glaubt an das Licht, solange es noch Zeit ist; dann werdet ihr Kinder des Lichtes sein.«

Eine griechische Frau drehte sich fragend zu mir um. »Du folgst diesem Mann?« Sie deutete auf Jeschua. »Kannst du mir erklären, was er sagen will?«

Ich konnte nur den Kopf schütteln.

Kapitel 39

Atticus hielt sich während jener Tage in Jerusalem auf – er war zur Bewachung von Pilatus dorthin abkommandiert worden, der zusammen mit der edlen Procula während der größeren jüdischen Feste im Palast des Herodes residierte.

Am ersten Tag der Woche erstattete Atticus auf dem Weg zum Quartier des Tribun Claudius Lysias in der Festung Antonia Bericht. Gaius saß vor dem herablassenden Tribun, einem Patriziersohn, der wenig Geduld mit plebejischer Unfähigkeit hatte, wie er es nannte.

»Uns sind Gerüchte zu Ohren gekommen«, begann Claudius, der an Gaius vorbei zu Atticus hinüberblickte, »von drohenden Unruhen in Jerusalem in der kommenden Woche. Ein neuer Messias hält sich in der Stadt auf, und dieser macht mehr Ärger als die meisten anderen. Der Statthalter möchte keinen Ärger.«

Atticus blickte Gaius an, der hoch aufgerichtet und mit unbewegtem Gesicht dasaß. Zweifellos wusste Gaius bereits Bescheid ... warum also hatte der Tribun ihn rufen lassen?

Er nickte zustimmend. »Verstanden, Herr.«

»Man sagt«, fuhr der Tribun fort und ein Lächeln umspielte seine Lippen, als er Gaius anblickte, »er könne Tote auferwecken. Einer der Juden in Bethanien sei tot gewesen und hätte schon vier Tage im Grab gelegen, aber dieser Messias hätte ihn aus dem Grab gerufen.«

Atticus versteifte sich, doch Gaius lachte nur. »Ich frage mich, wie viel sie dem toten Mann bezahlt haben, dass er vier Tage in seinem Grab gelegen und auf seinen Ruf gewartet hat?«

»Nicht annähernd genug, schätze ich.« Claudius blickte zu Atticus auf. »Ich höre nur Gutes von dir. Gaius Cabilenus ist der Meinung, dass du einen guten Zenturio abgeben würdest.«

Atticus starrte den Tribun wortlos an. Sein Mund wurde trocken. Er, ein Zenturio? Er hatte auf eine solche Ehre gehofft, aber so weit von Rom und der kaiserlichen Gunst entfernt, waren die Möglichkeiten, sich eine Beförderung zu verdienen, begrenzt ...

»Wenn du diesen Auftrag zu meiner Zufriedenheit ausführst und du die Situation meisterst, Atticus Aurelius«, fuhr Claudius fort, während er einen Stapel Pergamente auf seinem Schreibtisch durchblätterte, »dann wirst du innerhalb von wenigen Monaten den Helm des Zenturio tragen. Gaius Cabilenus wird dir weitere Befehle geben. Du bist entlassen.«

Atticus salutierte vor dem Tribun, dann trat er hinaus in das strahlende Sonnenlicht und lehnte sich gegen die Steinmauer.

Einen Augenblick später kam Gaius aus dem Raum und grinste ihn an. »Na, das hat dich umgehauen, nicht?«

»Ja.«

»Du bist der geborene Führer, Atticus. Und wenn du diese Woche zu Roms Zufriedenheit hinter dich gebracht hast, wirst du dir eine Beförderung verdient haben.«

Atticus lief neben seinem Zenturio her. »Was soll ich tun?«

»Der Statthalter ist natürlich beunruhigt wegen dieser Juden. Wie du weißt, sind sie eine widerspenstige Bande und während ihrer Passahfeier gehen ihnen leicht die Pferde durch. Dieser Messias macht die Sache noch komplizierter. Einige der religiösen Führer sind bereits mit ihrer Besorgnis zum Statthalter gekommen – sie haben Angst, dass der Mob versuchen wird, ihn zum König zu krönen.«

Sie gingen an einer Fontäne im Hof vorbei und Atticus hob die Stimme, um sich über das Plätschern des Wassers hinweg verständlich zu machen. »Sollte dies nicht eher Herodes' Problem sein und nicht das von Pilatus? Schließlich ist Herodes ihr König.«

»Die Juden hassen Herodes – und sie mögen diesen Messias. Den Gerüchten zufolge kann er Tote zum Leben erwecken und mit einem Laib Brot Tausende satt machen. Die religiösen Führer denken, er könnte Herodes mit einem Streich stürzen, und den meisten wäre es egal, wenn er es täte. Ihre Bedenken gelten jedoch Rom. Nach einigen ihrer Prophezeiungen wird sich dieser Messias, auf den sie warten, nicht mit Judäa zufriedengeben – der Mann hat die Absicht, die ganze Welt zu beherrschen.«

»Aha.« Atticus nickte. »Allmählich begreife ich.«

»Gut.« Gaius' Mund verzog sich zu einem zynischen Lächeln. »Die Juden verfügen zwar über eine Tempelwache, aber ich traue ihnen nicht. Du sollst fünf Kontubernien um den Tempelberg herum stationieren. Sie sollen bereit sein, sich aber zurückhalten. Falls du zu irgendeinem Zeitpunkt während dieser Woche Anzeichen für einen Aufstand bemerkst, dann nimmst du diesen Messias und seine Anhänger in Haft.«

Atticus verneigte sich und salutierte. »Es soll geschehen.«

Später an diesem Abend streckte sich Atticus auf seiner Matratze aus und blickte zu Flavius hinüber, der die Augen bereits geschlossen hatte. »Schläfst du schon?«

Flavius grunzte. »Noch nicht.«

»Was hast du über diesen neuen Messias der Juden in Erfahrung gebracht?«

Flavius öffnete ein Auge. »Warum denkst du, ich hätte überhaupt etwas gehört?«

»Weil ich weiß, dass du die Tochter des griechischen Bauern auf dem Markt besuchst ... und dass dieser Bauer viel aufschnappt.«

Flavius lachte. Der Punkt ging an Atticus. »Er bekommt auch nicht alles mit, aber von diesem Juden hat er tatsächlich gehört. Sie nennen ihn Jeschua.«

Atticus zog scharf die Luft ein. Jeschua ... der Heiler. Der sanfte Galiläer, der Quinn hochgehoben und ihm mit einem Wort sein Gehör zurückgegeben hatte. Er blickte zu seinem Gefährten hinüber. »Und dieser Jeschua ist gefährlich?«

»Das glaube ich nicht. Er erzählt Geschichten, meistens. Zieht im Land herum und spricht von dem jüdischen Gott und vom Gutestun.«

»Und warum hassen sie ihn dann?«

Flavius stützte sich auf die Ellbogen und seine Gesichtszüge verfinsterten sich. »Vielleicht hält er sie nachts wach. Vielleicht quält er sie mit Fragen, wenn sie schlafen wollen.«

Atticus schnaubte. Er verschränkte die Arme und starrte an die Decke. Sein Wissen über den Gott der Juden war begrenzt, aber Jeschua hatte ihn tief beeindruckt. Was er an jenem Tag auf dem Berg gesagt hatte ... seine Worte hatten aufrichtig und ehrenhaft geklungen. Und sein Handeln hatte von Mitgefühl gezeugt, eine Eigenschaft, die denen, die Mithras anbeteten, absolut fehlte.

Er richtete sich auf und blies die Lampe aus. Jeschua und seine Anhänger würden sich hoffentlich während der Festtage benehmen. Diesem Jeschua verdankte er sehr viel und er wollte diese Schuld nicht dadurch begleichen, dass er den Mann verhaftete.

Am folgenden Morgen wies Atticus seinen Männern in aller Stille Positionen um die äußeren Höfe des Tempels der Juden herum zu. Auch wenn die jüdische Tempelwache nach römischen Maßstäben ein bunt zusammengewürfelter Haufen war, nahmen sie eine Regel sehr ernst: Kein Heide, nicht einmal ein römischer Soldat, durfte über den Hof der Heiden hinaus weiter in den Tempelbezirk vordringen.

Nachdem er sich davon überzeugt hatte, dass seine Männer jeden größeren Ein- und Ausgang kontrollierten, stellte sich Atticus in der Nähe des größten Hofes in Position und legte die Hand an den Schaft seines Schwertes.

Er brauchte nicht lange zu warten. Jubelrufe ertönten und er hörte, wie sich die Menschen gegenseitig zuriefen: »Es ist Jeschua, der Prophet aus Nazaret in Galiläa.«

Atticus schritt über die obersten Stufen und entdeckte den Mann und seine Jünger. Die Jünger strahlten, winkten und grüßten diejenigen, die ihren Lehrer willkommen hießen, aber in den Monaten seit Quinns Heilung hatten sich tiefe Furchen des Kummers und der Erschöpfung in Jeschuas Gesicht gegraben. Er stieg die Stufen zum Hof der Heiden hoch. Die Tische mit den Geldwechslern bedachte er mit einem missbilligenden Blick.

Atticus hatte sich einmal nach diesem Gewerbe erkundigt. Ein Einwohner Jerusalems hatte ihm erklärt, dass die Juden Münzen mit eingravierten Bildern verabscheuten und dass jeder Pilger, der nach Jerusalem kam, die verhassten römischen gegen Münzen aus Tyrus eintauschen müsste. Die Geldwechsler berechneten eine exorbitante Gebühr für den Umtausch der Münzen und auch die Verkäufer der Opfertiere würden die Menschen betrügen.

Atticus versteckte sich hinter einer Säule. Jeschua blieb schweigend stehen. Die Menge in der Nähe des Propheten wurde unruhig, hoffte vermutlich auf ein Wunder, welcher Art auch immer, aber Jeschua schwieg.

Einer der Geldwechsler, ein Mann mit fettigen Haaren und einem ungekämmten Bart, erhob sich und tippte dem Propheten auf die Schulter ... und Jeschua wirbelte mit einem Aufschrei des Zorns herum.

Ohne Vorwarnung legte der sanfte Prophet aus Galiläa die Hand an den Tisch des Geldwechslers und kippte ihn um, dann ging er zum nächsten. »In den Schriften steht«, rief er mit zorniger Stimme, »›Mein Tempel wird ein Ort des Gebetes genannt werden‹, aber ihr habt ihn in eine Räuberhöhle verwandelt!«

Er schritt die Reihe entlang, kippte die Tische der Geldwechsler und die Bänke der Taubenverkäufer um. Einen Mann mit einem Korb voller Tauben hielt er an und riss den Korb auf; dann leerte er eine Lederbörse mit römischen Münzen aus. Quadrans, Sesterzen und Denarii rollten über den Boden.

Völlig verblüfft beobachtete Atticus, wie der Prophet den letzten Tisch umwarf und die verwirrten Geldwechsler anblitzte. Hinter ihm sahen die Priester mit offenem Mund zu und Atticus bemerkte, dass sie zu überrascht waren, um zu protestieren. Was immer der Mann getan hatte, er rechtfertigte sein Handeln mit Worten, denen sie nicht widersprechen konnten.

Atticus fing Flavius' Blick auf, der auf der anderen Seite des Hofes stand. Er war vorgetreten, bereit, sein Schwert zu ziehen, doch Atticus hielt ihn mit einer Handbewegung auf. Was immer hier vorging, es war kein Aufstand. Jeschua hatte als Einziger gehandelt und jetzt waren alle Menschen auf dem Hof beinahe wie gelähmt.

In diese Stille hinein ging der Prophet zu einem gelähmten Mann, der auf einer Matte unter einem der Torbögen saß. Ohne ein Wort zu sagen, bückte sich Jeschua, ergriff die Hand des Mannes und lächelte, als sich der Krüppel erhob und aufrichtete. Er war wieder ganz gesund. Während der geheilte Mann jubelte und vor Freude herumsprang, drängten andere zu Jeschua heran, der seine Arme ausbreitete und alle, die zu ihm kamen, willkommen hieß – die Blinden, die Tauben, die Lahmen.

Atticus lehnte sich an die Säule und beobachtete voller Staunen, wie sogar kleine Kinder in den Lobgesang der anderen einstimmten.

Er fuhr zusammen, als Flavius ihm die Hand auf die Schulter legte. »Ich dachte, wir würden hier ein wenig Aktion erleben.«

Atticus schnaubte. »Das dachte ich auch. Aber ich bin froh ... ich bin froh, dass es nicht so gekommen ist.«

Ein Muskel in Flavius' Wange zuckte. »Könnte nicht schaden, wenn wir ein paar hundert Juden während dieser Woche wegschließen würden.«

»Das weiß ich nicht«, erwiderte Atticus. »Und ich fange an, mich zu fragen, ob du diesen Propheten überhaupt einschließen könntest. Er besitzt große Macht, Flavius. Ich habe es erlebt.«

»Du hast Tricks erlebt. Kluge Zaubertricks.«

Atticus schüttelte den Kopf. »Nichts, was ich in einem Tempel Mithras erlebt habe, kommt auch annähernd an das heran, was ich heute hier mit angesehen habe.«

Kapitel 40

Eine ungeahnte Vorfreude erfasste mich, als das Fest der ungesäuerten Brote anbrach und die Priester die Passahlämmer opferten.

Wir hatten uns in Lazarus' Haus in Bethanien einquartiert. Jeschua rief Petrus und Johannes zu sich und während sie auf ihn zukamen, deutete er auf mich und Hadassa. »Heute«, erklärte er den Männern, als sie bei ihm waren, »sollt ihr losgehen und das Passahmahl bereiten, damit wir es zusammen einnehmen können.«

Petrus runzelte die Stirn. »Und was sollen wir tun?«

»Sobald ihr nach Jerusalem kommt«, erklärte Jeschua, »werdet ihr einem Mann mit einem Wasserkrug begegnen. Folgt ihm. Zu dem Besitzer des Hauses, das er betritt, sagt ihr: ›Der Lehrer fragt, wo das Gastzimmer ist, in dem er das Passahmahl mit seinen Jüngern einnehmen kann.‹ Er wird euch nach oben in einen großen Raum führen, der schon vorbereitet ist. Dort sollt ihr unser Mahl bereiten.«

Petrus und Johannes machten sich sofort auf den Weg. Da ich wusste, dass diese beiden Männer keine Ahnung hatten, wie ein solches Mahl richtig vorbereitet wird, folgte ich mit Hadassa in diskretem Abstand.

Alles traf genau so ein, wie Jeschua vorhergesagt hatte. Ich war erstaunt gewesen, als er von dem Mann mit dem Wasserkrug gesprochen hatte, denn das Wasserholen ist eigentlich Frauenarbeit, aber wir waren in Jerusalem kaum zwanzig Schritte gegangen, als wir einen jungen Mann mit einem Krug auf den Schultern entdeckten. Petrus und Johannes sprachen ihn an. Ich weiß nicht, ob sie den jungen Mann erkannten, aber mir war er kein Unbekannter. Sein Name war Johannes Markus und er war der Sohn einer anderen Mirjam, einer reichen Witwe, die ein großes Gasthaus auf der Krummen Straße führte. Johannes Markus hatte sich häufig unter Jeschuas Anhänger gemischt, wenn wir uns in Jerusalem aufhielten.

Ohne zu zögern, führte Johannes Markus Petrus und Johannes zu dem Gasthaus. Petrus bat Mirjam um ein einfaches Zimmer, doch sie trug ihrem Sohn auf, Petrus nach oben in den besten Raum im Haus zu führen.

Kurz darauf kam Petrus höchst zufrieden wieder herunter. Als sein Blick auf mich fiel, hob er die Stimme, denn seine Worte waren auch an mich gerichtet. »Der Raum ist vorbereitet, bereits ausgestattet mit einem Tisch und Liegen. Wir brauchen jetzt nur noch das Passahlamm vorzubereiten.«

Ich lachte leise in mich hinein und schüttelte den Kopf. Das sah einem Mann ähnlich, zu denken, wenn ein Tisch und Liegen in einem Raum ständen, wäre bereits für alles, was für ein Passahmahl nötig war, gesorgt! Bekam Petrus nicht mit, welche Vorbereitungen seine Frau Jahr für Jahr für das Passahfest traf?

Hadassa und ich überlegten, was der Meister und seine Jünger brauchen würden: Wein für die vier Becher, Kuchen aus ungesäuertem Brot, die bitteren Kräuter. Jeder brauchte noch einen Becher und natürlich das Opferlamm, von dem der Meister und seine Jünger keinesfalls satt werden würden, weil es klein war. Außerdem mussten wir noch an die *chagigah* denken, die wir für die Feier an dem Nachmittag nach dem Seder brauchten ...

Wir zogen unsere Schleier über unsere Gesichter. Ein Kamel trampelte vorbei und wirbelte eine Staubwolke auf. Judas hätte Petrus und Johannes Geld geben sollen für das Lamm. Sie würden es im Tempel kaufen. Würde es auch für ein *chagigah* genügen?

Hadassa und ich folgten Petrus und Johannes zusammen mit einer singenden Pilgerschar zum Tempelberg. Gläubige aus ganz Erez-Jisrael drängten sich in dem Vorhof der heiligen Stätte. Wir hatten gerade den Vorhof der Heiden erreicht, als wir die Trompetenstöße der Priester vernahmen, die anzeigten, dass die Passahlämmer jetzt geopfert würden.

Während die Männer Israels ihre fehlerlosen Lämmer zum Altar brachten, sangen die Leviten das Hallel und die Kinder Israels antworteten: »ADONAI, bitte rette uns! ADONAI, bitte schenke uns Wohlstand! Gesegnet sei, der da kommt im Namen ADONAIs!«

Während wir auf die Gesänge hörten, wurde ich unwillkürlich an Jeschuas Einzug in Jerusalem nur wenig Tage zuvor erinnert. Die Menge hatte seinen Namen gerufen und dieselben Worte gesungen. Seither war viel geschehen. Ich hatte miterlebt, wie Jeschua wie Josia, Hiskia und Judas Makkabäus, andere Könige Israels, den Tempel gereinigt hatte. Er hatte wie ein König gehandelt, Autorität und Macht ausgeübt.

Warum nur wirkte er jetzt so niedergeschlagen und beunruhigt?

Vielleicht war es die Tatsache, dass Mirjam von Bethanien Jeschua gesalbt hatte, vielleicht wollte ich auch nur die düstere Stimmung meines Rabbuni ein wenig aufbessern. Was auch immer der Grund dafür gewesen war, ich nahm ihn zur Seite, als er mit Jakobus und Andreas zum Gasthaus kam. »Rabbuni«, sagte ich und ich spürte, wie ich rot wurde. Ich holte das Päckchen, das ich hinter dem Rücken verborgen hielt, hervor. »Ich habe ein Geschenk für dich. Es ist nur eine Kleinigkeit, aber ich wollte dir etwas zum Fest schenken ... um dir zu danken für alles, was du für mich getan hast. Für Israel.«

Sein Blick wurde weich, als er mein Geschenk entgegennahm. »Sie teilen meine Kleider unter sich auf ... und um meinen Mantel werfen sie das Los.«

Ich runzelte die Stirn und verstand nicht, warum mein Geschenk ihn veranlasste, einen Psalm zu zitieren, aber in letzter Zeit war alles, was er sagte, sehr geheimnisvoll ...

Er packte die Leinenverpackung aus und schüttelte die Tunika aus, die ich mit großer Sorgfalt ausgesucht und schließlich gekauft hatte. Das Gewand aus besonders weichem Leinen war in einem Stück gewebt und ließ sich gut tragen. Es würde Jahre halten. Der Mann, der das Gewand gefertigt hatte, war wirklich ein Meister seines Handwerks. Er webte Tuniken, die den hohen Ansprüchen der Hohenpriester des Tempels genügten. Dies war zwar nicht das Gewand eines Königs, aber er konnte es mit Stolz tragen, wenn er sich mit den religiösen Führern und anderen Würdenträgern traf. Außerdem bezweifelte ich, dass Jeschua ein Gewand aus Seide oder Purpur anlegen würde.

Er hielt das Gewand in die Höhe und sein Blick suchte meinen. »Du auch, Mirjam?«

Ich runzelte die Stirn. »Was meinst du?«

»Danke«, sagte er lächelnd. »Du hast gut geplant.«

Der Meister und seine Jünger machten sich bereit, gemeinsam das Passahmahl zu essen, und ich schickte die anderen Frauen fort. Mirjam, Jeschuas Mutter, wollte zusammen mit ihrer Schwester Salome feiern. Die anderen Mirjams, die Frau des Zebedäus und die Frau von Cleopas, waren bei Freunden eingeladen.

Hadassa und ich gingen zum Gasthaus des Johannes Markus. Die Mutter des jungen Mannes, auch eine Mirjam, lud Hadassa und mich zu ihrem Festmahl ein. Hadassa freute sich sehr über die Einladung, das war nicht zu übersehen, denn sie hatte Johannes Markus schon den ganzen Nachmittag nicht aus den Augen gelassen.

Während die Mutter des jungen Mannes meine junge Freundin unten unterhielt, blieb ich bei unserem Rabbuni. Wenn die Dämmerung hereinbrach, musste ich die Lampen anzünden. Außerdem wollte ich in der Nähe bleiben für den Fall, dass er sonst noch etwas brauchte.

Einer nach dem anderen trafen die Jünger in dem oberen

Gemach ein. Judas kam als letzter; atemlos und mit gerötetem Gesicht trat er durch die Tür.

Judas' Gesichtsausdruck alarmierte mich. Ich wusste, dass er und Schimon mit Zeloten aus Galiläa in Kontakt standen. Hatte er auch Verbindung zu Revolutionären aus Jerusalem aufgenommen? Hatten sie vor, wegen Jeschua aktiv zu werden? Oder war unsere Anwesenheit hier in Jerusalem während der Festtage ein Fehler? Waren wir in eine Falle getappt?

Ich drückte mich auf der ersten Treppenstufe in der Nähe der Tür herum und überlegte, wie ich meinem Rabbuni am besten helfen könnte. Gerade hatte ich beschlossen, nach unten zu gehen und Johannes Markus zu bitten, einen Posten am Tor aufzustellen, als ich Jeschua auf den Knien liegend erblickte. Er hatte sein neues Gewand gegen ein Leinentuch um die Taille ausgetauscht. Es war die Kleidung eines Dieners, nein, eines Sklaven, und er hielt eine Waschschüssel mit Wasser in den Händen. Offensichtlich hatte er vor, den Seder zu beginnen, indem er den Jüngern die Füße wusch, aber Petrus wollte davon nichts wissen.

»Was tust du da?« Petrus hob seine Beine vom Boden. »Das ist nicht deine Aufgabe. Wir werden Johannes Markus bitten, einen Diener zu schicken …«

Jeschua ergriff einen von Petrus' Knöcheln und löste sanft die Riemen seiner Sandalen. »Du verstehst jetzt nicht, warum ich das tue, aber eines Tages wirst du es verstehen.«

»Nein«, protestierte Petrus, »du sollst meine Füße nicht waschen!«

Jeschua blickte seinen Jünger an. Ein Lächeln lag in seinem Blick. »Wenn ich dich nicht wasche, wirst du nicht zu mir gehören.«

Ich versteckte mein schadenfrohes Grinsen hinter meiner Hand. Als Petrus die Bedeutung der Worte des Meisters aufging, errötete er. »Dann wasche auch meine Hände und meinen Kopf, Herr, nicht nur meine Füße!«

Jeschua goss Wasser über Petrus' staubige Knöchel. »Ein Mensch, der gebadet hat, muss nicht am ganzen Körper gewaschen werden. Und du bist rein ... aber das trifft nicht auf alle hier Anwesenden zu.«

Jeschua wusch allen Jüngern die Füße, doch als ich mich in dem Kreis umblickte, überlief mich ein Schaudern. Die Männer hatten sich auf den niedrigen Klinen niedergelassen. Ein Platz für unseren Lehrer war noch frei. Was genau hatte er mit seinen Worten gemeint? Wer unter ihnen war nicht rein?

Mein Rabbuni erhob sich und ging zu dem Platz, an dem er sein neues Gewand abgelegt hatte; wortlos zog er es an und ließ das nasse Handtuch zu Boden fallen. Sein Blick fiel auf mich, die ich wartend in der Tür stand. Er nickte mir zu.

Das war mein Zeichen – es war an der Zeit, dass ich die Lampen anzündete, um symbolisch das Licht Gottes in die Welt zu bringen.

Während ich mein Gefäß mit Öl füllte, hörte ich, wie Jeschua zu den Männern sprach, die mehr als drei Jahre lang mit ihm unterwegs gewesen waren: »Als ich euch aussandte, um die gute Nachricht zu verkünden, und ihr kein Geld hattet, keine Reisetasche und keine zusätzliche Kleidung, hat es euch da an etwas gemangelt?«

Alle Anwesenden verneinten.

»Aber jetzt«, sagte er, »nehmt euer Geld und eine Reisetasche. Und wenn ihr kein Schwert habt, verkauft eure Kleider und kauft euch eins. Denn die Zeit ist gekommen, dass sich die Prophezeiung über mich erfüllt: ›Er wurde unter die gezählt, die Rebellen waren.‹ Ja, alles, was von den Propheten über mich geschrieben wurde, wird sich erfüllen.«

»Herr«, rief Petrus, »wir verfügen über zwei Schwerter.«

Jeschua zögerte. »Es ist genug.«

Mit zitternden Händen zündete ich die Lampen an. Ich verstand nicht alles, was er meinte, aber vielleicht brauchte ich das auch nicht.

Eines jedoch war klar: Jeschua wusste, diese Nacht würde sehr wichtig werden und er war bereit, sie durchzustehen.

Kapitel 41

Ich ließ die Männer in dem oberen Gemach allein und begab mich zu Bett. Johannes Markus war so freundlich gewesen, mir eine kleine Kammer im ersten Stock zur Verfügung zu stellen. Ich legte mich auf eine Strohmatratze. Natürlich gab es in dem Gasthaus auch größere Kammern, aber darin übernachteten die Pilger, die für die Festtage in die Heilige Stadt gekommen waren.

Bevor ich mich in mein Zimmer zurückzog, bat ich Johannes Markus, mich aufzuwecken, wenn die Männer das obere Gemach verließen. Hadassa und ich hatten die Absicht, Jeschua und die Jünger nach Bethanien zu begleiten, wo wir bei Mirjam und Marta Quartier für die Nacht bezogen hatten.

Ich wollte eigentlich nur ein oder zwei Stunden ruhen, aber der Himmel wurde bereits hell, als ich die Augen aufschlug. Hadassa schlief auf einer Matratze neben mir. Ihre Hand lag an ihrer Wange.

Meine erste Reaktion war Verärgerung – waren Jeschua und die Jünger ohne uns aufgebrochen? Doch dann hörte ich draußen auf der Straße Männer miteinander reden. Zwei Fremde unterhielten sich mit leiser, aber eindringlicher Stimme; nicht gerade die Art von Unterhaltung, die man bei einem fröhlichen Fest erwartete.

Aber andererseits, wieso hörte ich überhaupt etwas? Die Dämmerung war noch nicht einmal angebrochen.

Ich setzte mich auf und zupfte mir das Stroh aus den Haaren. Auf Zehenspitzen schlich ich zum Fenster, stellte mich in die Dunkelheit und hielt den Atem an, um zu verstehen, was die Männer draußen sprachen.

»Wo halten sie ihn gefangen?«

»Im Haus des Hohenpriesters.«

»Und seine Männer?«

»Haben die Beine in die Hand genommen und sind fortgerannt.«

Ich spürte, wie sich mein Magen zusammenkrampfte. Eine beängstigende Leere machte sich in mir breit. Wessen Männer hatten die Beine in die Hand genommen und waren davongelaufen? Doch bestimmt nicht Jeschuas. Seine Jünger waren bereit und bewaffnet ... mit zwei erbärmlichen Schwertern.

Mein Herz begann fast schmerzhaft in meiner Brust zu pochen. Ich hatte doch gewusst, dass sie nicht vorbereitet waren! Hatten sie denn die verstärkten Wachen im Tempel nicht bemerkt? Hatten sie die Spannung nicht gespürt, die in dieser Woche in der Luft lag?

Bestimmt hatten die Römer Jeschua gefangen genommen; die Jünger waren sicherlich geflohen. Darum hatte Johannes Markus mich nicht geweckt – wie die anderen saß er vermutlich zitternd in einer dunklen Ecke und versteckte sich vor den Behörden, die den Propheten Israels gefangen genommen hatten.

Ich ließ Hadassa schlafen, nahm meinen Schleier und eilte auf die Straße. Diesen Teil der Altstadt kannte ich nicht, aber der Tempel befand sich ganz in der Nähe. Bestimmt lebte der Hohepriester in der Nähe des Tempelberges.

Irgendwann auf meiner Flucht kehrte auch mein Denkvermögen wieder zurück. Die anderen Frauen kannten sich in Jerusalem viel besser aus als ich; sie wussten bestimmt, wo sich das Haus des Kaiphas befand. Sie würden mir sagen können, wo wir Jeschua finden könnten.

Ich ging zum Haus, wo die Mutter unseres Rabbunis mit Verwandten wartete. Sie war wach, trug ihren Schleier und ihre Augen waren rot geweint. Tiefe Ringe lagen unter ihren Augen. Wortlos erhob sie sich, als ich eintrat, und legte ihren Arm um meine Taille.

Gemeinsam gingen wir zum Tempelberg. Sie zeigte mir die Gasse, in der der Hohepriester Kaiphas lebte.

Zwei Tore schwangen auf und wir blieben stehen. Eine offiziell wirkende Prozession von Tempelwachen trat heraus. Sie führten einen gefesselten Gefangenen fort. Jeschuas Mutter und ich wichen in die Dunkelheit zurück und ich spürte, wie ihr Körper schlaff wurde, als sich unsere Ängste bestätigten – es war Jeschua, der von diesen bewaffneten Wachen fortgeführt wurde. Blut strömte ihm aus Nase und Mund; er taumelte wie ein Mann, der zu erschöpft ist, um einen Fuß vor den anderen zu setzen.

Doch er hob den Kopf – und unsere Blicke trafen sich. Und in diesem Augenblick zerplatzten alle meine Träume und Hoffnungen auf einen Sieg und die schreckliche Realität legte sich auf mich wie eine schwere Last. Die Welt hätte genauso gut auf den Kopf gestellt werden können, denn nichts von dem hier sollte passieren; nichts von dem hier war überhaupt *möglich*. Wie konnte der Prophet, der die Geldwechsler aus dem Tempel vertrieben hatte, wie ein Lamm zwischen den Wachen gehen, die seine wilde Autorität miterlebt hatten? Wie konnte der Rabbi, der den Seelen befahl, aus dem Sh'ol zurückzukommen, sich von den religiösen Herrschern unterwerfen lassen?

Das Gefühl, das sich in diesem Augenblick in mir breitmachte, verwirrte mich. Nie hätte ich gedacht, dass ich mich meines Rabbunis einmal schämen würde. Warum hatte Jeschua aufgegeben? War er des Kampfes überdrüssig geworden? Hatte er kapituliert, als seine Männer in der Nacht geflohen waren? Ich wäre nicht davongelaufen, auch seine Mutter nicht. Ich hätte mir ein Schwert geschnappt und hätte gegen die Römer gekämpft, bis sie mir meinen sterbenden Atem gestohlen hätten.

Für seine Sache hatten wir so viel aufgegeben; wir hatten unser Heim, unsere Familien und Freunde verlassen. Wir hatten an ihn geglaubt; wir waren gekommen, um ihn als den verheißenen Messias Israels zu sehen.

Dieses schreckliche Gefühl vermischte sich mit Enttäuschung,

Schmerz und Trauer. Jeschua hatte Macht, warum setzte er sie nicht ein? Ich verstand das nicht, aber als er vorbeiging, kam mir eine Erinnerung. Wieder einmal sah ich mich die Lampen für das Seder anzünden und ich spürte die Hoffnung in mir.

Eine solche Hoffnung würde ich vermutlich nie wieder empfinden.

KAPITEL 42

Für einen kurzen Augenblick sieht Atticus das zerschlagene Gesicht eines Gefangenen vor Augen – ganz schwach zuerst, dann so lebendig wie ein Porträt, das unter den Händen eines fähigen Künstlers entsteht.

Seine Truppe hatte den Auftrag bekommen, bei einer Gerichtsverhandlung für Ruhe und Ordnung zu sorgen, und zuerst erkannte Atticus den stillen Mann, der vor Pilatus stand, gar nicht. Von seinem Platz aus konnte Atticus nur das einfache Gewand des Gefangenen und seinen Hinterkopf sehen. Als sich der Angeklagte schließlich umdrehte, war sein Gesicht so geschunden, dass Atticus ihn immer noch nicht erkannte.

Er und seine Kameraden führten den Gefangenen vom Prätorium zur Herodeshalle und zurück zum Portal des Pilatus. Atticus hatte die Szene in Herodes' Thronsaal nicht miterlebt, aber Herodes wollte mit dem Verbrecher offensichtlich nichts zu schaffen haben. Pilatus war eindeutig frustriert über die aufgebrachten religiösen Führer, die den misshandelten Mann zu ihm gebracht hatten.

Als sie den Gefangenen erneut vor Pilatus führten, hatte er seinen Gerichtsstuhl in den offenen Hof gestellt. Mit verzweifeltem Gesicht beugte sich der Prokurator von Judäa vor und fragte heiser: »Sag mir aufrichtig: Bist du der König der Juden?«

Mit müder Stimme antwortete der Gefangene: »Ich bin kein irdischer König. Wenn ich es wäre, hätten meine Anhänger gekämpft, als die religiösen Führer mich verhaftet haben. Mein Reich ist nicht von dieser Welt.«

Beim Klang dieser Stimme und des galiläischen Akzents regte sich bei Atticus die Erinnerung. Diese Stimme hatte er schon einmal gehört. Im Tempel Anfang der Woche und damals am See von Tiberias.

Sein Gefangener war der Prophet Jeschua.

Entsetzen machte sich in ihm breit, als sein Blick von dem Prokurator zu dem Gefangenen flog. Es war unmöglich zu sagen, womit der Prophet den Zorn der Juden erregt hatte, die hinter der Reihe der Legionäre aufgebracht schrien, aber irgendetwas musste es wohl gewesen sein.

Oder vielleicht doch nicht?

Atticus blickte Pilatus an, der auf dem Rand seines Stuhles saß und mit den Fingern auf die Lehne trommelte. Frustration lag in seinen funkelnden Augen, die die meisten Männer bereits aus der Ferne einschüchterten, und seine Stimme klang rau. Er blickte nach rechts, als könnte er in den Gesichtern seiner Ratgeber die Lösung seines Problems finden, doch niemand trat auf ihn zu außer ... Cyrilla.

Atticus verspannte sich, als sich Proculas Dienerin vor dem Statthalter verneigte. Pilatus entdeckte sie und mit einem Lächeln, das zeigte, wie dankbar er für die Störung war, winkte er sie näher.

Atticus spürte Flavius' Blick auf sich gerichtet, als sich das Mädchen dem Gerichtsstuhl näherte. Sie beugte sich vor und flüsterte ihrem Herrn etwas ins Ohr. Pilatus' Augen weiteten sich vor Entsetzen und einen Augenblick lang presste er, von Panik erfasst, den Mund zusammen.

Cyrilla verneigte sich und schwebte davon. Sollte der Statthalter mit ihrer Botschaft tun, was er wollte. Seine Hände verkrampften sich um die Armlehnen; schließlich schob er das Kinn vor und verkündete, zu Ehren des jüdischen Festes würde er einen Gefangenen freigeben. Sollte er den sogenannten König der Juden freilassen oder Barabbas, einen überführten Rebellen und Mörder?

Atticus lächelte über die Klugheit des Prokurators. Barabbas, der Anführer eines blutigen Aufstands, hatte es nach jüdischem und römischen Gesetz verdient zu sterben, während dieser Galiläer unschuldig war. Er hatte nur die Gefühle von ein paar religiösen Führern verletzt.

»Wir wollen Barabbas!«

Atticus fuhr ungläubig zusammen, als die jüdischen Führer diese Worte riefen und sich der Schrei im Volk fortsetzte. »Gib uns Barabbas!«

Pilatus stand auf und hob die Hand. »Und was soll mit diesem Mann geschehen, den ihr den König der Juden nennt?«

»Kreuzige ihn!«

»Warum?«, fragte Pilatus. »Welches Verbrechen hat er begangen?«

Die Schreie vereinigten sich zu einem einzigen mächtigen Schrei: »Kreuzige ihn! Kreuzige ihn!«

Pilatus warf dem Tribun Claudius Lysias einen Blick zu. Er trat vor und salutierte.

»Setze Barabbas auf freien Fuß«, befahl Pilatus, »und diesen Gefangenen lass auspeitschen.« Mit leiserer Stimme, die nicht weiter drang als bis zu den Ohren der römischen Legionäre, fügte er hinzu: »Vielleicht befriedigt dies ihren Blutdurst.«

Zwei der Soldaten, die Pilatus' Gerichtsstuhl bewachten, traten die Stufen hinunter, packten den verurteilten Mann an den Armen und führten ihn zur Festung Antonia. In diesem Augenblick erhaschte Atticus einen Blick in die Augen des Propheten ... und wusste, dass Pilatus einen schweren Fehler begangen hatte.

Zum Glück übertrug Claudius die Geißelung einer anderen Truppe. Sie peitschten den Propheten aus, Schlag um Schlag, mit einer Geißel, die das Fleisch auf dem Rücken des Mannes aufriss. Atticus zuckte bei jedem Schlag zusammen und erinnerte sich an den Schmerz, den er empfunden hatte, als die Geißel seine Haut aufgerissen hatte. Noch immer trug er die Wunden seiner Initiation in die Mithras-Sekte, und er hatte nur sieben Schläge bekommen.

Jeschua bekam mehr als vierzig. Als der Prophet zusammenzubrechen drohte, verschwand Atticus in seiner Unterkunft.

Flavius folgte ihm. »Was machst du? Du solltest deinen Posten nicht verlassen …«

»Er braucht etwas zum Anziehen«, erwiderte Atticus, während er seine Kiste durchsuchte. »Wir haben ihm seine Kleider genommen; er muss etwas zum Anziehen haben, wenn er vor den Prokurator gebracht wird.«

Flavius lachte. »Warum machst du dir solche Gedanken um diesen Juden? Er ist doch nichts Besonderes, obwohl ich zugeben muss, dass wir es nicht so oft mit selbst ernannten Königen zu tun haben.«

»Hier ist etwas.« Atticus zog ein einfaches Gewand aus der Kiste und schüttelte es aus.

»Warum vergeudest du ein gutes Gewand an ihn? Hier drüben steht eine Kiste mit den alten Sachen des Statthalters, glaube ich. Die edle Procula hat sie in der vergangenen Woche geschickt.« Er ging zu der Kiste an der Wand, hob den Deckel und wühlte darin herum. Nach einer Weile zog er ein Stück Stoff heraus. »Das ist doch sehr passend für einen König, würde ich sagen.«

Atticus beobachtete, wie Flavius einen schimmernden roten Stoff auffaltete. »Das ist eines Kaisers angemessen, meinst du nicht?«

Atticus spürte, wie sein Mund trocken wurde. »Du würdest das einem Gefangenen anziehen?«

Flavius warf sich den Stoff über die Schultern und deutete mit dem Kinn auf das Gewand in Atticus' Händen. »Lass ihn doch seine eigenen Kleider tragen; behalte deine. Niemand wird bemerken, was er unter dieser feinen Seide trägt.«

Kapitel 43

Die Mutter des Propheten und ich standen in der Menge. Unsere Hände berührten sich, während wir das Spektakel verfolgten, das sich hinter der Reihe von Legionären abspielte, die uns von Jeschua trennten.

So viele Soldaten standen zwischen uns und unserem Rabbuni – bestimmt eine ganze Kohorte. Die meisten hatten sich in einer Reihe aufgestellt. Ihre Rücken bildeten eine feste Mauer zwischen uns und unserem geliebten Jeschua. Noch mehr Römer hatten sich vor der Festung aufgestellt. Ihre Gesichter glänzten vor Schweiß. Sie tranken aus ihren Schläuchen und schleuderten dem Mann, den sie auspeitschten, Schmähungen und Beleidigungen entgegen.

Ich schluckte, drückte Mirjams Schulter und wünschte, ich könnte ihr die Augen zuhalten und sie vor diesem schrecklichen Anblick schützen. Jeschua nahm die Menschenmenge und die spottenden Wachen nicht zur Kenntnis, wie mir auffiel, obwohl er bestimmt alles mitbekam. Wie oft hatte ich Petrus eine Frage zugeflüstert und später gemerkt, dass er jedes Wort verstanden hatte?

Unser gesalbter Prophet war doch unbesiegbar gewesen, so mächtig – wie war es nur zu dieser Katastrophe gekommen? Ich hatte miterlebt, wie er fünftausend Männer satt gemacht hatte, und ich hatte gedacht, er könnte auch eine Armee ernähren. Ich hatte miterlebt, wie er die verschiedensten Krankheiten geheilt hatte, und hatte gedacht, er würde die Männer heilen, die im Kampf gegen Rom verletzt wurden. Ich hatte miterlebt, wie er einen Toten auferweckt hatte und gedacht, er würde jeden auferwecken, der im Kampf um die Befreiung Israels von seinen Unterdrückern zu Tode kam.

Nie wäre mir in den Sinn gekommen, unser Messias könnte noch vor dem Beginn der Schlacht sterben.

Wie war das möglich? Gott hatte doch bestimmt, dass wir das Joch unserer Unterdrücker abschütteln würden; seine Propheten hatten die ewige Herrschaft des Menschensohnes vorhergesagt. Alles passte so hervorragend zusammen ... was war passiert?

Jeschuas Mutter barg ihr Gesicht an meiner Schulter. Sie konnte ihren blutenden Sohn nicht mehr anschauen, konnte aber auch nicht weggehen. Die Geißel wurde immer und immer wieder gehoben und sauste ohne Zögern und ohne Pause auf meinen Rabbuni herab, aber er hob seine Stimme weder im Zorn noch im Protest.

Als der grinsende Legionär endlich innehielt, um seinen Arm auszuruhen, schnitten sie die Riemen ab, die Jeschua zwischen zwei Pfosten aufrecht hielten. Er sank in die Knie und auf das Pflaster, die Augen waren geschlossen und seine Lippen bewegten sich in stummem Gebet.

Ein Zenturio, der durch den Federbusch auf seinem Helm als solcher zu erkennen war, trat vor. Er hielt etwas in den Armen. Zwei seiner Männer zerrten Jeschua auf die Beine.

Während einer der Legionäre Jeschua das neue Gewand über den verletzten Kopf zog, faltete der Zenturio einen tiefroten Stoff auf. Ein anderer Römer drückte meinem geliebten Rabbuni eine Krone aus Dornen auf den Kopf und neue Blutströme liefen über sein geschundenes Gesicht. Als ein dritter Soldat Jeschua ein schlankes Schilfrohr, das Symbol des herodianischen Königtums, in die Hand drückte, legte der Zenturio die schimmernde dunkelrote Seide über die Schulter meines Meisters ... eine wunderschöne Seide, die warm in der Morgensonne leuchtete und sich zu einem dunklen Rot vertiefte.

Die Farbe des Blutopfers, die Farbe des Königtums.

Wann waren diese beiden Farben jemals für einen einzigen Menschen bestimmt?

Meine Kehle zog sich zusammen und ich bekam kaum noch Luft, als ich meinen Meister ansah. Diese Seide konnte nur aus Magdala stammen. Aus meinem Färbetopf.

Und sie war von mir eigenhändig gefärbt worden.

Traurigkeit machte sich in mir breit, begleitet von einer Verzweiflung, die ich nicht einmal in meiner dunkelsten Stunde mit den Dämonen erlebt hatte. Die Scham, die ich Jeschua gegenüber empfand, verdunkelte meine Seele. Unser Rabbuni hatte uns gesagt, er würde sterben. Er hatte seinen Tod vorhergesagt. Aber ich hatte es nicht wahrhaben wollen. Auch konnte ich nicht glauben, was dieser Morgen offenbarte: Das Werk meines stolzen Herzens lag auf dem Rücken meines Meisters.

In tiefer Verzweiflung klammerte ich mich an Jeschuas Mutter. Ich empfand nichts als Düsternis und Kälte.

Kapitel 44

Da seine Truppe mit der Hinrichtung der Verbrecher beauftragt worden war, die an jenem Freitag sterben sollten, verfasste Atticus die Inschriften für die drei Kreuze auf Hebräisch, Lateinisch und Griechisch.

Für das Kreuz des Propheten schrieb er:

Jeschua von Nazaret, der König der Juden.

Zusammen mit Flavius, Gaius und den anderen Männern ihrer Truppe führte Atticus die drei Gefangenen zur Hinrichtungsstätte – einem gottverlassenen Ort außerhalb der Stadttore, in der Nähe eines Friedhofs. An diesem öden Ort gab es ein Steinplateau, daher stammte auch der Name dieses Fleckens: Golgatha oder »Schädelstätte«.

Atticus hatte schon vielen Exekutionskommandos angehört, aber noch nie hatte ihn sein Gewissen so geplagt wie in diesem Fall, als er durch die Straßen der Stadt lief. Die römische Gerechtigkeit war schnell und über jeden Zweifel erhaben, aber in diesem Fall war er nicht sicher, ob der Statthalter wirklich Gerechtigkeit geübt hatte. Auch Pilatus war seiner Entscheidung nicht sicher gewesen, denn er hatte sich die Hände gewaschen, bevor er den Wachen aufgetragen hatte, den Propheten fortzubringen.

Wegen des Feiertags waren die Geschäfte und Märkte in Jerusalem geschlossen, trotzdem wimmelte es auf den Straßen von Menschen, die die Prozession der verurteilten Männer sehen wollten. Die ersten beiden Übeltäter wurden verspottet und verhöhnt, doch als die Zuschauer Jeschua entdeckten, begannen die Männer zu weinen und die Frauen stimmten ein Klagelied an.

Atticus drehte sich zu Flavius um und zog die Augenbrauen in die Höhe. Wo waren diese Menschen gewesen, als Jeschua vor Pilatus gestanden hatte? Warum hatten sie da kein Klagelied für ihn angestimmt?

Als sie die Stadttore erreichten, stolperte Jeschua und brach unter dem Gewicht des *patibulum,* des Kreuzbalkens, zusammen. Flavius wählte willkürlich einen Mann aus, der gerade in die Stadt kam, und zwang ihn, die Last des Verurteilten zu tragen.

Atticus kniete neben dem gestürzten Propheten nieder, um ihm aufzuhelfen. Die Resignation in seinem Blick traf Atticus bis ins Innerste.

Nachdem er sich vergewissert hatte, dass der Prophet weitergehen konnte, entfernte sich Atticus und lehnte sich gegen die Stadtmauer.

Flavius übertönte die klagende Menge: »Alles in Ordnung?«

Ohne sich umzudrehen, hob Atticus die Hand. »Ich brauche nur eine kurze Pause.«

Bis Atticus sich beruhigt hatte, waren Jeschua und seine Wachen bei der Schädelstätte angekommen. Atticus schluckte den Kloß in seiner Kehle herunter und trat zu ihnen. Er kniete am Kreuz von einem der verurteilten Diebe nieder. Sollten sich Flavius und Gaius um den Propheten kümmern. Atticus brachte es nicht übers Herz, in die Augen des Mannes zu blicken, der Quinn geheilt hatte, und dabei seinen Pflichten nachzukommen.

Er nickte den anderen Legionären zu, die sich um den ersten Verbrecher kümmerten. Atticus beugte die Beine des Diebes an den Knien und drehte sie so, dass die Oberschenkel parallel zum Kreuzbalken standen, die Knöchel unterhalb des Gesäßes. Er hielt den verurteilten Gefangenen in dieser Position fest, während einer seiner Leute einen Nagel durch beide Fersen in den *simplex* oder den aufrechten Balken trieb. Die Hände waren bereits an den Querbalken genagelt worden.

Nachdem Atticus seine Pflicht getan hatte, trat er zu Flavius vor Jeschuas Kreuz. Das Blut der Kopfwunden hatte sein Gesicht verfärbt und seinen Bart verklebt. Die anderen Legionäre waren gerade dabei, die Besitztümer der Gefangenen unter sich aufzuteilen.

Vier Legionäre hatten den Propheten gekreuzigt und seine Kleidung am Fuß des Kreuzes aufgehäuft. Fünf Teile lagen auf dem Boden. Jeder Soldat nahm sich ein Teil: Das Obergewand, den Gürtel, die Sandalen und die Kopfbedeckung. Ein Gewand aus Leinen war noch übrig und die Männer zögerten, als sie es entdeckten. Die zerschlissenen Gewänder der beiden Diebe waren nur noch Lumpen, aber trotz der Blutflecken wirkte das Kleidungsstück des Propheten neu – und es war in einem einzigen Stück gewebt.

»Wir sollten es nicht zerreißen.« Flavius schüttelte das blutbefleckte Gewand aus. »Wir sollten das Los entscheiden lassen, wer es bekommt.«

Flavius gewann. Und während Atticus beobachtete, wie Flavius seinen Sieg feierte, fragte er sich, wie sein Freund ein solches Gewand tragen könnte.

Eine Bewegung erregte seine Aufmerksamkeit und er schaute auf. Eine Gruppe von jüdischen Führern trat vor. Ihre Gesichter waren spöttisch verzogen. Sie schrien und verhöhnten den Propheten. »Andere hast du gerettet«, spottete ein Mann. »Rette dich selbst, wenn du kannst!«

Atticus legte die Hand an den Dolch in seinem Gürtel. Jeschua hatte Quinn ein Leben in Kummer und Herzeleid erspart; hatten diese Männer jemals etwas Gutes getan?

Flavius hatte scheinbar den Zorn in seinen Augen bemerkt, denn er zupfte Atticus am Arm. »Vergiss sie«, sagte er und warf sich das Gewand des Propheten über die Schulter. »Die Juden können nicht miteinander auskommen und schon gar nicht mit Rom. Überlass sie ihrer Torheit.«

Die Morgensonne wanderte über den Himmel und es war bereits Nachmittag, als die jüdischen Führer sich entfernten. Atticus fragte sich, warum sie wohl gegangen waren, ohne das Ende des

Nazareners abzuwarten, aber Gaius erklärte ihm, der Tod würde sie unrein machen und sie könnten dann ihr heiliges Fest nicht feiern.

Der Prophet hatte Mühe zu atmen. Einige Frauen, die abseitsgestanden hatten, kamen näher. Zwei Männer begleiteten sie. Die Frauen trugen überwiegend die einfachen Kleider der galiläischen Landbevölkerung, aber das Gewand des älteren Mannes war reich bestickt, wie es die religiösen Führer bevorzugten.

Jeschua sprach mit zögernder Stimme zu den Trauernden. Der jüngere Mann legte den Arm um eine der Frauen und führte sie fort.

Ganz plötzlich erhob sich ein Sturm und pfiff über den Hügel hinweg und brachte eine ungewöhnliche Kälte mit. Der blaue Himmel verfinsterte sich. Im Osten zuckten Blitze über den Himmel, gefolgt von dem leisen Grollen des Donners. Einer der Blitze schlug in den Tempel der Juden ein; und auf einmal wurde der Himmel schwarz und der Hügel erbebte.

Atticus sträubten sich die Nackenhaare, als sich Steine lösten und den Berg hinunterrollten. Gaius erhob sich von der Erde, wo er gekniet hatte, und Flavius trat nervös von einem Fuß auf den anderen. »Atticus ...«, die dunklen Augen des Zenturio bohrten sich in seine, »Flavius hat mir erzählt, dass du etwas über diesen Mann weißt. Wer war er?«

»Er war ...«, Atticus hatte keine Kontrolle mehr über seine Stimme, genauso wenig wie über seine Emotionen, »ein jüdischer Prophet. Einige haben behauptet, er sei ihr Messias; einige sagten, er sei der Sohn ihres Gottes.«

Dunkelheit legte sich über den Berg, als der Mann am Kreuz rief: »Vater, in deine Hände übergebe ich meinen Geist!« Seine Brust hob und senkte sich schwer. »Es ... ist ... vollbracht.«

Mit diesen letzten Worten sank der Kopf des Propheten nach vorn. Atticus kannte das sehr gut.

Er blickte hinauf in den dunklen Himmel, beobachtete die verzweifelten Frauen und hörte das Trauergeheul des Windes. Der Himmel selbst schien um Jeschua von Nazaret zu weinen, der in seinem Leben nur Gutes getan hatte.

Atticus hatte seine Zukunft auf die Gerechtigkeit und das Licht Roms gesetzt. An diesem Tag jedoch herrschte die Dunkelheit und Gerechtigkeit war nicht zu finden.

»Dieser Mann«, murmelte Gaius, »war wahrhaftig Sohn Gottes.«

Atticus musste ihm zustimmen. Man sagte, Mithras und die Kaiser Roms seien Göttersöhne, aber der Gott der Juden hatte diesem Propheten eine Macht verliehen, wie Atticus es noch nie erlebt hatte. Kein römischer Priester oder Kaiser hatte jemals eine solche Macht besessen.

Wie konnte ein Mann mit einer solchen Macht sterben?

KAPITEL 45

Während ich an jenem Tag, der so schwarz wie die Nacht geworden war, am Fuß des Kreuzes stand, stieg das alte Gefühl des Schmerzes wieder in mir hoch und riss an meinem Herzen. Wie eine mächtige Unterströmung, die mich gegen meinen Willen mitriss, erfasste mich der Strom des Leids und zerrte mich in den tiefen Brunnen des Verlustes.

Warum hatte Jeschua mich dem ausgesetzt? Warum hatte er unsere Hoffnungen und Träume gestärkt, wenn er wusste, welches Schicksal ihn erwartete? Denn er hatte es gewusst – das konnte ich nicht mehr länger leugnen. Er hatte es gewusst und uns gewarnt.

Aber ich hatte nicht zuhören wollen.

Meine Wangen brannten, als ich mich an seine Worte erinnerte: *»Ein Weizenkorn muss in die Erde gepflanzt werden. Wenn es nicht stirbt, bleibt es allein. Aber sein Tod wird viele neue Körner hervorbringen – eine reiche Ernte an neuem Leben.«*

Und ... was würde nun geschehen? Wie sollte dieser beschämende Tod viel neues Leben hervorbringen? Es war ein schrecklicher Tod, abscheulich und grausam, und nach unserem Gesetz war jeder, der an einem Baum hing, verflucht.

Jeschua war ein Fluch geworden ... und als ich zu seinem blutverschmierten Gesicht aufblickte, konnte ich nicht verstehen, warum er es zugelassen hatte. Ich hatte von dem Löwen Judas geträumt, der den Adler Roms besiegte, denn wie David und Hiskia sollte der Messias unsere Feinde besiegen. Wenn die Nachricht von Jeschuas Tod im Galil bekannt wurde, würde jeder wissen, dass wir uns geirrt hatten.

Ein Messias, der eine Niederlage erlitt ... das konnte nicht der Messias sein.

Ich presste meine Hand auf den Mund, als die römischen Legionäre sich erhoben und an die drei Kreuze traten. Die beiden Diebe waren noch am Leben, darum brachen die erbarmungslosen Römer mit dem Stahlschaft ihrer Speere den Übeltätern die Unterschenkel. Aber der Soldat, der zu Jeschua getreten war, gebrauchte nicht seinen Speer. Stattdessen stieß er mit der Spitze seiner Waffe gegen den leblosen Kopf meines Rabbunis. Dann trieb er die Speerspitze in Jeschuas Seite.

Ich unterdrückte einen Schrei, als Wasser und Blut aus der Wunde flossen. »Er ist tot«, sagte der Römer mit tonloser Stimme.

Ich wäre vielleicht auf der Stelle in mich zusammengesunken, aber Josef von Arimathia, ein Mitglied des Sanhedrin, der insgeheim zu Jeschuas Nachfolgern gehörte, fing mich auf. »Ich bin mit Nikodemus hier«, flüsterte er mir ins Ohr. »Wir haben Vorbereitungen getroffen.«

Zum ersten Mal sah ich mich um. Die anderen Frauen waren fort; sogar Hadassa hatte es vor Kummer nicht mehr ausgehalten. Ich war allein mit den zwei Mitgliedern des Rates, die meinen Rabbuni zum Tode verurteilt hatten.

Traurig blickte ich Josef an. »Wer wird sich jetzt um ihn kümmern?«

»Wir.« Seine braunen Augen bohrten sich in meine. »Du musst jetzt stark sein, Mirjam, denn wir müssen schnell handeln. Kannst du uns helfen?«

Nach einer ganzen Weile, in der ich um Selbstbeherrschung rang, hob ich den Kopf und straffte die Schultern. »Was soll ich tun?«

Josef blickte zum Kreuz und wandte sich dann an Nikodemus. »Ich gehe zu Pilatus und hole mir die Erlaubnis, seinen Leichnam abzunehmen. Wenn wir nicht schnell sind, werden sie ihn in ein Gemeinschaftsgrab werfen.«

Ich presste die Lippen aufeinander, um ein Schluchzen zu unterdrücken.

Nikodemus trat näher. »Du und ich, Mirjam, wir müssen jetzt

handeln, noch bevor Josef zurückkehrt. Der Sabbat bricht bald an; wir müssen den Leichnam abnehmen und ihn vor Sonnenuntergang versorgen.«

Schniefend nickte ich Josef zu. »Dann geh nur und beeile dich.« Ich blickte Nikodemus an, während sich der ältere Mann eilends entfernte. »Wo werden wir ihn hinbringen?«

Nikodemus deutete den Berg hinunter. »In ein Grab auf jenem Friedhof. Es ist nicht weit und ich habe bereits alles, was wir brauchen, besorgt. Ein Kaufmann wird die Gewürze und das Leinen bringen ... nicht genug für ein angemessenes Begräbnis, aber ausreichend, um ihn für den bevorstehenden Sabbat herzurichten.«

Schockiert blickte ich ihn an. »Die Märkte sind geschlossen. Woher wusstest du das?«

Nikodemus schloss die Augen. Ein Muskel in seinem Kinn zuckte. »Josef und ich ... wir haben die Schriften studiert. Wir haben die Propheten gelesen und wussten daher, dass er am Pesach sterben würde. Wir haben an der Sitzung des Rates am gestrigen Abend nicht teilgenommen, weil wir die Vorbereitungen getroffen haben.«

Ich blickte den Berg hinab. Ein gewundener Pfad zog sich durch mehrere blühende Büsche hindurch und verschwand unter dem ausladenden Blätterdach eines Baumes. Ein friedlicher Ort und passend für einen Propheten Israels. »Geh nur und warte auf deinen Kaufmann«, forderte ich ihn auf. »Ich werde hierbleiben.«

Er schüttelte den Kopf. »Du gehst. Das Grab ist nicht ganz leicht zu finden, aber du wirst es schon schaffen. Der Stein davor ist fortgerollt …«

Ich zuckte zusammen. »Ich werde nicht in einem Grab warten. Du gehst; du weißt, wo es ist.«

»Aber wie willst du seinen Leichnam …?«

»HaShem wird einen Weg zeigen. Immerhin hat er auch dich hergeführt.« Nur mit Mühe brachte ich ein zitterndes Lächeln zustande. »Wir treffen uns im Garten.«

Als Nikodemus fort war, drehte ich mich zum Kreuz um. Noch immer tropfte Blut aus Jeschuas Körper; ein langsames, unregelmäßiges Plätschern, das auf dem steinigen Untergrund auftraf.

Tränen traten in meine Augen, verschleierten meinen Blick. Eine Gruppe Legionäre hockte rechts von mir. Ich hörte ihr gedämpftes Lachen und das Klirren der Waffen, als sie ihre Sachen zusammenpackten und sich anschickten, Golgatha zu verlassen.

War dies ein ganz gewöhnlicher Tag für sie? Ein ganz gewöhnlicher Prophet, den sie da hingerichtet hatten? Ein ganz gewöhnliches Volk, das sie in den Staub getreten hatten? Jeschua hatte Israel neue Hoffnung gebracht – Hoffnung sogar für die ganze Welt. Von ganzem Herzen hatte ich daran geglaubt, dass mein Rabbuni Rom und seine Cäsaren stürzen könnte. Stattdessen hatte das Volk, das unser Volk erobert und meine Familie ermordet hatte, meine Hoffnung ans Kreuz geschlagen.

Und Jeschua hatte es zugelassen.

Ich trat vor und legte meine Hände auf die verwundeten Füße meines Rabbunis. Seine Haut fühlte sich an wie kalter Marmor.

Vom Fuß des Berges drang das Knarren eines Sattels und das Schnauben eines Pferdes herauf; von irgendwo ganz in der Nähe hörte ich das Knirschen von Steinen unter Sandalen. Nie hätte ich einen Feind um Hilfe gebeten, aber es war sonst niemand in der Nähe ... nur Römer.

»Bitte, mein Herr«, sprach ich einen unbekannten Soldaten an, der wie ein übergroßer Schatten hinter mir stand, »würdest du mir helfen, ihn abzunehmen?«

Der Mann antwortete nicht, aber die Steine knirschten erneut und zwei große Hände legten sich über meine. Beinahe liebevoll hob der Soldat meine Arme; dann trat er zwischen mich und Jeschua. Ich schloss die Augen, als das Holz ächzend den Nagel frei gab. Schnell verdeckte ich mein Gesicht, als ein anderer Mann sich erhob und dem ersten zu Hilfe kam; gemeinsam nahmen sie Jeschua vom Kreuz ab und legten ihn zu meinen Füßen nieder.

Nachdem ich mich gefasst hatte, blinzelte ich die Tränen fort und betrachtete den leblosen Körper meines Lehrers.

»Was wirst du mit ihm tun?«

Ich hatte erwartet, dass die Stimme des Römers verächtlich klingen würde; doch in seinen Worten lag eine beinahe freundliche Besorgnis. Ich tupfte mir die Tränen von den Wangen und deutete den Berg hinab. »Da ist ein Pfad ... und ein Garten. Ein Mitglied des Rates hat Vorbereitungen getroffen.«

»Geh nur voran. Ich werde ihn für dich tragen.«

Ich war so schockiert, dass mir beinahe die Worte im Hals stecken blieben. Vorsichtig blickte ich den Römer an, weil ich mich überzeugen wollte, dass er nicht mit mir spielte, aber die Tränen verschleierten mir den Blick und ich konnte nichts als Ernsthaftigkeit in seinen Zügen erkennen.

Ich berührte seine Hand. »Du bist ... ein Geschenk von HaShem.«

Der große Mann kniete nieder und nahm Jeschua auf die Arme, als würde er einen geliebten Sohn hochnehmen, ungeachtet der anderen Soldaten, die ihm Fragen zuriefen und ihn verspotteten. Sein Helm blitzte in der Sonne auf, als er mir zunickte; ich drehte mich um und führte ihn den Hügel hinunter.

Und während ich langsam und gleichmäßig voranschritt, musste ich unwillkürlich an die Tausende denken, die nur wenige Tage zuvor die Straßen gesäumt und gerufen hatten: »Bitte befreie uns, Sohn Davids.«

Wo waren sie? Sie versteckten sich. Weinten. Trauerten.

Sie hatten ihren Messias im Stich gelassen und ließen nun zu, dass Jeschua von einer ehemaligen Ausgestoßenen, zwei Ratsmitgliedern und einem namenlosen römischen Hund begraben wurde.

In den Stunden nach Jeschuas Tod fand ich keinen Schlaf. Wann immer ich die Augen schloss, sah ich sein Gesicht vor mir, wie er mich vom Kreuz herunter angeblickt hatte; wann immer ich mir die Ohren zuhielt, hörte ich seinen rasselnden Atem. In der langen Nacht lief ich im Hof des Gasthauses auf der Krummen Straße herum und kaute mir die Nägel bis auf die Haut ab.

Ein Gedanke beherrschte mich: Ich hatte an meinem Rabbuni versagt. Ich war mit einem Propheten durch das Land gezogen, hatte mit ihm gesprochen und gelebt, aber ich hatte nicht zugehört, was er gesagt hatte. Er hatte davon gesprochen, reinen Herzens zu sein, aber mein Herz war mit Zorn und Ärger auf die Römer erfüllt gewesen. Als Jeschua erkannte, dass wir nicht stark genug waren, um die Nachfolger zu sein, die er brauchte, hatte er seinen Tod vorhergesagt. Ich war zu dickköpfig gewesen, um seine Warnung zu verstehen ... weil ich sie nicht hören *wollte.* Ich hatte mich seiner Schwäche sogar geschämt ... weil ich mich zu sehr auf meine eigenen Ziele konzentriert hatte, um seine Kraft zu erkennen.

Ich konnte mir kaum vorstellen, wie schwer es für ihn gewesen sein musste, die Erniedrigung und die Schmerzen am Kreuz zu ertragen. Und doch hatte er es getan. Weil wir an ihm versagt hatten.

Wir hatten ihn nicht vor den Römern gerettet.

Das Pessachfest war normalerweise eine Zeit der Fröhlichkeit und der Freude, doch wir empfanden nichts als abgrundtiefe Verzweiflung. Das Leid von Golgatha klebte an mir wie der Rauch, der meine Kleidung durchdrang, als ich mit ansehen musste, wie mein Heim in Flammen aufging. Die Trauer, die mich unter dem Kreuz erfasst hatte, verfolgte mich, als ich den Leichnam meines Rabbunis wusch und ihn in Leinen hüllte. Ich wäre die ganze Nacht geblieben, um die Gewürze zwischen die Grabtücher zu stecken, aber Nikodemus, der aufmerksam den Lauf der Sonne verfolgte und den Sonnenuntergang im Blick hatte, trieb mich zur Eile an.

Die Stimmung in Jerusalem war gedrückt. Die Menschen, die Jeschua geliebt und unterstützt hatten, taten kaum einen Schritt aus ihren Häusern. Es bedrückte sie nicht nur die Regeln des Sabbatgebots, sondern auch ein überwältigendes Gefühl des Verlustes.

»Oh Jerusalem«, hatte Jeschua weinend gesagt, »du Stadt, die ihre Propheten tötet und Gottes Boten steinigt! Wie oft wollte ich deine Kinder sammeln, wie eine Henne ihre Küken unter ihren Flügeln beschützt, aber du hast es nicht zugelassen.«

Die Worte meines Rabbunis fielen mir wieder ein und zeigten, dass er gewusst hatte, welches Schicksal er erleiden würde. Trotzdem hatte er sich in die Stadt gewagt; trotzdem hatte er mit seinen wankelmütigen Jüngern zu Abend gegessen und zugehört, wie sie damit geprahlt hatten, von seinem bitteren Kelch trinken zu können.

An diesem dunklen Sabbat erfuhren wir noch eine andere Neuigkeit – Judas hatte Jeschua verraten. Offensichtlich war er deswegen zu spät zu jenem letzten Abendmahl gekommen, weil er seinen Verrat an unserem Rabbuni für dreißig Silberstücke vorbereitet hatte. Mit Tränen in den Augen erzählte mir Petrus, Judas hätte eine bewaffnete Truppe zum Garten Gethsemane geführt und die Identität unseres Meisters verraten ... mit einem Kuss.

Nach Jeschuas Gerichtsverhandlung war Judas mit seinen Gewissensbissen nicht mehr fertig geworden und hatte sich selbst getötet.

Am ersten Tag der Woche, bevor sich die Sonne über den Horizont schob, suchten die anderen Frauen und ich die restlichen Gewürze zusammen, die wir vorbereitet hatten, und machten uns auf den langen Weg zum Grab. Unterwegs überlegte Johanna laut, wie wir den Stein vor dem Eingang wegrollen sollten und ob wir wohl einen Mann finden würden, der uns dabei helfen würde.

Als wir uns in der Morgendämmerung dem Grab näherten, brachte ein Erdbeben den Boden unter unseren Füßen zum Erzittern. Wir klammerten uns aneinander, bis die Erde sich wieder beruhigt hatte; dann atmeten wir tief durch und wappneten uns für unsere schreckliche Aufgabe.

Am Grab angekommen, entdeckten wir, dass der Stein bereits fortgerollt worden war. Geduckt traten wir in das Grabgewölbe ein; ich schrie auf – die Steinplatte war leer, die Grabtücher lagen auf dem Boden verstreut, die anderen Nischen waren leer.

War ich auf dem falschen Friedhof? Nein, ich erinnerte mich ganz genau an die blühenden Büsche neben dem Tor. War dies das falsche Grab? Nein, mit diesen Leinentücher hatte ich meinen Rabbuni eingewickelt.

»Mirjam …«, Johannas Stimme zitterte, »wo ist er?«

»Ich weiß es nicht.«

In höchster Aufregung verließ ich die anderen Frauen und eilte zum Gasthaus. Johannes Markus zeigte mir die Kammer, in der Petrus und Johannes schliefen. Kaum hatten sie die Tür geöffnet, da sprudelte es schon aus mir heraus: »Sie haben den Leichnam des Herrn weggenommen und ich weiß nicht, wo sie ihn hingelegt haben!«

Ich muss ihnen zugutehalten, dass keiner von ihnen zögerte. Sie rannten los zum Grab und ich folgte ihnen mit weichen Knien.

Als ich den Garten erreichte, waren die beiden Jünger schon wieder fort. Ich sah ihre Fußspuren in dem weichen Sand neben dem Eingang zum Grab. Ihre Verwirrung und Angst hingen beinahe noch greifbar in der Luft.

Ich stand vor dem Grab und hatte mein Gesicht in den Händen vergraben. Tränen brannten in meinen Augen. Noch einmal spähte ich in das Grab hinein. Ich hatte erwartet, eine leere Felsplatte vorzufinden, aber mein Herzschlag setzte beinahe aus, als ich zwei Männer in Weiß entdeckte – Männer, die *leuchteten.*

In die Augen des am nächsten stehenden Mannes trat ein warmer Schimmer und mit dem Anflug eines Lächelns beobachtete er, welche Wirkung seine unerwartete Erscheinung auf mich hatte. »Warum weinst du?«

Irgendwie schnappte ich nach Luft. »Weil sie meinen Herrn fortgenommen haben und ich nicht weiß, wo sie ihn hingebracht haben.«

Wieder umspielte ein Lächeln den Mund des Fremden, aber er sagte nichts mehr. Stattdessen legte er den Kopf zur Seite und blickte hinter mich, darum drehte ich mich um, weil ich sehen wollte, was sich da abspielte. Ein Mann stand neben einem der Büsche; ich hielt ihn für den Gärtner. Vielleicht dachte er, es läge ein Irrtum vor, als wir Jeschua in das Grab eines reichen Mannes gelegt hatten ...

»Mein Herr ...«, meine Stimme brach, »wenn du ihn fortgenommen hast, dann sag mir, wo du ihn hingelegt hast, damit ich ihn holen kann.«

Der Mann trat aus dem Schatten ins Licht. »Mirjam.«

»Rabbuni!« Jeschuas Stimme sprang in mein Herz wie ein lebendiges Wesen. Unendlich dankbar fiel ich zu seinen Füßen nieder und umklammerte seine Knöchel, sein warmes, *lebendiges* Fleisch, als wollte ich ihn nie wieder loslassen.

»Klammere dich nicht an mich«, ermahnte Jeschua mich und seine Stimme war so weich wie eine Sommerbrise, »denn ich bin noch nicht zum Vater aufgefahren. Aber suche meine Brüder und sage ihnen, dass ich auffahre zu meinem Vater und eurem Vater, meinem Gott und eurem Gott.«

Ist je einer Frau eine schönere Aufgabe zugefallen? Ich erhob mich und konnte wieder einmal die Tränen nicht unterdrücken. Rückwärts tastete ich mich zum Gartentor vor, weil ich meinen Blick nicht von meinem Lehrer losreißen konnte. Jeschua lächelte mich an, wartete, und auch wenn alles in mir danach verlangte zu bleiben, war ich entschlossen, ihn nicht zu enttäuschen.

Ich rannte in die Stadt zurück und fand die Jünger in Johannes Markus' Gasthaus. Petrus und Johannes waren noch nicht zurückgekehrt, aber die anderen Jünger hatten rot geweinte Augen und waren tief betrübt.

Laut und fröhlich lachend verkündete ich meine Neuigkeiten: »Jeschua ist am Leben! Er hat mich beim Namen genannt!«

Ich dachte, sie würden sich freuen, aber sie glaubten mir nicht.

Auch Johanna, Salome und Cleopas' Mirjam nicht, die vorher mit derselben Nachricht zurückgekehrt waren.

Welcher Mann glaubt schon der Aussage einer Frau?

Kapitel 46

Während der dreijährige Quinn in der leeren Kammer einem Ball hinterherjagte, blickte Atticus Cyrilla an. Die Spuren der Trauer waren unverkennbar, hatten tiefe Furchen an ihrem Mund und den Augen hinterlassen. Seit drei Tagen hatte sie nicht mehr gelächelt, nicht, seit er beobachtet hatte, wie sie Pilatus, als der Statthalter über den Galiläer zu Gericht saß, etwas zugeflüstert hatte.

»Was hast du ihm eigentlich gesagt?«, fragte er und drückte ihre Hand.

Sie lächelte ihn gezwungen an. »Meine Herrin hatte mich mit einer dringenden Nachricht zum Statthalter geschickt. Sie war an jenem Morgen erst spät erwacht, weil sie von Träumen über Jeschua von Nazaret geplagt worden war. Sie bat mich, ihrem Mann mitzuteilen, er sollte sich aus der Verurteilung dieses unschuldigen Mannes heraushalten.« Sie drückte Atticus' Hand. »Ich kann es nicht glauben. Ich kann nicht glauben, dass er wirklich tot ist. Wie konnte so etwas geschehen?«

Atticus fand keine Antwort darauf. Er beobachtete, wie Quinn stehen blieb, um den Holzball zu fangen, und sich dann strahlend vor Freude umdrehte. Der kleine Junge hatte die Kinder seines Alters in der Entwicklung mittlerweile eingeholt; er sprach, sang und lachte wie jeder andere Dreijährige. Doch wenn er dem Propheten aus Nazaret nicht begegnet wäre, wäre er ein ganz anderes Kind.

»Ich weiß nicht so genau«, erwiderte er schließlich und blickte Cyrilla an. »Aber du bist doch auch dort gewesen ... als er starb. Es war, als hätte er es darauf angelegt.«

Mit einem strahlenden Lächeln rannte Quinn zu Atticus und drückte ihm den Ball in die Hand. Atticus fuhr dem kleinen Jungen durch das dunkle Haar. Es war ihm unmöglich, das Lächeln des Kindes nicht zu erwidern.

»Ich muss los.« Er drückte Quinn einen Kuss auf den Kopf, dann küsste er Cyrillas Wange. »Wir sehen uns später.«

Als Atticus in die Kaserne zurückkehrte, saßen Flavius und einige andere Legionäre an einem Tisch und würfelten. Anscheinend hatte jemand einen Witz erzählt, denn als er näher kam, brachen sie in brüllendes Gelächter aus.

Atticus blieb neben ihnen stehen. »Was ist denn so lustig?«

Flavius schnaubte. »Diese Juden. Sie haben ihre Tempelwachen am Grab dieses galiläischen Propheten aufgestellt – du weißt schon, dieses ›Königs‹. Diese undisziplinierten Kerle sind aber eingeschlafen und die Anhänger des Propheten haben in der Nacht seinen Leichnam gestohlen.«

Atticus runzelte die Stirn. Ein römischer Soldat, der auf seinem Posten einschlief, wurde schwer bestraft, vor allem, wenn dieser Zwischenfall unglückselige Folgen hatte. »Und was geschieht mit den Wachen?«

Ein anderer Soldat schnaubte. »Das ist ja das Unglaubliche – gar nichts! Die Dummköpfe kommen mit einem Klaps auf die Fingerspitzen davon. Kein Wunder, dass sie keine Angst haben, während des Dienstes ein Nickerchen zu halten.«

Atticus verdrehte die Augen und ging zur Latrine. Die jüdischen Tempelwachen unterstanden den Priestern, die eigentlich erzürnt sein sollten über die Unfähigkeit ihrer Wachen – warum ließen sie die Männer ungestraft davonkommen?

Er drehte sich auf dem Absatz um und kehrte in den Aufenthaltsraum zurück. »Flavius, hast du etwas über diesen galiläischen Propheten gehört?«

Flavius blickte von seinem Spiel auf. »Was meinst du?«

»Erscheint es dir nicht seltsam, dass sich diese Priester nicht mehr über den Diebstahl des Leichnams dieses Propheten aufregen? Sie hatten schreckliche Angst vor seiner Wirkung auf das Volk.«

Flavius warf die Knochen. »Du hast recht – und beinahe hätte ich diese Frauen vergessen.«

»Welche Frauen?«

»Es geht das Gerücht um, eine Gruppe von Frauen, die zum Grab gegangen seien, hätten den Nazarener dort gesehen, gesund und munter. Sie behaupten, er sei wieder lebendig geworden und hätte das Grab selbst verlassen.« Er nahm eine Handvoll Münzen vom Tisch. »Danke, meine Herren. Es war mir ein Vergnügen, euch euer Geld abzunehmen.«

»Ich habe eine Geschichte gehört.« Einer von Flavius' Gefährten drehte sich verlegen zu Atticus um. »Für eine Sesterze erzähle ich sie dir.«

Atticus zögerte, bevor er seinen Beutel herausnahm und dem Mann eine Münze zuwarf. Der Mann grinste. »Überall redet man über zwei Männer, die von Emmaus nach Jerusalem unterwegs waren. Auf dem Weg sprachen sie natürlich nur über die Kreuzigung, die plötzliche Dunkelheit, die seltsamen Vorkommnisse. Ein Fremder, der scheinbar nichts von den Vorgängen wusste, schloss sich ihnen an und als sie sich zusammen zum Essen setzten, fiel ihr Blick auf seine Hände. Sie entdeckten die Wunden von den Nägeln und erkannten den Propheten.« Der Soldat beugte sich über den Tisch und warf Atticus ein Lächeln zu. »Den Gerüchten zufolge kann man auch die Löcher in seinen Knöcheln sehen.«

Eine Horde von Geisterspinnen kroch über Atticus' Rücken zu seinem Nacken hoch. Entsprach diese Geschichte der Wahrheit?

Später am Nachmittag arbeitete Atticus in der Waffenkammer, stapelte Schilder und Schwerter aufeinander und sortierte die Waffen aus, die geschärft werden mussten. Auf einmal entdeckte er ein Stück Stoff auf dem Boden. Als er es aufhob, spürte er das getrocknete Blut in seinen Händen und erst da wurde ihm klar, was er gefunden hatte – den roten Umhang, das Stück königlicher Seide, mit dem sie Jeschua, den König der Juden, verspottet hatten.

Atticus ließ sich auf einen niedrigen Hocker sinken und zuckte zusammen, als er sich mit einem Stich des Bedauerns an seine Rolle bei der Hinrichtung des Propheten erinnerte.

Flavius klopfte an die Tür und steckte seinen Kopf in den Raum. »Bist du bald fertig? Wir müssen bei Sonnenuntergang aufbrechen.«

Atticus blickte zerstreut auf. »Wohin?«

»Das Treffen.« Flavius senkte die Stimme. »Gaius möchte über neue Anwärter sprechen.«

Atticus legte die Hand an sein Kinn. Die Sekte Mithras, die ihm einst so geheimnisvoll und mächtig erschienen war, übte keine Faszination mehr auf ihn aus. »Geh ohne mich«, erwiderte er und drückte die Seide an seine Brust.

Kapitel 47

In den folgenden vierzig Tagen sahen wir unseren Meister häufiger – in Galiläa, auf einem Berg, am Ufer unseres geliebten Sees. Die Lehren unseres Rabbunis hatten unser Denken verändert, aber eines beunruhigte mich nach wie vor – in unserer Welt hatte sich nichts verändert. Ich war Jeschua gefolgt, weil ich mir von ihm Befreiung von unseren Unterdrückern versprochen hatte, doch das römische Joch lag nach wie vor schwer auf unseren Schultern.

Eines Nachmittags, als wir nach Jeschuas Auferstehung am Ufer des Sees von Galiläa saßen, fragte Petrus: »Herr, wirst du Israel jetzt befreien und unser Königreich wieder aufrichten?«

»Der Vater bestimmt den Zeitpunkt«, erwiderte Jeschua, »und es steht euch nicht zu, den Zeitpunkt zu kennen. Aber wenn der *Ruach HaKodesh* über euch gekommen ist, werdet ihr Macht empfangen und den Menschen überall von mir erzählen – in Jerusalem, in Judäa, in Samaria und bis an die Enden der Erde.«

Wir verstanden nicht so richtig, was er meinte, genauso wenig wie wir ihn verstanden hatten, als er uns von seinem bevorstehenden Tod und seiner Auferstehung erzählt hatte. Aber wir lernten dazu.

Ich war nicht bei den Jüngern, als Jeschua sie verließ, doch ich glaube ihrem Bericht. Unser Rabbuni fuhr buchstäblich in den Himmel auf und verschwand in einer Wolke. Zwei Engel erschienen und fragten die Jünger, warum sie in den Himmel starrten. Jeschua würde wiederkommen, sagten sie, auf den Ölberg, wo er sie verlassen hatte.

Am Tag des Pfingstfestes trafen sich einhundertzwanzig Gläubige zum Gebet im Gasthaus von Johannes Markus. Auch Jeschuas Mutter war darunter und seine Brüder, deren Unglaube sich in freudige Annahme verwandelt hatte. Wir gehorchten dem Herrn und warteten in Jerusalem auf den Tröster, den er uns versprochen hatte.

Wie ein mächtiger Sturm fegte ein Rauschen durch den Raum, als der Geist in unsere Körper kam und Flammen auf unseren Köpfen erschienen – auf allen, Männern wie Frauen gleichermaßen. Große Freude erfüllte unsere Herzen, als wir anfingen, in Sprachen zu reden, die wir nie gelernt hatten. Wir verließen das Haus und zogen zum Tempel, voller Eifer, diese wundervolle Nachricht weiterzugeben. Ausländische Pilger, die sich während der Festtage in Jerusalem aufhielten, hörten uns in ihren Sprachen reden – Parther, Meder, Elamiter, Mesopotamier, Judäer, Ägypter – alle! Sie hielten uns für betrunken, aber Petrus wies sie darauf hin, dass es zum Trinken noch zu früh sei.

Wenn ich an diesen Tag denke, fange ich an zu strahlen. Die Heilige Stadt funkelte in der hellen Pracht des frühen Sommers. Auf unseren Märkten herrschte Überfluss, denn der größte Teil der Hafer- und Weizenernte war bereits eingefahren und die Tempeltore waren seit Mitternacht geöffnet, als die Priester mit dem Ton ihrer Trompeten den Beginn des Festes angekündigt hatten.

Inmitten der fröhlichen Feier hatte mein vorwitziger Freund Petrus allen, die sich auf den Stufen um uns geschart hatten, eine Predigt gehalten. Er erklärte, dieses Wunder sei von den Propheten vorausgesagt worden. Jeschua von Nazaret sei zu den Kindern Israels gekommen, hätte Zeichen und Wunder getan und sei einen grausamen Tod gestorben. Doch all dies hätte zu Gottes vorgefasstem Plan gehört.

»Mit der Hilfe von gesetzlosen Heiden«, erklärte Petrus, »habt ihr ihn an das Kreuz genagelt und ermordet. Gott hat ihn jedoch von dem Schrecken des Todes befreit und wieder ins Leben zurückgerufen, denn das Grab konnte ihn nicht festhalten. Jetzt sitzt er auf dem Thron der höchsten Ehre im Himmel, zur Rechten Gottes. Und der Vater gab ihm, wie er versprochen hat, den Heiligen Geist, damit er ihn über uns ausgießt, wie ihr es heute seht und erlebt. So soll in ganz Israel bekannt werden, dass Gott diesen Jeschua, den ihr gekreuzigt habt, zum Herrn und Messias gemacht hat!«

Mehr als dreitausend Menschen kamen an jenem Tag zum Glauben und ihre Freude war ansteckend. Als Hadassa und ich zum Gasthaus von Johannes Markus zurückkehrten, hatten wir beinahe das Gefühl zu schweben.

In den nachfolgenden Wochen beteten wir jeden Tag im Tempel an und erzählten jedem, der uns zuhörte, der Messias sei zu Israel gekommen. Wegen seines Kommens hätten wir keine Angst mehr, den Namen Gottes auszusprechen, denn jetzt könnten wir ihn *Abba* oder Vater nennen. Jeder, der sich von seiner Sünde abwenden und sich auf den Namen Jeschuas, des Messias, taufen ließe, würde die Gabe des Heiligen Geistes empfangen.

Mehrere Monate lebten wir in einem andauernden Zustand der Erregung, überwältigt von Freude und Staunen. Hadassa und ich erzählten im Hof der Frauen anderen von unserem Glauben; wir dienten auch weiterhin den Jüngern, wenn wir uns zu den Mahlzeiten im Gasthaus von Johannes Markus trafen.

Aber auch wenn ich meinen Herrn Jeschua liebte, konnte ich doch nicht durch die Straßen Jerusalems laufen, ohne die Römer wahrzunehmen ... und an all das Unglück erinnert zu werden, das sie über mich gebracht hatten. An diesem Punkt machte ich sie nicht nur für den Verlust meiner Familie verantwortlich, sondern auch für den grausamen Mord an meinem unschuldigen Rabbuni.

Petrus wies mich immer wieder darauf hin, dass die Römer ein Werkzeug im Plan Gottes gewesen seien, und ich glaube, er hatte recht. Aber welche Frau liebt schon die Peitsche, mit der sie ihre Kinder straft?

Mein brennender Hass auf die Römer, der sich in der Zeit, als ich mit Jeschua unterwegs war, zu Asche abgekühlt hatte, flackerte neu auf.

Kurz nach Pfingsten erschienen Uria und Judit im Gasthaus von Johannes Markus. Nachdem der Schock abgeklungen war, hieß ich sie mit offenen Armen willkommen, aber Uria mied meinen Blick und Judit wurde in meiner Umarmung steif wie ein Brett.

»Wir sind gekommen«, erklärte Uria und er blickte mir über die Schulter, als spräche er mit jemandem, der hinter mir stand, »um uns nach Hadassa zu erkundigen. Nun, da dieser Jeschua tot ist, ist es an der Zeit, dass sie nach Hause kommt. Jeremia von Bethsaida hat Interesse bekundet, sie zur Frau zu nehmen.«

Ich warf einen Blick in die Kammer, in der Hadassa zusammen mit der Mutter von Johannes Markus die Mittagsmahlzeit zubereitete. »Ich werde Hadassa holen«, sagte ich und verschränkte die Arme vor der Brust, »aber ihr solltet wissen, dass Jeschua nicht tot ist. Er ist am Leben und sitzt zur rechten Hand ADONAIs.«

Urias Blick verdunkelte sich wie von Gewitterwolken. »Gotteslästerung! Jaakov, Friede seinem Andenken, würde sich im Grab aufrichten und dich für eine solche Redeweise verfluchen.«

Ich legte den Kopf zur Seite und rang um Selbstbeherrschung. Hitzige Worte lagen mir auf der Zunge, aber dies war nicht mein Kampf. »Ich hole Hadassa.«

Ich ging in die Küche und sagte ihr, sie hätte Gäste; kurz darauf kam sie heraus, gefolgt von Johannes Markus. Mir entging nicht, wie der junge Mann sie mit Blicken verfolgte, als sie leichten Schrittes auf ihre Eltern zueilte.

»Mutter! Vater! Wie schön, euch zu sehen!«

Uria warf einen höchst missbilligenden Blick in meine Richtung, bevor er sich seiner Tochter zuwandte. »Hadassa, du wirst mit uns nach Hause kommen. Dieser Jeschua ist tot und ich habe einen Mann für dich gefunden.«

Hadassa, die gerade ihre Mutter umarmen wollte, ließ die Arme sinken. Ich rechnete damit, dass sie mich hilfesuchend anschauen würde, aber sie brauchte meine Hilfe nicht.

»Vater«, erwiderte sie mit ruhiger Stimme, »Jeschua hat gesagt, wir sollen ihn mehr lieben als unsere Familienmitglieder. Ich möchte dich ehren, wirklich, aber ich kann meinem Herrn keine Schande machen. Wenn dir zu gehorchen bedeutet, dass ich Jeschua verleugnen soll, dann kann ich dir nicht gehorchen.«

Judit, die es bisher geschafft hatte, ruhig zu bleiben, brach in Tränen aus. »Hadassa!«, jammerte sie. »Wenn du nicht mit nach Hause kommst, wirst du nicht heiraten. Und wie kannst du HaShem ehren, ohne ein Heim zu schaffen und Kinder großzuziehen?«

Johannes Markus trat an Hadassas Seite. »Ich werde eure Tochter heiraten und ihr hier in Jerusalem ein Heim bereiten. Ihr habt mein Wort, dass wir unsere Kinder in einem Haushalt großziehen werden, in dem ADONAI und sein Sohn Jeschua, der Messias, geehrt werden. Wenn ihr einen Ehevertrag aufsetzen wollt, werde ich versprechen, sie zu ehren, zu schützen und mit ihr zu leben.«

Urias Augen traten aus den Höhlen und er wurde ganz blass. Ich konnte eine gewisse Genugtuung nicht unterdrücken. Mein früherer Nachbar keuchte, während sich Judit an seinen Arm klammerte.

Johannes Markus blickte sich um. »Wenn wir Becher hätten, würde ich zur Feier unserer Verlobung …«

»Ich werde das nicht zulassen!« Uria zog seinen Schuh aus und warf ihn auf den Boden. »Ich werde nicht zuhören!«

Ich hatte Judits besorgten Blick bemerkt und drehte mich zu Johannes Markus um. »Ich werde deinen Antrag an Hadassas Stelle annehmen ... wenn es ihr Wille ist.«

Mein Blick wanderte zum Gesicht meiner jungen Freundin – ihr Blick ruhte voll Zärtlichkeit und Liebe auf Johannes Markus. Ich hatte die Zuneigung zwischen diesen beiden schon früher gespürt.

Diese Begegnung gehörte vermutlich zu HaShems Plan für ihr Leben.

Ich nahm Hadassas Hand und legte sie in die von Johannes Markus und bedeckte ihre beiden Hände mit meinen, als ich betete: »Gesegnet seist du, Herr, unser Gott, König des Universums, der uns mit seinen Geboten gesegnet hat. Gesegnet seist du, oh Herr, der sein Volk Israel durch den Bund der Ehe heiligt.«

Tränen glitzerten in Hadassas wunderschönen Augen, als sie ihren Verlobten ansah.

Ich lächelte Judit zu, bevor ich mich schnell wieder zu dem glücklichen Paar umdrehte. »Möge ADONAI euch segnen und halten, möge ADONAI sein Angesicht über euch leuchten lassen und euch gnädig sein. Möge ADONAI sein Angesicht über euch erheben und euch Frieden schenken.«

Ungerührt von dem Schluchzen seiner Frau und dem Glück seiner Tochter drehte sich Uria auf dem Absatz um und verließ das Gasthaus.

Ich sah ihn nie wieder, aber im Frühjahr nach der Auferstehung unseres Herrn standen Hadassa und Johannes Markus unter der *huppah* und wurden in der Ehe vereint.

Voller Freude sah ich sie unter dem Hochzeitsbaldachin stehen. Die Römer hatten mir meine Familie gestohlen, aber Gott hatte mich mit Hadassa und Johannes Markus gesegnet, die ich beide mit der ganzen Liebe einer Mutter liebte.

Eines Abends nach dem Abendessen unterhielten sich Petrus und Susanna im Hof mit einer Gruppe von Männern und Frauen. Ich wartete, bis das Gespräch verstummte, bevor ich Petrus am Ärmel zupfte. »Petrus«, sagte ich und mein Blick schloss auch seine Frau mit ein, »ich habe eine Frage.«

Ein trockenes Lächeln blitzte in seinem Gesicht auf. »Mirjam, du weißt, mich kannst du alles fragen.«

»Es geht um die Römer. Mein Herz ist nach wie vor ihnen gegenüber verhärtet; ich kann keinen römischen Soldaten anschauen, ohne dass die Freude in mir erstirbt …«

Petrus nickte, als würde er verstehen. »Wir, die wir mit dem Geist Gottes erfüllt sind, leben trotzdem weiterhin in unserem verderbten Fleisch, Mirjam. Jeschua wusste, wie schwer es sein würde. Darum hat er uns den Tröster gesandt, damit er uns lehrt und führt.«

»Trotzdem, ich kann nicht fühlen …«

»Du kannst deinen Gefühlen nicht vertrauen. Du musst deine Verletzungen abgeben und den Geist Gottes die Römer durch dich lieben lassen. Und denke doch an all das Gute, das Rom für uns getan hat.«

Ich erstickte beinahe an dem Wort. »*Gutes?*«

»Sieh dich doch nur um.« Er deutete auf die Straßen. »Diese schönen Straßen sind das Werk der Römer. Könnten wir so mühelos im Auftrag des Meisters umherziehen, wenn diese Straßen nicht gebaut worden wären? Und sie sind sicher – zur Zeit des Vaters meines Vaters setzte ein Mann sein Leben aufs Spiel, wenn er die Sicherheit dieser Stadtmauern verließ. Die Römer verstehen uns vielleicht nicht, aber sie haben unser Land sicherer gemacht.«

Ich schnaubte leise. »Sicherer für wen? Bei uns gab es das Gesetz. Wir konnten unser Volk im Zaum halten.«

»Das stimmt, aber die Römer haben uns eine allgemeine Währung verschafft. Sie haben Lateinisch und Griechisch als die Sprachen verbreitet, in denen wir uns mit den Ausländern verständigen können, die durch Erez-Jisrael kommen.«

»Wenn die *Römer* …«, ich spuckte das Wort aus, »nicht wären, dann gäbe es keine Ausländer im Land Israel.«

Petrus lachte und legte den Arm um die Schultern seiner Frau. »Wir werden immer Ausländer unter uns haben. Aber Rom hat uns die Möglichkeit verschafft, sie mit der Botschaft der Erlösung zu erreichen. Ich werde in den folgenden Wochen durch das Land ziehen und die Nachricht weitertragen und ich werde auf prächtig gepflasterten römischen Straßen unterwegs sein.«

Ich gab keine Antwort, musste aber widerwillig eingestehen, dass er recht haben könnte. Vielleicht brachte Rom mit seinem Überfluss und Fortschritt indirekt unsere Sache voran.

Mein Hass auf das Volk kühlte sich mit dieser Erkenntnis ab, aber nichts, was Petrus sagte, konnte meine feindseligen Gefühle zwei bestimmten Römern gegenüber dämpfen. Ich wusste nicht, wo sich Gaius Cabilenus und Atticus Aurelius aufhielten, aber es war sicherlich nicht so schwierig, sich in einem Land zu verstecken, in dem einem das Reisen durch die prächtig gepflasterten Straßen so leicht gemacht worden war.

Einer plötzlichen Eingebung folgend, fragte ich Petrus und Susanna, ob sie meine Hilfe brauchen könnten, wenn sie als Jeschuas Boten durch das Land ziehen würden.

Kapitel 48

Die Worte der verurteilten Frau wecken vage Erinnerungen an eine dunkle Zeit in Atticus' militärischen Karriere. Er rutscht auf der Bank herum und lässt seinen Gedanken freien Lauf. Pontius Pilatus agierte in dem Jahr der Hinrichtung des Nazareners zwar mit einer gewissen Vorsicht, aber er war nicht von Natur aus vorsichtig. Drei Jahre nach der Kreuzigung des Propheten überschätzte der Prokurator wieder einmal seine eigene Klugheit und die seiner Untertanen unterschätzte er.

Es war allgemein bekannt, dass die Juden wenig Zuneigung für die Samaritaner hegten. Auch Pilatus hatte das gewusst. Eine Gruppe von Samaritanern wollte am Berg Garizim anbeten und nicht im Tempel von Jerusalem. Obwohl die Samaritaner denselben Gott verehrten wie die Juden, wollten sie mit ihnen wenig zu tun haben. Sie hingen dem Glauben an, dass Mose heilige Gefäße auf dem Berg versteckt hätte.

In einem besonders heißen Sommer lockte ein samaritanischer Führer eine Menschenmenge auf den Berg Garizim mit dem Versprechen, die heiligen Gefäße Moses auszugraben. Da Pilatus befürchtete, die Zusammenkunft einer solchen Menschenmenge könnte zu einem Aufstand führen, befahl er seinen Soldaten, den Weg zu dem Berg abzusperren. Als die Menschen gegen die Straßensperre drängten, zogen die Römer ihre Schwerter und gingen auf die beharrlichen Pilger los. Viele kamen ums Leben.

Die Geschichte des Massakers in Samaria flog auf Flügeln nach Rom und ohne Zeit zu vergeuden, berief Tiberius den Statthalter von Judäa nach Rom zurück.

Ein Wind war aufgekommen, der sich zu einem Sturm zu entwickeln drohte, als Atticus im Hof der Festung stand und zuhörte, wie Gaius von der Rückberufung des Pilatus berichtete. Damals waren Atticus und Flavius bereits zum Zenturio befördert worden.

»Zwei Zenturien der *Cohors Secunda Italica Civum Romanorum*«, verkündete Gaius, »werden den Prokurator von Judäa nach Rom begleiten. Atticus Aurelius und Flavius Gemellus – ihr und eure Männer werdet Cäsarea innerhalb von einem Monat verlassen.«

Judäa verlassen? Atticus hatte schon befürchtet, für immer auf diesem Außenposten bleiben zu müssen. Er blickte Flavius an, der über das ganze Gesicht strahlte. Einen Augenblick empfand er tiefe Freude in sich; doch dann durchzuckte ihn der Gedanke an Cyrilla und den Jungen. Einem Soldaten war es nicht gestattet, eine Familie zu gründen. Wenn er nach Rom zurückkehrte, konnten Cyrilla und Quintus ihn nicht begleiten. Pilatus würde zweifellos einige Mitglieder seines Haushalts mitnehmen, aber bestimmt nicht zwei niedere Dienstboten.

Er nickte, als Gaius sie entließ, dann drehte er sich um und starrte zu Boden. Was sollte er tun? Als Soldat hatte er seinen Befehlen zu gehorchen, aber er hatte sich in Judäa eine Familie geschaffen. Auch wenn diese Bindungen zart waren, er konnte sie nicht kappen, ohne jemandem das Herz zu brechen …

Als Flavius den Arm um seine Schultern legte, versteifte er sich. »Was für eine Neuigkeit, nicht? Wir dürfen endlich diese Müllkippe verlassen und zu den Marmorstraßen Roms zurückkehren!«

Atticus stieß ein unterdrücktes Lachen aus. »Was für eine Vorstellung.«

»Allerdings! Denk doch nur, endlich können wir wieder in einem richtigen Tempel anbeten, die Spiele im Kolosseum besuchen, in einer anständigen Kaserne leben. Ich hatte schon befürchtet, wir würden hier …« Er brach ab und seine Augen zogen sich zusammen. »Was ist los, Großer? Deine Begeisterung, diesen gottverlassenen Ort zu verlassen, hält sich in Grenzen.«

Atticus schnaubte. »Natürlich möchte ich nach Rom zurückkehren. Aber ... da ist Cyrilla. Und Quinn. Ich kann mir nicht vorstellen, sie jetzt zu verlassen.«

Flavius starrte eine Weile zu Boden, bevor er Atticus auf den Rücken schlug. »Dann ist es besser, du vollziehst den Bruch jetzt sofort. Lass sie sich an deine Abwesenheit gewöhnen.«

»Aber ...«

»Jetzt werde nicht weich. Weichheit wird am Ende den Schmerz noch vergrößern. Du solltest einen klaren Schnitt machen, Atticus, und das hättest du eigentlich schon vor Jahren tun sollen. Was war nur in dich gefahren? Dachtest du, das könnte immer so weitergehen? Unmöglich. Du bist Römer; sie sind ... nun, sie sind keine Römer. Du gewöhnst dich besser an den Gedanken, inoffizielle Bindungen zu lösen.«

Noch einmal schlug ihm Flavius auf den Rücken, dann entfernte er sich fröhlich pfeifend.

Drei Wochen lang meldete sich Atticus freiwillig für Patrouillenritte, für Eskorten und Aufgaben im Hafen – alles war ihm recht, was ihn von der Kaserne in Cäsarea fernhielt. Ihm fiel es leichter, Cyrilla und Quinn aus seinen Gedanken zu verbannen, wenn er nicht auf der anderen Seite des Hofes Pilatus' Palast sah und den Garten, in dem sie sich häufig getroffen hatten.

An einem regnerischen Nachmittag brachte er nach einem Ritt nach Kana sein Pferd in den Stall. Es hatte ungewöhnlich heftig geregnet und unter seiner Rüstung war er nass bis auf die Haut.

Seine Stute wieherte und warf den Kopf, als er abstieg. Atticus gab ihr einen anerkennenden Klaps auf die Flanke und winkte einen der Stallknechte heran. »Versorge sie gut, ja?«

»Du kümmerst dich mehr um ein Pferd als um mich?«

Er blickte auf. Cyrilla stand neben der Tür, Kopf und Schultern mit einem vollkommen durchnässten Schleier aus Leinen bedeckt. Als er sie so unerwartet vor sich stehen sah, fiel ihm auf, dass die letzten Spuren von Mädchenhaftigkeit, Unsicherheit und Babyspeck aus ihren Zügen verschwunden waren. Sie war zu einer Frau herangereift ... und wie es schien, war sie unglücklich.

Ihre Augen funkelten vor Zorn. »Dachtest du, du könntest dich einfach so davonmachen?«

Atticus blickte sich um, bevor er ihren Arm nahm und sie aus dem Stall führte. Leider bedeutete dies, dass sie wieder hinaus in den Regen mussten.

»Was meinst du?«, fragte er, nachdem sie den Stall hinter sich gelassen hatten.

»Ich habe es gehört«, erwiderte sie mit brüchiger Stimme. »Die edle Procula kehrt nach Rom zurück und du auch. Dachtest du, ich würde nichts davon mitbekommen?«

Er presste die Lippen aufeinander und wandte den Blick ab. »Cyrilla, du weißt, dass ich keine Frau haben darf. Ich bin Soldat.«

»Aber du hast einen Sohn. Du hast ihn öffentlich anerkannt.«

»Viele Männer in meiner Kohorte haben Söhne. Aber sie sind nicht legitim. Es gibt keine Adoptionspapiere ...«

»Und du denkst, mir ginge es um Papiere? Du bist mir wichtig, Atticus. Ich dachte, wir würden dir am Herzen liegen.«

»Das tut ihr.«

»Und warum unternimmst du nichts?«

Es war eine vernünftige Frage, aber Atticus zuckte zusammen, als hätte sie ihn damit durchbohrt. »Was soll ich denn tun?«

»Ich weiß es nicht!« Der nasse Stoff über ihrer Schulter rutschte über ihren Arm, als sie die Hände ausstreckte. »Aber du könntest es doch wenigstens versuchen! Vielleicht könnten wir uns auf einem Boot verstecken oder du könntest uns eine Passage kaufen ...«

»Denkst du denn nicht, ich hätte bereits darüber nachgedacht?« Er fuhr sich mit der Hand durch seine feuchten Haare. »Was geschieht, wenn wir in Rom sind? Ich kann mir kein Haus leisten, wo wollt ihr also leben?«

Sie schob das Kinn vor. »Ich bin ganz gut zurechtgekommen, bevor ich dich getroffen habe. Ich könnte selbst für mich sorgen …«

»Nein. Nicht so.«

»Und was dann?«

Sie hielt den Kopf sehr gerade und in dem grauen Licht des regnerischen Tages erkannte er zum ersten Mal das ganze Ausmaß ihrer Entschlossenheit. Bei allem, was heilig war, diese Frau hatte es verdient, dass er sich etwas einfallen ließ.

Ein Lächeln stahl sich in seine Mundwinkel, als er sie in die Arme zog. »Ich weiß nicht, was ich tun soll, Cyrilla, aber gib mir etwas Zeit und ich verspreche, dass ich mir etwas einfallen lassen werde.«

Da sie ihr Gesicht an seiner Brust vergraben hatte, kamen ihre nächsten Worte nur gedämpft: »Und du versprichst, dass du uns nicht verlassen wirst?«

»Ich verspreche es.«

Zwei Tage später kam Atticus in den Garten des Palastes. Seine Nerven waren zum Zerreißen angespannt. Cyrilla und Quinn spielten am Brunnen mit dem Ball. Sie hielten sich in angemessener Entfernung von der edlen Procula, die zu weinen schien.

Atticus wandte der Frau des Statthalters den Rücken zu, damit Procula nicht dachte, er wolle sie sprechen. »Cyrilla?«

Sie rollte Quinn den Ball zu und lächelte ihn vorsichtig an. »Ich hatte gehofft, dass du kommen würdest.«

»Ich bin so schnell gekommen, wie es ging.«

Sie schenkte ihm einen schnellen, hoffnungsvollen Blick. »Ist dir etwas eingefallen?«

»Ich glaube schon, aber ich muss wissen, ob du wirklich sicher bist, dass du mit nach Rom kommen möchtest.«

Cyrilla senkte den Blick. »Ich kann kaum glauben, dass du mir diese Frage stellst.«

»Rom ist nicht Judäa. Du würdest alles aufgeben, was dir vertraut ist.«

»Aber ich würde dich und Quinn behalten, nicht?«

Atticus atmete tief durch. Also gut, dann sollte es so sein. Er würde die edle Procula fragen, ob sie Cyrilla nach Rom mitnehmen würde. Seine Bitte könnte ihn, wenn sie falsch aufgefasst würde, in ernste Schwierigkeiten bringen. Wenn Pilatus erfuhr, dass einer seiner Legionäre sich die Zeit genommen hatte, sich für eine Dienstmagd und ein Kind zu verwenden …

Er ging auf die blasse Frau zu, die in der Nähe der sorgfältig beschnittenen Hecke saß, und schlug mit der Faust gegen seine Brustplatte. »Meine Herrin, darf ich ein Wort mit dir reden?«

Procula hob den Kopf und er entdeckte die schwachen Tränenspuren auf ihren Wangen. »Bitte nicht …« Sie musterte ihn eingehender. »Oh! Du bist Atticus, richtig?«

»Ich störe dich nur ungern, aber ich muss dich sprechen.«

Ihre Augen blickten ihn unglücklich an. »Hast du etwas über meinen Mann in Erfahrung gebracht?«

»Nein, Herrin. Ich bin nicht wegen deines Mannes gekommen.«

»Weshalb dann?« Ihr Blick wurde weicher, als sie Cyrilla erblickte. »Natürlich.«

»Ich habe mich gefragt, Herrin – würdest du deine Zofe und das Kind nach Rom mitnehmen?«

Procula legte den Kopf zur Seite und musterte ihn mit einem leicht amüsierten Blick. »Was denkst du dir, Zenturio? Soll ich etwa Judäer nach Rom mitnehmen? Ich habe keinen Bedarf; mein Haushalt wird mit Sklaven gut ausgestattet sein.«

»Aber nicht mit *diesen* Dienstboten.« Atticus hielt inne. Sie hatte sicherlich erraten, was er sich dabei gedacht hatte, warum also machte sie es ihm so schwer?

Sie blickte ihn von unten herauf an. »Sag mir, Atticus – hast du als römischer Soldat nie den Wunsch verspürt zu heiraten?«

Er versteifte sich. »Das ist nicht gestattet.«

»Und was empfindest du dabei? Willst du nicht manchmal dagegen rebellieren? Davonlaufen und der gesamten römischen Welt erzählen, sie solle im Meer ertrinken?«

»Ich diene Rom und seinen Befehlshabern von ganzem Herzen. Ich habe einen Eid abgelegt und beabsichtige auch, ihn zu halten.«

»Dann ist in deinem Herzen also kein Raum für Rebellion ... oder eine Frau und ein Kind?«

Atticus schluckte und versuchte seine Verärgerung zu verbergen. »Die Armee gestattet mir den Genuss dieser Dinge nicht.«

»Aber du hast Raum in deinem Herzen geschaffen, Atticus. Du genießt sie. Und ich frage mich, wie dir das gelungen ist.«

Er hielt den Mund. Eine Antwort würde offenbaren, dass er sich eine Familie geschaffen hatte; eine Leugnung könnte zu einer dauerhaften Trennung von Cyrilla und Quinn führen. Procula berührte mit der Fingerspitze die Blüte einer Lilie. »Ich werde versuchen, dir zu helfen. Ich werde meinen Mann bitten, die Frau und den Jungen mitzunehmen. Pilatus hat im Augenblick so viel um die Ohren, er wird meine Bitte kaum zur Kenntnis nehmen ... oder mich. Er macht sich große Sorgen um seine Zukunft.«

Atticus verneigte sich. »Danke, edle Procula.«

»Gern geschehen.«

Er verneigte sich, nachdem er Cyrilla ein hoffnungsvolles Lächeln zugeworfen hatte.

Die edle Procula hielt, wie Atticus später erfuhr, ihr Versprechen, und sie stellte es sehr geschickt an. Sie fragte Pilatus, ob Cyrilla und Quinn sie nach Rom begleiten könnten, und wie sie vorhergesagt hatte, gab der Statthalter zerstreut seine Zustimmung.

Cyrilla hatte diese Neuigkeit begeistert aufgenommen und erst nachdem die Angelegenheit geregelt war, wurde Atticus klar, wie verzweifelt er auf die Zustimmung des Prokurators gehofft hatte. Er hatte geschworen, alles für die Armee aufzugeben, aber die Frau und den Jungen zu verlassen wäre ein sehr schmerzliches Opfer für ihn gewesen.

Er und Cyrilla befanden sich bereits seit über einer Woche auf einem Transportschiff, als sie ihn zur Seite nahm und auf Quinn deutete. »Du musst mit dem Jungen sprechen.«

»Worüber?«

Ihre Nasenspitze rötete sich. »Er hat gerade gemerkt, dass er ... nicht wie du ist. Weil du, seit wir auf See sind ... du weißt schon, öfter mit ihm ... zusammen bist.«

Atticus blinzelte, dann atmete er tief durch. Er hatte gewusst, dass dieser Augenblick früher oder später kommen würde. Allerdings hatte er nicht damit gerechnet, dass er so früh kommen würde. Immerhin war Quinn erst sieben Jahre alt.

Und was sollte er sagen? Er wusste nicht, wie Väter mit ihren Söhnen über solche intimen Angelegenheiten redeten. Die Männer in seiner Garnison sprachen ihre Gedanken offen aus, aber wie führte man mit einem Kind in so zartem Alter ein solches Gespräch?

Er trat auf Quinn zu, nahm ihn an der Hand und ging mit ihm zum Bug. Lächelnd hob er seinen Sohn auf einen Block und legte die Hände des Jungen an die Reling, als ein Windstoß das Boot erfasste und den Bug des Schiffes nach unten drückte. Das schäumende Wasser kam ihnen sehr nahe.

Quinn hatte keine Angst, sondern lachte nur darüber. Atticus drückte den Jungen an seine Brust, als das Schiff von der nächsten Welle hochgehoben wurde. Er war froh, dass er sich so furchtlos zeigte.

»Deine Mutter«, begann Atticus, »sagt mir, dass du eine Frage hast.«

Quinn blickte mit weit aufgerissenen Augen zu ihm hoch; dann zog er die Nase kraus und nickte.

»Du möchtest wissen, warum wir anders aussehen ... auf eine Weise, die nichts damit zu tun hat, dass ich groß bin und du klein.«

Und wieder nickte der Junge.

»Nun.« Atticus lehnte sich gegen die Reling. »Hast du das Brandzeichen auf meinem Rücken gesehen?«

Quinns Blick flog zu Atticus' Schulter und wanderte schnell weiter, als hätte er Angst, zu lange dort zu verweilen. »Den Hund und die Schlange?«

»Es ist ein Hund, eine Schlange und ein Skorpion. Das Brandzeichen eines römischen Soldaten.«

Quinn musste diese Information zuerst verarbeiten, dann blickte er zu Atticus hoch. »Hat es weh getan?«

»Ja, das hat es. Aber jetzt tut es nicht mehr weh. Und jeder, der meinen Rücken sieht, weiß, dass ich Soldat bin. Nicht alle Soldaten tragen dieses Brandzeichen, nur diejenigen, die zu Mithras beten.«

Der Junge überließ Atticus seine Hände, als das Schiff erneut von einer hohen Welle erfasst wurde. »Bekomme ... bekomme ich auch ein Brandzeichen?«

»Nein. Um ehrlich zu sein, ich habe die Leute, die Mithras anbeten, verlassen, aber mein Körper trägt noch immer dieses Zeichen. Dieses Brandzeichen zu empfangen gehörte zu einem Ritual. Du hast doch schon Rituale erlebt, nicht?«

Quintus nickte.

»Gut. Wenn du alt genug bist, um in die öffentlichen Bäder zu gehen, wirst du sehen, dass Männer in vielerlei Hinsicht unterschiedlich aussehen. Einige Menschengruppen vollziehen Rituale an Babys und schneiden einen Teil ihrer Haut fort. Einige vollziehen diese Rituale, wenn die Jungen ins Mannesalter eintreten. Und bei einigen Menschengruppen gibt es diese Rituale überhaupt nicht.«

Quinn blickte wieder zu ihm hoch. »Und ich?«

»Als du ein kleines Baby warst, hast du bei Menschen gelebt, die ein Stück deiner Haut in einem Ritual weggeschnitten haben. Ich bin sicher, du erinnerst dich nicht mehr daran, aber das ist in Ordnung. Es tut dir doch nicht mehr weh, oder?«

»Nein.« Quinn schwieg eine ganze Weile. Mit gesenktem Blick fragte er: »Komme ich nicht aus deinem Volk?«

Atticus drückte den Arm des Kindes. »Du kommst aus einem ganz besonderen Volk, Quintus, aber die Götter haben dich zu mir und deiner Mutter gebracht. Bist du froh darüber?«

Und wieder legte sich das kleine Gesicht zur Seite, die Nase wurde gekräuselt und der Mund verzog sich zu einem verschmitzten Lächeln. »Ja.«

»Ich auch.« Atticus drückte dem Jungen einen Kuss auf die Stirn und sog tief den Duft nach Salz und Wasser in Quinns Haar ein. »Sehr froh sogar.«

KAPITEL 49

Während der folgenden Jahre arbeitete ich mit Petrus und Susanna zusammen. Wir verbreiteten die gute Nachricht, wo immer Menschen bereit waren, sie zu hören. Meine Haare, früher voll und glänzend schwarz, waren jetzt von grauen Fäden durchzogen. Ich beobachtete, wie Falten in Susannas Gesicht auftauchten, und wusste, dass sich noch tiefere Linien in mein Gesicht eingruben.

Aber egal, wie ermüdend die Arbeit auch war, wir fanden immer Grund zur Freude.

Sieben Jahre nach der Auferstehung meines Rabbuni erweckte Petrus in der Küstenstadt Joppe eine Frau mit Namen Tabitha von den Toten auf. Das Wunder öffnete die Herzen der Dorfbewohner für unsere Botschaft und Petrus, Susanna und ich suchten uns Arbeit in der Stadt, um den Bewohnern die gute Nachricht von Jeschua weiterzusagen.

Wir wohnten bei Schimon, einem Gerber, und oft lachten wir darüber, wie weit wir seit den Anfängen gekommen waren. Kein frommer Hebräer würde jemals mit toten Gegenständen arbeiten, aber die Haut der toten Tiere ermöglichte es uns, unseren Lebensunterhalt zu verdienen und uns den Respekt der Einwohner von Joppe zu erwerben. Unsere Handflächen färbten sich von den verschiedenen Farben und den Wirkstoffen, die die Tierhaut weicher machten, gelb. Ich freute mich, wieder mit Farben arbeiten zu können.

Eines Nachmittags, als Susanna gerade die Mittagsmahlzeit vorbereitete und ich eine neue Farbe mischte, stieg Petrus auf das Dach von Schimons Haus, um zu beten. Bevor Susanna die Männer zum Essen rufen konnte, erschienen drei Fremde vor dem Hoftor.

Ich entdeckte sie zuerst und auch wenn ich den ganzen Tag

geschwitzt hatte, wurde mir auf einmal ganz heiß und der kalte, saure Schweiß der Angst brach mir aus. Ein entsetzliches Gefühl des Déjà-vu erfasste mich, denn auch wenn zwei von ihnen die einfachen Gewänder von Haushaltsdienern trugen, so war einer mit der roten Tunika und der Rüstung eines römischen Soldaten bekleidet.

Ich wich in den Schatten zurück und zwang damit Schimons Frau, auf ihr Klopfen hin die Tür zu öffnen. Staubig von ihrer Reise fragten sie, ob dies das Haus sei, in dem sie Simon finden könnten, auch Petrus genannt. Verwirrt nickte die Frau des Gerbers.

Ich wäre gern die Treppen hochgeeilt, um ihn zu warnen, aber ich hatte keine Zeit dazu. Petrus hatte vom Dach aus ihre Anfrage gehört; er kam herunter und stellte sich, gedankenlos wie er war, vor. Die Männer erklärten, sie seien von Kornelius gesandt worden, einem Römer aus Cäsarea. Ein Engel, erklärten sie, hätte dem Zenturio aufgetragen, Petrus holen zu lassen.

Ich glaubte ihre Geschichte nicht. Ein römischer Soldat, der nach einem Jünger Jeschuas schickte? Wie konnte Petrus nur so leichtgläubig sein?

In der Zeit nach Jeschuas Auferstehung kursierten viele Geschichten. Wir hatten von Shaul, einem Pharisäer aus Jerusalem gehört, der die Steinigung vieler Gläubiger angeordnet hatte, darunter auch von Stephanus, einem führenden Mann unter Jeschuas Anhängern in Jerusalem. Kurz nach Stephanus' Tod hätte Shaul auf der Straße nach Damaskus Jeschua gesehen, so hörten wir ... und der Schock sei so groß gewesen, dass Shaul an Jeschua glaubte und den Heiligen Geist empfangen hätte. Ich hatte auch an dieser Geschichte meine Zweifel gehabt, bis Shaul nach Jerusalem gekommen war und sich mit den anderen Jüngern getroffen hatte. Nach der Begegnung erklärte Petrus, der Herr hätte Shaul genauso berufen, wie er uns berufen hätte, wir sollten ihn also als Bruder annehmen.

Petrus' Worte halfen mir, meinen hebräischen Bruder Shaul zu akzeptieren, aber *Römer*? Ich schloss die Augen und versuchte mir vorzustellen, wie Petrus den Legionären predigte, die die Nägel in die Hände unseres Rabbunis getrieben hatten, aber es war mir unmöglich.

Doch Petrus spricht immer alles aus, was ihm gerade in den Sinn kommt. Bevor ich ihn zur Seite nehmen und warnen konnte, hatte er die Männer schon zum Abendessen eingeladen und sie gebeten, für die Nacht unsere Gäste zu sein. Auch wenn ich in mich hineinbrummte und bei jeder Bemerkung der Heiden die Augen verdrehte, schaffte es Petrus, ihnen das Gefühl zu vermitteln, willkommen zu sein, und Schimon spielte sich auf, als würde ihre Anwesenheit seinem bescheidenen Heim Ehre bringen.

In dieser Nacht lag ich zwischen Susanna und der Wand – so weit von den heidnischen Hunden unter unserem Dach entfernt wie möglich. Ein verwirrender Gedanke quälte mich. Petrus und die Fremden wollten am folgenden Morgen nach Cäsarea aufbrechen ... und in Cäsarea war die italische Kohorte stationiert, die Gruppe, die zehn Jahre zuvor durch Magdala gezogen war und meine Familie ermordet hatte.

In jenen Jahren war viel passiert: Ich hatte mich der Finsternis ausgeliefert und war wieder heil geworden, ich war mit Jeschua durch das Land gezogen und hatte seinen Tod und seine Auferstehung miterlebt und ich war getauft und mit dem Heiligen Geist erfüllt worden. Aber der Zorn und Hass, der in den Monaten nach der Ermordung meiner Familie in mir gelodert hatte, war noch nicht abgekühlt.

Wenn ich mit Petrus nach Cäsarea ging, könnte ich mich davonstehlen und Nachforschungen in der Festung anstellen. Ich könnte mich erkundigen, ob jemand Gaius Cabilenus oder Atticus Aurelius kennen würde. Ich könnte diese Männer finden. Wenn mir dies gelänge und wenn dieser Zenturio, der nach Petrus geschickt hatte, unserer Sache wohlwollend gegenüberstand, dann wäre er vielleicht sogar bereit, dafür zu sorgen, dass die längst überfällige Gerechtigkeit geübt würde.

Ich stützte mich auf einen Ellbogen und starrte auf den dünnen Vorhang, der den Raum teilte. Vielleicht hatten die Propheten recht. Vielleicht beherbergten wir wie unser Vater Avraham tatsächlich ohne unser Wissen manchmal Engel.

Am folgenden Morgen erhoben wir uns früh und trafen Vorbereitungen für die Reise. Petrus zog die Augenbrauen in die Höhe, als ich ihm mitteilte, ich wolle mitkommen, aber ihn beschäftigten zu viele Dinge, sodass er keinen Einspruch erhob.

Andere Gläubige aus Joppe schlossen sich uns an, darunter auch Schimon, der Gerber, und seine Frau.

Die Unruhe, die mich umgetrieben hatte, wich einer unbeschwerten Fröhlichkeit. Erinnerungen an die Zeit, als ich mit Jeschua durch das Land gezogen war, erfüllten meinen Geist, als wir uns auf den Weg nach Cäsarea machten, und ich glaube, sogar Petrus hing nostalgischen Erinnerungen nach. Unterwegs erzählte er Geschichten von Jeschua; er erklärte den Römern sogar, ich sei die Erste gewesen, die unseren auferstandenen Herrn am Morgen seiner Auferstehung gesehen hätte.

Zwei Tage, nachdem wir in Joppe aufgebrochen waren, hatten wir Cäsarea erreicht und betraten durch die hohen Tore die römische Festung. Susanna und die Leute aus Joppe tuschelten aufgeregt miteinander und staunten über den Anblick der durch und durch römischen Stadt, aber ich war schon in Tiberias gewesen; die heidnischen Wunderwerke konnten mich nicht mehr zum Staunen bringen.

Die drei Römer eilten davon, um den Zenturio zu holen, der nach Petrus geschickt hatte. Wir warteten derweil in dem offenen Hof. Eine tiefe und friedliche Erschöpfung legte sich über mich wie eine Decke. Ich war viele Meilen gewandert und hatte zehn Jahre auf Gerechtigkeit gewartet; ich konnte auch noch ein paar Stunden länger warten.

Eine Gruppe Diener kam angeeilt; sie führten uns in verschiedene Räume, in denen wir uns waschen und ausruhen konnten. Morgen, versicherten sie uns, würde uns Kornelius in seinem Haus empfangen.

»Es ist nicht so, dass ich diesen Zenturio nicht kennen lernen möchte«, erklärte ich Petrus am folgenden Morgen. »Aber ich würde mich gern bei den Soldaten nach ein paar Leuten erkundigen, die ich aus Magdala kenne.«

Petrus senkte den Blick; seine Augenlider verdeckten seine Augen. Er zögerte. »Bist du sicher, dass du das tun solltest?«

Ein bestimmter Tonfall in seiner Stimme, der so ganz und gar untypisch für Petrus war, ließ mich zögern. »Ich habe einen langen Weg zurückgelegt«, erwiderte ich schließlich. »Was schadet es, wenn ich ein paar Fragen stelle?«

»Dann geh nur«, meinte er. Er nickte einer Person zu, die hinter mir stand, und ich wusste, dass er gedanklich bereits bei der Begegnung mit dem Zenturio war.

Ich verließ ihn und begab mich zu der Kaserne.

Vor dem breiten Bogengang aus Stein, der zu den Unterkünften der Legionäre führte, zögerte ich. Ich atmete tief durch und wappnete mich innerlich. Ein Reiter in Uniform kam vorbei. Er führte ein Pferd am Zügel; seine Hufe klapperten im Rhythmus meines Herzschlags über das Pflaster.

Rührte meine Nervosität daher, dass ich so lange auf diesen Augenblick gewartet hatte? Oder hatte ich Angst, weil ich eine hebräische Frau war, allein, unter Menschen, die weder Frauen noch Hebräer respektierten?

Ich schluckte meine Furcht hinunter und schlich wie ein Schatten weiter. Nachdem ich den Eingang passiert hatte, fand ich mich in einem gepflasterten Hof wieder, der zu beiden Seiten von Säulen eingerahmt war. Ein einziger bogenförmiger Eingang befand sich links von mir. In den Bereichen hinter den überdachten Veranden entdeckte ich einige Männer und schnell rannte ich auf den Eingang zu.

Ich fand mich in einer rechteckigen Halle mit einer Holzdecke wieder, die von breiten Balken getragen wurde. Zu beiden Seiten waren am Rande des Mittelganges Bankreihen aufgestellt und das gemalte Bild eines großen Mannes, der einem Ochsen die Kehle aufschneidet, war hinter drei Altären zu sehen, von denen der Rauch brennender Kohlen aufstieg …

Ich schrie entsetzt auf, als mich eine raue Hand am Arm packte. »Was machst du hier?«

Erschrocken fuhr ich zu dem Soldaten herum, der mich festhielt. Seine Augen funkelten mich unter dem Rand seines Helms hervor an. Wangenschützer aus Messing verdeckten den größten Teil seines Gesichts und nur seine Nase, die Augen und das Kinn waren zu sehen.

»Ich bin Gast des Zenturio Kornelius«, erklärte ich ihm auf Griechisch. »Ich würde gern mit einem Verantwortlichen sprechen.«

Bei der Erwähnung des Zenturios zog der Soldat die Augenbrauen in die Höhe, aber seinen Griff lockerte er nicht. »Frauen sind im Tempel Jupiters nicht gestattet.«

»Ich wusste nicht, dass dies ein Tempel ist. Bitte entschuldige meine Unwissenheit.«

»Bei euch Juden gibt es keine Entschuldigung für die Unwissenheit eines Menschen.« Er funkelte mich an; seine Augen brannten vor Zorn. »Wenn jemand nur einen Schritt aus dem Vorhof der Heiden in euren Tempel setzte, würden eure Wachen ihn sofort totschlagen.«

Ich starrte ihn an. »Das stimmt – aber an den Wänden hängen Warnschilder. Hier gibt es keine Warnschilder, kein einziges.«

Sein Gesicht verfinsterte sich. Er zerrte mich aus der Kammer. »Wir gehen zum Kommandeur der Garnison. Er soll entscheiden, was mit dir geschehen soll.«

Meine Gedanken überschlugen sich, als der brutale Kerl mich zu dem Marmorpalast im Norden der Kaserne schleifte. Wortlos ging ich mit. Meine Furcht wuchs von Minute zu Minute.

Der Soldat stieß mich roh durch eine Tür und ich taumelte vor, fing mich aber zum Glück wieder. Zwei Legionäre saßen an einem Tisch, beide trugen bestickte Uniformen. Sie runzelten die Stirn, als sie mich entdeckten. »Wer ist das?«

»Ich habe sie im Tempel der Kaserne gefunden. Sie hat herumgeschnüffelt. Sie behauptet, sie sei bei Kornelius zu Besuch.«

Der jüngere der beiden Männer, ein Mann mit lichtem braunen Haar, deutete mit dem Kopf zu den kleinen Häusern hinter der Kaserne. »Kornelius befindet sich in seinem Quartier und er hat tatsächlich Gäste.«

»Ja.« Ich starrte den brutalen Kerl an, der mich ertappt hatte. »Wir kommen aus Joppe.«

Er bleckte die Zähne. »Du sprichst wie diese sturen Galiläer.«

»Ich stamme aus Magdala. Aber hierher bin ich von Joppe gekommen.«

Als würde diese Aussage meine Unglaubwürdigkeit bestätigen, versetzte der Soldat mir einen Stoß. »Ich halte sie für eine Spionin. Vielleicht solltest du sie nach Syrien schicken und dem Legat vorführen.«

Angst erfasste mich. »Fragt, was ihr wollt; ich werde euch umfassend Auskunft geben. Aber ich bin keine Spionin.«

»Also gut.« Der grauhaarige Offizier, offensichtlich der Kommandeur, verschränkte die Arme. »Warum warst du im Tempel?«

»Ich habe jemanden gesucht ... der mir hilft, zwei römische Soldaten ausfindig zu machen.«

Der grauhaarige Mann drehte sich zu seinem Gefährten um und zog die Augenbraue in die Höhe. »Dafür ist sie ein wenig zu alt, meinst du nicht?«

Zuerst verstand ich nicht, doch schließlich dämmerte es mir und meine Wangen begannen zu brennen. »Nicht was ihr denkt! Ich kenne diese Männer nicht. Ich kenne nur ihre Namen.«

»Und was willst du von ihnen?«

»Ich möchte sie wegen eines Fehlverhaltens melden.«

Der zweite Zenturio lachte. »Nach welchem Gesetz definierst du dieses Fehlverhalten? Nach dem jüdischen oder dem römischen?«

Ich verschränkte ebenfalls die Arme vor der Brust, entschlossen, ihrem Eigensinn in nichts nachzustehen. »Ich sage kein Wort mehr, bis ich weiß, ob Gaius Cabilenus und Atticus Aurelius hier stationiert sind.«

Die Namen waren nicht unbekannt, das merkte ich. Die Männer am Tisch blickten sich erneut an, aber dieses Mal waren die Gesichter so ausdruckslos und glatt wie das eines schlafenden Babys.

»Atticus Aurelius war hier stationiert«, erwiderte der Kommandeur. »Er wurde nach Rom abkommandiert.«

»Und Gaius Cabilenus?«

»Er ist tot.« Die Falten an seinem Mund vertieften sich. »Er hat sich im vergangenen Jahr das Genick gebrochen, als er von seinem Pferd abgeworfen wurde.«

Ich musterte den Offizier eindringlich. Römische Soldaten hielten zusammen; dieser Mann könnte auch für seine Kameraden gelogen haben. »Hast du dafür einen Beweis?«

Der Kommandeur seufzte und nickte schließlich dem jüngeren Mann zu. Der erhob sich und verließ den Raum. Einen Augenblick später kehrte er mit zwei geöffneten Schriftrollen zurück. Er legte sie auf den Tisch und zeigte auf eine handgeschriebene Zeile auf dem ersten Pergament.

»Hier.« Er deutete auf die Schrift. »Der ehrwürdige Gaius Cabilenus, begraben am vierten Tag des sechsten Monats, getötet bei einem Unfall im Manöver.« Er nahm die zweite Rolle, überflog die Zeilen, bevor er das Pergament zu mir hindrehte. »Da – zwei Zenturien der *Cohors Secunda Italica Civum Romanorum* begleiteten Pontius Pilatus, den Prokurator von Judäa, nach Rom. Eine Zenturie wurde von Atticus Aurelius befehligt, die andere von Flavius Gemellus.« Er nannte das Datum und das Schiff, auf dem sie fortgesegelt waren, aber ich hörte kaum hin.

Ich starrte auf die Namen auf den Pergamenten und mir wurde klar, dass HaShem Gaius Cabilenus meinem Zugriff entzogen hatte ... und meine einzige Hoffnung auf Gerechtigkeit war vier Jahre zuvor davongesegelt.

Meine Suche war nicht von Erfolg gekrönt gewesen. Petrus' Begegnung mit Kornelius dagegen war besser gelaufen, als irgendjemand erwartet hatte. Der Zenturio und mehrere seiner Männer hatten Petrus' Zeugnis nicht nur angenommen, der Heilige hatte auch seine Gabe des Heiligen Geistes über sie ausgegossen, als Petrus den Heiden von dem berichtete, was Jeschua getan hatte.

An diesem Abend feierten Petrus, Schimon und die anderen Männer aus Joppe und priesen Gott, als sie mit den Römern zu Tisch saßen. Schimons Frau Susanna und ich hielten uns abseits und verfolgten das Geschehen von einer Nische aus. Ich teilte ihre Freude über die Güte Gottes, aber mein Herz war nach wie vor betrübt. Die Nachricht, die ich zuvor erhalten hatte, war enttäuschend.

Auch wenn ich es meinen gläubigen Brüdern und Schwestern gegenüber nie zugeben würde, insgeheim stellte ich den Heiligen infrage. Wie konnten römische Legionäre mit der Fülle des Geistes gesegnet werden, während meine Arme leer blieben?

Kapitel 50

Seit dem Tod unseres Herrn hatte Pesach eine ganz neue Bedeutung bekommen, doch an einem bestimmten Fest, elf Jahre nach Jeschuas Auferstehung, fiel es uns schwer zu feiern. Ich blickte mich im Kreis um. Einige Gesichter fehlten. Trauerten sie ... oder versteckten sie sich?

Herodes Agrippa, unser neuer König, hatte erkannt, dass er sich die Gunst der religiösen Führer erwerben konnte, indem er die Führer der hebräischen Gläubigen zum Schweigen brachte. Als ersten Schritt in seinem Plan schickte er Soldaten aus, um Jakobus, den Bruder des Johannes, zu verhaften. Bevor wir entscheiden konnten, wie wir reagieren sollten, ließ Herodes den Sohn des Zebedäus mit dem Schwert hinrichten.

Die Nachricht von Jakobus' Hinrichtung schockierte uns. Wir waren vor Trauer wie gelähmt. Mit schwerem Herzen trafen wir uns im Gasthaus von Johannes Markus, um das Pesachfest zu feiern. Zu der Feier waren auch viele Älteste gekommen. Von Verzweiflung erfüllt, beteten wir um Trost. Petrus hatte Menschen von den Toten auferweckt, aber Gott hatte die Auferweckung des Jakobus nicht gewollt. Jeschua war nicht nach Tiberias geeilt, um den Täufer wieder ins Leben zu rufen, nachdem Johannes enthauptet worden war, aber er hatte Lazarus auferweckt, nachdem er bereits vier Tage im Grab gelegen hatte.

Warum verdiente der eine ein Wunder und der andere nicht? Ich fand keine Antwort auf diese Frage und wagte auch nicht, diese Gedanken auszusprechen.

Aber wann immer ich die Augen schloss, standen mir die Bilder von Jakobus und Johannes vor Augen, lachende Brüder, die sich kaum einmal trennten. Ich erinnerte mich daran, wie sie Feuer vom Himmel herabrufen wollten, als ein samaritanisches Dorf sich weigerte, uns Schutz für die Nacht zu geben, und dass Petrus, Jakobus und Johannes zu Jeschuas innerem Kreis gehört hatten. Diese drei hatten Dinge erlebt, die uns anderen vorenthalten worden waren ... und wofür? Alles, was Jakobus miterlebt hatte, war mit ihm gestorben.

Mein Herz zog sich vor Schmerz zusammen, als ich mich daran erinnerte, wie zornig die anderen Jünger gewesen waren, als die Mirjam des Zebedäus Jeschua gefragt hatte, ob ihre Söhne in seinem Königreich rechts und links von ihm sitzen könnten. Ich hatte Mirjam seit Monaten nicht mehr gesehen, aber ich wusste, diese Nachricht würde ihr das Herz brechen. Und Johannes? Von den beiden Männern war er der sensiblere. Ich konnte mir nicht vorstellen, wie er den Tod seines geliebten Bruders verkraftete.

Wir waren ins Gebet vertieft, als jemand an die Tür klopfte. Rhode, eine der Dienerinnen im Gasthaus, öffnete die Tür. Sie zupfte mich am Ärmel. »Ein Römer«, flüsterte sie mir mit weit aufgerissenen Augen zu. »Er möchte eine Frau mit Namen Mirjam sprechen.«

Die Mutter von Johannes Markus und ich blickten uns an. Mirjam war ein gängiger hebräischer Name; vermutlich hatte der Römer keine Ahnung, wie er uns unterscheiden sollte.

Wir gingen beide zur Tür. Die Mutter von Johannes Markus öffnete. Mich hätte es nicht erstaunt, wenn wir eine ganze Truppe bewaffneter Männer vor der Tür vorgefunden hätten, die unseren Tod wollten. Aber der Junge, der vor uns stand, war gerade erst zum Mann herangereift; er konnte nicht älter als vierzehn oder fünfzehn Jahre alt sein und wirkte kaum alt genug für einen Bartwuchs. Er trug eine einfache weiße Tunika, die am Rand mit einer Borte bestickt war. Ein dunkelroter Umhang hing über seiner Schulter.

Mirjam bat den jungen Römer nicht herein. Wir traten vor die Tür und warteten darauf, dass der junge Mann sein Anliegen vorbrachte.

Er nickte uns zu und zog eine Augenbraue in die Höhe. »Mirjam?«

»Wir beide tragen diesen Namen«, erklärte die Mutter von Johannes Markus. »Und wir sind wie Schwestern. Alles, was du der einen zu sagen hast, kann ruhig auch die andere hören.«

Die junge Mann zögerte, dann senkte er die Stimme und trat näher – so nahe, dass ich am liebsten zurückgewichen wäre, wenn mir der Weg nicht durch die Tür versperrt gewesen wäre.

»Ich bin gesandt worden, um euch zu warnen«, flüsterte er und warf einen Blick über die Schulter zurück. »Herodes hat Petrus verhaftet und hält ihn in der Festung Antonia gefangen. Der König hat vor, Petrus nach dem Fest öffentlich vor Gericht zu stellen und dann hinzurichten.«

Meine Gastgeberin schnappte nach Luft und klammerte sich an mich, aber ich blickte den ungewöhnlichen Fremden an. »Warum sollten wir dir glauben?«

Er reagierte verblüfft, als würde meine Frage ihn erstaunen. »Warum sollte ich lügen?«

Ich hätte über seine Unschuld gelächelt, wenn die Situation nicht so ernst gewesen wäre. »Wer hat dich zu uns geschickt?«

Er hob die Hand und wich einen Schritt zurück. »Mehr kann ich nicht sagen. Ich muss jetzt gehen.«

»Aber wer hat dich geschickt?«

Er wich noch weiter zurück. Seine braunen Augen funkelten mich unter seinen Locken heraus an. »Jemand, der dich noch um eines bittet – dass du betest.«

Ohne ein weiteres Wort zu verlieren, drehte sich der junge Römer um und verschwand im Gewimmel der Straße. Ich trat auf die Straße und sah ihm nach, wie er sich durch die Menschenmenge schob. Schließlich drehte ich mich zur Mutter von Johannes Markus um, die sich an den Türpfosten klammerte.

Ihre Lippen zitterten. »Glaubst du ihm?«

Ich legte den Kopf zur Seite und nickte. »Ja, eigentlich schon.«
»Dann sollten wir es den anderen erzählen.«
»Und wir sollten beten.«

Kapitel 51

Atticus blickte auf, als Quinn die Kaserne betrat und geradewegs zu der Bank kam, auf der er und Flavius Senet spielten.

Wie immer glitt sein Blick über die Gestalt des Jungen, um sich zu vergewissern, dass ihm nichts geschehen war; dann lächelte er. »Hast du die Mirjam gefunden, der das Gasthaus gehört?«

Quinn nickte. »Ich fand zwei Mirjams, beide im Gasthaus auf der Krummen Straße. Ich habe ihnen die Nachricht übermittelt.«

Atticus drückte den Arm seines Sohnes. »Das hast du gut gemacht. Hier hast du einen Denarius für deine Mühe.«

Quinn winkte ab. »Ich brauche nichts, Vater.«

Atticus steckte die Münze wieder in seinen Gürtel und freute sich darüber, dass der Junge ein gewisses Ehrgefühl entwickelt hatte. »Setz dich und unterhalte dich mit uns. Manchmal denke ich, du verbringst viel zu viel Zeit in Gesellschaft von Frauen.«

Quinn grinste. »Wenn du mich entschuldigen würdest, Vater, ich glaube, ich gehe jetzt lieber in den Stall. Der Kommandeur der Kavallerie hat gerade einen neuen Hengst bekommen.«

Atticus winkte ihn fort. »Dann geh nur.«

Die Kaiserin Messalina wollte während des Frühlingsfestes Jerusalem besuchen und die Zenturien von Atticus und Flavius hatten ihr in den vergangenen drei Monaten als Militäreskorte gedient. Auch wenn er Cyrilla nur ungern in Rom zurückgelassen hatte, hatte sich Atticus doch über die Gelegenheit gefreut, Quinns Geburtsland wiederzusehen.

Flavius hatte der Gedanke, nach Jerusalem zurückzukehren, überhaupt nicht gefallen, aber er hatte keine Wahl gehabt. Finster blickte er Atticus an. »Du gehst große Risiken ein. Und wenn nun einer von Herodes Männern herausfindet, dass du diese Leute gewarnt hast?«

Atticus zuckte die Achseln. »Ich habe geschworen, Rom zu dienen, nicht Herodes.«

»Du scheinst die Bedingungen des Schwurs vergessen zu haben. Du sollst nach den Anordnungen deines Kommandeurs handeln, und Statthalter Vitellius hat uns eingeschärft, Herodes nicht zu beleidigen.«

»Ich habe ihn nicht beleidigt.«

»*Aber diese Leute* beleidigen ihn.« Flavius beugte sich vor und senkte die Stimme. »Wie ich höre, gibt es allein in Jerusalem Tausende von ihnen. Man sagt, der Nazarener habe sogar in Rom Anhänger.«

»Dessen bin ich sicher. Ich kann nicht der Einzige sein, der erkannt hat, dass seine Macht von Gott kam.«

Flavius schüttelte den Kopf, wie ein Ochse, der vom Schlag des Schlächters betäubt wurde. »Du bist ein Narr, Atticus Aurelius. Zuerst verlierst du dein Herz an ein Kind, dann an eine Frau und schließlich an einen jüdischen Propheten ...«

Atticus zog eine Münze aus dem Beutel an seinem Gürtel. Er hielt sie zwischen den Fingern, sodass sowohl die Inschrift wie auch das Bild Cäsars zu sehen war. »Siehst du das?«

Flavius blinzelte. »Na und?«

»Einmal wurde Jeschua gefragt, ob es für einen Juden rechtmäßig sei, Steuern an Rom zu zahlen. Er ließ sich eine solche Münze geben; dann sagte er, ein Mann solle dem Cäsar geben, was des Cäsars sei, und Gott, was Gottes sei.« Atticus grinste und steckte die Münze wieder in seine Tasche. »Ich werde Rom alles geben, was ich versprochen habe, und dem unsichtbaren Gott, was er fordert. Falls ich jemals erfahre, was genau er verlangt. Ich weiß so wenig über ihn.«

Flavius zog fragend die Augenbraue in die Höhe. »Und wenn sich nun das, was sie verlangen, widerspricht?«

Atticus zögerte. »Dann muss ich Gott gehorchen, schätze ich. Immerhin hat er schon mehrere Cäsaren überlebt.«

Flavius schob die Spielstäbchen zusammen. »Bevor ich dir den letzten Denarius abnehme, muss ich eines wissen. Wirst du etwas für diesen Petrus tun? Irgendetwas, das der ganzen Kohorte eine Auspeitschung einbringt?«

»Keine Angst.« Atticus rutschte auf der Bank zur Seite und machte Platz, damit Flavius die Stäbchen werfen konnte. »Ich werde beten. Ich glaube nicht, dass man mich deswegen auspeitschen wird.«

Kapitel 52

Seit dem Morgen, an dem ich von Jeschuas Verhaftung erfahren hatte, hatte ich nicht mehr solche Angst gehabt. Würde Herodes jeden von uns verfolgen, der an Jeschua glaubte? Wie viel Blut würde fließen müssen, bevor er seinen Kreuzzug beendete?

Hadassa und ich gingen unseren täglichen Pflichten nach, halfen der Mutter von Johannes Markus, ihre Gäste im Gasthaus zu versorgen, aber mein Magen brannte vor Angst und der Drang zu fliehen wurde übermächtig. Hunderte Menschen wussten, wo sich die Gläubigen regelmäßig versammelten, wie sicher also war das Gasthaus?

Einmal machte ich den Vorschlag, das Gasthaus zu verlassen und weiterzuziehen. Mirjam hätte vielleicht zugestimmt, aber Hadassa legte ihre Hände auf unsere Schultern. »Wir werden hierbleiben.« Ihre Stimme klang samtweich, gleichzeitig aber auch stahlhart, und während sie sprach, blickte sie Johannes Markus an, der die Halle betreten hatte. »Im Glauben werden wir für Petrus beten und darauf vertrauen, dass Gott uns beschützt ... wenn das sein Wille ist.«

Wir saßen gerade im oberen Gemach zusammen und beteten, als Rhode uns unterbrach. »Entschuldigt«, flüsterte sie in unsere inbrünstigen Bitten hinein, »aber ich glaube, Petrus steht vor der Tür.«

Einer der Ältesten blickte sie mit höhnisch zusammengezogenen Augen an. »Du bist nicht ganz bei dir, Mädchen.«

Die Mutter von Johannes Markus presste ihre Hand auf den Mund. »Du hast doch die Tür nicht geöffnet, oder?«

»Ich habe sie nicht aufgemacht«, beharrte Rhode. »Ich habe nur gelauscht. Der Mann draußen klingt genau wie Petrus.«

Die Mutter von Johannes Markus wandte sich zu mir um. Die

Angst hatte alles Blut aus ihrem Gesicht vertrieben. »Herodes hat ihn getötet. Es muss sein Engel sein, der da vor dem Tor steht.«

Einige der Frauen brachen in Tränen aus, aber ich erhob mich und eilte nach unten. In der Halle blieb ich stehen und starrte zur Tür, mein Herz klopfte so laut, dass es bestimmt alle Umstehenden gehört hätten. Rhode war nicht verrückt; ich hörte, wie jemand klopfte.

Hatte der römische Junge etwa die Soldaten des Herodes geradewegs zu uns geführt?

Die Mutter von Johannes Markus trat neben mich und drückte meine Hand. »Soldaten klopfen nicht«, meinte sie. Es war, als könnte sie meine Gedanken lesen. »Sie stürmen einfach ins Haus.«

Sie öffnete die Tür.

Schockiert und außerstande, ein Wort zu sagen, stand ich reglos in der Halle. Petrus, ein Petrus aus Fleisch und Blut, stand auf der Schwelle, mit dankbarem und verwundertem Gesichtsausdruck. Wir führten ihn nach oben zu den anderen, die ihn sofort mit ihren Fragen bestürmten. Er forderte uns auf, uns zu beruhigen, dann berichtete er, ein Engel sei ins Gefängnis gekommen und hätte ihn befreit. Er sei vor ihm hergeschritten und hätte alle Tore und Türen aufgeschlossen.

Petrus blieb nicht lange bei uns, aber er hatte ein Abschiedswort für uns. »Berichtet Jakobus, dem Bruder des Herrn, was geschehen ist.«

Während ich ihm nachsah, wie er in der Dunkelheit verschwand, fragte ich mich, ob mein Gebet von Glauben oder von Verzweiflung bestimmt gewesen war. Wenn ich wirklich glaubte, dass Gott Petrus retten würde, warum war ich dann über die Erhörung meiner Gebete so erstaunt?

Kapitel 53

Auch Atticus hatte jene Nacht im Gebet verbracht. Er stand an seinem Fenster und beobachtete, wie die Dämmerung in einer heftigen Explosion von Farben heraufzog und bunte Streifen und Farbtupfer auf den Himmel über der schlafenden Stadt malte. In der Gerichtshalle des Palastes würde Herodes bald seinen Platz einnehmen und den Mann vorführen lassen, der unter dem Namen Simon Petrus bekannt geworden war. Eine Gruppe von Herodes' Wächtern würde in der Festung Antonia erscheinen und den Gefangenen einfordern.

Eine Stunde nach Sonnenaufgang empfing Claudius Lysias, der Hauptmann der auf Dauer in Jerusalem stationierten Kohorte, die Wache des Herodes und schickte seine Männer los. Sie sollten nachsehen, was die Gefängniswärter daran hinderte, den Gefangenen vorzuführen. Sie rannten die Stufen hinunter und fanden das Verlies leer vor, abgesehen von ein paar fassungslosen Wächtern. Simon Petrus, der bei Sonnenuntergang sicher in seiner Zelle eingeschlossen worden war, war verschwunden. Zurück war eine Spur von offen stehenden Toren und aufgeschlossenen Türen geblieben.

Als die Nachricht die Zenturien erreichte, die zu Besuch in Jerusalem weilten, zog Flavius Atticus in eine stille Ecke. »Sag es mir«, forderte er mit eisenharter Stimme. »Sag mir, dass du ihn nicht herausgeholt hast.«

»Das kannst du doch nicht ernsthaft annehmen!«

»Ich weiß nicht mehr, was ich glauben soll.«

Atticus schüttelte den Kopf. »Ich schwöre dir, ich habe mein Bett in der gestrigen Nacht nicht verlassen.«

»Dann war es Quinn. Du hast Quinn geschickt.«

Atticus knirschte mit den Zähnen. »Du denkst, ich würde das Leben meines Sohnes aufs Spiel setzen?«

»Ich weiß es nicht. Du würdest nicht zögern, deines aufs Spiel zu setzen.«

»Ich schwöre dir, Flavius – weder Quinn noch ich hatten mit dieser Sache irgendetwas zu tun.«

Am ganzen Leib zitternd wurde der Hauptmann der Wache vor Claudius gebracht. »Dieser Petrus ist kein gewöhnlicher Mensch«, berichtete er Claudius mit brüchiger Stimme. »Bei allen Göttern, ich schwöre, wir haben alle erdenklichen Vorsichtsmaßnahmen getroffen. Er sollte eigentlich da sein. Er sollte nicht entkommen sein.«

Claudius nickte. »Das wirst du Herodes höchstpersönlich erklären müssen.«

Der Gefängniswärter wurde noch eine Spur blasser, falls das überhaupt möglich war. Er rief seine Männer, richtete seine Uniform und stellte sich mit ernstem Gesicht Claudius' Eskorte zur Verfügung.

Aus Mitleid mit den unglücklichen Gefängniswärtern marschierten die Männer des Claudius gemessenen Schrittes über das Pflaster zum Palast. Atticus beobachtete aus der Ferne, wie die vom Unglück verfolgten Männer die Halle des Königs betraten; er war nicht erstaunt zu hören, dass Herodes jeden einzelnen der Männer zum Tode verurteilte.

Und doch empfand Atticus große Erleichterung für Jeschuas Anhänger, als Herodes später am Nachmittag einen weiteren Befehl erließ: Er und seine Truppe würden so bald wie möglich nach Cäsarea zurückkehren. Die Kaiserin Messalina würde ihn begleiten.

Agrippa hatte genug von Jerusalem.

Offensichtlich hatte auch Gott genug von Agrippa. Kurz nach Atticus' Rückkehr nach Cäsarea vergnügte sich Herodes mit Messalina und einer Gruppe von Speichelleckern aus Tyrus und Sidon. In bestickte purpurrote Gewänder gehüllt, eine schwere Krone auf dem Kopf, saß er auf seinem Thron und hielt eine donnernde Rede, die seine Zuhörer einzuschläfern drohte. Aber die heuchlerischen Kaufleute, die nach der königlichen Gunst gierten, reagierten mit begeisterter Zustimmung und verkündeten, sie hätten die Stimme Gottes gehört, nicht die eines Menschen.

Atticus und seine Männer nahmen Haltung an, als Herodes sich erhob und den Applaus huldvoll entgegennahm. Doch auf einmal verzog sich sein Gesicht zu einer Grimasse. Der König beugte sich vor, umklammerte seinen Bauch und schrie vor Schmerz auf. Messalina wurde bleich vor Furcht. Atticus und seine Männer drängten vor. Sie befürchteten, ein Mörder in der Menge hätte seine Waffe auf den König geschleudert, aber Herodes' Arzt konnte keine Spuren eines Messers oder eines Pfeils finden.

Die Eingeweide des Königs, berichtete der königliche Arzt später, seien von Würmern zerfressen worden. Im Volk ging das Gerücht um, Agrippa sei selbst an seinem Ableben schuld – er sei gestorben, so behaupteten die Priester mehrerer Religionen, weil er die Anbetung für sich in Anspruch genommen hätte, die rechtmäßig Gott gehörte.

Erschreckt von den instabilen Zuständen in der Region, kehrte die Kaiserin Messalina in Begleitung der zwei Zenturien der *Cohors Secunda Italica Civum Romanorum* nach Rom zurück.

Atticus stand am Heck des Transportschiffes und sah voller Dankbarkeit zu, wie Judäa in der Ferne verschwand.

Kapitel 54

Zusammen mit Flavius und Cyrilla saß Atticus auf einer Bank und sah zu, wie der befehlshabende Legat den neuen Rekruten den Fahneneid abnahm. Der achtzehnjährige Quinn trug zum ersten Mal die blutrote Tunika des Legionärs. Er stand stramm und hielt den Blick stur geradeaus gerichtet, während er den Eid des ersten Rekruten nachsprach: *»Idem in me.«* Das gilt auch für mich. Erst nachdem er seine fünfundzwanzigjährige Dienstzeit abgeleistet hatte, würde er wieder die weiße Toga des Zivilisten tragen.

Atticus hatte Quinn geholfen, seine Tunika und den Brustpanzer anzulegen, und ihm erklärt, die Farbe stehe als Symbol für Blut, das sein Gewissen nicht belasten solle, solange es zur Verteidigung des Weltreiches vergossen worden sei.

»Einige der Männer, die dich ausbilden werden, werden sagen, der römische Soldat sei ausschließlich ein Werkzeug des Krieges«, erklärte Atticus seinem Sohn. »Einige Zenturionen verlangen, dass du aufhörst zu denken, dein Ehrgefühl und deine Würde ignorierst und nur deinem Befehlshaber gehorchst. Sie werden dir sagen, du sollest vor nichts zurückschrecken und weder Grausamkeit scheuen noch Erbarmen empfinden. Einige wollen dich zu einer kalten, berechnenden Tötungsmaschine machen.«

Quinns dunkle Augen suchten seinen Blick und hielten ihn fest. »Was willst du mir sagen, Vater?«

Atticus hatte gelächelt. »Ich möchte dich daran erinnern, dass du dem Kaiser zwar Gehorsam geschworen hast, aber über den, der auf dem römischen Thron sitzt, herrscht eine höhere Autorität. Es gibt einen Gott im Himmel, der verächtlich auf die von Menschen gemachten Götter herabblickt. Er hat seinen Propheten auf die Erde gesandt, und dieser Mann ist an einem römischen Kreuz gestorben. Doch er hat sein Grab verlassen und weil er lebt, wird jeder, der an ihn glaubt, auch den Tod besiegen. Diese Wahrheit wird dich in die Lage versetzen, Mut zu zeigen und deine Kraft mit Erbarmen zu mildern. Denke immer daran, Quinn, ... mein Sohn.«

Nach der Einführungszeremonie folgten Atticus und Cyrilla Quinn zu dem Lager, in dem er zuerst ausgebildet werden würde, bevor er auf seinen ersten Posten geschickt werden würde. Cyrilla betupfte ihre Augen und legte die Hände auf die Schultern des jungen Mannes. »Es ist mir ein großes Vergnügen gewesen, dich aufwachsen zu sehen«, sagte sie schniefend. »Ich weiß, du wirst uns stolz machen.«

Quintus gab ihr einen Kuss auf die Wange und wandte sich an Atticus. »Noch irgendwelche letzten Worte, Vater?«

Atticus' Blick ruhte voller Stolz auf dem Jungen, dem in den vergangenen achtzehn Jahren seine ganze Liebe gegolten hatte. Mit seinen breiten Schultern und den strahlenden Augen war Quintus ein Mann durch und durch. Selbst in diesem Augenblick des Abschiednehmens war das Zittern seiner Stimme kaum merkbar; nur die Anspannung der Muskeln in seinem Hals verriet seine innere Erregung.

Atticus umklammerte Quintus' Hand. »Wir haben genug gesprochen. Geh, mein Sohn, und vergiss nicht, was deine Mutter und ich dir beigebracht haben.«

Quintus legte den Arm um Atticus und drückte ihn fest an sich, dann löste er sich von ihm und lächelte ein letztes Mal. »Ich werde dir schreiben.«

Der junge Mann nahm seine Tasche und ging zur Garnison. Die Verantwortung seiner neuen Aufgabe hüllte ihn ein wie ein unsichtbarer Mantel.

Flavius knallte seinen Becher auf den Tisch und funkelte Atticus zornig an. »Beim verfaulten Ohrenschmalz in Apollos Ohren, das werde ich nicht zulassen! Dieses Mal verlangst du zuviel.«

Das Feuer in den Augen seines Freundes erschreckte Atticus. Alle Farbe wich aus seinem Gesicht. »Was meinst du? Quinn kann nicht in meiner Zenturie dienen; die anderen Männer würden mich für voreingenommen halten, egal was ich tue.«

»Und darum soll er in meiner dienen?«

»Warum nicht? Du könntest ihn im Auge behalten …«

»Ich werde das nicht zulassen. Ich werde keinen Juden unter meinen Männern dulden.«

Atticus starrte ihn an. Die Heftigkeit von Flavius' Ausbruch verblüffte ihn. »Was meinst du? Quintus ist als Römer erzogen worden; er ist als Rekrut genauso gut wie jeder andere Mann in dieser Kaserne …«

»Er ist ein Jude, Atticus. Er sollte kein Legionär sein. Von Rechts wegen sollte er bei den Hilfstruppen in einer der abgelegenen Provinzen dienen. Wenn dein weiches Herz nicht gewesen wäre, wäre er nicht einmal in Rom.«

Atticus saß reglos da – fassungslos, verblüfft und tief erschüttert. Flavius hatte seine Beziehung zu Cyrilla und Quinn nie gebilligt, aber nie hatte er so heftig reagiert. Atticus beugte sich vor und legte die Hände auf die Tischkante. »Was ist nur los mit dir?«

»Nichts.«

»Was heißt hier nichts? Noch nie hast du so heftig reagiert …«

»Ich kann kaum glauben, dass du so blind bist!« Flavius Augen wurden schwarz und funkelten vor Zorn. »Du hast Jahre dort drüben mit diesen Menschen verbracht und doch erkennst du nicht, was mit ihnen los ist. Du weißt, was sie ihren Babys antun. Du hast ihren leeren Tempel gesehen; du hast ihren Aberglauben kennengelernt. Du hast eines ihrer verkrüppelten Kinder gerettet und zu einem Wahrsager aus einem armen Dorf gebracht; und dann glaubst du auch noch diese dummen Geschichten von einem Mann, der sein Grab verlässt …«

»Das ist keine dumme Geschichte.« Atticus spürte, wie nun sein Zorn Überhand gewann. »Und Quinn ist nicht verkrüppelt.«

»Er ist trotzdem ein Jude.« Flavius erhob sich und beugte sich über den Tisch. »Und ich werde ihn nicht in meiner Zenturie dulden.«

»Er ist mein Sohn.« Atticus stand auf und funkelte Flavius an. »Und ich möchte, dass er in einer Einheit dient, wo ich ihn im Auge behalten kann.«

»Und du denkst, dass auch er das will?«

»Mir ist egal, was er will. Ich bin sein Vater; ich will nur sein Bestes.«

»Das Beste für ihn ist, in sein Geburtsland zurückzukehren.«

»Wie kannst du dir anmaßen, so etwas zu sagen? Du hast dich nie um einen anderen Menschen gekümmert außer um dich selbst!«

»Ich sorge für meine Männer. Und ich werde ihnen nicht zumuten, einen Juden in ihrer Mitte zu dulden.«

»Und wenn ich zum Tribun gehe und ihn bitte, dass Quintus deiner Zenturie zugewiesen wird?«

»Wenn du das tust, werde ich dem Tribun die Wahrheit über das erzählen, was du in Magdala getan hast. Wer weiß, was dann passieren wird?« Flavius' Mund verzog sich zu einer Grimasse. »Du hast jahrelang eine Lüge gelebt und dafür wirst du schließlich degradiert und ausgepeitscht werden. Und Quinn? Sie könnten ihn aus der Armee werfen oder als Sklaven verkaufen. Aber die ganze Welt wird wissen, dass er keinesfalls dein Sohn sein kann.«

Atticus starrte Flavius an. Seine Worte trafen ihn mit der Wucht eines Steines, der ins Wasser fällt und die Oberfläche kräuselt. Mehr als zwanzig Jahre Freundschaft waren gerade zu Bruch gegangen, aber vielleicht hatte er den Mann, der da vor ihm saß, nie richtig gekannt.

Er atmete tief durch und senkte den Blick auf seine zu Fäusten geballten Hände. »Lass Quintus seine Ausbildung in Rom beenden. Ich werde darum bitten, dass er in Jerusalem stationiert wird, unter Claudius Lysias.«

»In einer der Hilfskohorten wäre passender.«

»Die Hilfstruppen bestehen vorwiegend aus Samaritanern! Das wird nicht gehen.«

Die beiden Männer funkelten sich noch eine Zeit lang an; schließlich nickte Flavius. »Mir ist das egal, solange er nicht in Rom dient. Rom muss von Römern verteidigt werden.«

Atticus nickte langsam.

Voller Mitgefühl hörte sich Cyrilla Atticus' Bericht an. Sie zog seinen Kopf in ihren Schoß. »Ich weiß«, sagte sie und ihre Finger strichen seine Haare aus der Stirn, »wie viel es dich gekostet hat, dass Quinn in die Armee aufgenommen wird. Du wirst seine Gesellschaft vermissen, seine Liebe ... und jetzt sieht es so aus, als hättest du auch noch Flavius' Freundschaft verloren.«

Atticus schnaubte leise. »So etwas hätte ich nie von Flavius erwartet. Ich dachte, er würde für römische Ideale einstehen ...«

Cyrilla legte den Arm auf Atticus' Brust. »Auch Rom ist nicht so, wie es sein sollte.«

Er nahm ihre Hand und blickte ihr in die Augen. »Ich werde beide vermissen«, bemerkte er. Es tat ihm gut, dass er die Möglichkeit hatte, mit Cyrilla über diese Angelegenheit zu sprechen. »Aber ich bin dankbar, dass ich dich habe. Wenn ich denke, dass ich dich beinahe in Cäsarea gelassen hätte ...«

»Damals warst du noch jung und töricht.« Sie lächelte ihn an. »In den letzten Jahren hast du erstaunlich viel dazugelernt.«

Er hob ihren Arm, nahm ihre kleine Hand in seine großen Hände und dankte Gott, dass er sie ihm geschenkt hatte. Der unsichtbare Gott wirkte auf erstaunliche Weise, aber er wirkte mit Macht und Autorität.

»Ich werde dich heiraten«, verkündete er, während er ihre linke Hand betrachtete. »Wenn ich aus der Armee ausscheide, werde ich einen Ring an diesen Finger stecken und dich zu meiner Frau machen.«

Ihre Augen glitzerten übermütig. »Das will ich dir aber auch geraten haben. Ich warte schon sehr lange darauf.«

Im anderen Raum machten die Sandalen einer Dienstmagd leise Geräusche, als sie die Veranda überquerte und im Garten verschwand. »Du bist zu gut zu mir, Atticus«, flüsterte Cyrilla.

Er drehte sich zur Seite, damit er ihr Gesicht besser sehen konnte. »Denkst du manchmal, dass es ein Fehler war? Hätte ich Quinn im Haus in Magdala lassen sollen?«

»Das habe ich nicht mehr gedacht, seit wir mit ihm bei Jeschua waren.« In ihren Augen war kein Raum für Zweifel. »Was hat der Prophet dir gesagt?«

Atticus zog die Prophezeiung aus dem Brunnen seiner Erinnerung. »›Er wird fern von seinem Volk zur Reife gelangen ... aber die Absichten Gottes werden in ihm offenbart werden und er wird die Wahrheit erkennen.‹«

»Jeschua hatte recht«, meinte Cyrilla. »Warte nur, dann wirst du es erleben.«

Als er in sein Quartier zurückkehrte, nahm Atticus ein Blatt Pergament von seinem Tisch und schrieb einen Brief an Quintus: *Atticus Aurelius an seinen lieben Sohn Quintus, gegrüßt seist du.*

Wir leben in einer gefährlichen Zeit, schrieb er. Er gab sich große Mühe, unverfängliche Worte zu wählen für den Fall, dass ein Hauptmann den Brief zu lesen bekam. *Darum lebe als ehrenhafter Mann und denke an das, was dir beigebracht wurde.*

Quintus, mein lieber Sohn, sei stark in der besonderen Gunst, die Gott dir schenkt. Du hast oft von Dingen reden hören, die von verlässlichen Zeugen bestätigt wurden. Gib diese Wahrheiten an vertrauenswürdige Menschen weiter, die sie wiederum an andere weitergeben.

Du stehst vor großen Prüfungen, darum erdulde Leiden als guter Soldat. Lass dich nicht in kaiserliche Politik hineinziehen, denn dann kannst du den, der dich in seine Armee aufgenommen hat, nicht zufriedenstellen. Folge den Geboten des Herrn für sein Werk wie ein Sportler, der entweder die Regeln befolgt oder disqualifiziert wird und keinen Preis erringt.

Wisse, dass ich täglich für dich bete. Ich bleibe
Dein dich liebender Vater
Atticus Aurelius

Kapitel 55

Ich will gerade weitererzählen, als der Schreiber auf seinen Tisch klopft. »Sie muss aufhören«, sagt der Mann und lässt seinen Stift sinken.

Der Zenturio am Tisch blickt ihn stirnrunzelnd an. »In welcher Autorität forderst du, dass sie unterbricht?«

»In meiner eigenen«, erwidert der Schreiber und hält ein Gefäß in die Höhe. »Ich habe keine Tinte mehr.«

Der Zenturio lässt scharf die Luft entweichen, als der Schreiber von seinem Hocker gleitet und davonwatschelt.

Ich lecke meine trockenen Lippen und ringe die Hände. Anscheinend habe ich lange Zeit geredet, aber auch wenn meine Stimme heiser ist, bin ich nicht müde.

Ich senke den Blick. Den Römer auf der Bank zu meiner Linken spüre ich eher, als dass ich ihn sehe. Er hat während meines Berichts kein einziges Wort gesprochen und ich frage mich, was er denkt. Hasst er mich jetzt genauso inbrünstig, wie ich ihn gehasst habe?

Der Zenturio rutscht auf seinem Stuhl herum. Sein Blick wandert zu dem einsamen und stummen Beobachter, bevor er mich ansieht. »Möchtest du einen Becher Wasser haben?«

Ich schüttele den Kopf. »Mir geht es gut. Ich bin bereit, mein Geständnis zu Ende zu bringen.«

Der Wächter rechts von mir grinst mich an. »Hast du es eilig, alte Frau? Die Arena wartet.«

Ich schließe die Augen und atme tief durch. Dieser ignorante Dummkopf mit den Zahnlücken hat keine Ahnung von der Tiefe und Breite meiner Geschichte – die Jahre und Meilen, Länder und Kaiser umspann.

Aber sie ist beinahe zu Ende. Und ich bin bereit zu sterben.

Ich räuspere mich und schiebe mein Kinn vor. »Du hast große Geduld gezeigt und ich danke dir dafür. Aber ich kann es kaum erwarten, zum Ende zu kommen.«

Der Zenturio hebt den Finger, als der Schreiber keuchend mit einem neuen Gefäß Tinte in den Raum zurückkommt. »Dank sei den Göttern für frische Tinte. Diese Frau wird noch eine Ewigkeit brauchen.«

Ich blicke den großen Mann auf der Bank an, der mich mit gerunzelter Stirn beobachtet. Seine Augen verändern sich; ein Gefühl hält Einzug, das ich nicht deuten kann.

Ich nickte meinem Richter zu. »Ich bin bereit.«

Kapitel 56

Wenn ich mich in den folgenden Jahren nur auf Jeschua und die wundervolle Fürsorge des Heiligen konzentriert hätte, würde ich an diesem Tag nicht vor dir stehen. Aber, um ehrlich zu sein, die Welt einer Frau ist angefüllt mit widerstreitenden Absichten und Wünschen. Ich wollte meinem Herrn dienen, ich wollte eine gute Freundin und eine mitfühlende Gläubige sein. Nachdem ich erfahren hatte, dass meine speziellen Feinde sich meinem Zugriff entzogen hatten, hätte ich eigentlich in der Lage sein sollen, meinen Kummer zu begraben ... aber das hatte der Kaiser Claudius verhindert.

Nachdem Herodes nach Tiberias zurückgekehrt war, führten die Mutter von Johannes Markus und ich ein langes Gespräch. Sie wurde langsam älter, genau wie ich, und sie sagte, sie würde sich über meine Hilfe im Gasthaus freuen. Ich war bereit, ihr bei der Führung des Gasthauses zu helfen. Insgeheim war ich natürlich auch sehr froh, dass ich auf diese Weise Johannes Markus, Hadassa und ihre Kinder jeden Tag sehen konnte.

Ich hätte nur eine Bitte, erklärte ich Mirjam: Wenn sie meine Hilfe wolle, dürfe das Gasthaus an der Krummen Straße keine Römer unter seinem Dach beherbergen. Da bei ihr nur hebräische Gäste abgestiegen waren, stimmte sie zu.

Ich verbrachte einige wundervolle Jahre im Gasthaus. Es war so schön zu beobachten, wie Hadassa zu einer Frau heranreifte und ihre Kinder aufwuchsen.

Drei Jahre nach unserer Vereinbarung bat Johannes Markus mich und seine Mutter zu einem Gespräch. Er hatte beschlossen, zusammen mit Shaul und Barnabas auf eine Missionsreise zu gehen, erzählte er, und Hadassa und die Kinder würden ihn begleiten. Sie hatten vor, nach Antiochia zu reisen und von dort aus nach Zypern und in andere Städte, wo immer der Geist sie hinführte.

Seine Mutter und ich gaben dem Paar unseren Segen, doch der Abschied von ihnen fiel uns unglaublich schwer. Mirjam und ich hielten uns eng umschlungen, als die Familie ihre Habe auf einen Wagen lud und davonfuhr.

Sie waren noch kein Jahr fort, als uns beunruhigende Neuigkeiten erreichten. Offensichtlich war es zwischen Johannes Markus und Shaul, dem eigensinnigsten Mann, den ich je kennengelernt habe, draußen in Pamphylien zu einem heftigen Streit gekommen. Johannes Markus gab seinen Dienst auf. Später trennten sich auch Shaul und Barnabas und Johannes Markus wollte mit Barnabas nach Zypern weiterreisen.

Bevor sie jedoch nach Zypern aufbrachen, kamen Hadassa und die Kinder zu Besuch nach Jerusalem. Mirjam und ich hießen sie mit großer Freude willkommen.

Eines Morgens blieb Mirjam im Gasthaus, um mit ihren Enkelkindern zu spielen. Ich ging mit Hadassa einkaufen. Wir liefen über den Marktplatz und staunten über die Größe des Marktes und die bunten Waren. Hadassa lächelte mich an.

»Ich hatte vergessen, wie groß Jerusalem ist«, sagte sie und ihr Blick wanderte über die Dutzende Verkaufsstände, die alle in einer einzigen Reihe standen. »Ich glaube, eine Frau könnte hier fast alles finden.«

Ich drückte ihren Arm. »Eine indische Tunika, einen arabischen Schleier, einen persischen Schal – sag mir, was du dir wünschst, Hadassa, und ich werde es dir besorgen.«

»Ich brauche nichts.« Ihr Mund verzog sich zu einem Lächeln, als sie auf einen Stand auf der anderen Seite des Ganges deutete. »Obwohl Johannes Markus einen von diesen dort gebrauchen könnte.«

Ich folgte ihrem Finger und lachte los. »Einen falschen Zahn?«

»In unserem Brot ist zu viel Sand; das hat seinen Zähnen nicht gut getan.« Sie schüttelte den Kopf. »Nicht jede Stadt ist so zivilisiert wie Jerusalem.«

Wir liefen eine Weile schweigend weiter. Auf einmal wurde sie sehr ernst. »Er überlegt, für Petrus zu arbeiten.«

»Petrus ist ein guter Mann.«

»Petrus möchte ... nach Rom gehen.«

Ich umklammerte meinen Korb und versuchte, meine aufgewühlten Gefühle unter Kontrolle zu halten. »Warum sollte er an einen so heidnischen Ort gehen wollen?«

»Petrus sagt, auch in Rom lebten Gläubige. Sie bräuchten Lehre und Ermutigung.«

»Soll doch jemand anders sie ermutigen. Rom ist kein guter Ort, Hadassa; ich würde nicht einmal meinen schlimmsten Feind in eine solche Stadt schicken.«

Mein schlimmster Feind lebt bereits dort.

Hadassa holte tief Luft, bevor sie den Arm um meine Schulter legte. »Ich weiß nicht, wohin unser Weg uns führen wird. Unsere Arbeit mit Barnabas ist abgeschlossen. Johannes Markus wird auch weiterhin ADONAIs Willen suchen. Ich wollte dich nur an unseren Gedankengängen teilhaben lassen.«

Ich umarmte sie, obwohl ich beschloss, zu beten, dass meine liebe Hadassa nie einen Fuß in die heidnische Stadt meines Feindes setzen müsste.

Damals in Magdala, als ich noch meine gefärbten Stoffe verkaufte, war einmal eine Frau an meinen Stand gekommen und wollte ein Stück feiner Wolle kaufen, um eine neue Tunika für die Hochzeit ihres Sohnes zu fertigen. Ich nannte ihr den Preis und sie lächelte. »Das kann ich mir nicht leisten«, erwiderte sie, »aber du wirst mir die Wolle als *mitzvah* geben, wie es von HaShem befohlen worden ist.«

Ich biss mir auf die Unterlippe und versuchte meine Verärgerung zu verbergen. Um ehrlich zu sein, ich hätte ihr die Wolle vielleicht tatsächlich geschenkt oder für einen geringeren Preis verkauft, aber weil sie ihn als Akt des Gehorsams ADONAI gegenüber von mir gefordert hatte, rebellierte mein Geist.

Es ist schön, eine gute Tat zu tun, wenn das eigene Herz einen dazu drängt. Viel weniger schön ist es, Gutes zu tun, weil es von einem gefordert wird.

Ich blickte die Frau und ihre offenen Hände an. »Meinen Stoff fortzugeben ist keine Mitzvah; das ist ein schlechtes Geschäft. Jetzt verschwinde hier und belästige mich nicht mehr.«

Hatte ich mich schuldig gefühlt? Vielleicht wäre das der Fall gewesen, aber später sah ich, wie sie dem Kaufmann am Stand mit gesalzenem Fisch eine Handvoll Münzen gab. Wenn sie Geld für Fisch hatte, argumentierte ich, dann hatte sie auch Geld für Wolle.

Und so wäre mein Herz vielleicht auch Atticus Aurelius gegenüber weicher geworden, aber das Leben geht manchmal andere Wege.

Eines Nachmittags kam ein junges Ehepaar in das Gasthaus auf der Krummen Straße. Sie hatten zu denen gehört, die aus Rom vertrieben worden und jetzt nach Korinth unterwegs waren, wo sie hofften, sich als Zeltmacher niederlassen zu können.

Voller Entsetzen und Traurigkeit hatten wir von den Vertreibungen gehört. Den Gerüchten zufolge lieh Claudius Cäsar, der unserem Volk anfangs mit Respekt begegnet war, nun denen sein Ohr, die Vorurteile gegen uns hegten. Wenn der Kaiser uns einfach als sonderbares Volk betrachtet hätte, dann wären wir nicht schlimmer dran gewesen als sonst auch, aber offensichtlich hatte jemand Claudius von einem Aufruhr berichtet, der von den hebräischen Anhängern eines Mannes, der sich »Chrestus« nannte, angezettelt worden sei. Durch diese flammenden Geschichten beunruhigt, hatte der

Kaiser angeordnet, dass alle Hebräer Rom verlassen sollten. Jeder Nachfahre Avrahams musste sein Haus und Geschäft verlassen, packen, was er mitnehmen konnte, und mit seiner Familie in eine andere Stadt ziehen.

In Jerusalem warteten Mirjam und ich ungeduldig auf Nachricht von Johannes Markus und Hadassa, die in Rom gelebt hatten. Wir setzten uns mit Aquila und Priscilla zum Essen, aber eigentlich wünschten Mirjam und ich, statt ihrer würden unsere lieben Kinder mit uns am Tisch sitzen.

Wir hatten uns nett unterhalten, als Aquila auf einmal seinen Becher abstellte und seine Hände an die Tischkante legte. Ich bemerkte, wie er tief durchatmete, und stellte mich auf eine schlechte Nachricht ein.

»Ich weiß gar nicht, wie ich das sagen soll«, meinte Aquila. »Aber ich bin nicht nur nach Jerusalem gekommen, um im Tempel anzubeten. Ich bringe auch Nachricht von Johannes Markus.«

Mirjam zuckte zusammen und zwang sich zu einem Lächeln, obwohl sie verzagt war. »Jetzt sag mir nicht, dass er nach Zypern gereist ist. Ich wusste, dass er nicht herkommen würde. Ich bin also gar nicht so enttäuscht …«

»Er hält sich mit Petrus in Alexandria auf. Uria und Abel sind ebenfalls bei ihm.«

»Und Hadassa?« Meine Stimme klang ruhig, doch in mir war dieses seltsame Gefühl der Distanziertheit, das mit der Furcht vor einem bevorstehenden Unglück einhergeht.

Er blickte mich an und blinzelte. »Hadassa ist tot.«

Alle Farbe wich aus meinem Gesicht und die Welt schien stehen zu bleiben. Alle Geräusche traten in den Hintergrund. Ich starrte Aquila an. Mein Gesicht war so erstarrt wie die Inschriften auf den Palastwänden des Herodes. Mirjam umklammerte meine Hand.

Reglos hörte ich Aquilas Bericht an. Offensichtlich war eine Kohorte Legionäre geschickt worden, um die letzten Hebräer aus dem Viertel der Stadt zu vertreiben, in dem sie lebten. Johannes Markus und Hadassa hatten ihr Haus noch nicht verlassen, weil Hadassa in den Wehen lag und gerade ihr drittes Kind zur Welt brachte. Als die Soldaten kamen, rannte Johannes Markus aus dem Haus und wollte die Situation erklären, aber in dem Durcheinander konnte er den befehlshabenden Zenturio nicht finden.

Während er auf der Suche nach dem Offizier durch die Straße lief, entdeckte einer der Legionäre den kleinen Uria durch das Fenster. Um den Jungen aus dem Haus zu treiben, schoss der Soldat einen brennenden Pfeil in das mit Stroh gedeckte Dach. Uria konnte seinen Bruder zwar aus dem brennenden Haus retten, doch seine Mutter konnte er nicht mehr erreichen. Als Johannes Markus zurückkehrte, waren Hadassa und das Baby tot.

Mirjam barg ihr Gesicht in den Händen und schluchzte. Aquilas Stimme ging in ein heiseres Flüstern über, aber mein Verlust war so groß, dass ich nicht einmal Tränen hatte. Der alte Schmerz in meinem Herzen, der durch mein neues Leben zugeschüttet worden war, brach wieder auf. Die alte Flamme des Zorns wurde wieder angefacht.

Ich starrte zu Boden, wo ich so oft im Gebet gekniet hatte. »Hat er ihn gefunden?«, fragte ich. Meine Stimme klang seltsam belegt und hohl in meinen Ohren.

Aquila runzelte die Stirn. »Wen?«

»Den Zenturio. Hat Johannes Markus den Mann gefunden?«

Unser Gast stieß einen tiefen Seufzer aus. »Ja, aber es war zu spät. Der Zenturio trug Hadassa aus dem Haus.« Er fuhr sich mit der Hand über den Bart und schüttelte den Kopf. »Er war sehr groß und leicht zu erkennen – ein Römer mit Namen Atticus Aurelius.«

Nachdem ich den Tempel verlassen hatte, bog ich nicht in die vertraute Gasse ein, die mich zur Krummen Straße geführt hätte, sondern schob mein Kinn vor und marschierte zu den Toren der Festung Antonia.

Ich hatte einen Entschluss gefasst. Meine Wunde sollte nicht mehr länger schwären; ich würde sie behandeln. Rom rühmte sich seiner Disziplin und seines Gerechtigkeitssinnes. Ich würde eine Beschwerde einreichen und dafür sorgen, dass sie an jemanden weitergeleitet würde, der die Macht hatte, einen Zenturio zur Rechenschaft zu ziehen.

Ich musste nur wissen, wie ich vorgehen musste.

Ich durchquerte den staubigen Hof der Garnison und ging zu einer kleinen Kammer, die in das Tor eingelassen war. Zwei Wachen saßen bei irgendeinem Spiel am Tisch und einer von ihnen blickte auf. Als er mich entdeckte, runzelte er die Stirn. »Was willst du, Frau? Du solltest gar nicht hier sein.«

Trotz seiner Unhöflichkeit schenkte ich ihm ein gezwungenes Lächeln. »Ich wollte mich nach einem römischen Zenturio erkundigen, den man Atticus Aurelius nennt. Ich glaube, er dient in Rom.«

Ein jüngerer Mann im hinteren Teil des Raumes drehte sich um. Er warf mir einen Blick zu, der mir nicht gefiel und den ich nicht deuten konnte; dann grinste er. »Ich kenne Atticus Aurelius.«

Mir stockte der Atem in den Lungen. »Du ... kennst diesen Mann?«

Der junge Bursche wartete, bis sich der unhöfliche Mann wieder seinem Spiel zugewandt hatte, bevor er zu mir kam und mir ein verschwörerisches Lächeln schenkte. »Er ist mein Vater.«

Ich versteifte mich. Ein römischer Soldat ... mit einem Sohn? Das hätte mich eigentlich nicht verwundern sollen. Immerhin lieben die Römer ihre Frauen, und Kinder sind die natürliche Folge einer solchen Zuneigung. »Ist er zufällig hier? In Jerusalem?«

Der junge Mann lachte. »Er ist in Rom.« Der Soldat lehnte sich gegen die Mauer und lächelte. »Woher kennst du ihn?«

»Wir kennen uns nicht. Aber ich habe von seinen ... Beutezügen gehört.« Ich hob die Hand, als ich merkte, dass ich dummes Zeug redete. »Gibst du mir einen Augenblick Zeit? Ich muss überlegen, was ich tun soll.«

Ich drehte mich um und zog meinen Schleier vor mein Gesicht, um mich vor dem musternden Blick des jungen Mannes zu schützen. Wie sollte ich jetzt damit umgehen? Wie konnte ich eine formelle Beschwerde bei dem Sohn des Mannes einreichen, dem mein ganzer Hass galt? Wenn ich einen Brief schrieb, würde er ihn vernichten. Wenn ich ihm erzählte, was sein Vater getan hatte, würde er die Wahrheit abstreiten. Wenn ich ihn bat, mit seinem vorgesetzten Offizier sprechen zu dürfen ... nein. Die unhöflichen Männer auf der Bank hatten mir keinen Zoll Respekt erwiesen.

Mir blieb nichts anderes übrig, als wieder zu gehen. Für den Augenblick.

Ich drehte mich um und nickte dem jungen Mann zu. »Danke für deine Hilfe, aber es ist unwahrscheinlich, dass ich in der nächsten Zeit nach Rom reisen werde.«

»Kann ich etwas für dich tun?« Der junge Legionär legte den Kopf zur Seite. »Brauchst du Schutz? Irgendwelche Hilfe?«

Wieder lächelte ich. »Danke, nein. Ich wollte mit dem Zenturio über eine Angelegenheit aus der Vergangenheit sprechen. Aber was geschehen ist, ist geschehen.«

Bevor er mir noch weitere Fragen stellen konnte, zog ich meinen Schleier unter dem Kinn fest und verschwand auf der Straße.

Kapitel 57

Am ersten Tag der Woche stand ich mit der Mutter von Johannes Markus auf der Frauenseite der Synagoge und hob meine Stimme in einem *tehillim* des Lobes. Auch wenn ein Schatten der Trauer über uns hing, fühlten wir uns doch durch die Gemeinschaft mit anderen Gläubigen getröstet.

Ich stieß Mirjam mit dem Ellbogen an, als ein junger Soldat in die Synagoge kam und hinten auf der Männerseite stehen blieb. »Kennst du den?«

Sie spähte über die Schulter zurück und schüttelte den Kopf. »Seinen Namen weiß ich nicht, aber er kommt fast jede Woche. Ein hübscher junger Mann, findest du nicht?«

Ich biss mir auf die Lippen und konnte meinen Augen kaum trauen. Ich hatte den Sohn von Atticus Aurelius nicht vergessen können; das Wissen um seine Existenz hatte mich gequält, seit ich von der Festung Antonia zurückgekommen war.

Warum durfte sich Atticus Aurelius an einem Kind erfreuen, nachdem er mir zwei Söhne gestohlen hatte? Wie konnte der Heilige zulassen, dass der Nachkomme eines brutalen Legionärs zur Reife heranwuchs, während mein Binjamin in seinem Grab lag?

Diese beunruhigenden Gedanken verfolgten mich, während wir Jeschuas Bruder Jakobus zuhörten.

Er entfaltete eine Schriftrolle und begann uns eine Geschichte aus den Schriften Samuels zu erzählen. »In den Schriften steht«, sagte Jakobus, »dass David Israels bester König war, der einzige, der Gott aufrichtig nachfolgte. Doch auch wenn er ein großer Herrscher war, nahm er einem anderen Mann die Frau weg, eine Frau mit Namen Bathseba, und sie empfing ein Kind. Um seine Sünde zu vertuschen, ließ David ihren Mann in der Schlacht in die vorderste Schlachtreihe stellen, wo er den Tod fand.

Der Prophet Nathan zog David für seine Sünde zur Rechenschaft und der König zahlte einen hohen Preis – das Baby, das Bathseba gebar, starb kurz nach der Geburt.«

Ich starrte auf meine Hände und unterdrückte den Drang, die Augen zu verdrehen. David hatte ein Kind verloren ... sicher, ein schwerer Verlust, aber ich hatte meine ganze Familie verloren, nicht als Folge einer Sünde, sondern wegen der Sünde eines anderen! Auch wenn es mir gotteslästerlich vorkam, so zu denken, fing ich an zu glauben, dass Gott mir die Freiheit schuldete, eine oder zwei Sünden zu begehen.

»Die meisten Menschen denken, diese Geschichte sei hier zu Ende«, fuhr Jakobus fort, »aber Jahre vergingen und Absalom, einer von Davids Söhnen, rebellierte gegen seinen Vater. Er schickte Läufer vor seinem Wagen her und ließ sich von ihnen in den Himmel rühmen; er setzte sich ins Stadttor und nahm die Menschen gegen seinen Vater, den König, ein.

Als Absalom sich seines Einflusses gewiss war, ging er nach Hebron und richtete dort seinen Thron auf. Das Volk fing an, ihn zu unterstützen, und David und seine treuen Anhänger mussten um ihr Leben fliehen. Doch ein Mann blieb in Jerusalem – Davids Freund Ahitofel. Er war einer der Ratgeber des Königs gewesen, dem David am meisten vertraut hatte.

Absalom war dankbar für die Erfahrung des älteren Mannes und ließ sich von Davids Ratgeber beraten. Ahitofel riet ihm, zum Königspalast zu gehen und auf dem Dach des Hauses mit Davids Konkubinen zu schlafen ... damit ganz Israel sehen würde, was Absalom tat.

Warum gab er ihm diesen Rat?« Jakobus ließ die Frage im Raum stehen. Sein Blick wanderte über seine Zuhörer. »Weil Ahitofel einen Sohn mit Namen Eliam hatte und Eliams Tochter trug den

Namen Bathseba. Jahrelang hatte der Zorn in Ahitofel gebrannt, weil seine Enkelin öffentlich bloßgestellt und ihr Mann ermordet worden war. Aber was konnte er schon gegen einen mächtigen König ausrichten? Nur eines: auf den richtigen Zeitpunkt warten und dann zuschlagen.«

Ein Raunen ging durch den Raum und Jakobus hob die Hand. »Ihr habt gehört, dass Rache mit Bedacht geübt werden soll, Jeschua dagegen hat uns aufgetragen, unseren Feinden zu vergeben.«

Der Bruder des Herrn sprach weiter zu uns, doch seine Worte rauschten an mir vorbei. Wie Ahitofel hatte ich auf den richtigen Zeitpunkt gewartet, um gegen die Römer loszuschlagen, die mir meine Familie genommen hatten. Gaius Cabilenus hatte sich meinem Zugriff entzogen und Atticus Aurelius hielt sich in Rom auf. Ich wollte den Mann bestrafen, der meine Familie ausgelöscht hatte. Erst dann würde die schwärende Wunde in meinem Herzen ausheilen.

Wie Ahitofel kam ich nicht an den mächtigen Mann heran, aber sein Sohn lebte ganz in meiner Nähe.

An jenem Nachmittag lief ich durch die Halle des Gasthauses und dachte über meine Möglichkeiten nach. Nach unserer Morgenandacht hatte ich mich unauffällig umgehört und den Namen des jungen Mannes erfahren: Quintus. Er sei seit sechs Jahren Soldat, erzählte mir eine redselige Frau, also musste er etwa vierundzwanzig Jahre alt sein.

Er war in dem Jahr geboren worden, in dem mein Sohn gestorben war.

Gott mochte den unglückseligen Zeitpunkt seiner Geburt vergeben, doch ich konnte das nicht.

Vergebung ist eine schöne Vorstellung ... bis man tatsächlich ein Vergehen zu vergeben hat. Auch wenn der Geist Christi mich drängte, weiterzugehen, so lähmte mich der Geist der Verwundung. Es war keine Gerechtigkeit geübt worden. Niemand hatte meine Familie gerächt. Herodes wollte nicht helfen, Jeschua hatte sich um Politik nicht gekümmert und niemand in Jerusalem wollte sich an die schrecklichen Dinge erinnern, die während der Regierungszeit von Pilatus in Judäa geschehen waren. Ich hätte dieses Herzeleid aus der Vergangenheit vielleicht überwinden können, wenn nicht ein schwerer römischer Arm mir auch noch Hadassa entrissen hätte.

Wenn ich mutiger gewesen wäre, wenn ich Rache genommen hätte für Jaakov, Rahel, Avram und Binjamin, hätte HaShem Hadassa verschont? Ich wusste es nicht, aber Hadassas Tod hatte die schlummernden Stimmen meiner Lieben wieder zum Leben erweckt. Sie verfolgten mich in meinen Träumen und erinnerten mich daran, dass sich das Familiengrab vor den Stadttoren Magdalas viel zu schnell gefüllt hatte.

Was sollte ich tun? Nach dem Gesetz musste ich meine Familie rächen. Nach Jeschuas Gebot sollte ich mich meinen Feinden unterwerfen. Gern hätte ich meinem Rabbuni gehorcht, aber wie sollten mein Zorn, meine Trauer und Frustration durch Gehorsam besänftigt werden?

Wenn ich nicht handelte, wie sollte ich jemals Frieden finden?

Frieden, so wurde mir klar, hatte seinen Preis.

Ich musste den Sohn schlagen, um den Vater zu verletzen.

Um Rache zu nehmen.

Was tat es zur Sache, dass Quintus ein freundlicher junger Mann war und außerdem noch zu den Gläubigen gehörte? Mein Avram war sehr hübsch und klug gewesen; mein Mann war ein gläubiger Sohn Avrahams gewesen. Rahel war in der vollen Blüte des Frauseins gestorben; ihr Baby war gewollt und geliebt. Und mein kostbarer Binjamin ... ihn hatte ich noch mehr geliebt als die anderen, weil er mich mehr gebraucht hatte als sie.

Ich sehe den Ausdruck in deinen Augen; ich weiß, du hältst mich für hartherzig. Aber ist es verwunderlich, ein solches Gefühl in der Brust eines Menschen zu finden, der Jeschua nachfolgt? Vielleicht.

Mein Rabbuni hat uns geboten, unsere Feinde zu lieben, aber ich konnte keinen Mann lieben, dem ich nicht vergeben konnte.

Und darum würde Quintus Aurelius sterben müssen.

Kapitel 58

Nachdem ich beschlossen hatte, den Sohn des Römers zu töten, empfand ich tiefe Erleichterung. Sie hüllte mich ein wie ein warmer Umhang. Mein Leben zählte nicht mehr; ich lebte für die Rache, auch wenn ich den Preis dafür kannte.

In der folgenden Woche machte ich mich ans Werk und überlegte, wie mein Ziel am besten zu erreichen wäre. Ich war kein Krieger; mit dreiundsechzig fehlte mir die Kraft, einen Mord zu begehen. Doch Jerusalem war eine große Stadt und es war den Römern nicht gelungen, jede Spur von Gesetzlosigkeit auszulöschen. In bestimmten Vierteln konnte ich Zeloten finden, die die Besatzungsmacht hassten; in anderen würde ich auf Verbrecher stoßen, die sich überreden lassen würden, zwei Römer bei ihrer nächtlichen Patrouille anzugreifen.

Den Mord zu arrangieren dürfte kein Problem darstellen. Aber was würde Atticus empfinden, wenn er die Nachricht erhielt, dass sein Sohn getötet worden war? Er würde natürlich trauern, aber es würde Wochen, vielleicht Monate dauern, bis er die Nachricht erhielt, je nachdem, wie schnell das Schiff oder die Karawane nach Rom kam. Der Schlag würde durch die Zeit und die Distanz abgemildert werden. Atticus Aurelius würde nicht den toten Körper seines Sohnes im Arm halten, wie ich Avram gehalten hatte; das kostbare Blut seines Sohnes würde ihm nicht über die Finger laufen.

Und mehr noch, er würde nie erfahren, dass er selbst die Schuld an diesem tödlichen Schlag trug. In dem Bericht würde stehen, dass Quintus von Räubern oder Feinden Roms angegriffen worden sei. Der Zenturio würde keine Ahnung haben, dass er eine Ratenzahlung auf die Schuld geleistet hatte, die er in einer heißen Nacht in Magdala auf sich geladen hatte.

Mein ursprünglicher Plan war gut, aber nicht direkt genug. Es sollte persönlicher werden.

Atticus Aurelius musste nach Jerusalem kommen.

In der folgenden Woche zupfte ich den jungen Römer nach unserer Versammlung am Ärmel. Erstaunt drehte er sich um und ein Lächeln erhellte sein Gesicht, als er mich neben der Mutter von Johannes Markus stehen sah. »Einen gesegneten Morgen! Christus ist auferstanden!«

Ich hätte nicht verblüffter sein können, griechische Worte aus dem Mund einer Kröte zu vernehmen. Mirjam dagegen brachte die angemessene Antwort heraus. »Christus ist wahrhaftig auferstanden!«

Ich stopfte meine Hände in die Ärmel und verneigte mich. »Wir möchten dich für heute zum Abendessen einladen. Es kommen auch noch ein paar andere Gäste.«

Mirjam warf mir einen erstaunten Blick zu, lächelte dann aber. »In meinem Gasthaus«, fügte sie hinzu. »Dem auf der Krummen Straße.«

»Ich kenne das Haus.« Etwas, das ein Lächeln hätte sein können, flackerte in seinen dunklen Augen auf, aber ich war nicht sicher. »Ich komme gern.«

»Bring gerne einen Freund mit, wenn du möchtest«, bot Mirjam an. »Wir essen um die sechste Stunde.«

Ich konnte ihn nicht mehr ansehen, schaffte es aber, die Einladung zu wiederholen. »Natürlich, bring gerne einen Freund mit.« Was machte ein verabscheuungswürdiger Römer mehr am Tisch schon aus?

Auf dem Heimweg stieß Mirjam mich an. »Was ist mit deiner Regel?«

»Welcher Regel?«

»Du hast gesagt, kein Römer dürfe das Gasthaus betreten. Nie hätte ich mir träumen lassen, du könntest einen einladen …«

»Die Zeiten ändern sich, Mirjam.« Ohne Hast, aber mit zielsicheren Schritten marschierte ich durch die Straße.

Mirjam war begeistert und fühlte sich geehrt, als Quintus Aurelius nicht nur zum Abendessen kam, sondern ihr auch noch einen frisch gefüllten Weinschlauch überreichte.

Außer sich vor Freude, führte sie ihn zum Ehrenplatz in der Mitte des Raumes. In stummem Entsetzen sah ich zu, wie der Sohn meines schlimmsten Feindes sich auf einer Kline niederließ und mit den Ältesten der Gemeinde in Jerusalem das Abendessen einnahm. Wir Frauen bedienten die Gäste, füllten die Becher und reichten die Teller herum. Erst nachdem unsere Gäste ihr Mahl beendet hatten, fand ich den Mut, die Frage zu stellen, die mir schon den ganzen Nachmittag auf der Zunge lag. »Erzähle uns von deinem Vater, Quintus. Er ist in Rom stationiert, nicht?«

Sein jugendliches Gesicht hellte sich auf. »Allerdings. Aber ich würde gern erfahren, Mirjam, woher kennst du seinen Namen?«

Ich lächelte. »Dein Vater hinterlässt einen tiefen Eindruck, wo immer er hinkommt. Seine Zenturie ist einmal durch mein Dorf in Galiläa gezogen – einen Ort mit Namen Magdala.«

Ich beobachtete ihn genau, um zu sehen, ob er die Bedeutung meiner Worte richtig erfasste, aber Quintus' Gesichtsausdruck veränderte sich nicht. »Die Zenturie meines Vaters ist durch ganz Galiläa gereist. Manchmal denke ich, es gibt keinen Zoll judäischen Bodens, den mein Vater nicht betreten hat.«

Zähneknirschend hob ich den Krug. »Noch etwas Wein?«

»Gern.«

»Kommt dein Vater schon mal nach Jerusalem?«, fragte ich mit gespielter Freundlichkeit, während ich ihm Wein nachgoss. »Ein Zenturio hat doch sicher die Freiheit zu reisen, wie es ihm gefällt.«

Quintus hob die Hand. »Das reicht, danke. Eigentlich reist Vater nur selten ohne seine Männer. Ich werde ihn vermutlich so bald nicht wiedersehen.«

»Strebst du eine Karriere in der Armee an?«

»Wenn es geht. Obwohl ich zugeben muss, dass ich mich in letzter Zeit häufig gefragt habe, wie es für einen Anhänger Jeschuas möglich ist, zur Armee des Kaisers zu gehören.« Er warf Jakobus einen Blick zu, der auf der Liege neben ihm lag. »Mein Vater sagte immer, wir schulden dem Cäsar die eine Art von Treue und die andere Gott. Aber ich weiß nie so genau, wie ich diese beiden zusammenbringen soll.«

Jakobus lächelte. »Dein Vater hat recht, aber du solltest noch etwas anderes bedenken. Unser Gesetz, das Jeschua erfüllt hat, verbietet uns zu *morden*. Töten ist nicht immer Mord. Als reuige Soldaten zu Jochanan, dem Täufer, kamen, befahl er ihnen nicht, die Armee zu verlassen. Wenn ein Zenturio zu Jeschua kam, heilte er seine Krankheiten, ohne ihm zu raten, seinen Beruf aufzugeben, was er sicherlich, ohne zu zögern, getan hätte, wenn es seine Überzeugung gewesen wäre, denn er hat die Menschen oft ermahnt, sich von ihrer Sünde abzuwenden.«

Quintus schluckte. »Dann ist es also in Ordnung, dass ich mein Schwert zur Verteidigung Roms einsetze?«

Jakobus zupfte an seinem Bart. »Verteidigung ist ein gutes Wort. Jeschua hat seinen Jüngern gesagt, sie könnten ihre Schwerter auf ihre Reise mitnehmen, als Waffe der Verteidigung. Aber andererseits …«, seine Augen verdunkelten sich, »hat Jeschua sich nicht gewehrt, als er im Garten verhaftet wurde, und er gab sein Leben freiwillig für die ganze Menschheit. Stephanus hat sich auch nicht verteidigt; auch Jakobus nicht, der Bruder des Johannes, genauso wenig wie der Täufer. Jeschua sagte, wir sollten unsere Feinde lieben und denen, die uns schlagen, auch die andere Wange hinhalten.«

Der Führer der Gemeinde in Jerusalem atmete tief durch und

lächelte. »Ich glaube, junger Quintus, der Heilige Geist wird dich führen, wenn solche Zeiten kommen. Höre auf diese ruhige, leise Stimme und du wirst den Herrn ehren.«

Ich spürte, wie sich der Blick des Jakobus auf mich richtete, aber ich wich ihm aus. Schon öfter hatte ich solche Bemerkungen gehört; ich wusste, was Jeschua eigentlich von mir erwartete. Aber etwas zu wissen und etwas zu tun, waren zwei verschiedene Dinge, und ich hatte mir in den Kopf gesetzt, Gerechtigkeit herbeiführen zu wollen.

Als ich noch klein war, wollte mein Vater mir nicht erlauben, mit dem Passahlamm zu spielen, damit ich keine Bindung zu ihm aufbaute. Die Heiligkeit unseres gerechten Gottes forderte ein Opfer, das wir, ohne zu zögern, bringen mussten.

Und jetzt verschloss ich mein Herz vor Quintus Aurelius.

Quintus gewöhnte es sich an, regelmäßig in unsere Synagoge und das Gasthaus zu kommen, in dem sich viele Gläubige trafen. Er beteiligte sich ganz ungezwungen an unseren Gesprächen und eines Tages bemerkte Jakobus im Scherz, Quintus wäre sicher als Israelit geboren. Alle am Tisch fanden das schrecklich lustig – alle außer mir und Quintus, der auf einmal ganz ernst und nachdenklich wurde.

Diese Bemerkung setzte sich bei mir fest und ich fing an, Quintus eingehender zu beobachten. Er hatte tatsächlich Ähnlichkeit mit einigen Söhnen Avrahams, die ich kannte. Die Krümmung seiner Nase und der Schwung seiner dunklen Augen, doch diese Gesichtszüge wurden verdrängt von seinen lockigen Haaren und dem glatt rasierten Gesicht. Der junge Mann war so groß wie Jakobus und hatte breite Schultern, aber vielleicht sah das auch nur durch die rote Toga so aus, die er in der Öffentlichkeit trug.

Mirjam hatte den jungen Mann mit offenen Armen aufgenommen. Mir vertraute sie an, Quintus sei ein Segen vom Heiligen, denn er sei in ihr Leben getreten, als sie ihren Sohn besonders vermisste. Ganz selten kam eine Nachricht von Johannes Markus, der mit Petrus zusammenarbeitete.

»Er schreibt«, erzählte uns Mirjam einmal nach dem Abendessen und sie konnte kaum den Stolz in ihren funkelnden Augen verbergen. »Johannes Markus schreibt einen Bericht über Jeschuas Leben.«

Jakobus nickte. »Diese Erlebnisse sollten festgehalten werden. Wir, die wir Augenzeugen waren, sollten nicht zögern, denn ... nun ...«

Er brauchte seinen Gedanken nicht zu Ende zu führen. Es war unnötig, uns daran zu erinnern, dass wir nicht ewig leben würden.

Ich räusperte mich. »Johannes Markus war doch gar nicht von Anfang an mit Jeschua unterwegs, wie kann er dann ...?«

»Simon Petrus«, erklärte Mirjam. »Petrus erzählt ihm alles, was Jeschua gesagt und getan hat, und Markus schreibt es auf griechisch auf.«

»Wie wünschte ich, ich würde mich erinnern«, sagte Quintus. Er blickte auf und seine Wangen brannten, denn er hatte sich nicht in das Gespräch einmischen wollen. »Mein Vater ist Jeschua einmal begegnet. Ich wurde taub geboren, wisst ihr, und mein Vater hat mich zu dem Heiler gebracht. Er hat mir erzählt, Jeschua hätte meine Ohren berührt und mich dann hochgehoben und gesagt, die Absichten Gottes würden in mir offenbart werden.« Ein flüchtiger Ausdruck des Unbehagens trat in seine Augen. »Ich habe mich oft gefragt, was er damit gemeint hat.«

Es herrschte Totenstille am Tisch, denn wir alle mussten diese Nachricht erst mal verarbeiten. Nie hatten wir Zweifel gehabt an Quintus' Glauben, aber sicherlich hätte keiner von uns gedacht, dass sein Vater Jeschua begegnet sein könnte. Trotzdem, Hunderte von Menschen waren unserem Rabbuni begegnet und waren fortgegangen, ohne an ihn zu glauben ...

»Die Absichten Gottes sind in uns allen geoffenbart.« Jakobus suchte Blickkontakt zu dem jungen Römer. »Aber wie viel besser ist es, wenn wir ihm Ehre bringen und nicht Schande. Du machst deinem Vater Ehre, Quintus.«

Die Männer unterhielten sich weiter, aber die Mutter von Johannes Markus drehte sich zu mir um und legte ihre Hand auf meinen Arm. »Auch dein Baby war doch taub geboren worden, nicht?«

Ich nahm einen leeren Teller. »Es ist noch Obst da. Möchte jemand ein paar Früchte essen?«

Ein Tag ging nahtlos in den nächsten über, ein Fest verschmolz mit dem nächsten. Jom Terua wich dem Jom Kippur und wir bereiteten uns darauf vor, uns mit unseren Verwandten und Freunden zu versöhnen, denen wir im vergangenen Jahr Unrecht getan hatten.

Ich bekannte Mirjam und Rhode, ihrer Magd, kleine Ärgernisse, aber der Heilige, gepriesen sei sein Name, schickte niemanden, der das Unrecht bekannte, das mir angetan worden war.

Sukkot, das Laubhüttenfest, stand vor der Tür, als ich die Nachricht bekam, um die ich gebetet hatte: Atticus Aurelius würde zu den Hunderten von Pilgern gehören, die zum Fest nach Jerusalem strömten. Quintus war ins Gasthaus gekommen und hatte uns freudestrahlend seine Neuigkeit mitgeteilt.

Ich freute mich sehr über diese Nachricht, aber sie von Quintus zu hören, bereitete mir ein gewisses Unbehagen. Ich stand auf der Türschwelle, sah das Leuchten in seinen Augen und hörte, wie mein Herz auseinanderbrach – ein leises, aber deutliches Geräusch, wie das Brechen eines Astes.

Quintus hatte scheinbar die Trauer bemerkt, die sich in meinen Blick schlich. »Mirjam«, fragte er, »habe ich dich irgendwie beleidigt? Ich habe mein Gewissen durchforscht, aber ich weiß einfach nicht, was ich getan habe.«

Ich hob die Hand und trat zurück. »Ich muss gehen.«

»Mirjam, bitte.« Er hielt mich am Handgelenk fest. »Du bist ... den anderen gegenüber ... so *mütterlich*; du überschüttest sie mit Liebe. Warum verhältst du dich mir gegenüber so distanziert?«

»Lass mich bitte los.« Der Druck auf meinem Herzen war so stark, dass ich kaum noch Luft bekam. »Ich habe zu arbeiten.«

»Mirjam!«

Ich trat in den kühlen Schatten der Halle und schloss die Tür, lehnte mich dagegen und presste die Hand gegen das raue Holz. Auf der anderen Seite hörte ich schlurfende Schritte, dann einen unterdrückten Fluch, als Quintus gegen das Hoftor trat.

Ich hatte nicht vorgehabt, diesen Jungen zu quälen; er hatte mir nichts Böses getan. Wenn mein gebrochenes Herz nicht gewesen wäre, hätte ich ihn vielleicht genauso sehr geliebt wie Johannes Markus und Hadassa.

Aber ich hatte geschworen, Gerechtigkeit für meine Familie zu suchen und meinen Eid würde ich nicht brechen. Der Junge im Hof, dieser nette junge Mann, würde für die Sünde seines Vaters bezahlen, so wie Davids Sohn für die Sünde seines Vaters mit Bathseba bezahlt hatte.

Nachdem der Schlag ausgeführt war, würde ich zur römischen Festung gehen und meine Rolle bei diesem Mord bekennen. Da ich keine römische Bürgerin war, würde ich vermutlich ohne Gerichtsverhandlung hingerichtet werden. Allerdings könnten sie mich zwingen, dem Mann gegenüberzutreten, dem ich Unrecht getan hatte.

Wenn das so wäre ... umso besser. Atticus Aurelius sollte erfahren, wie groß seine Schuld war.

Vielleicht würde ich nicht mit einem reinen Gewissen in die Ewigkeit eingehen, aber als ich Jeschua begegnet war, war mein Gewissen viel schlimmer belastet gewesen. Er hatte mir vergeben und mich von der Finsternis meiner Sünde befreit.

Ich würde ihn bitten, mir noch einmal zu vergeben.

Kapitel 59

Wenn eine Frau einen Mord plant, dann erscheint ihr fast jeder Mann, dem sie auf der Straße begegnet, dieser Tat fähig.

Während des Laubhüttenfestes lief ich durch die ärmeren Viertel der Stadt und schlängelte mich zwischen den Hütten hindurch, die vorübergehend an den schmalen, gewundenen Straßen errichtet worden waren. Ich zog meinen Schleier vor mein Gesicht und beobachtete über den Rand hinweg die Familien, die das Fest fröhlich feierten, während andere auf Matten lagen und sich dem Wein ergaben.

Ich zog allein durch die Stadt, da ich keinen meiner Brüder und Schwestern in Gefahr bringen wollte. Um ehrlich zu sein, bei jedem Schritt fürchtete ich um mein Leben. Harte Männer lungerten in diesem Teil der Stadt herum, Heiden und Hebräer, die sich nicht um die Tugend einer Frau oder die Heiligkeit HaShems scherten.

Wenn ich auf der Straße ermordet worden wäre, hätten meine Freunde angenommen, ich wäre in diesen Teil der Stadt gegangen, um eine verlorene Seele zu suchen.

Sie hätten recht gehabt.

Ein paar Wochen zuvor war mir ein Gedanke gekommen. Ich kannte einen Dieb, der auch vor einem Mord nicht zurückschreckte; jeder in Jerusalem kannte ihn. Zwar war ich ihm nie persönlich begegnet, aber sein Name hatte sich in mein Gedächtnis eingebrannt, als Pilatus gefragt hatte, welcher Gefangene zu Ehren des Passahfestes freigelassen werden sollte. Die Menge hatte nicht Jeschua gefordert, das unschuldige Lamm Gottes, sondern hatte, bestochen von den religiösen Führern, den Gefangenen Barabbas gefordert.

Barabbas, ein verurteilter Mörder, Dieb und Verschwörer, hatte die Freiheit geschenkt bekommen, während Jeschua in Schande gestorben war. Seit dem Tod meines Rabbunis hatte ich nicht mehr viel von Barabbas gehört, aber falls er sich nach wie vor in Jerusalem aufhielt, würde ich ihn in diesem elenden Viertel finden, das wusste ich.

Den Schleier fest vor mein Gesicht gepresst, stellte ich ein paar diskrete Nachforschungen an und wurde schließlich zu einer Straße gewiesen, in der vier Häuser aus Lehmziegeln langsam verfielen. Am Rand dieser verkommenen Straße standen keine Hütten. Niemand in dieser düsteren Umgebung feierte das Fest.

Ich klopfte an eine schmutzige Tür und wurde von einer Frau mit offenen Haaren und einem blauen Auge hereingelassen. Sie entsprach genau dem Bild, das ich mir von der Gefährtin eines Mörders machte.

Barabbas lag auf einer dreckigen Matratze in dem düsteren Raum, die Augen geschlossen, eine Hand auf die nackte Brust gelegt. Sein dicker Bauch wölbte sich über den Gürtel oberhalb seines Lendentuchs; eine Schale mit faul stinkendem Eintopf stand neben ihm auf dem Boden.

Eine Ziege in der Ecke hob kurz den Kopf, als ich näher trat, bevor sie in aller Ruhe weiterkaute.

Ich stand eine Weile vor dem Mann und wartete, bis ich mich schließlich räusperte. Als er nicht reagierte, stieß ich mit der Zehe sein Bein an.

Seine Augen öffneten sich.

Barabbas war ein junger Mann gewesen, als Pilatus ihn in die Freiheit entlassen hatte. Eigentlich müsste er sich noch in der Blüte seines Lebens befinden, aber der Mann auf der Matratze hatte die Kraft seiner Jugend vergeudet. Ein brutaler Zug lag um seinen Mund, ein wilder Blick in seinen tief liegenden Augen, die mich zornig anfunkelten. »Wer bist du, Frau, und warum störst du mich in meinem Mittagsschlaf?«

Ich nahm einen Beutel mit Silbermünzen aus meinem Gürtel und legte ihn neben ihn auf den Boden. »Ich will ein Geschäft mit dir abschließen.«

Er betrachtete den Beutel, hob ihn auf und maß sein Gewicht. »Die meisten Menschen lassen mich hart für ihr Geld arbeiten.«

»Du wirst arbeiten – für diesen Beutel und einen weiteren, der doppelt so schwer ist wie dieser. Aber du darfst den Behörden nicht verraten, worum ich dich bitte.«

Seine Augen verengten sich und er richtete sich auf. »Was willst du?«

Ich verbarg meine Hände in meinen Ärmeln. »Es gibt einen römischen Legionär mit Namen Quintus Aurelius. Er ist in der Festung Antonia stationiert. Sein Vater Atticus Aurelius ist während des Festes Sukkot zu Besuch gekommen. Ich bitte dich um Folgendes: Warte, bis die beiden zusammen sind, dann tu so, als wolltest du sie ausrauben. Nimm ihnen ihr Geld ab, wenn du willst, aber stich sie beide nieder. Töte den jüngeren Mann; der ältere soll am Leben bleiben.«

Barabbas starrte mich an wie jemand, dem man eine hohe Summe genannt hat. »Welchen von beiden willst du eigentlich tot sehen? Ich werde mich auf die Lauer legen und ihn töten, wenn er allein ist.«

»Beide sollen den Stich deiner Klinge spüren. Wenn möglich, soll der Ältere zusehen, wie sein Sohn stirbt.«

Barabbas riss die Augen auf, legte den Kopf zur Seite und sein Mund verzog sich zu einem grausamen Grinsen. »Und da sagt man, Frauen seien das schwächere Geschlecht. Du erstaunst mich.«

»Ich erwarte nicht, dass du das verstehst.«

»Mir ist das egal, ich will es gar nicht verstehen.« Er kratzte sich am Bart. Sein Blick hing an dem Beutel in seiner Hand. »Einen römischen Soldaten zu töten ist nicht leicht.«

»Nein, das ist es nicht. Der ältere Mann ist sehr groß, aber du wirst das Überraschungsmoment auf deiner Seite haben. Du kannst einen

Gefährten mitnehmen, wenn du magst – von mir aus auch zehn Männer. Das ist mir egal. Ich will nur, dass geschieht, worum ich dich bitte.«

Draußen ging seine Frau am Fenster vorbei. Ihr Schatten zog sich über Barabbas' Körper, wie Wasser über einen versenkten Stein plätscherte. Und während er über meine Bitte nachdachte, zeigte er sich genauso kalt wie ein Stein.

Schließlich blickte er auf. »Soll ich dir Bescheid geben, wenn die Tat vollendet ist?«

»Das wird nicht nötig sein – ich werde es erfahren. Wenn das der Fall ist, werde ich dir den Rest des Geldes zukommen lassen. Gilt unsere Abmachung?«

Sein aufgedunsenes Gesicht wirkte gelangweilt, nur seine Augen funkelten gierig in ihren tiefen Höhlen. »Ich kann alles behalten, was ich den Römern abnehme?«

Ich seufzte. »Du würdest es mir sowieso nicht erzählen, wenn du ein Pfund Gold erbeuten würdest. Mir ist das egal – von mir aus kannst du alles haben.«

»Ich habe noch nie etwas für diese römischen Schweine übrig gehabt.« Er führte den Beutel mit Münzen an seine Lippen und drückte seine Lippen darauf, dann legte er sich wieder auf seiner Matratze nieder. »Ich werde die beiden Männer finden, die du willst, und ich werde deiner Bitte nachkommen. Und dann erwarte ich den Rest meiner Bezahlung, oder ich werde dich suchen und dich auch töten.«

Auch wenn ich keine Angst vor ihm hatte, denn ich rechnete damit, lange bevor der Kerl mir etwas tun konnte, in römischem Gewahrsam zu sein – seine Drohung ließ mich erschaudern.

Aber ich schob mein Kinn vor und hielt seinem Blick mit hoch erhobenem Kopf stand. »Abgemacht.«

Der wolkenverhangene Himmel entlud seine Last, bevor ich das

Gasthaus erreichte. Der Wind hatte aufgefrischt und riss an meinem Gewand, hob den Schleier von meinen Schultern und peitschte meine Tunika um meine Beine. Ich rannte durch den Regen und fragte mich, wie lange ich das Gasthaus noch als Heim würde betrachten können. Eine Woche? Zwei Tage?

Das Wissen um das, was ich getan hatte, ließ mir keine Ruhe, während ich durch die Straßen eilte. Wie leicht war es doch gewesen, gewisse Männer zu einem Mord zu überreden. Ihnen ging es nur um Gold und Silber und um das, was sie damit kaufen könnten. Menschen waren ihnen egal. Aber mir ging es nicht nur um das Vergnügen. Mir ging es um Gerechtigkeit und Rache und die Befriedigung zu empfinden, eine Schuld beglichen zu haben.

Ich war gerade durch das Hoftor und unsere Sukkothütte geschritten, als Rhode mit funkelnden Augen auf mich zukam. »Du hast Besuch«, sagte sie und nahm mir meinen nassen Schleier ab. »Jemand hat sich bei diesem Wetter auf den Weg gemacht, um dich und die andere Mirjam zu besuchen.«

Ich klopfte mir das Wasser von meinem Gewand und fragte mich, ob der Gestank von Barabbas' Haus mir wohl noch in den Kleidern hing. »Jemand von der Gemeinde?«

Rhodes Gesicht leuchtete auf. »Der junge Quintus.«

Ich wandte mich ab. Ein Gefühl des Unbehagens machte sich in mir breit und ich legte die Hand auf meinen Bauch. »Entschuldige mich bei ihm, ja? Ich fühle mich nicht wohl.«

»Aber er hat ein Geschenk für dich, und nicht einmal der Regen hat ihn davon abgehalten …«

Ich ging auf meine kleine Kammer zu, aber ich hatte kaum zwei Schritte gemacht, als Mirjam und Quintus in der Halle erschienen.

»Oh, wie schön, da ist sie ja.« Mirjam fasste mich am Ärmel. »Ich hatte gehofft, wir würden dich noch erwischen.«

»Ich fühle mich nicht wohl …«

»Das ist schon in Ordnung; ich kann auch nicht bleiben.« Mit einem Lächeln drückte der junge Mann jedem von uns ein in Stoff eingeschlagenes Bündel in die Hand. »Ich hoffe, sie gefallen euch. Ich dachte, bei der Wetteränderung könntet ihr etwas gebrauchen, das das Wasser abweist.«

Meine Finger waren wie gelähmt, aber Mirjam hatte keine Probleme, ihr Päckchen zu öffnen. Sie wickelte die Verpackung ab und schüttelte ein Stück wundervoller leichter grauer Wolle aus. Ich musste zugeben, dass es wirklich ein hervorragender Stoff war.

»Deiner ist genauso, aber blau.« Quintus blickte auf das ungeöffnete Bündel in meinen Händen. »Ich habe bemerkt, dass du diese Farbe bevorzugst.«

Ich lächelte ihn kläglich an. »Du hättest dir nicht so viel Mühe machen sollen.«

»Das ist doch das Wenigste, das ich für die Frauen tun kann, die mich fast jede Woche durchfüttern. Ich habe meinem Vater von euch erzählt. Er kann es nicht erwarten, euch kennen ...«

Ich unterbrach ihn und sagte, ich müsse mich hinlegen.

Kapitel 60

Atticus legte sich auf seiner Liege zurück, hob seinen Becher und lächelte Quintus über den Rand hinweg an.

Sein Gastgeber, Longinus Priscus, lachte leise, als er das Wohlbehagen seines Gastes bemerkte. »Ist der Wein nicht einfach köstlich, mein Freund? Ich habe dir doch gesagt, Jerusalem kann es mit Roms Sinnesfreuden durchaus aufnehmen.«

»Der Wein ist wirklich gut«, gestand Atticus, nachdem er einen Schluck gekostet hatte. »Und die Stadt habe ich schon immer gemocht.«

»Und dein Sohn? Findet er Jerusalem nach seinem Geschmack?«

»Allerdings.« Quintus hob seinen Bronzebecher. »Ich mag diese Stadt, diese Juden allerdings kann ich nicht begreifen.«

»Wer kann das schon? Die Juden sind ein seltsames Volk.« Der Kaufmann stellte seinen Becher auf den Tisch, nahm ein Gebäckstück und steckte es sich in den Mund. »Habt ihr diese abgerissenen Zelte an den Straßen und auf den Dächern gesehen? Sie wohnen eine Woche in diesen Dingern. Ihr Gott hat ihnen befohlen, draußen zu leben. Und sie tun auch noch so, als würde ihnen dieser Wahnsinn Spaß machen!«

Atticus fing den Blick seines Sohnes auf und lächelte. »Ich verstehe nicht, was der Grund für diese Zelte ist, aber es scheint ihnen tatsächlich Spaß zu machen. Und ich kann nicht sagen, dass ihre Traditionen seltsamer sind als einige von unseren.«

Der Kaufmann legte die Fingerspitzen an seine gekräuselten Lippen und riss die Augen auf. »Oh, lieber Zenturio, lass niemand hören, dass du solche Häresien aussprichst! Eine Idee, die römisch ist, muss gut sein. Immerhin sind wir die Herren der Welt.«

Atticus lächelte, konnte aber nicht so genau unterscheiden, ob die Bemerkung seines Gastgebers ehrlich oder sarkastisch gemeint war. In jedem Fall war es besser zu schweigen, als am Tisch eines reichen Mannes zu irren.

Er griff nach einem Stück gebratenen Huhnes und steckte es in den Mund. Longinus mochte anstrengend sein, aber er war ein guter Gastgeber. Dieses Essen war zweifellos besser als die Hafergrütze, die Quintus in der Kaserne erwartet hätte.

»Also ...«, Atticus stützte sich auf einen Ellbogen, »lass uns über das Geschäft sprechen, das uns zusammenführt, ja? Du machst dir Sorgen um eine deiner Lieferungen.«

»Allerdings.« Das feiste Gesicht des Kaufmannes verzog sich zu einem schmeichlerischen Grinsen. »Doch ich bin sicher, du wirst diese Sorgen zerstreuen können. Ich habe eine große Lieferung Delikatessen, die von Jerusalem nach Rom transportiert werden müssen. Sie werden natürlich im Hafen Sebastos verschifft und ich werde auf die Gnade der Götter angewiesen sein, solange wir uns auf See befinden. Aber ich brauche auch deine Hilfe, mein lieber Zenturio. Du sollst dafür sorgen, dass meine Waren und ich sicher von Jerusalem nach Cäsarea reisen können.«

Atticus tauschte einen leicht amüsierten Blick mit Quintus, wurde aber sofort wieder ernst. »Die Straße nach Cäsarea ist sicher. Sie wird regelmäßig von unseren Legionären überwacht.«

»Eine regelmäßige Überwachung reicht nicht aus.« Der Kaufmann verzog das Gesicht wie ein trotziges Kind. »Ich brauche zusätzlichen Schutz und ich bin bereit, dafür zu bezahlen.«

»Und was, wenn ich fragen darf, willst du transportieren?«

Longinus blickte nach rechts und nach links. Mit gesenkter Stimme erklärte er: »Edelsteine und Perlen, Purpurstoff, Seide und Leinen, Dufthölzer, Elfenbein, Zimt, Weihrauch, Wein, Öl ...«

»Diese Waren sind zwar wertvoll, aber nicht so außergewöhnlich.«

»... und Sklaven.« Der Kaufmann hob seinen dicken Finger.

»Fast ein Dutzend der besten Kunsthandwerker, die ich auftreiben konnte. Den zusätzlichen Schutz brauche ich wegen der Sklaven, verstehst du. Ich muss mich nicht nur vor Überfällen schützen, ich muss auch sicherstellen, dass die Sklaven nicht davonlaufen.«

Atticus atmete tief durch, bevor er seinen Becher nahm und den Wein darin langsam kreisen ließ. Sein Interesse an Sklaven war gering, aber Longinus war ein römischer Bürger, der ein Anrecht auf den Schutz seines Besitzes hatte.

»Mein Freund«, erwiderte er lächelnd, »zwar kann ich dir keine ganze Zenturie zusagen, aber ich verspreche dir Folgendes: Wenn mein Besuch in Jerusalem beendet ist, werde ich persönlich deine Karawane nach Cäsarea begleiten. Wenn das Schiff rechtzeitig beladen ist, reise ich vielleicht sogar mit dir zusammen nach Rom …«

»Die Götter seien gepriesen!« Longinus richtete sich so abrupt auf, dass ihm seine Toga von der Schulter rutschte, doch er bemerkte es kaum, als er den Krug hob. »Lass mich dir noch einen Becher Wein eingießen, um unsere Vereinbarung zu feiern.«

Atticus blies die Wangen auf und warf seinem grinsenden Sohn einen Blick zu. Bevor er seinem Freund den Becher hinhielt, um ihn erneut füllen zu lassen, flüsterte Quinn seinem Vater zu: *Jetzt kannst du nicht mehr zurück.*

Das stimmte allerdings. Atticus könnte von Glück sagen, wenn er diesen Abend heil überstand, aber bevor sie Rom erreichten, würde Longinus Priscus ihn bestimmt totgeredet haben.

Die Nacht hatte ihren samtenen Mantel über die alte Stadt gebreitet, als Atticus und Quintus sich auf den Rückweg zur Festung Antonia machten. Mit einem Schauder der Erinnerung wanderte Atticus erneut durch die alte Straße, die vom Palast des Herodes zur Garnison führte. Wie viele Jahre waren vergangen, seit er das letzte Mal über dieses Pflaster geschritten war? Er wäre stehen geblieben, um nachzurechnen, doch er und Quinn waren müde von dem guten Essen und dem Wein des Kaufmanns.

Quinn hatte sich hervorragend geschlagen in einer Situation, die recht unangenehm für ihn hätte werden können. Ein Offizier der römischen Armee durfte keine Bestechungsgelder nehmen, ein Zenturio dagegen konnte einem Bürger Roms ohne Weiteres einen Gefallen tun, ohne gegen sein Gewissen zu verstoßen.

Atticus grinste seinen Sohn an. »Und was hältst du von meinem Freund Longinus?«

Quinn lachte. »Ein seltsamer Vogel. Er sitzt in seinem Haus und spottet über das jüdische Volk, aber seine Worte sagen mir, dass er wenig Zeit in ihrer Gesellschaft verbracht hat.«

»Du hast recht. Er begnügt sich damit, sie zu verspotten, doch ich glaube, im Grunde genommen hat er Angst vor allem, was er nicht versteht. Das ist der eigentliche Grund, warum er mich um Schutz gebeten hat.«

Sie unterbrachen ihr Gespräch gerade so lange, um hintereinander an einer Reihe von Hütten vorbeizugehen. Quinn deutete auf eine dunkle und schmale Gasse. »Der Weg ist frei.«

Atticus folgte ihm. Er wollte seinem Sohn gerade eine Frage stellen, als ihm plötzlich ein unangenehmer Geruch in die Nase stieg – der scharfe Gestank von Angstschweiß. Er drehte sich um, doch bevor er noch eine Warnung rufen konnte, sprangen Räuber aus dem Schatten. Atticus' Herzschlag setzte aus. Nur Dummköpfe würden römische Soldaten in der Nähe der Festung angreifen.

Er zählte mindestens ein halbes Dutzend Männer, obwohl er in der Dunkelheit kaum ihre dunklen Umrisse erkennen konnte. Ein blitzender Dolch wurde von rechts nach ihm geworfen; er zog sein Schwert und hieb dem Mann, ohne nachzudenken, die Hand ab. Er glaubte, Quinns Namen gerufen zu haben, aber in dem Nebel der Gewalt, der sie einhüllte, war seine Wahrnehmung getrübt. Die Luft hing voller Flüche und ein Knäuel von Männern stießen und schoben, boxten und taumelten in ihrem Versuch – ja, was wollten sie denn eigentlich?

Er dachte an die Börse in seinem Gürtel. Waren sie auf sein Geld aus? Wenn das so war, dann hatten die Räuber in Jerusalem eine neue Ebene des Aufbegehrens erreicht. Man brauchte einen Menschen nicht zu töten, um ihm seine Börse abzunehmen; man brauchte ihm nur ein Messer an die Kehle zu halten.

Das Geklirr von Eisen auf Eisen erfüllte die Gasse. Atticus wirbelte herum und bekam mit, wie Quinns Schwert einem Gegner den Dolch aus der Hand schlug. Ein zweiter Feind warf sich auf Quinns Rücken und setzte seine Klinge an die verletzliche Stelle unter dem Arm des Soldaten kurz oberhalb der Lederbänder der Rüstung an …

»Quintus!«

Der Name seines Sohnes ging in ein Gurgeln über, als sich eine Hand um Atticus' Kehle legte. Er umklammerte die Arme seines Angreifers und löste sie von seinem Hals, dann wirbelte er herum und stieß dem Angreifer die Ellbogen ins Gesicht. Der Mann flog zurück und landete mit solcher Wucht auf dem Boden, dass Atticus hörte, wie seine Knochen wie trockene Zweige brachen.

Er drehte sich um. Nur noch ein Gegner stand mit gezücktem Schwert vor Quinn. Beide Männer schienen größer zu werden, schätzten sich gegenseitig ab. Der bärtige Angreifer sprang vor. Quinn stach mit seinem Schwert zu und es wäre mit Sicherheit ein tödlicher Schlag gewesen, wenn er nicht im letzten Augenblick gezögert hätte.

Entsetzt musste Atticus mit ansehen, wie der Dolch des kleineren Mannes zwischen die Bänder von Quinns Rüstung rutschte und in sein Fleisch eindrang. Einen Augenblick lang standen die beiden reglos voreinander. Der Angreifer grinste wie ein wahnsinniger Teufel.

Atticus schwang sein Schwert und schlug mit der ganzen Leidenschaft seines verängstigten Herzens zu. Seine Ohren registrierten den dumpfen Aufschlag, als der Kopf des Mannes auf die Pflastersteine auftraf, aber seine Gedanken drehten sich allein um Quinn.

Die Augenlider seines Sohnes hatten sich geschlossen, aber als Atticus nach dem Dolch griff, blickte Quinn ihn mit einem Auge an. »Ich wollte ihn nicht töten …«

»Sag nichts, mein Sohn.«

Atticus fing ihn auf, als Quinns Beine einknickten. Alle Vorsicht und jegliche Vernunft wichen von ihm, als der Zenturio seinen leblosen Sohn in die Arme schloss und mit heiserer Stimme um Hilfe rief.

Kapitel 61

In den Schriften wird berichtet, dass Ahitofel, nachdem er Absalom den Rat gegeben hatte, wie er David vernichten könnte, seinen Esel sattelte, nach Hause ritt, seine Angelegenheiten ordnete und sich erhängte.

Ich hatte keinen Esel, den ich satteln konnte, und Jerusalem war zu meinem Zuhause geworden. Um meine Angelegenheiten zu regeln, schrieb ich einen langen Brief, in dem ich Mirjam für ihre große Freundlichkeit dankte und sie bat, meine wenigen Besitztümer zu verteilen. Ich legte den Brief unter meine Matratze und wartete auf die Nachricht, dass mein Plan erfolgreich ausgeführt worden war.

Ich würde mich nicht erhängen. Zu gegebener Zeit würde ich mich den Römern stellen, denn Atticus Aurelius musste erfahren, warum er angegriffen worden war. Er sollte erfahren, dass er für seine Sünde bezahlt hatte, wie ich für meine bezahlen würde.

Ich schrubbte gerade den Boden in dem oberen Gemach, als uns die Nachricht von dem Überfall erreichte. Ich hörte, wie Mirjam aufschrie und Rhode zu jammern begann. Sofort begab ich mich nach unten. Der galiläische Gast, der die Nachricht überbracht hatte, war erstaunt über die heftige Reaktion, die sein Bericht ausgelöst hatte.

Ich tröstete meine fassungslosen Freundinnen und bat den Nazarener, seinen Bericht noch einmal zu wiederholen. Mit ernstem Gesicht erzählte er mir, der berüchtigte Barabbas und eine Gruppe von Räubern hätten drei Tage zuvor zwei römische Legionäre überfallen. Einer sei ein Zenturio gewesen. Barabbas wäre bei dem Kampf enthauptet worden und der jüngere Mann, Quintus Aurelius, sei tödlich verletzt worden. »Der Zenturio«, beendete er seinen Bericht, »ist nach Rom zurückgekehrt.«

Mirjam weinte laut, rieb sich die Arme und wiegte sich hin und her. Ich umarmte sie und Rhode, bevor ich mich in mein Zimmer zurückzog. Dort setzte ich mich auf meine Matratze und begann zu zittern, denn eine Welle der Schuldgefühle brach sich in mir auf einmal Bahn.

Was hatte ich getan?

Bis zu diesem Augenblick war Rache für mich nur ein Begriff gewesen. Ich hatte mich nach Rache gesehnt, hatte aber nicht tätig werden können. Selbst als ich Barabbas gefunden hatte, hatte ich nicht so recht geglaubt, dass der Dummkopf auf dieser dreckigen Matratze die Aufgabe, die ich ihm übertragen hatte, tatsächlich ausführen würde.

Aber genau das hatte er getan. Mein Plan war zur Tat geworden und diese Tat war eine Sünde, die ich für den Rest meines Lebens mit mir herumtragen würde.

Atticus Aurelius würde leiden. Er würde nie wieder einen jungen Mann mit einem dunklen Lockenschopf anschauen können, ohne an seinen toten Sohn zu denken; nie würde er seine Uniform anlegen können, ohne an den Soldaten zu denken, der in seinen Armen gestorben war.

Er würde leiden ... und ich auch.

Ich hatte gedacht, dieser Akt der Vergeltung würde mir Befriedigung verschaffen, diese Rache würde meine Welt wieder in Ordnung bringen, aber Barabbas' Gewalttat bewirkte nur, dass mein Herz von tiefer Trauer erfüllt wurde. Dass Barabbas gestorben war, tat mir nicht leid – er hatte sein Schicksal verdient. Und der Römer Atticus Aurelius hatte meine Familie ermordet, darum gönnte ich ihm das schlimmste Leid, das ein Mensch im Leben erleiden kann.

Aber Quinn ... das Lamm, das ich nicht an mich hatte herankommen lassen, hatte das Böse, das ich über ihn gebracht hatte, nicht verdient.

Ich empfand keine Befriedigung, sondern nur Einsamkeit, die

sich wie ein Nebel über meine Kammer legte. Der brennende Stein in meinem Magen würde nicht verschwinden, darum musste ich diesen gesegneten Ort verlassen.

Ich erhob mich, nahm das Tuch aus blauer Wolle, Quintus' Geschenk, von dem Regal an der Wand und legte es über meine Haare. Wie der Sündenbock, der zu Jom Kippur unsere Sünden in die Wüste brachte, würde ich es als Symbol meiner Schuld tragen, wenn ich mich zur Festung begab.

An der Schwelle zum Gasthaus blieb ich stehen und blickte ein letztes Mal zurück. Mit zitternder Hand entriegelte ich das Tor. In mir waren keine Tränen mehr.

Später würden die anderen um mich weinen. Sie würden fragen, warum ich eine so schreckliche Tat begangen hätte; sie würden es nicht begreifen.

Sollten sie sich dann an die Worte des Propheten Jeremia erinnern: »Es ist das Herz ein trotzig und verzagt Ding; wer kann es ergründen?«

Gott weiß es. Und ich auch.

In jenem Augenblick erkannte ich endlich die Wahrheit: Jeschua war nicht gekommen, um uns von den Römern zu befreien, sondern von unserem sündigen Wesen.

Die bärtige Wache in der Festung Antonia schaute mich verblüfft an, als ich sagte, ich wolle ein Geständnis ablegen. »Und was willst du gestehen, Frau?«

»Einen Mord.«

Er blickte seinen Gefährten an, der mich verächtlich angrinste. »Und den Mord an wem willst du gestehen?«

»Den Mord an Quintus Aurelius. Ich habe den Mörder Barabbas angeheuert, damit er ihn und den Zenturio überfällt.«

Der ältere Mann verzog den Mund, als wollte er ausspucken. Der jüngere Soldat ließ sich auf einen Hocker sinken.

»Es hat alles seine Richtigkeit.« Ich faltete die Hände vor meinem Bauch, um ihnen zu zeigen, dass ich keine Waffe mit mir führte und kein weiteres Unheil anrichten wollte. »Ich bleibe auf dieser Bank sitzen und warte, bis ihr entschieden habt, was mit mir geschehen soll.«

Der bärtige Wachposten kaute auf einem Strohhalm herum, aber der jüngere Mann rannte aus dem Raum und entfernte sich mit eiligen Schritten.

Ich senkte den Blick, als mir ein einziger Schweißtropfen über den Rücken lief. Würden sie mich auf der Stelle hinrichten? Ich wusste nicht so genau, wie die Römer Frauen töteten. Nie hatte ich erlebt, dass sie eine Frau ans Kreuz schlugen, aber bei diesen Menschen wusste man nie so genau, was man zu erwarten hatte ...

Ich wollte nicht im Beisein von meinen Freunden sterben. Schlimm genug, dass sie erfahren würden, was ich getan hatte. Sie sollten nicht um mich weinen, wie sie um Jeschua, Jakobus und Stephanus geweint hatten. Diese Männer waren schuldlos gestorben; ich war schuldig.

Sollten sie mich doch mit einem Schwert durchbohren und meinen Körper in ein Armengrab werfen. Ich hatte nichts Besseres verdient.

Der jüngere Soldat kehrte atemlos und mit weit aufgerissenen Augen zurück. »Sie soll nach Cäsarea gebracht werden«, erklärte er dem anderen. »Und dann nach Rom.«

Ich schnappte nach Luft. »Nach Rom?«

»Dorthin ist Atticus zurückgekehrt.« Der stahlharte Blick des älteren Soldaten bohrte sich in mich hinein. »Du hast keine Gerichtsverhandlung verdient, aber Atticus Aurelius hat das Recht, mit dir zu sprechen, bevor du stirbst. Darum schicken wir dich, dem Zenturio zu Gefallen, zu ihm.«

KAPITEL 62

Ich werde unter dem ausdruckslosen Blick von Flavius Gemellus, des römischen Zenturios, der sich meine Geschichte angehört hat, unruhig. »Willst du sonst noch etwas wissen?«

Der Schreiber am Tisch hält mit dem Schreiben inne und starrt mich an, als würde ich einen schlechten Geruch verbreiten. »Wie kannst du mit hoch erhobenem Kopf in demselben Raum sitzen wie ein so hervorragender Mann wie Atticus Aurelius?«

Und wieder flackert mein Zorn auf. »Er ist nicht schuldlos an der ganzen Geschichte! Ich habe großes Leid erlebt; meine Familie wurde ermordet!«

Der Schreiber verdreht die Augen und lässt mich spüren, dass ich zu minderwertig und seiner Verachtung nicht wert bin. Er gehört zu dieser Sorte Römer.

»Ich bedauere, dass ich keine bessere Frau bin.« Ich schiebe mein Kinn vor und mir wird klar, dass noch immer Zellen des Stolzes in mir sind. »Und ich möchte Atticus Aurelius wissen lassen, dass ich es bedauere, seinen Sohn getötet zu haben. Gott wird mir meine Sünde vergeben und Rom wird mir das Leben nehmen. Wenn ich meinen letzten Atemzug tue, werde ich meine Schuld als beglichen betrachten.«

»Mirjam.« Der Soldat auf der Bank spricht mich an. Seine Stimme ist heiser vor unterdrückten Emotionen. »Erkennst du mich?«

Ich drehe mich um und schaue Atticus Aurelius an und ich bin verblüfft, Tränen in seinen Augen schimmern zu sehen. Wie konnte er erwarten, dass ich ihn erkenne? Ich durchforste meine Erinnerungen an Begegnungen mit römischen Soldaten, doch sein Gesicht finde ich nicht unter den verschwommenen Bildern.

»Ich stand mit dir auf Golgatha an dem Tag, an dem der Nazarener gekreuzigt wurde.«

Ich starre ihn an, mein Herz klopft zum Zerspringen. Der Feind, den ich abgrundtief gehasst habe, bei der Kreuzigung dabei? Unmöglich. Die Römer am Hinrichtungsort hatten Jeschua im Verlauf des Tages wenig Aufmerksamkeit geschenkt; sie hatten gespielt und gelacht und unseren Rabbuni verspottet.

»Du kannst nicht …« Ich halte inne, als mich eine verschwommene Erinnerung durchzuckt.

Nicht alle Römer hatten uns an jenem schrecklichen Tag verhöhnt. Ein Zenturio hatte in der ungewöhnlichen Dunkelheit, die sich über die Stadt gelegt hatte, das Werk des Allmächtigen erkannt. Und ein anderer Soldat, ein außergewöhnlich großer Mann, hatte Jeschua vom Kreuz abgenommen.

»Gehe voraus«, hatte er gesagt und mir zugenickt. »Ich werde ihn für dich tragen.«

In seiner Stimme hatte Trauer gelegen, aber ich war so auf meine Aufgabe konzentriert gewesen, dass ich es kaum bemerkt hatte.

»Ich bin Atticus Aurelius«, stellt sich der Mann jetzt vor, »und ich habe in einer Zenturie unter Gaius Cabilenus gedient. Ich erinnere mich an den Abend, an dem wir dein Haus in Magdala überfallen haben. Ich erinnere mich ... und ich weiß, dass du einen großen Verlust erlitten hast.«

Er erhebt sich und nickt dem Schreiber zu. »Antonius, du bist hier nicht mehr vonnöten. Du kannst dich entfernen.«

Der Schreiber zögert, blickt Rat suchend zu dem Zenturio am Tisch hinüber. »Das ist höchst ungewöhnlich. Alle Worte der Gefangenen sollten aufgeschrieben werden …«

»Ihre Geschichte ist niedergeschrieben worden.« Der Zenturio klatscht in die Hände. »Wenn Atticus Aurelius allein mit der Frau sprechen möchte, die ihm Unrecht getan hat, dann ist das sein gutes Recht. Seine Worte werden keinen Einfluss haben auf den Ausgang dieser Gerichtsverhandlung.«

Der Schreiber nickt steif, dann erhebt er sich und verlässt widerstrebend den Raum.

Allein gelassen mit dem Mann, dessen Sohn ich ermorden ließ, schmilzt mein Herz zu einem Klumpen der Angst zusammen. Wird er mich mit seinen bloßen Händen erwürgen, während sein Kamerad zustimmend zuschaut?

Atticus Aurelius wartet, bis die Schritte des Schreibers in der Ferne verklingen; schließlich hebt er den Blick vom Boden und schaut mich an. »Die Soldaten in meiner Truppe standen an dem Abend, als wir nach Magdala zogen, unter Gaius' Befehl. Aber ich habe nie zu den Männern gehört, die blind gehorchen. Ich habe ein Geheimnis aus deinem Haus mitgenommen – ein Geheimnis, das ich über Jahre hinweg gewahrt habe.«

Mein Magen krampft sich auf einmal zusammen. Was könnte er in meinem Haus getrieben haben? Hatte er meinen Mann und meinen Sohn gefoltert, bevor er sie ermordete? Hatte er mit Rahel seinen Spaß getrieben?

Er lässt sich auf die Bank sinken und stützt die Ellbogen auf die Knie auf, faltet die Hände. »Als ich das Haus räumte, fand ich dein Baby ... und habe es mitgenommen.«

Bei seinen Worten setzt mein Herzschlag aus. Ich starre ihn fassungslos an, unfähig zu glauben, was ich höre, aber etwas in seinen Augen versichert mir, dass er die Wahrheit sagt.

»Du hast Binjamin mitgenommen?«

»Ich wusste nichts von dir. Ich habe eine tote Frau gesehen und gedacht, sie sei die Mutter des Kindes. Ich musste das Baby aus der Stadt schmuggeln, um mir nicht Gaius' Missfallen zuzuziehen, und ich konnte es auch nicht auf Dauer im Lager verstecken ... darum habe ich den Jungen einem Mädchen gegeben, das ihn in Cäsarea versorgt hat. Cyrilla bemerkte, dass er taub war ... und gemeinsam haben wir uns auf die Suche nach Jeschua, dem Heiler, gemacht.«

Eine Erinnerung lässt mich erschaudern: *»Mein Vater hat Jeschua einmal getroffen. Ich wurde taub geboren, wisst ihr.«*

Nein.

»Jeschua hat ihn geheilt. Der Junge wurde groß und stark, ein kluger Junge, wie man selten einen erlebt. Meine Kohorte war dem Haushalt des Pilatus zugeteilt und so lernte er lesen und schreiben. Er hatte sich große Fertigkeiten angeeignet.«

Mein Herz klopft zum Zerspringen; ich spüre jeden Schlag wie einen Schlag in meiner Brust. »Bitte sprich nicht weiter.«

»In dem Jahr, in dem Jeschua gekreuzigt wurde, war meine Zenturie nach Jerusalem abkommandiert worden. Wir sollten dort während des Passahfestes für Ruhe und Ordnung sorgen. Mein Zenturio und ich waren Zeugen der Ereignisse auf Golgatha und wir wussten, dass Jeschua kein gewöhnlicher Mensch gewesen war. Als ich dich sah, Mirjam, war ich beeindruckt von deiner Kraft. Ich konnte kaum glauben, dass eine Frau so stark sein könnte. Alle um dich herum waren fassungslos vor Trauer, aber du standest aufrecht und ungebrochen am Fuß des Kreuzes.«

Ich bringe keinen Ton heraus. Der Römer will mir scheinbar ein Kompliment machen, aber in seinen Worten höre ich eine Anklage gegen meinen Zorn und Stolz. Ich hatte mich nicht gebeugt, weil ich das Leiden liebte; ich war nicht zerbrochen, weil die Rache mein Denken bestimmte. Noch während mein geliebter Rabbuni starb, hatte ich seinen Tod als weiteres Vergehen der Römer gegen mich verbucht.

»Als wir hörten, Jeschua sei von den Toten auferstanden«, fährt der Zenturio fort, »haben wir daran geglaubt. Seit jener Zeit glauben wir an seine Macht – Cyrilla, ich … und mein Sohn.«

Ein Schrei steigt in meiner Kehle hoch, aber ich unterdrücke ihn. *Unmöglich.*

»Mit gemischten Gefühlen nahm ich die Entscheidung meines Sohnes, in die Armee einzutreten, zur Kenntnis. Ich war stolz, dass er Rom dienen wollte, aber es gefiel mir nicht, dass er so weit von mir entfernt sein würde. Doch ich fand Trost in dem Wissen, dass er in Jerusalem dienen würde, wo er sich einer Gemeinschaft von Gläubigen anschließen könnte.«

Meine Tränen lassen sich nicht mehr zurückhalten.

»Wie ich gehofft hatte, fand mein Sohn eine Gruppe von Menschen, die ihn liebten. In seinen Briefe schwärmte er von der Gemeinde in Jerusalem, denn dort wurde er in die Gemeinschaft aufgenommen und als Bruder willkommen geheißen. Mit besonderer Zuneigung berichtete er von zwei Frauen, beide mit Namen Mirjam, die Jeschua während seines Dienstes begleitet hatten.«

Oh Gott der Gnade, lass mich auf der Stelle tot zu Boden sinken.

»Du, Mirjam, kennst die Freude meines Lebens und den Sohn deines Leibes als Quintus Aurelius.«

Nachdem die Worte ausgesprochen sind, bohren sie sich in mein Herz, scharf und plötzlich wie ein nach mir geschleuderter Dolch. Ich berge mein Gesicht in meinen zitternden Händen und gebe dem Schmerz der bitteren Erkenntnis Raum.

Ich habe meinen Sohn ermordet ... Ich habe ihn nicht nur getötet, sondern leidenschaftlich seinen Tod herbeigesehnt. Ich habe Ränke geschmiedet, ich habe geplant, ich habe mich an der Zerstörung des verletzlichen Jungen, den ich am meisten geliebt hatte, gefreut …

Das Kind, das Gott für mich bewahrt hatte.

Irgendwo stimmt jemand ein Klagelied an, aber ich konzentriere mich auf die Erinnerung an meinen Sohn Binjamin. Quintus Aurelius. Der junge Mann, dessen Blick mit solcher Sehnsucht in seinen großen dunklen Augen auf mir ruhte, dass es mich alle Kraft gekostet hatte, ihm zu widerstehen.

Doch ich hatte mich ihm gegenüber hart gemacht, und das werde ich mir nie vergeben können. Ich verschloss mein Herz vor ihm und jetzt wird mein Herz für immer vor Scham verschlossen bleiben.

Als ich endlich wieder ein Wort herausbekomme, falle ich auf die Knie und strecke Atticus Aurelius meine gebundenen Hände entgegen. »Nimm mein Leben. Sofort. Ich weiß, dass du es möchtest.«

Der Zenturio erhebt sich und kommt auf mich zu. Ich rechne damit, dass sich seine großen Hände um meinen Hals schließen; stattdessen legt er sie auf meine Schultern und zieht mich hoch, zieht mich in seine Arme.

Und ich, eine verachtete Jüdin und Verräterin an Rom, beginne in der Umarmung eines Römers zu schluchzen. Der Zenturio streicht mir beruhigend über den Rücken, tröstet mich, wie er in früheren Jahren vermutlich meinen Sohn getröstet hatte. »Schsch. Ruhig, ganz ruhig.« Sein Atem streicht über mein Ohr. »Du wusstest es doch nicht.«

»Ich hätte es aber wissen müssen.« Der Schmerz ist zu groß, nur mühsam stoße ich die Worte hervor. »Du hast mir Gutes getan, nichts Böses, aber sieh nur, wie ich es dir vergolten habe! Ich hätte dir vergeben müssen. Jeschua hat uns aufgetragen zu vergeben, damit uns vergeben wird, aber ich habe nie *vergessen* können …«

»Ich vergebe dir.«

Er flüstert die Worte in mein Haar und ich bin so verblüfft, dass ich mich von ihm löse und ihn mit tränenfeuchten Augen anstarre. »Wie kannst du das? Wie kann Gott mir vergeben? Ich habe ihn ermorden lassen, deinen Sohn und meinen Sohn …«

»Unser Sohn lebt, Mirjam. Die Wunde war nicht tödlich.«

Fassungslos starre ich ihn an. Sein Mund hat sich bewegt; die Worte haben mein Ohr erreicht, aber was ich höre, kann nicht die Wahrheit sein. »Aber – in der Festung, man hat mir gesagt, dass er tot sei. Die Gerüchte ... alle haben behauptet, Quintus sei getötet worden.«

»Mir war klar, dass es demjenigen, der uns angegriffen hatte, nicht allein um Raub ging. Unser Feind sollte denken, dass seine Tat von Erfolg gekrönt war, darum ließ ich Quinn nach Rom bringen, wo er sich von seiner Verletzung erholte.«

Erleichterung überfällt mich mit einer Wucht, dass meine Knie nachgeben. Ich sinke auf die Marmorbank und schließe meine

Augen und mein Herz schlägt nur noch unregelmäßig. Meine Haut ist feucht, die Atmung beschleunigt ...

Vielleicht sterbe ich ja, bevor ich in die Arena komme.

Atticus Aurelius setzt sich neben mich. »Ich denke, ich würde dir auch vergeben, wenn Quinn nicht überlebt hätte«, sagt er und ein trauriges Lächeln umspielt seine Lippen. »Es wäre nicht leicht, aber ich würde mich bemühen. Denn weißt du, Gott hat mir meine große Schuld vergeben.«

Mit einem freudlosen Lächeln blicke ich ihn an. »Rom wird mir nicht vergeben.«

»Aber Gott hat es bereits getan.« Er nimmt eine Schriftrolle aus einem Beutel an seinem Gürtel. »Ich lese die Abschrift eines Briefes von einem Evangelisten mit Namen Johannes Markus. Er schreibt Jeschua die folgenden Worte zu: »Aber wenn ihr betet, vergebt einander zuerst, wenn ihr etwas gegeneinander habt, damit euer Vater im Himmel euch auch eure Sünden vergibt.«

Ein strahlendes Lächeln tritt auf mein Gesicht. »Ich erinnere mich daran, dass Jeschua das gesagt hat.«

Die Tür in der Halle wird ächzend geöffnet. »Atticus Aurelius?«, ruft eine Stimme. »Hier ist jemand, der dich sprechen möchte.«

Atticus erhebt sich und lässt mich allein.

Nachdem Atticus Aurelius gegangen ist, blicke ich Flavius Gemellus an, den Zenturio, dem ich meinen Fall vorgetragen habe. Er liest Pergamente und interessiert sich offensichtlich mehr für die Dokumente als für das, was in seiner Gerichtshalle geschieht.

Ich lasse mich auf den feuchten Boden sinken und stütze meine Ellbogen auf der Marmorbank ab, blicke zum Himmel empor und spreche mit dem Herrn, vor dem ich mein Herz viel zu lange verschlossen hatte.

Was kann ich ihm sagen, das er nicht bereits wüsste? Er weiß, dass ich kein gutes Gefäß gewesen bin. Als er mich von den Fesseln der Dämonen befreite, wusste er, dass ich lieber meine Wunden pflegte, als Heilung zu empfangen und Vergebung zu üben.

Nachdem ich mit dem ewigen Menschensohn unterwegs gewesen war, verschloss ich meine Ohren vor seinem Geist und liebte meinen Schmerz mehr als seine Führung.

Ich hatte Jeschua sehr geliebt, aber meinen Kummer liebte ich noch viel mehr.

Mein Rabbuni flehte den Himmel an, den Römern zu vergeben, die ihn an das Kreuz genagelt hatten, aber ich hatte Buch geführt über die Vergehen der Römer gegen mich, die von Mord bis zu verächtlichen Blicken reichten, die mir zugeworfen wurden.

Doch mein himmlischer Vater zeigte mir Erbarmen. Er verschonte den Sohn, den ich verloren glaubte; er hatte Binjamin vor meinen Ränken bewahrt. Der Herr hatte aus einer unerwarteten Quelle Gnade über mich ausgegossen und jetzt wollte er, dass ich ... vergebe.

Gaius Cabilenus, der meine Familie ermordet hatte.

Atticus Aurelius, der mir meinen Sohn genommen hatte.

Mir selbst, weil ich zu blind gewesen war zu erkennen, was Gott mir erhalten hatte ... und weil ich versucht hatte, dieses kostbare Geschenk zu vernichten.

Ich drücke meine Wange auf den kalten Marmor; ich bin ausgegossen wie Wachs, formlos und verbraucht. Wenn es einen Sinn für mein Leiden gibt, ich kann ihn nicht erkennen.

Vielleicht kann Jeschua noch etwas Gutes aus meinem Leben machen. Immerhin hatte er mich in seinem Dienst gebraucht, als ich nichts zu bieten hatte. Doch jetzt besitze ich noch weniger als damals, denn ich werde den Sonnenaufgang nicht mehr erleben –

Klammere dich nicht an dein Leben, Mirjam. Vertraue mir.

Obwohl mehr als zwanzig Jahre vergangen sind, seit ich seine Stimme das letzte Mal hörte, erkenne ich sie sofort. Jeschua. Er lebt, er ist mächtig, er ist immer noch mein Herr und Rabbuni.

Und er wartet auf mich.

Als draußen im Flur Schritte ertönen, habe ich meine Fassung wiedergewonnen. Ich höre das Klirren von Schwertern und den Gleichschritt von vielen Füßen – Soldaten.

Es ist Zeit für mich zu gehen.

Ich erhebe mich, streiche mein Gewand glatt und fahre mir mit den Händen über meine tränenfeuchten Wangen. Die Tür wird geöffnet und zwei Wachen treten ein, gefolgt von dem Schreiber und anderen Legionären. Hinter ihnen geht Atticus Aurelius und bei ihm ist ... Quintus.

Binjamin.

Er wirkt aufgewühlt, tief bewegt und ich habe den Eindruck, als könnte jederzeit eine versteckte Quelle aufbrechen.

Er weiß Bescheid. Atticus hat ihm alles erzählt.

Die Soldaten beziehen an der Tür Posten; der Schreiber kehrt an seinen Tisch zurück.

Atticus führt Quintus zu mir und tritt zurück, um uns Gelegenheit für ein beinahe privates Gespräch zu geben.

»Endlich«, sagt Quintus und ein trockenes Lächeln umspielt seinen Mund. »Jetzt verstehe ich, warum du mir aus dem Weg gegangen bist.«

Mit zitternder Hand berühre ich liebevoll sein Gesicht. »Mein Sohn. Wenn ich gewusst hätte ...«

»Ich verstehe es.«

»Ich hätte es wissen sollen.« Ich blicke in seine Augen, die dunkel und aufgewühlt vor Kummer sind. »Aber wichtiger noch, ich hätte *lieben* sollen. Egal, wessen Sohn du bist.«

Ein Zittern erfasst seinen Körper und sein Gesicht verzieht sich vor Schmerz. »Es ist nicht fair«, sagt er mit heiserer Stimme. »Dich zu finden und sofort wieder zu verlieren ...«

»Wir werden die Ewigkeit zusammen verbringen.« Ich lege

meine Hände auf seine Schultern. »Wir werden uns zusammensetzen und über den Plan Gottes in unserem Leben sprechen. Und wir werden erkennen – so Gott will –, wie sogar unser Tod ihm Ehre gebracht hat.«

Er legt die Arme um mich und drückt mich so fest an sich, dass mir beinahe die Luft wegbleibt. Die Wachen sind alarmiert, wollen auf uns zustürzen, doch ich hebe die Hände, um zu zeigen, dass ich Quintus nichts tun will.

»Es ist an der Zeit«, ruft ein Soldat aus dem Flur. »Die Gefangene muss vorbereitet werden.«

Ich drücke meinen Sohn, so fest ich es wage, an mich, dann schiebe ich ihn von mir und blinzele die Tränen zurück. Seine Lippen sind vor Trauer zusammengepresst, seine Augen funkeln feucht. Er schluckt.

»Ich habe gehört«, flüstert er mir leise ins Ohr, »dass der Jünger, bevor Herodes' Scharfrichter ihn hinrichtete, versprochen hatte, das Blut der Märtyrer Christi würde ein Samen sein. Johannes sagt, eine Zeit der Anfechtung stehe bevor, aber wir sollten keine Angst haben vor dem, was wir erleiden müssten. Wenn wir sogar im Angesicht des Todes treu blieben, würde Jeschua uns die Krone des Lebens geben.«

Ich wische mir die Tränen von der Wange und lächele meinen Sohn an. »Ich bin in meinem Leben sehr dumm gewesen«, gestehe ich ihm, »dümmer als die meisten anderen. Aber wie das Leben von manchen Menschen ein Vorbild für uns ist, wie wir unser Leben gestalten sollten, sollte meines ein Beispiel dafür sein, wie man es nicht tun sollte. Du hast meinen Bericht«, ich deutete mit dem Kopf zu dem Schreiber, »also gib meine Geschichte an andere weiter, damit sie aus meinen Fehlern lernen. Aber wisse dies – es ist besser, dass mein Name in Vergessenheit gerät, als dass Jeschuas Herrlichkeit verblasst. Die Hoffnung Israels ist gekommen, mein Sohn, und unser Rabbuni wird wiederkommen.«

Atticus tritt an Quintus' Seite und reicht mir ein Bündel Leinen. Diese Geste hat etwas seltsam Vertrautes an sich – als Quintus mir den Schleier schenkte, der jetzt meinen Kopf bedeckte, hatte er mir das Päckchen auf dieselbe Weise überreicht.

»Ich wollte dir etwas schenken, das dich ... in der Arena vielleicht trösten könnte«, sagt Atticus. »Ich habe hieran gedacht.«

Ich packe das Leinen auf und halte ein Stück roter Seide in den Händen. Einige Stellen davon sind dunkel und verkrustet und ohne dass es mir jemand sagt, weiß ich, dass dieser Stoff wie der Purpur eines Cäsars funkeln wird, wenn ich ihn in der Sonne tragen werde.

Genau wie damals, als Jeschua ihn getragen hatte.

Ich blicke auf und mustere eingehend das Gesicht des Römers. Mein schlimmster Feind ist zu einer Quelle des Segens Gottes für mich geworden. Er kann nicht wissen, woher dieser Stoff stammte, aber ADONAI weiß es. Und er ist bei mir.

Ich lege mir das Tuch über die Schulter, befestige die Enden in einem Knoten an meiner Seite und lächle Atticus Aurelius mit tränenverhangenen Augen an. »Danke.«

Die Wachen stellen sich an meine rechte und linke Seite; sie nehmen meine Arme und führen mich zur Tür. Als wir den Flur erreichen, drehe ich mich um und sehe, dass Quintus hinter uns herkommt.

»Nein.« Ich schicke ihn lächelnd zurück. »Du wirst mir folgen, vielleicht schon bald, aber nicht heute. So warte mit deinem Vater und wisse, dass ADONAI Wache halten wird, solange wir voneinander getrennt sind.«

Ich blicke zu dem Wachposten auf. »Ich bin bereit.«

Epilog

Flavius Gemellus, der Besitzer von Jeschuas Leinengewand, erhängte sich kurz nach dem Tod von Mirjam Magdalena in Neros Arena. Das Gewand wurde auf dem Boden unter seiner Leiche gefunden. Sein Freund Atticus Aurelius betrauerte seinen Verlust.

Auch wenn Rom bereits unter der Herrschaft von Claudius Cäsar das Christentum kennenlernte, so begann die Ermordung der Gläubigen doch erst mit der Verfolgung der Christen durch Nero im Jahre Anno Domini 64.

In der Nacht vom 18. auf den 19. Juli diesen Jahres begann Rom zu brennen ... und das Feuer wütete neun volle Tage. Es gab keine gesicherten Erkenntnisse über die Ursache für diesen Brand, aber da Nero oft seiner Begeisterung für das Schauspiel einer brennenden Stadt Ausdruck verlieh, wurde ihm öffentlich Brandstiftung vorgeworfen.

Mehr als 17 450 Gebäude fielen dem Brand zum Opfer, 98 500 Menschen wurden obdachlos. Menschen und Tiere verloren in den Flammen ihr Leben und ganze Stadtteile lagen nach dem Inferno in Trümmern.

Um den Verdacht von sich abzulenken, gab Nero die Schuld daran den römischen Christen. Die Bürger Roms, die ihr Heim verloren hatten und vor Angst nicht mehr klar denken konnten, glaubten der Lüge und forderten Gerechtigkeit. Selbst kultivierte und gebildete Römer wie Tacitus, Suetonius und Plinius brandmarkten das Christentum, während sich die Bevölkerung einer paranoiden Hysterie ergab.

Die Christen wurden zusammengetrieben und verhaftet. Den meisten wurde nicht Brandstiftung vorgeworfen, sondern das Verbrechen des *»odium genericum humani«* oder des »Hasses auf die menschliche

Rasse«. Da die Christen die heidnischen römischen Sitten hassten, der Politik gleichgültig gegenüberstanden und jüdische Wurzeln hatten, galten sie als intolerante Menschenverächter. Hunderte von Christen wurden gekreuzigt, darunter auch der Apostel Petrus, der mit dem Kopf nach unten starb, weil er sich selbst für unwürdig erachtete, auf dieselbe Weise gekreuzigt zu werden wie sein Herr. Susanna, Petrus' Frau, erlitt noch vor ihrem Mann den Märtyrertod. Er ermutigte sie und trieb sie auf dem Weg zur Hinrichtungsstätte an.

Von Blutdurst getrieben, ging das Blutbad weiter. Immer neue Grausamkeiten ließen sich die Römer, die für die Hinrichtung der Christen verantwortlich waren, einfallen. Einige Märtyrer wurden in die Häute von wilden Tieren eingenäht und in der Arena wahnsinnigen Hunden vorgeworfen. Im kaiserlichen Garten übergossen die Scharfrichter die Christen, Männer wie Frauen, mit Öl und nagelten sie an Pfosten, die dann als lebende Fackeln angezündet wurden, während Nero mit seinem Wagen um sie herumfuhr und seine Fähigkeiten als Wagenlenker unter Beweis stellte.

Clemens, ein Christ, erwähnt eine »Vielzahl der Erwählten«, die »ein leuchtendes Beispiel unter uns wurden«, und der römische Historiker Tacitus spricht von einer »unendlichen Menge« von Christen, die gestorben sind.

Tacitus empfand wenig Respekt vor Christen, gleichwohl war er von ihrer Unschuld überzeugt. Trotz seiner Gleichgültigkeit dem christlichen Glauben gegenüber bedauerte er die Gläubigen, weil sie allein aus dem Grund geopfert wurden, die Bösartigkeit eines grausamen Tyrannen zu befriedigen.

Atticus Aurelius, der sich öffentlich zu seinem Glauben an den jüdischen Messias bekannte, fiel der Verfolgung zum Opfer, zusammen mit seiner Frau Cyrilla. Quintus Aurelius, der mittlerweile wieder nach Judäa zurückgeschickt worden war, überlebte und gab das Evangelium von Jeschua, dem Messias, weiter, der gekommen war, Hebräer wie Heiden zu erlösen.

Über die Autorin

Die mit vielen Preisen ausgezeichnete Autorin Angela Elwell Hunt schreibt Bücher für Leser, die gelernt haben, das Unerwartete zu erwarten. Mit weltweit mehr als drei Millionen verkauften Büchern gehört sie zu den gern gelesenen Autorinnen unserer Zeit. Viele ihrer Romane sind Bestseller, dazu gehören zum Beispiel »Tale of Three Trees«, »Die Notiz« und andere, insgesamt mehr als 100 Titel.

Die Autorin lebt mit ihrem Mann und ihren Doggen in Florida.

Ein Interview mit Angela Elwell Hunt

Frage: War es für Sie nicht eine große Herausforderung, einen Roman zu schreiben, in dem Sie Jesus Worte in den Mund legen?

Antwort: Durchaus! Darum habe ich mich auch bemüht, seine überlieferten Worte wörtlich oder in leicht abgeänderter Form zu verwenden, wo immer das möglich war.

Frage: Eines interessiert mich brennend: Maria Magdalena hat tatsächlich gelebt und natürlich sind mir die Namen der Jünger bekannt, aber was ist mit den anderen Personen? Welche sind fiktiv und welche real?

Antwort: Für die Verfasserin von historischen Romanen ist es eine große Herausforderung, die geschichtlichen Tatsachen mit erfundenen Charakteren auszuschmücken, ohne den historischen Aufzeichnungen zu widersprechen. Also, ja, Maria Magdalena ist real, wie auch die anderen Frauen um Jesus herum, die Jünger, die Kaiser und auch andere Namen, die Sie aus dem Neuen Testament kennen, zum Beispiel Claudius Lysias. Petrus war verheiratet und seine Frau hat ihn auf seinen Reisen begleitet; sie gehörte vermutlich auch zu den Frauen in Jesu Nähe. Der Name ist nicht überliefert. Ich habe mich für Susanna entschieden, aber natürlich könnte ich mich irren. Und die erfundenen Personen: Die wichtigsten sind Atticus, Flavius, Gaius, Quintus/Binjamin und Hadassa.

Frage: Woher haben Sie die Namen von Jesu Halbbrüdern und Halbschwestern?

Antwort: Die Namen der Brüder sind in Matthäus, Kapitel 13, im Vers 55 und in Markus, Kapitel 6, im Vers 3 zu finden. Die Namen der Schwestern sind erfunden, aber aus beiden Bibelstellen erfahren wir, dass Jesus tatsächlich auch Schwestern hatte.

Frage: Sie haben sich entschlossen, Maria Magdalena nicht als eine gefallene Frau darzustellen, aber nur diese Beschreibung von ihr kenne ich.

Antwort: Die arme Maria! Sie wurde all die Jahre über zu Unrecht so dargestellt. Die Überlieferung hat uns mit vielen Informationen über Maria versorgt, die mit großer Sicherheit sehr ungenau sind. In den geschichtlichen Überlieferungen des ersten Jahrhunderts wird sie nicht als Prostituierte dargestellt, sondern als eine Frau, die Ehebruch begangen hat, oder auch als Ehefrau Jesu. Aus der Bibel wissen wir über Maria von Magdala nur, dass Jesus sie von sieben Dämonen befreit hat.

Die biblischen Aufzeichnungen lassen auch noch andere Schlüsse zu. Sie war vermutlich schon älter und hoch angesehen. Acht Mal werden in der Bibel die Namen von den Frauen genannt, die mit Jesus unterwegs waren, und sieben Mal ist sie darunter. Diejenigen, die Maria Magdalena als Prostituierte, eine Ehebrecherin oder die Frau Jesu darstellen, haben die falschen Quellen zurate gezogen.

Frage: Hat nicht auch der Papst behauptet, Maria sei eine gefallene Frau?

Antwort: Viele Menschen, unter anderen auch Papst Gregor I., haben Maria von Magdala mit der »sündigen Frau« ohne Namen verwechselt, die in Simons Haus (Lukas 7,36–39) Jesu Füße salbte oder mit Maria von Bethanien, die Jesu Füße in *ihrem* Haus salbte (Johannes 12,1–7). Aber 1969 gestand die katholische Kirche in aller Stille ein, dass sich Gregor geirrt hat – Lukas und Johannes meinten ganz entschieden nicht Maria Magdalena.

Andere haben versucht, Maria Magdalena als die Frau darzustellen, die im Ehebruch ergriffen worden war (Johannes 8,1–11), aber bei dieser Frau kann es sich schlecht um Maria von Magdala handeln, da sich diese Szene vor dem Tempel ereignet hat, und Maria lebte vor ihrer Begegnung mit Jesus in Magdala. Außerdem ist in den alten griechischen Manuskripten Johannes, Kapitel 7, Vers 53 bis Kapitel 8, Vers 11, gar nicht enthalten; diese Geschichte könnte also apokryph sein.

Frage: Mir scheint, heutzutage wird viel Aufhebens um Maria gemacht – sie ist eine Göttin, wird zu einem weiblichen Apostel erhoben, sie gehört zu einer New Age-Religion.

Antwort: Und dieses ganze »Aufhebens« ist nichts weiter als der Versuch der Menschen des zweiten Jahrhunderts, den Akt Gottes der Erlösung auf einen Akt des Menschen zu reduzieren. Die Gnostiker stellten Maria in ihrer Doktrin auf einen Sockel, vor allem in apokryphen Werken, wie zum Beispiel im Evangelium des Philippus und im Evangelium der Maria. (Gnostizismus ist der Versuch, die Erlösung durch die *gnosis* oder das »Wissen« zu erlangen und nicht durch den Glauben. Ein solches Wissen beschäftigte sich immer mit der innigen Beziehung des Ich zu der transzendenten Quelle allen Seins und dieses Wissen wurde nach Meinung der Gnostiker häufig durch einen »Offenbarer« vermittelt. Sie haben versucht, Maria als Prophetin von eigenen Gnaden darzustellen oder als eine »Apostelin für die Apostel«, aber in der Bibel finden wir keinen Beleg für diese Thesen.

Frage: Seit der Veröffentlichung von *Sakrileg* behaupten alle, Maria Magdalena sei mit Jesus verheiratet gewesen ... oder zumindest seine Geliebte.

Antwort: War Maria Jesu Geliebte? Doch nicht im Ernst!

Mir gefällt, wie meine Freundin Liz Curtis Higgs dieses Thema in ihrem Buch *Mad Mary* angeht:

Jesus liebte Maria Magdalena, sicher. Er kannte sie gut. Aber die Art, wie er von ihr spricht, unterscheidet sich nicht von der Art, wie er von allen anderen in seinem Gefolge spricht. Die Worte *lieben, kennen* wendet er auf alle seine Jünger an. Dieselben griechischen Worte, dieselben Gefühle. In gewisser Weise kennt er uns alle »sehr gut«. Der Psalmist bekennt für uns alle: »Ich sitze oder stehe auf, so weißt du es; du verstehst meine Gedanken von ferne. Ich gehe oder liege, so bist du um mich und siehst alle meine Wege« (Psalm 139,2–3).[1]

Viele zeitgenössische Feministinnen und Göttinnenverehrerinnen haben versucht, Maria Magdalena hervorzuheben, indem sie ihr ein sexuelles Verhältnis mit Jesus untergeschoben haben ... ein Widerspruch in sich, wie es nur einen geben kann.

Eins steht fest: Jesus hat ein sündloses Leben geführt und dazu gehörte auch, dass er sich von Unzucht und Zerstreuung fernhielt. Er war vollkommen dem Willen des Vaters unterworfen und sein Ziel war die Erlösung der Menschheit. In den wiederholten Versuchungen von Menschen und Satan weigerte er sich, sich auf die Dinge dieser Welt einzulassen.

Frage: Sie haben Maria Magdalena als eine gute Geschäftsfrau dargestellt. Widerspricht dies nicht der Rolle der Frauen in jener Zeit?

Antwort: Nicht unbedingt. Die tugendhafte Frau aus Sprüche, Kapitel 31, führt einen Haushalt und ein Geschäft. Aus dem, was wir in dieser Bibelstelle erfahren, können wir meiner Meinung nach durchaus schließen, dass Maria über ein eigenes Einkommen verfügte und möglicherweise sogar wohlhabend gewesen ist. Lukas berichtet, die Frauen, die mit Jesus durch das Land gezogen seien, hätten seinen Dienst finanziell unterstützt (Lukas 8,1–3).

Die Tatsache, dass Maria die Freiheit hatte zu reisen und auch über eigenes Geld verfügte, lässt den Schluss zu, dass sie möglicherweise eine Witwe ohne überlebende Kinder war, denn sonst hätten ihre Kinder das Vermögen des Ehemannes geerbt.

Frage: Sie haben einige hebräische und einige griechische Namen verwendet – warum diese Mischung?

[1] Liz Curtis Higgs, *Mad Mary*, Sisters, OR, WaterBrook Press, 2001, S. 189.

Antwort: Ich wollte der Geschichte einen authentischen jüdischen Anstrich verleihen, aber ich stieß auf gewisse Schwierigkeiten bei den Namen. Erstens, viele der Namen werden wiederholt – Mirjam war ein extrem häufiger Name, genau wie Johannes (Jochanan) und Simon (Schimon). In einigen Fällen hegte ich die Befürchtung, der Leser könnte über den hebräischen Namen stolpern, darum entschied ich mich für den gängigeren Namen, auch um die Unterschiede zwischen den Charakteren zu unterstreichen.

Es ist sogar so, dass die Personen selbst vermutlich auf mehrere Namen gehört hätten. Die Galiläer lebten in einem bilingualen Gebiet. Dort hatten sich viele Heiden angesiedelt, die Griechisch sprachen, die Lingua franca der damaligen Zeit. Im Neuen Testament finden wir die unterschiedlichsten Namen für Petrus: Kephas, Simeon, Simon, Petrus, Petros und das hebräische Kefa. Sie können wählen.

Der Jünger, den wir als Petrus kennen, wurde zur Zeit des Dienstes Jesu häufiger Simon genannt, im Zeitalter der Gemeinde eher Petrus, aber mein Bestreben war, die Geschichte möglichst einfach zu halten.

Frage: War es schwierig, die Daten und Quellen für die Geschichte genau festzulegen?

Antwort: Ja, allerdings. Zu dem Thema habe ich Dutzende Bücher gelesen, doch nur in wenigen waren die Experten einer Meinung! Schließlich wählte ich den Mittelweg. Unsicherheit herrscht bei den genauen Daten von Jesu Geburt, seinem Tod und den Jahren seines Dienstes, aber alle Quellenangaben liegen bemerkenswert dicht beieinander. Dieser Roman geht davon aus, dass Jesus seinen Dienst im Jahre 30 n. Chr. begann und im Jahre 33 n. Chr. gekreuzigt wurde.

Frage: Ich hatte gehofft, Sie würden auch die Szene von Jesus im Garten Gethsemane in Ihrem Roman verarbeiten ...

Antwort: So gern ich jedes Ereignis im Dienst Jesu mit hineingenommen hätte, der begrenzte Umfang eines Roman machte dies unmöglich. Außerdem habe ich aus Mirjams und Atticus' eingeschränkter Perspektive geschrieben, darum konnte ich nur die Ereignisse einarbeiten, die sie möglicherweise miterlebt hatten.

Frage: Als der Zenturio Gaius unter dem Kreuz steht, lassen Sie ihn die Worte sprechen: »Wahrlich, dieser Mann war Sohn Gottes.« Aber in meiner Bibel heißt es: »Wahrlich, dieser Mann war *der* Sohn Gottes.«

Antwort: Im griechischen Text heißt es wörtlich: »Wahrlich, dieser Mann war Sohn Gottes.« Ob man nun sagt, *der* Sohn oder *ein* Sohn ist eine Streitfrage. Auf jeden Fall ist es schwer vorstellbar, dass der Zenturio das, was er da miterlebte, umfassend verstanden hatte. Zum einen waren die Römer polytheistisch – sie glaubten nicht nur an einen Gott. Außerdem galten große Männer als »Söhne Gottes« – ihre Kaiser erhoben den Anspruch, göttlicher Abstammung zu sein. Und drittens, damals hatten nur wenige der Jünger den Begriff des fleischgewordenen Gottes erfasst – diese Vorstellung war erst *nach* der Auferstehung zu begreifen.

Die Jünger hatten Jeschua als den von dem Propheten Daniel vorhergesagten Menschensohn akzeptiert; sie wussten, er war der Sohn Gottes. Aber in den Schriften wird Israel der Erstgeborene Gottes genannt; die hebräischen Männer betrachteten sich selbst als Söhne Gottes in dem Sinne, dass sie HaShems Vertreter auf der Erde waren. Sie akzeptierten die Vorstellung, dass Jeschua ihr Messias war, derjenige, der für sie Gott repräsentierte.

Doch nach der Auferstehung, als sie erlebten, dass Jeschua den Tod besiegte, bekam der Ausdruck »Sohn Gottes« eine neue Bedeutung. Sie müssen wissen, dass das Sh'ma – »Höre, oh Israel, der Herr, unser Gott, der Herr ist einer!« – von gläubigen Hebräern praktisch jeden Tag ihres Lebens aufgesagt wurde. Sie lebten in einer Welt, in der die Heiden ganze Pantheons von Göttern anbeteten, aber sie wussten, dass das Universum von nur *einem* einzigen Gott ins Leben gerufen wurde, von HaShem.

Nach der Auferstehung wurden die Jünger auf einmal mit einer verwirrenden Realität konfrontiert – HaShem war *einer*, aber er war auch mehr als einer, denn sie hatten seinen Sohn gesehen, den Eingeborenen des Vaters, voller Gnade und Wahrheit. Und Jeschua hatte versprochen, immer bei ihnen zu sein, denn er würde bald den *Ruach HaKodesh*, den Heiligen Geist senden.

Während sie noch über den *Tanakh*, den Schriften brüteten, begannen sie zu begreifen, warum das Wort *Elohim* Plural war und warum HaShem gesagt hatte: »Lasset *uns* Menschen machen, ein Bild, das *uns* gleich sei ...«

Sie erkannten, dass Jeschua seit Anbeginn der Zeit bei HaShem gewesen war. Er war Avraham und Jaakov als der Engel ADONAIs erschienen. Und in den Schriften ist sogar der *Ruach HaKodesh* in der Form des *Geistes Adonai Elohims* erwähnt ...

Frage: Als Jesus Maria vor dem Grab trifft, hat er nach meiner Bibel gesagt: »Rühre mich nicht an.« Aber Sie haben geschrieben, dass sie seine Füße umklammerte.

Antwort: Ich habe mehrere Quellen und Übersetzungen studiert und die Bedeutung von Jesu Worten ist eher: »Klammere dich nicht an mich.« Also hat Mirjam ihn anscheinend doch berührt. Vermutlich wollte sie sich an ihn klammern, aber Jesus hatte einen wichtigen Auftrag für sie ... so wie er für jeden von uns einen wichtigen Auftrag hat.

Meine Interpretation von anderen Begriffen mag den modernen Leser überraschen: *Taufen* bedeutet wörtlich »eintauchen«, *Hosanna* bedeutet »bitte befreie uns« und das erste Abendmahl des Herrn war ein Passahmahl. Unser Wort *Halleluja* stammt aus dem *Hallel von Ägypten*, Psalm 113–118, das zu vielen jüdischen Festen gesungen wurde. Lesen Sie diese prophetischen Psalmen, wenn Sie über den Tod und die Auferstehung des Herrn nachdenken, und Sie werden erkennen, wie eindeutig sie auf Jesus als den Messias hinweisen.

Frage: Als ich von Atticus und dem Baby gelesen habe, habe ich mich gefragt, was die Mütter im ersten Jahrhundert wohl als Windeln verwendet haben?

Antwort: Wissen Sie, ich habe mich dasselbe gefragt! In der Bibel wird davon gesprochen, dass Neugeborene in Windeln gewickelt wurden, aber Kleinkinder wollen sich ja bewegen und bleiben nicht still liegen.

Ich habe also ein wenig nachgeforscht und eine Technik entdeckt. Die Menschen damals haben einfach den Ausscheidungszeitpunkt der Kinder abgepasst. Offensichtlich ist diese Technik auf der ganzen Welt noch immer in Gebrauch. Ähnlich wie bei der Erziehung eines Welpen – man achtet genau auf die Signale des Kindes (oder des jungen Hundes) und nach dem Aufwachen oder Essen gibt man ihm die Gelegenheit zur Ausscheidung. Es ist hilfreich, wenn das Kind unter seiner Tunika nichts trägt.

Oh, was ich alles dabei gelernt habe ...

Frage: Welche Informationen haben Sie denn besonders fasziniert?

Antwort: Eine schwierige Frage. Alles war sehr interessant, aber mir ist klar geworden, wie radikal die Predigten Jesu waren und wie viel mein Glaube dem Judentum verdankt. Jahrelang habe ich die Metapher in Jesu Worte in Matthäus, Kapitel 9, in den Versen 16–17, gar nicht richtig verstanden:

»Niemand flickt ein altes Kleid mit einem Lappen von neuem Tuch; denn der Lappen reißt doch wieder vom Kleid ab und der Riss wird ärger. Man füllt auch nicht neuen Wein in alte Schläuche; sonst zerreißen die Schläuche und der Wein wird verschüttet und die Schläuche verderben. Sondern man füllt neuen Wein in neue Schläuche, so bleiben beide miteinander erhalten.«

Bei den Recherchen für dieses Buch wurde mir die Analogie klar. Jesus zeigte einen neuen Weg der Verbindung zu Gott und die Juden, die ihm folgten, mussten einige radikal andere Ideen akzeptieren – dass Gott Einer, gleichzeitig aber auch eine Trinität war, dass der Gott, dessen Name zu heilig ist, um ausgesprochen zu werden, als »Abba« oder »Vater« angesprochen werden darf und dass Frauen, die niemals im Gesetz unterrichtet worden waren, zu den Füßen des Erlösers sitzen und lernen konnten.

Der Glaube an Jesus (der Flicken) musste an das Judentum (das Kleid) angepasst werden und das Judentum (der alte Weinschlauch) musste neu definiert werden, damit es den neuen Wein (den Glauben an Christus) halten kann. Wie Jeremia (31,31–37) schrieb, der neue Bund würde auf die Herzen des Volkes Israel geschrieben werden.

Frage: Möchten Sie noch etwas anfügen?

Antwort: Wie immer möchte ich einigen Menschen danken: Ein großer Dank geht an Terri Gillespie, die dafür gesorgt hat, dass in dem Manuskript die jüdische Perspektive richtig wiedergegeben wird. Wie ich empfindet Terri eine tiefe und andauernde Liebe für Israel. Sie ist Direktorin der Spendenabteilung der Messianic Jewish Alliance of America. Näheres darüber finden Sie unter www.mjaa.org. Ich danke auch Susan Richardson für die Korrektur eines frühen Entwurfs und Randy Ingermanson, der mir geholfen hat, mich in einige alte Manuskripte einzuarbeiten.